Veröffentlichungen der Sektion Religionssoziologie der Deutschen Gesellschaft für Soziologie

Herausgegeben von
Ch. Gärtner, Münster
M. Koenig, Göttingen
G. Pickel, Leipzig
K. Sammet, Leipzig
H. Winkel, Potsdam

Herausgegeben von

Dr. habil. Christel Gärtner
Universität Münster

Dr. Kornelia Sammet
Universität Leipzig

Prof. Dr. Matthias Koenig
Universität Göttingen

PD Dr. Heidemarie Winkel
Universität Potsdam

Prof. Dr. Gert Pickel
Universität Leipzig

Detlef Pollack • Olaf Müller • Gergely Rosta
Nils Friedrichs • Alexander Yendell

Grenzen der Toleranz

Wahrnehmung und Akzeptanz religiöser Vielfalt in Europa

Prof. Dr. Detlef Pollack
Universität Münster
Institut für Soziologie
Münster, Deutschland

Dr. Olaf Müller
Universität Münster
Institut für Soziologie
Münster, Deutschland

Dr. Gergely Rosta
Universität Münster
Institut für Soziologie
Münster, Deutschland

Nils Friedrichs
Universität Münster
Institut für Soziologie
Münster, Deutschland

Alexander Yendell
Universität Leipzig
Institut für Praktische Theologie
Leipzig, Deutschland

ISBN 978-3-531-18678-8
DOI 10.1007/978-3-531-18679-5

ISBN 978-3-531-18679-5 (eBook)

Die Deutsche Nationalbibliothek verzeichnet diese Publikation in der Deutschen Natio-
nalbibliografie; detaillierte bibliografische Daten sind im Internet über http://dnb.d-nb.de
abrufbar.

Springer VS
© Springer Fachmedien Wiesbaden 2014

Lektorat: Dr. Cori Antonia Mackrodt, Yvonne Homann

Gedruckt auf säurefreiem und chlorfrei gebleichtem Papier

Springer VS ist eine Marke von Springer DE. Springer DE ist Teil der Fachverlagsgruppe
Springer Science+Business Media.
www.springer-vs.de

Inhalt

Verzeichnis der Tabellen und Abbildungen

Vorwort

An dem Projekt, dessen wesentliche Resultate das vorliegende Buch präsentiert, haben neben den Autoren viele andere Personen und Institutionen ihren Anteil. Die Durchführung der Umfrage erfolgte in gewohnt professioneller Manier durch TNS Emnid in Bielefeld in Zusammenarbeit mit den Partnerinstituten in den einzelnen Ländern. Namentlich erwähnt werden sollen hier Oliver Krieg und Jörg Erren, bei denen wir uns für die stets verlässliche und unkomplizierte Zusammenarbeit sowie für manch schnelle Hilfe bei immer wieder auftretenden methodischen Problemen bedanken. Wertvolle Hinweise im Hinblick auf die Fragebogengestaltung sowie auf bestimmte Länderspezifika haben wir erhalten von Heiner Meulemann, Köln, Christoph Weischer, Astrid Reuter, Klaus Große Kracht, Karin Priester, Friso Wielenga, alle Münster, und Nina Clara Tiesler, Lissabon, – auch dafür unser herzlicher Dank. Großer Dank gebührt auch unseren studentischen Hilfskräften Andreas Osterkamp, Alina Windzio und Izumi Klockmann sowie unserer Sekretärin Angelika Reerink, die das Manuskript auf Fehler und Unstimmigkeiten hin geprüft, Quellen recherchiert sowie die Tabellen, Abbildungen und das gesamte Layout erstellt haben. Natürlich ist auch der Institution zu danken, unter deren Dach das Projekt geplant, durchgeführt und abgeschlossen wurde: Eine Vielzahl an Erkenntnissen aus den Diskussionen, die wir im Zuge mehrerer Präsentationen des Projektes in verschiedenen Stadien seiner Bearbeitung am Exzellenzcluster „Religion und Politik" geführt haben, findet sich in diesem Buch wieder. Das Team vom Zentrum für Wissenschaftskommunikation am Exzellenzcluster (genannt seien hier vor allem Viola van Melis und Hanno Schiffer) hat sich, sofort nachdem die ersten Ergebnisse vorlagen, nach Kräften und mit durchschlagendem Erfolg darum bemüht, die Resultate über das Fachpublikum hinaus einer breiteren Öffentlichkeit bekannt zu machen. Und schließlich hat der Cluster durch die großzügige Übernahme der durchaus beträchtlichen Kosten, die mit einem solchen Vorhaben verbunden sind, das Projekt in dieser Form überhaupt erst ermöglicht.

Münster, September 2013

Kapitel 1

Wahrnehmung und Akzeptanz religiöser Vielfalt in ausgewählten Ländern Europas: Erste Beobachtungen

Detlef Pollack

1 Einleitung

Die zunehmende Vielfalt des Religiösen fordert die Menschen in Deutschland und anderen europäischen Ländern in ihrer Lebenspraxis heraus. Die durch die Migrantenströme in die europäischen Länder gebrachten nichtchristlichen Religionen werfen Probleme der sozialen Integration der Zugewanderten sowie der rechtlichen Regelung des Zusammenlebens von Angehörigen unterschiedlicher Religionsgemeinschaften auf. Standen in früheren Debatten über die Integration der Zugewanderten Themen wie Kriminalität, Rassismus und wirtschaftlicher Status ganz oben auf der Agenda, so werden in letzter Zeit vermehrt Themen von Kultur, nationaler Identität und Religion in den Mittelpunkt gerückt. Aufgrund der Tatsache, dass die Mehrheit der Immigranten aus nichtwestlichen Ländern Muslime sind, werden die Integrationsprobleme vor allem am Beispiel des Islam diskutiert. In Deutschland etwa wird öffentlich debattiert, inwieweit der Islam zu Deutschland gehört und wie integrationswillig die Zugewanderten sind. Auf der einen Seite stehen diejenigen, die die zunehmende religiöse Vielfalt begrüßen, sie für eine Bereicherung unserer Kultur halten und größere Anstrengungen des Staates und der staatlichen Institutionen, vor allem der Bildungseinrichtungen, zur Integration und Förderung der Zugewanderten verlangen. Auf der anderen Seite melden sich immer wieder Stimmen zu Wort, die vor einer Überfremdung Deutschlands durch ausländische Kulturen und Religionen warnen, ein härteres Vorgehen gegen Integrationsverweigerer anmahnen und in der wachsenden Vielfalt des Religiösen eine Bedrohung der westlichen Zivilisation sehen.

Doch wie ist die Stimmung in der Bevölkerung? Sehen sich die Menschen in Deutschland und in anderen europäischen Staaten durch fremde Kulturen bedroht? Haben Sie vor allem Vorbehalte gegenüber dem Fremden oder empfinden sie die wachsende kulturelle und religiöse Vielfalt mehr als eine Bereicherung? Halten sie das Christentum für das Fundament unserer Kultur, an die sich die Zugewanderten, insbesondere die Muslime stärker anpassen sollten? Nehmen sie überhaupt einen so starken Konflikt zwischen der westlichen und der muslimi-

schen Welt wahr, wie das immer wieder unterstellt wird? Kurz: Wie hoch ist die
Akzeptanz religiöser Vielfalt und dabei insbesondere die Akzeptanz nichtchristlicher religiöser Gemeinschaften? Diese Frage stand im Zentrum einer länder-
vergleichend angelegten repräsentativen Studie, die in fünf europäischen Ländern im Sommer 2010, also vor der die deutsche Öffentlichkeit bewegenden
Sarrazin-Debatte, durchgeführt wurde und deren wesentliche Ergebnisse in diesem Buch präsentiert werden sollen. Einbezogen in die Studie waren nicht nur
West- und Ostdeutschland, sondern auch Länder, in denen die Integrationsdebat-
te ebenfalls hohe Wellen schlägt: die Niederlande, Frankreich, Dänemark, und
aus Gründen des Vergleichs auch Portugal, wo der Grad der religiösen Pluralität
niedriger ist als im europäischen Durchschnitt.[1]

Die beiden leitenden Fragestellungen der Untersuchung lauteten: Erstens,
wie wird die wachsende Vielfalt des Religiösen in Deutschland und in anderen
Ländern Europas wahrgenommen und bewertet? Neben der Haltung zur religiösen Pluralität im Allgemeinen ging es dabei auch um die Einstellungen in der
Bevölkerung zu nichtchristlichen Religionen im Besonderen, etwa zum Islam,
zum Hinduismus, zum Buddhismus, zum Judentum. Diese deskriptive Fragestellung war zweitens mit der explanatorischen Frage nach den Bestimmungsfakto-
ren der Wahrnehmung und Akzeptanz religiöser Vielfalt in den untersuchten
Ländern verbunden. Wovon hängt es ab, dass manche Menschen toleranter sind
und manche eher Vorbehalte gegenüber fremden Religionen haben? Was sind
die sozialen Bedingungen, die Aufgeschlossenheit gegenüber dem Fremden
befördern, welche behindern sie?

Fragen nach der Einstellung zu stellen, ist durchaus sinnvoll, denn die Handlungen der Individuen werden in starkem Maße durch Wahrnehmungsmuster,
kognitive Rahmenannahmen, Situationsdeutungen, Weltbilder und Stereotypen
beeinflusst. Natürlich ist das individuelle Verhalten auch durch Gelegenheitsstrukturen, Knappheiten, Anreize und Chancen bedingt. Wie Menschen die
Wirklichkeit wahrnehmen, wie sie ihre Rolle in der Gesellschaft interpretieren,
welche Präferenzen sie haben, was sie lieben, was sie hassen, ist allerdings
gleichfalls relevant für ihr Handeln. Durch individuelles Handeln wiederum
werden gesellschaftliche Institutionen und Organisationen, Parteien, Vereine
sowie die öffentlichen Debatten und die politische Kultur eines Landes beeinflusst. Deshalb ist es analytisch aufschlussreich, Einstellungen und Haltungen zu
erheben und nach den Gründen für ihre Ausprägung zu fragen.

---

[1]   Schon der Anteil der Muslime an der Gesamtbevölkerung ist sprechend: In Deutschland machen
       die Muslime etwa 5 % der Gesamtpopulation aus, in Frankreich 7,5 %, in Dänemark 4,1 %, in
       den Niederlanden 5,5 %, in Portugal aber nur 0,6 %. Das sind nicht mehr als 30.000 (vgl. auch
       das Kapitel 5 über das sozialstrukturelle Profil der Muslime in diesem Band).

In dem einleitenden ersten Kapitel wollen wir uns auf die erste der beiden leitenden Fragestellungen unserer Studie konzentrieren. Im Folgenden soll es also darum gehen, die Haltung der Bevölkerungen in Deutschland, Frankreich, Portugal, den Niederlanden und Dänemark zur zunehmenden religiösen Vielfalt sowie zu ausgewählten religiösen Gemeinschaften zu beschreiben. Dabei soll in die Darstellung auch einbezogen werden, in welchem Maße die Mehrheitsbevölkerungen in den angegebenen Ländern den unterschiedlichen Religionsgemeinschaften gleiche Rechte zugestehen, für eine Einschränkung der Glaubenspraxis nichtchristlicher Religionsgemeinschaften eintreten und säkulare Prinzipien wie Glaubensfreiheit, Meinungsfreiheit oder auch die Trennung von Religion und Politik garantiert sehen wollen. Die Analyse der Faktoren, die die Haltung der Menschen zur zunehmenden religiösen Vielfalt und zur wachsenden Präsenz nichtchristlicher Religionsgemeinschaften beeinflussen, soll erst in den darauf folgenden Kapiteln vorgenommen werden.

2   Datengrundlage

Für die vorliegende Studie wurden Daten auf Basis einer zufallsgenerierten Stichprobe in fünf europäischen Ländern erhoben. Wie erwähnt haben wir die Niederlande, Deutschland, Frankreich und Dänemark ausgewählt, da es in diesen Ländern öffentlich ausgetragene Konflikte zwischen Mehrheitsgesellschaft und religiösen Minderheiten, insbesondere mit dem Islam, gibt. Im Falle der Niederlande könnte man etwa an die Ermordung des Islamkritikers Theo van Gogh, in Dänemark an den Karikaturen-Streit, in Frankreich an die gewaltsamen Ausschreitungen in den *banlieues* des Großraums Paris und in Deutschland etwa an die Debatten über Ehrenmorde denken. Aus Gründen des kontrastiven Vergleichs ist auch Portugal als religiös weitgehend homogenes Land in die Untersuchung einbezogen worden. Innerhalb Deutschlands wurde zudem noch einmal zwischen Ostdeutschland und Westdeutschland unterschieden, da der Ausländeranteil und die religiöse Situation in den beiden Landesteilen denkbar unterschiedlich sind. In Deutschland wurden die Daten über persönliche Interviews erhoben (*Computer Assisted Personal Interview*; CAPI), in den übrigen Ländern fanden telefonische Befragungen statt (*Computer Assisted Telephone Interview*; CATI). Die Stichprobe umfasst in den alten Bundesländern 1.041, in den neuen Bundesländern 1.002, in Dänemark 1.014, in Frankreich 1.001 und in den Niederlanden und Portugal jeweils 1.000 Befragte. Die Durchführung der Befragung lag in den Händen des Meinungsforschungsinstituts TNS Emnid, Bielefeld, mit dem der am Lehrstuhl für Religionssoziologie an der Universität Münster erstellte Fragebogen mehrfach durchgesprochen wurde. TNS Emnid Bielefeld beauftragte die Partnerinstitute in den einzelnen Ländern mit der Durchführung der Befragung, die zwischen Juni und August 2010 stattfand. Während die Befragung in Deutschland West und Ost im Schnitt etwa 45 Minuten dauerte, umfasste sie in den anderen Ländern nur etwa 25 Minuten. Die Fragen, die in Dänemark, den Niederlanden, Frankreich und Portugal gestellt wurden, wurden gleichlautend auch in Ost- und Westdeutschland gestellt. In Deutschland kamen allerdings weitere Fragen hinzu, die der Fragebogen in den anderen Ländern nicht enthielt.[2] Die Ergebnisse können als repräsentativ angesehen werden.[3] Verzerrungen wurden durch einen Gewichtungsfaktor aufgefangen.[4]

3   Ergebnisse

3.1   Das Verhältnis der Befragten zur wachsenden religiösen Vielfalt

In der Haltung der Bevölkerungen zur zunehmenden religiösen Vielfalt zeichnen sich deutliche Länderdifferenzen ab. Im Großen und Ganzen lässt sich feststellen, dass die Deutschen gegenüber dem Phänomen der wachsenden religiösen Pluralität deutlich kritischer eingestellt sind als die Bürger in den anderen befragten Nationen.

Wie sehen die Ergebnisse im Einzelnen aus? Um die Haltung zu nichtchristlichen Religionen und Kulturen zu erfassen, haben wir zunächst ganz allgemein danach gefragt, ob man sich durch fremde Kulturen bedroht fühlt (vgl. Abb. 1.1). Hier unterscheidet sich das Antwortverhalten der Deutschen kaum von dem, wie wir es auch in den anderen europäischen Ländern antreffen. Die Zustimmung zu dieser Frage liegt in Westdeutschland, Dänemark, Frankreich und Portugal bei ungefähr 40 %. In Ostdeutschland und in den Niederlanden stimmen ihr ungefähr die Hälfte der Befragten zu.

---

[2]   Der Fragebogen für Deutschland befindet sich im Anhang.
[3]   Für eine Übersicht über die Häufigkeiten und Prozentwerte zu allen Fragen vgl. das Codebuch der Studie, herunterzuladen unter: http://www.uni-muenster.de/Soziologie/forschung/religions soziologie/docs/religionssoziologie_codebook_3.pdf.
[4]   In diesem Gewichtungsfaktor wurden auf der Basis der amtlichen Statistik der befragten Länder das Bildungsniveau, das Geschlecht und das Alter berücksichtigt.

Abb. 1.1: Aussage „Ich glaube, dass unser Land durch fremde Kulturen/Nationen bedroht ist"

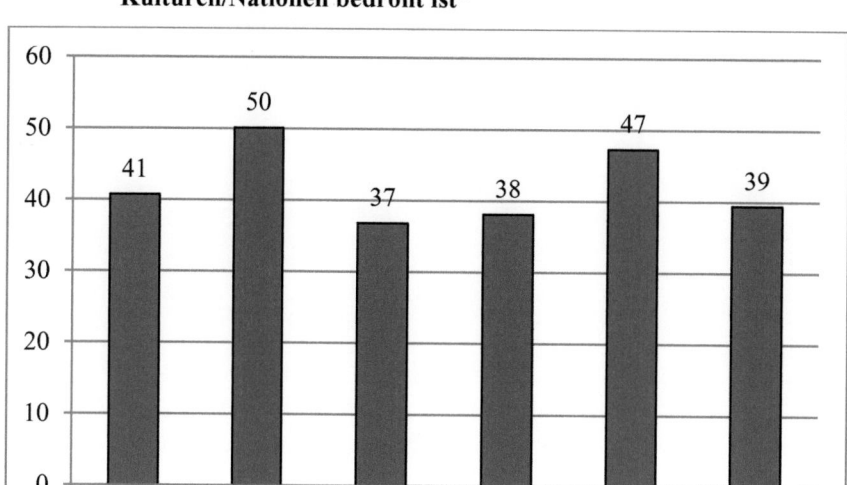

4er-Skala (stimme stark zu – stimme eher zu – stimme eher nicht zu – stimme gar nicht zu); Anteil derjenigen, die stark bzw. eher zustimmen, in %.

Verhältnismäßig gering fallen die Differenzen zwischen Deutschland und den anderen Ländern auch aus, wenn man die Frage danach stellt, ob die zunehmende Vielfalt des Religiösen als eine Ursache von Konflikten angesehen wird. Das Bewusstsein, dass Religionen in der Lage sind, Konflikte auszulösen, ist in allen untersuchten europäischen Ländern verbreitet, am wenigsten noch in Frankreich (vgl. Abb. 1.2). Im Vergleich zu den anderen untersuchten Ländern zeichnet sich Frankreich überhaupt durch ein offeneres und positiveres Verhältnis zu nichtchristlichen Religionen aus. Aber selbst in Frankreich ist es eine Mehrheit, die die Ansicht vertritt, dass die zunehmende Vielfalt des Religiösen beachtliches Konfliktpotential enthält.

Abb. 1.2: Zunehmende religiöse Vielfalt als Bereicherung und als Konflikt

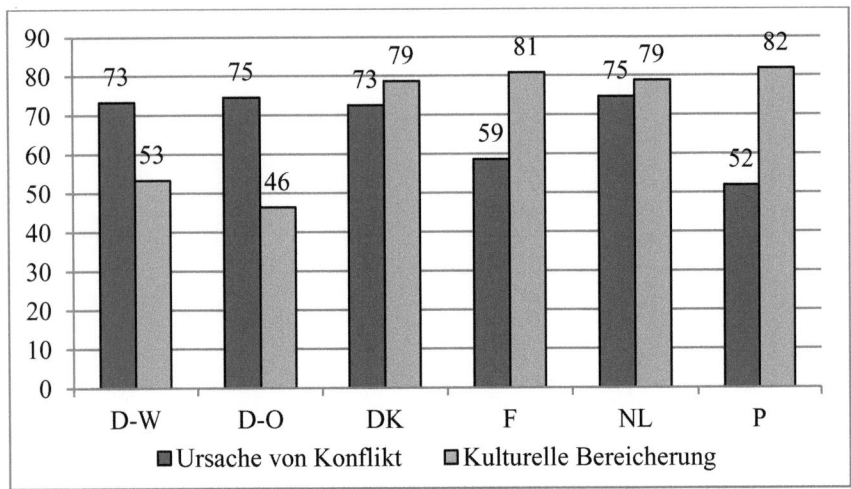

Fragestellungen: „Die zunehmende Vielfalt von religiösen Gruppen in unserer Gesellschaft ist eine Ursache für Konflikte."; „Die zunehmende Vielfalt von religiösen Gruppen in unserer Gesellschaft stellt eine kulturelle Bereicherung dar."; 4er-Skala (stimme stark zu – stimme eher zu – stimme eher nicht zu – stimme gar nicht zu); Anteil derjenigen, die stark bzw. eher zustimmen, in %.

Kehrt man die Frage um und fragt danach, ob die kulturelle Vielfalt als eine Bereicherung wahrgenommen wird, zeigen sich allerdings erste starke Unterschiede zwischen Deutschland und den anderen europäischen Ländern. In Deutschland sind es gerade einmal ungefähr 50 %, die sich durch die Vielfalt des Religiösen bereichert fühlen, in den anderen Ländern dagegen 70 - 80 % (vgl. Abb. 1.2).

Ebenso treten die Länderdifferenzen hervor, wenn die Frage gestellt wird, ob man sich in der eigenen Nachbarschaft eine größere Vielfalt an religiösen Gruppen und Organisationen wünscht, so dass man zwischen den Angeboten auswählen könnte (vgl. Abb. 1.3). Nur 12 % in Westdeutschland und 10 % in Ostdeutschland wünschen sich eine Vergrößerung des religiösen Angebots. In Frankreich, den Niederlanden und Portugal votieren dagegen mehr als 40 % für eine größere religiöse Vielfalt, in Dänemark allerdings auch nur etwa 15 %. Die zunehmende Religionsvielfalt ist in Deutschland weniger hoch geschätzt als in anderen westeuropäischen Ländern wie Frankreich, den Niederlanden oder Portugal. Zwar existiert in allen von uns untersuchten Ländern ein klares Bewusstsein über die mit der Vervielfältigung des Religiösen einhergehenden Probleme. Aber während in anderen Ländern von der überwältigenden Mehrheit auch die damit verbundene Bereicherung der eigenen Kultur gesehen wird, herrscht in Deutschland mehr ein kritisches und eindimensionales Bild von der sich verstärkenden religiösen Pluralität vor.

Abb. 1.3: Wunsch nach größerer religiöser Vielfalt

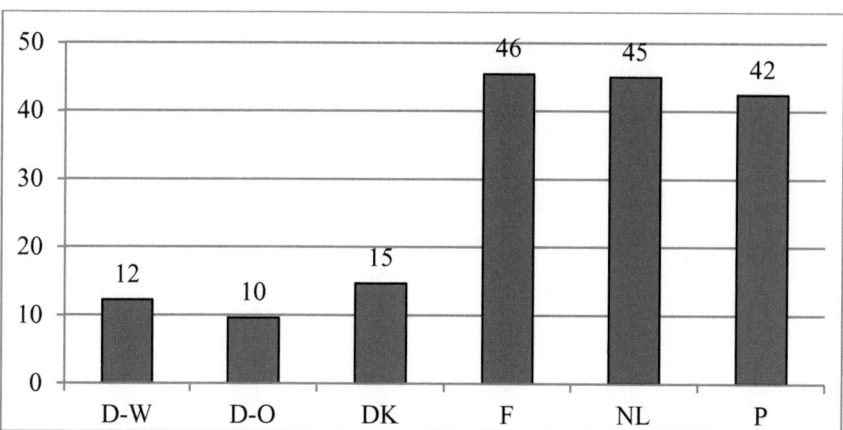

Fragestellung: „Ich würde mir wünschen, dass es in meiner Nachbarschaft eine größere Vielfalt an religiösen Gruppen/Organisationen gäbe, so dass ich zwischen den Angeboten wählen könnte."; 4er-Skala (stimme stark zu – stimme eher zu – stimme eher nicht zu – stimme gar nicht zu); Anteil derjenigen, die stark bzw. eher zustimmen, in %.

3.2 Die Haltung zu nichtchristlichen Religionsgemeinschaften und ihren Vertretern

Die Länderdifferenzen werden noch deutlicher, wenn man die Haltung der Bevölkerung gegenüber Muslimen, Hindus, Buddhisten und Juden betrachtet (vgl. Abb. 1.4). Hier sind es in Westdeutschland nur 34 %, im Osten Deutschlands sogar lediglich 26 %, die eine allgemein positive Haltung gegenüber Muslimen bekunden. In den anderen Ländern trifft dies hingegen auf knapp 60 % zu. Wird nach den generellen Einstellungen zu Juden, Hindus und Buddhisten gefragt, wiederholen sich die Differenzen zwischen den Ländern, wenn auch nicht in ganz so dramatischer Form. Immerhin machen die Länderunterschiede auch hinsichtlich dieser Frage durchschnittlich 20 bis 25 Prozentpunkte aus.[5] Es ist

---

[5]   Es ist auffällig, dass bei der Frage nach der Haltung zu den Muslimen in Deutschland kaum die Antwortmöglichkeit „ich weiß nicht" gewählt wurde, bezüglich der Haltung gegenüber den anderen Religionen war dies häufiger der Fall.

verwunderlich, dass auch im Verhältnis zu den Juden die Einstellung unter den Deutschen negativer ist als in den anderen untersuchten Ländern. Immerhin ist es hier – in West- und Ostdeutschland – jedoch eine Mehrheit, die sich positiv äußert. Noch bejahender sind die Westdeutschen gegenüber Anhängern des Buddhismus eingestellt.

Abb. 1.4: Positive Haltungen gegenüber Muslimen, Hindus, Buddhisten und Juden

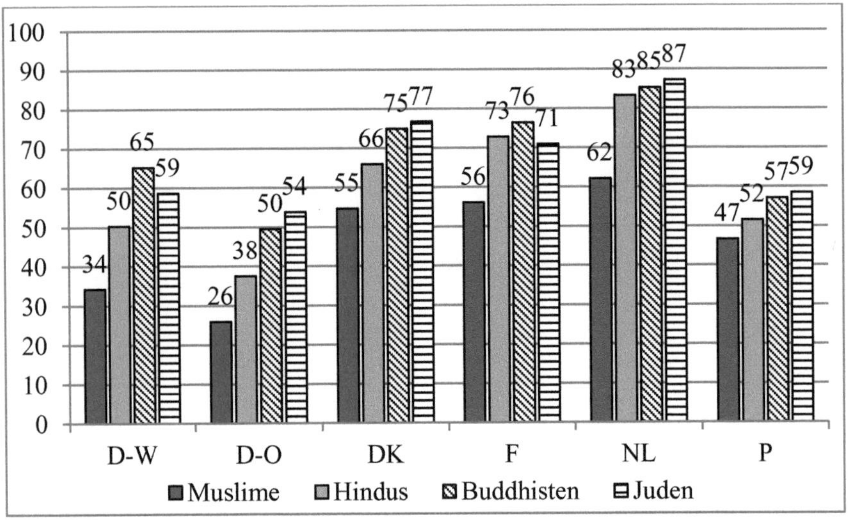

Fragestellung: „Wie ist Ihre persönliche Haltung zu den Mitgliedern folgender religiöser Gruppen?"; 4er-Skala (sehr positiv – eher positiv – eher negativ – sehr negativ); Anteil derjenigen, die sehr bzw. eher positive Haltungen bekunden, in %.

Um nähere Informationen darüber zu erhalten, was die Menschen sich vorstellen, wenn sie vom Islam reden, wurden ihnen Vorstellungsbilder vorgelegt, die sie mit dem Islam in Verbindung bringen. Diese Images, die sie dem Islam zuordnen konnten, haben die Form von positiven sowie negativen Stereotypen[6]. Die Befragten sollten hier spontan angeben, welche Eigenschaften sie mit dem Islam assoziieren. Die Ergebnisse für die negativ konnotierten Merkmale sind in Abb. 1.5 dargestellt.

---

[6]   In Anlehnung an die klassischen Arbeiten zur Vorurteilsforschung von Allport (1971) und Tajfel (1982) sollen Stereotype allgemein als generalisierende Merkmalszuschreibungen zu Gruppen und ihren Angehörigen verstanden werden, die eine Bewertung eben jener Gruppen und Gruppenmitglieder enthalten.

Abb. 1.5: Negative Assoziationen zum Stichwort Islam

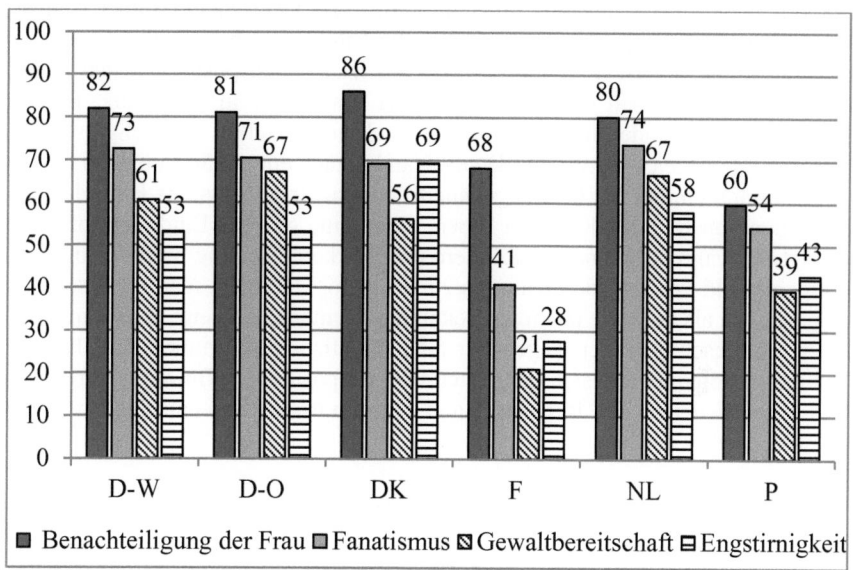

■ Benachteiligung der Frau ▣ Fanatismus ◧ Gewaltbereitschaft ▤ Engstirnigkeit

Fragestellung: „Woran denken Sie beim Stichwort Islam?"; Mehrfachantworten möglich; alle Angaben in %.

In Deutschland, Dänemark und den Niederlanden verbinden den Islam jeweils deutlich mehr als die Hälfte der Befragten, teilweise sogar um die 80 %, mit negativen Eigenschaften: mit der Benachteiligung der Frau, Fanatismus, Gewaltbereitschaft sowie, wenn auch etwas weniger häufig, mit Engstirnigkeit. Insgesamt fallen die Merkmalszuschreibungen zum Islam in den untersuchten europäischen Ländern mit Ausnahme Frankreichs also mehrheitlich negativ aus. In Frankreich werden dem Islam Fanatismus, Gewaltbereitschaft und Engstirnigkeit nur von einer Minderheit attestiert.

Die Bereitschaft, dem Islam positive Eigenschaften zuzusprechen, ist in allen europäischen Ländern, auch in Frankreich, sehr gering (vgl. Abb. 1.6). Durchschnittlich nur etwa 20 % der Befragten denken beim Stichwort Islam an Toleranz, an die Achtung der Menschenrechte, an Solidarität und Friedfertigkeit. Hier aber ist die Differenz zwischen Deutschland und den anderen Ländern wieder bemerkenswert groß, denn es sind in Deutschland noch einmal deutlich weniger, die den Islam mit positiven Eigenschaften assoziieren. Lediglich zwischen 5 und 10 % sehen Friedfertigkeit, Toleranz, Achtung der Menschenrechte und Solidarität als charakteristisch für den Islam an, während dies in anderen Ländern 25, 30, manchmal sogar 40 % tun. Das Bild vom Islam ist also in allen Ländern überwiegend negativ. Im Unterschied zu Deutschland findet sich in Frankreich, Dänemark, den Niederlanden und Portugal aber doch ein weitaus größerer Anteil der Bevölkerung bereit, dem Islam auch positive Seiten zuzu-sprechen. Bedenkt man darüber hinaus, dass etwa 80 % in Dänemark, Frank-reich, den Niederlanden und Portugal die wachsende Vielfalt des Religiösen als Bereicherung bezeichnen, was in Deutschland gerade einmal 50 % tun, so bestä-tigt sich noch einmal die bereits geäußerte Beobachtung, dass das Bild, das die Deutschen von fremden Kulturen haben, durch eine gewisse Eindimensionalität geprägt ist, während in anderen Ländern eine stärkere Neigung besteht, ein viel-farbigeres Bild von fremden Kulturen zu zeichnen. Dort sieht man mehr sowohl die negativen als auch die positiven Seiten des Fremden und zeigt insgesamt eine höhere Aufgeschlossenheit gegenüber nichtchristlichen Religionen, eine höhere Ambiguitätstoleranz, die sich dann auch in einer positiveren Bewertung fremder Religionen niederschlägt. In Deutschland dagegen ist das Bild entschiedener und entschieden eher negativ.

Abb. 1.6: Positive Assoziationen zum Stichwort Islam

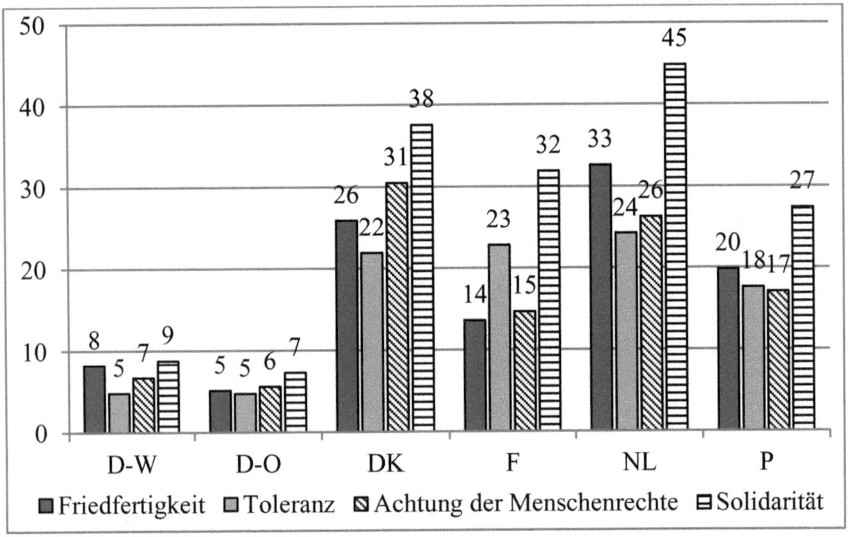

Fragestellung: „Woran denken Sie beim Stichwort Islam?"; Mehrfachantworten möglich; alle Anga-ben in %.

Fragt man nun nach den Merkmalen, die man dem Christentum zuschreibt, so kehrt sich die Einschätzung geradezu um: Jetzt sind es nicht Minderheiten, sondern Mehrheiten, die ein positives Bild entwerfen, und nicht Mehrheiten, sondern Minderheiten, die sich negativ äußern. Insbesondere in Deutschland entsteht der Eindruck, als würde der Islam ebenso negativ beurteilt, wie das Christentum positiv gesehen wird (vgl. Abb. 1.7).[7] Zwischen 60 und 80 % der Westdeutschen attribuieren dem Islam Gewaltbereitschaft, Fanatismus und Benachteiligung der Frau, dem Christentum aber werden diese Eigenschaften nur von 5 bis 10 % zugeschrieben. Während Toleranz, Solidarität, Achtung der Menschenrechte und Friedfertigkeit etwa 50 bis 60 % der Westdeutschen im Christentum entdecken, verbinden derartige Eigenschaften weniger als 10 % von ihnen mit dem Islam. Dabei ist zu berücksichtigen, dass man sich mit der Vorgabe von Assoziationsketten auf der semantischen Ebene bewegt. Nicht die Praxis und die Erfahrung werden erfasst, vielmehr wird nur die Ebene der Perzeption angesprochen. Auf dieser Ebene, auf der Ebene der Vorstellungsgehalte, der Wissensordnung, der Stereotype und Vorurteile, ist der Gegensatz zwischen der Haltung zum Islam und zum Christentum in der deutschen Bevölkerung ausgesprochen stark.

Abb. 1.7: Assoziationskette Christentum – Islam in Westdeutschland

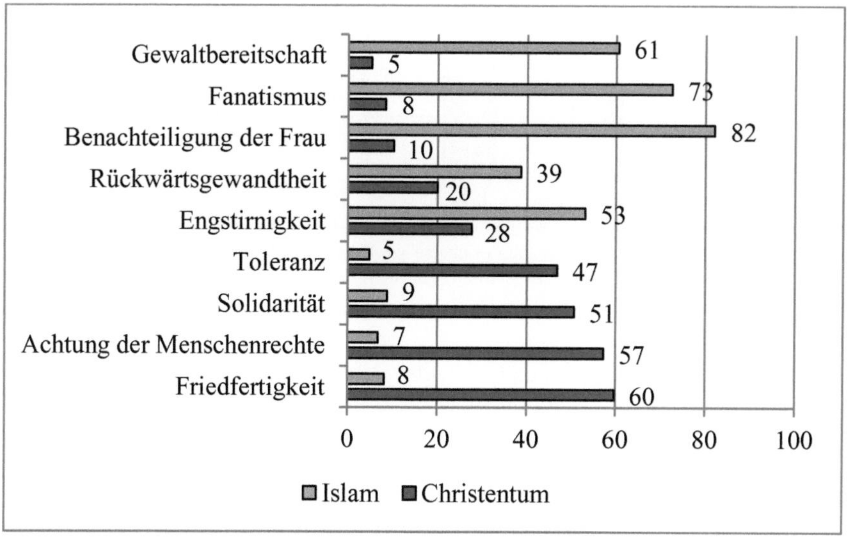

Angaben in %.

---

[7]   Inwieweit es berechtigt ist anzunehmen, dass das negative Bild vom Islam durch eine Identifikation mit dem Christentum bedingt ist, also kausal auf eine christliche Identität zurückgeführt werden kann, wird in dem Beitrag von Nils Friedrichs über das Verhältnis von Christen zu Muslimen und Atheisten untersucht (vgl. Kap. 8).

Die auf der semantischen Ebene angesiedelten Vorbehalte gegenüber dem Islam werden auch daran ersichtlich, dass nur eine Minderheit den Islam als kompatibel mit den Grundprinzipien der westlichen Welt ansieht. Auf die Frage, ob der Islam in unsere westliche Welt passt, antworten in Westdeutschland nur 23 % und in Ostdeutschland nur 21 % mit Ja (vgl. Abb. 1.8). Aber auch in den anderen Ländern ist der Anteil derer, die den Islam für vereinbar mit unserer westlichen Welt halten, recht gering und überschreitet kaum die 30 %-Marke.

Abb. 1.8: Kompatibilität von Islam und westlicher Welt

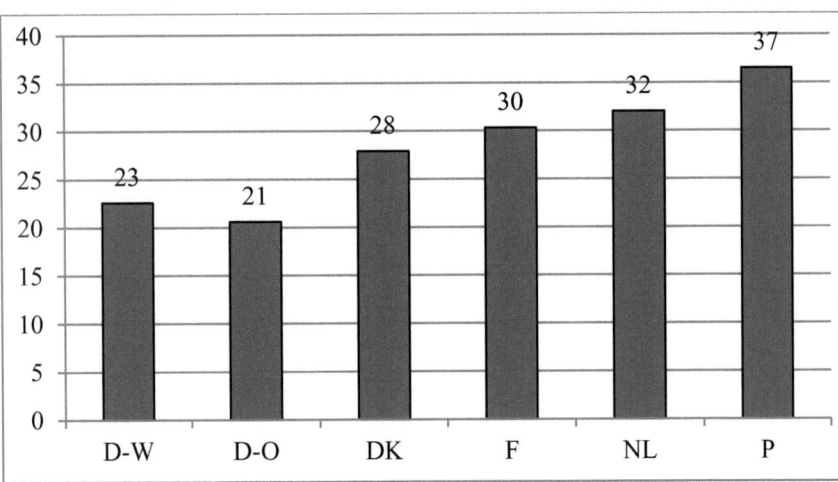

Fragestellung: „Der Islam passt durchaus in unsere westliche Welt."; 4er-Skala (stimme stark zu – stimme eher zu – stimme eher nicht zu – stimme gar nicht zu); Anteil derjenigen, die stark bzw. eher zustimmen, in %.

Nur 20 % der Westdeutschen und 16 % der Ostdeutschen meinen, dass westliche und muslimische Welt gut miteinander auskommen. Dabei ist eine klare Mehrheit der Ansicht, dass die muslimische Welt den Westen nicht respektiert. Etwa 80 % vertreten diese Ansicht (vgl. Abb. 1.9). Umgekehrt sind die Meinungen bezüglich des Respekts der westlichen Welt gegenüber den Muslimen gespalten. In etwa gleich große Teile meinen, dass die westliche Welt der muslimischen Welt Respekt entgegenbringt und dass sie ihr diesen verweigert. Wenn es nach Auffassung der Mehrheit der Deutschen einen Konflikt zwischen muslimischer und westlicher Welt gibt, dann tragen zu dieser Spannung in ihren Augen die Muslime stärker bei als die westliche Welt. Nach ihrer Einschätzung sind es vor allem die Muslime, die der anderen Seite die Anerkennung versagen.

Abb. 1.9: Einschätzung des Verhältnisses von westlicher Welt und Islam in West- und Ostdeutschland

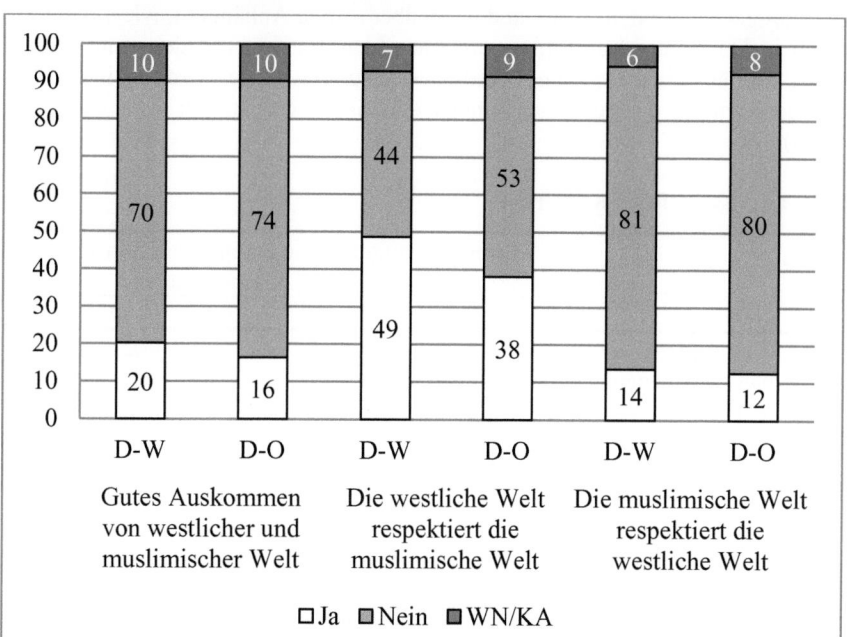

Fragestellungen: „Glauben Sie, dass die westliche und die muslimische Welt gut miteinander auskommen?"; „Sind Sie der Ansicht, dass die westliche Welt die muslimische Welt respektiert?"; „Sind Sie der Ansicht, dass die muslimische Welt die westliche Welt respektiert?"; alle Angaben in %.

Von einem Kampf der Kulturen, wie er etwa von Samuel Huntington (2002) beschworen wird, will die Mehrheit der Deutschen allerdings nicht sprechen. Auf die Frage, ob wir zurzeit einen Kampf der Kulturen, also einen ernsten Konflikt zwischen Islam und Christentum erleben, antworten in Westdeutschland nur 41 % und in Ostdeutschland nicht mehr als 45 % mit Ja (vgl. Tab. 1.1). Dies ist eine beachtliche Minderheit, aber immerhin keine Mehrheit, was insofern verwundert, als auf die Frage nach den Images jeweils Mehrheiten das Christentum vor allem mit positiven Eigenschaften und den Islam vor allem mit negativen Merkmalen assoziierten (vgl. oben Abb. 1.7). Man wird allerdings zu beachten haben, dass sich die Frage nach dem Kampf der Kulturen auf einen Konflikt zwischen Christentum und Islam bezieht[8] und nicht wie in den vorangegangenen Fragen auf das Verhältnis von westlicher Welt und Islam. Ob sich die negative Haltung gegenüber dem Islam und gegenüber seinen Anhängern, wie wir sie vor allem in Deutschland antreffen, aus einer Identifikation mit dem Christentum speist oder aus einer Bejahung westlicher, säkularer Werte, wird uns in den folgenden Kapiteln unseres Buches noch detailliert beschäftigen (vgl. Kap. 3, 8 und 9).

Tab. 1.1: Kampf der Kulturen?

	Haben wir zurzeit einen Kampf der Kulturen, oder würden Sie das nicht sagen?	
	D-W	D-O
Haben Kampf der Kulturen	41	45
Kann man nicht sagen	52	43
weiß nicht	5	11
keine Angabe	2	1
gesamt	100	100

Angaben in %.

Hier aber lässt sich bereits festhalten, dass die Identifikation mit dem Christentum in den angeblich so säkularen Gesellschaften Westeuropas ausgesprochen hoch ist. Eine klare Mehrheit von mehr als zwei Dritteln hält das Christentum für das Fundament unserer Kultur. In Dänemark sind es mehr als 80 %, die so denken, in Westdeutschland, Frankreich und Portugal etwa drei Viertel, und selbst im mehrheitlich konfessionslosen Osten Deutschlands bekennt sich eine Mehrheit von 55 % zum Christentum als Fundament unserer Kultur (hier nicht grafisch dargestellt). Angesichts dieser klaren Präferenz für eine christliche Fundierung Europas überrascht es kaum, dass eine Bevölkerungsmehrheit von den Muslimen verlangt, sie müssten sich an unsere Kultur anpassen. In allen untersuchten Ländern, außer in Portugal, sind es mehr als 80 %, die diese Forderung erheben (hier nicht dargestellt). Eine solche Eindeutigkeit in der Anpassungserwartung verwundert denn doch und lässt die Frage aufkommen, ob die Auseinandersetzung mit dem Islam nicht vielleicht doch ein Konflikt zwischen zwei Weltreligionen ist.

---

[8]   In diesem Sinne verwendet auch Huntington (2002) den Begriff. Er definiert die ausgemachten kulturellen Unterschiede vor allem als Spannungen zwischen unterschiedlichen Religionskulturen.

3.3 Rechtsgleichheit für alle Religionsgemeinschaften?

Obwohl das Bild vom Islam in Westeuropa äußerst kritisch ist, legen die Menschen in den untersuchten Ländern, auch in Deutschland, jedoch Wert darauf, mit fremden Religionsgemeinschaften fair umzugehen. Diese Bereitschaft wird ihnen von wohlmeinenden Kritikern des öffentlichen Meinungsbildes oft abgesprochen. Wolfgang Benz (2012: 13) etwa sieht nur Vorurteile und Volkszorn am Werk, wenn Menschen sich kritisch zum Islam äußern und sich gegen den Bau von Moscheen aussprechen. Um die Vorbehalte gegenüber Muslimen und dem Islam zu verstehen und richtig einzuordnen, ist es allerdings erforderlich zu begreifen, dass die Mehrheit sich um einen fairen und gerechten Umgang mit den „Fremden" bemüht. Wenn etwa danach gefragt wird, ob man alle Religionen und damit auch den Islam respektieren muss, dann antwortet eine beachtliche Mehrheit mit Ja (vgl. Abb. 1.10). In Westdeutschland sind es immerhin etwa 80 %, die so antworten. In den anderen Ländern ist die Zustimmung zu dieser Aussage noch etwas höher.

Abb. 1.10: Respekt gegenüber fremden Religionen und Gewährung religiöser Rechte

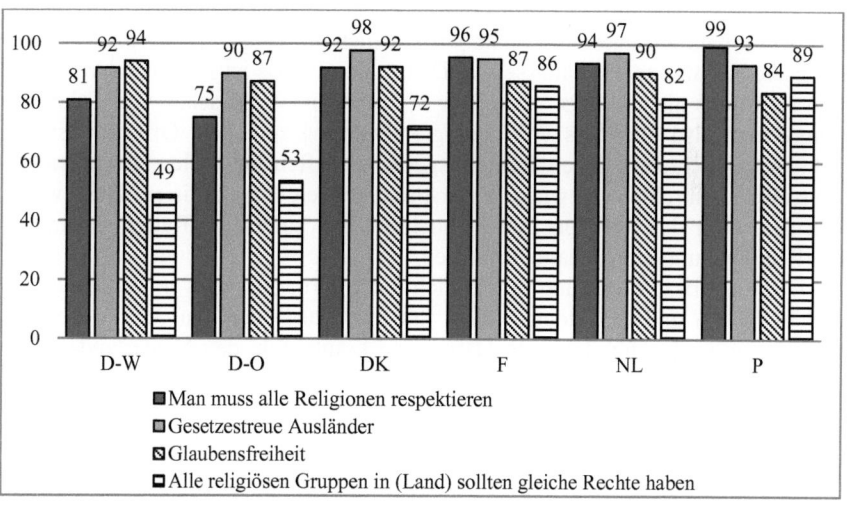

Gesetzestreue Ausländer: „Sofern sich die Ausländer an unsere Gesetze halten, kommt es nicht darauf an, welche Religion sie haben"; Glaubensfreiheit: „Geben sie bitte anhand dieser Skala an, wie wichtig Ihnen folgende Aspekte des politischen Lebens sind…"; 4er-Skala (sehr wichtig − eher wichtig − eher unwichtig − völlig unwichtig); Anteil derjenigen, die Glaubensfreiheit für sehr bzw. eher wichtig halten, in %; alle anderen Indikatoren: 4er-Skala (stimme stark zu − stimme eher zu − stimme eher nicht zu − stimme gar nicht zu); Anteil derjenigen, die stark bzw. eher zustimmen, in %.

Auch die Zustimmung zu dem Satz „Sofern sich die Ausländer an unsere Gesetze halten, kommt es nicht darauf an, welche Religion sie haben" fällt hoch aus (vgl. Abb. 1.10). Hier erreichen die Akzeptanzwerte in allen Ländern 90 % und mehr. Ebenso wird der Grundsatz der Glaubensfreiheit von etwa 90 % bejaht. Insgesamt stehen die Menschen also zu den freiheitlichen Werten der westlichen Demokratien, und es scheint, als würden sie den Respekt und die Achtung gegenüber den fremden Religionsgemeinschaften zumindest zum Teil auch davon abhängig machen, inwieweit sich diese gleichfalls an jene Werte halten. Die ablehnende Haltung gegenüber den Angehörigen fremder Religionsgemeinschaften, insbesondere des Islam, wie sie sich vor allem in Deutschland findet, muss zu dem ihnen entgegengebrachten Respekt nicht im Widerspruch stehen. Toleranz meint ja genau dies, dass man den anderen achtet, obwohl man mit seinen Überzeugungen und Verhaltensweisen nicht einverstanden ist.

Aber haben wir es in Deutschland, wenn man eine ablehnende Haltung zu Muslimen einnimmt und zugleich darauf besteht, allen Religionen mit Respekt begegnen zu wollen, tatsächlich mit einer Form der Toleranz zu tun? Skepsis ist angebracht, denn wenn man danach fragt, ob man allen Gruppen im Land die gleichen Rechte zugestehen sollte, sind nur etwa 50 % der Deutschen dazu bereit (vgl. Abb. 1.10). In anderen Ländern beläuft sich der Anteil derer, die sich für die Gleichberechtigung aller Religionsgemeinschaften aussprechen, auf 70 bis über 80 %. Und wie bereits erwähnt, wird ja auch die Frage, ob sich die Muslime an unsere Kultur anpassen müssen, in Deutschland – das ist in den anderen Ländern allerdings nicht anders – von über 80 % bejaht. Wenn schon von Toleranz, könnte man also allenfalls von bedingter Duldung sprechen. Offenbar ist die Haltung zu nichtchristlichen Religionsgemeinschaften bei vielen, vor allem in Deutschland, durch eine gewisse Widersprüchlichkeit charakterisiert. Auch wenn man den Wert der Religionsfreiheit hoch schätzt, sollen die Religionsgemeinschaften doch ungleich behandelt werden.

Diese restriktive Haltung drückt sich auch darin aus, dass in Westdeutschland nur 28 % und in Ostdeutschland nur etwa 20 % den Bau von Moscheen befürworten (vgl. Abb. 1.11). In Dänemark, Frankreich, den Niederlanden und Portugal macht der Anteil derer, die sich für den Bau von Moscheen aussprechen, deutlich über die Hälfte aus.[9] Bezüglich des Baus von Minaretten ist die Befürwortung in allen Ländern niedriger, in Deutschland aber besonders gering.

---

[9] Dieses Ergebnis sollte nicht so interpretiert werden, als ob die restlichen Befragten dafür wären, den Bau von Moscheen zu verbieten. Es fällt schwerer, den Bau von Moscheen zu befürworten, als sich gegen ein Verbot des Baus von Moscheen auszusprechen. Lautet die Frage, ob man der Meinung ist – und so wurde in der Volksbefragung in der Schweiz gefragt –, dass der Bau von Minaretten verboten werden sollte, dann sind viel weniger bereit, ein solches Verbot zu akzeptieren.

Abb. 1.11: Akzeptanz religiöser Rechte von Muslimen

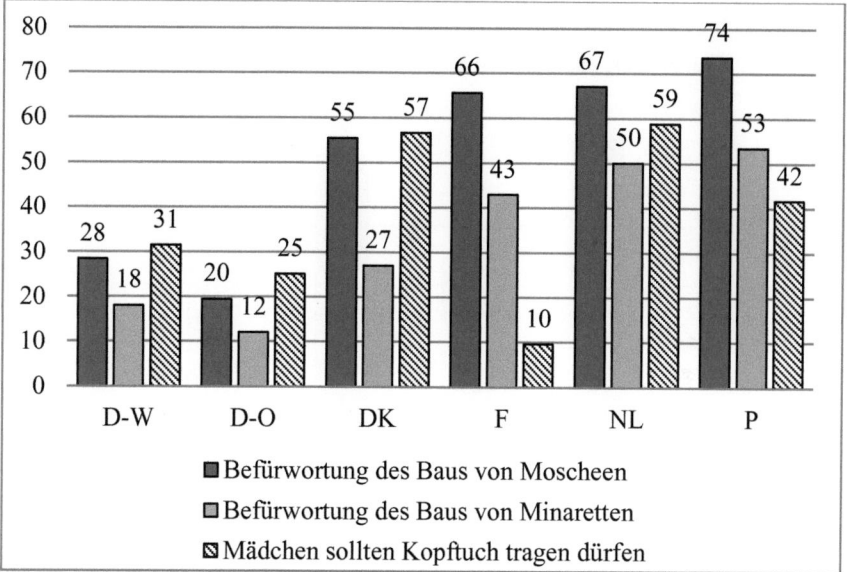

Befürworwtung des Baus von Moscheen/Minaretten: „Allgemein gefragt, befürworten Sie den Bau von Moscheen in (Land)?"; „Und wie ist es mit Minaretten: Befürworten Sie den Bau von Minaretten in (Land)?"; 2er-Skala (ja – nein); Anteil zustimmender Antworten in %; Mädchen sollten Kopftuch tragen dürfen: „Mädchen sollten in der Schule Kopftuch tragen dürfen, wenn es ein Teil ihrer religiösen Tradition ist"; 4er-Skala (stimme stark zu – stimme eher zu – stimme eher nicht zu – stimme gar nicht zu); Anteil derjenigen, die stark bzw. eher zustimmen, in %.

Ähnlich sieht es aus, wenn die Frage gestellt wird, ob Mädchen in der Schule Kopftuch tragen dürfen, wenn es Teil ihrer religiösen Tradition ist (vgl. Abb. 1.11). In Westdeutschland sind es 31 %, im Osten Deutschlands 25 %, die sich zustimmend äußern, in Dänemark und in den Niederlanden aber deutlich über 50 %. Frankreich fällt bei dieser Frage heraus, was damit zusammenhängt, dass es in der Tradition der *laïcité* liegt, religiöse Symbole aus der Öffentlichkeit zu verbannen und den öffentlichen Raum religiös neutral zu halten. Seit 2004 ist in Frankreich das Tragen des Kopftuchs Lehrern und Schülern in der Schule verboten. Die geringe Akzeptanz des Tragens von Kopftüchern in der Schule, wie sie Abbildung 1.11 für Frankreich ausweist, erklärt sich daraus.

Der Eindruck, dass die Deutschen dem Islam die Gleichberechtigung verweigern, bestätigt sich, wenn sie danach gefragt werden, ob die islamische Glaubensausübung stark eingeschränkt werden sollte (vgl. Abb. 1.12). 42 % im Westen und über 50 im Osten sprechen sich dafür aus. Die vergleichsweise hohe

Bejahung dieser Frage in Frankreich ist wiederum auf das Prinzip der *laicité* zurückzuführen, das Religion aus der Öffentlichkeit verbannen will.

Abb. 1.12: Haltungen zur Einschränkung des islamischen Glaubens

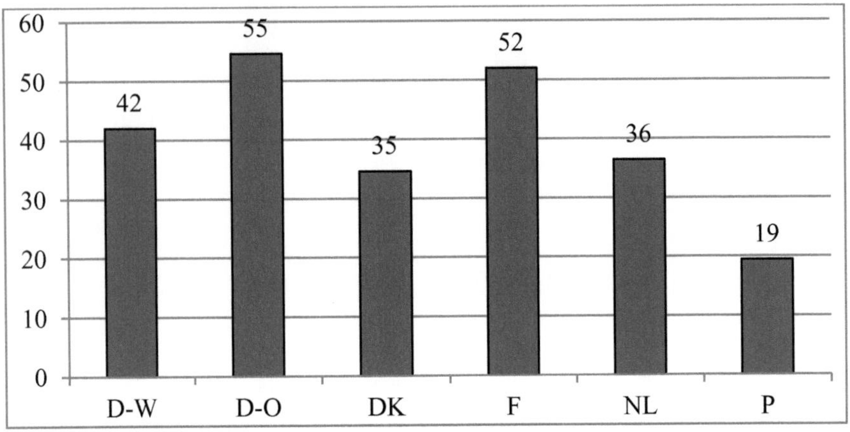

Fragestellung: „Die Ausübung des islamischen Glaubens in (Land) muss stark eingeschränkt werden.“; 4er-Skala (stimme stark zu – stimme eher zu – stimme eher nicht zu – stimme gar nicht zu); Anteil derjenigen, die stark bzw. eher zustimmen, in %.

Die im Vergleich zu den anderen Ländern geringe Bereitschaft, allen Religionsgemeinschaften gleiche Rechte zuzugestehen, wie sie typisch für die Befragten in Deutschland Ost und West ist, sowie die niedrige Akzeptanz des Baus von Moscheen und Minaretten in Deutschland steht in einem klaren Widerspruch zur Bejahung des Rechts auf freie Religionsausübung und zu dem mehrheitlichen Bekenntnis der Deutschen zum Respekt gegenüber allen Religionen. Steht hinter der Verweigerung gleicher Rechte für alle Religionsgemeinschaften, die immerhin von etwa der Hälfte der Bevölkerung in Deutschland befürwortet wird, das Bedürfnis nach kultureller und religiöser Konformität, die Ablehnung alles Fremden, die Unterscheidung zwischen „wir" und „sie", also eine generelle Fremdenfeindlichkeit? Oder hängt sie vor allem mit einem Gefühl der Bedrohung durch fremde Kulturen, durch die Konflikthaftigkeit religiöser Pluralität und die als potentiell unfriedlich wahrgenommene Präsenz einer Vielzahl von Religionen zusammen? Oder bezieht sie sich vor allem auf den Islam, der als gewaltbereit, fanatisch und gefährlich eingeschätzt wird? Oder müssen alle drei Einstellungen zugleich herangezogen werden, wenn es darum geht, die beachtlichen Vorbehalte der Deutschen gegenüber einer Gleichbehandlung aller Religionen zu erklären?

Was fremde Kulturen, Religionen und Lebensstile betrifft, so ist die Skepsis in Deutschland weit verbreitet. 56 % der Westdeutschen sagen, es leben zu viele Ausländer in Deutschland (vgl. Abb. 1.13). Im Osten Deutschlands, obwohl dort der Ausländeranteil deutlich geringer ist als im Westen, vertreten diese Meinung sogar fast 70 %. Wenn man Ausländerfeindlichkeit mit diesem Statement misst, dann muss man konstatieren, dass die Ausländerfeindlichkeit in anderen westeuropäischen Ländern deutlich niedriger ist. Wie bereits dargestellt (vgl. Abb. 1.2) nehmen in Deutschland im Vergleich zu den anderen Ländern deutlich weniger die religiöse Vielfalt als kulturelle Bereicherung wahr. Wenn es um die Hochschätzung kultureller und religiöser Vielfalt geht, neigen die Deutschen also mehr als andere Nationen zur Homogenität. Besonders deutlich wird dies bei der Frage, ob man sich in seiner Nachbarschaft mehr religiöse Vielfalt wünscht. Wie erwähnt (vgl. oben Abb. 1.3), beläuft sich die Zustimmung zu dieser Frage in West- und Ostdeutschland auf nicht mehr als 10 bis 12 %, während in Frankreich, den Niederlanden und Portugal immerhin etwa 45 % einen solchen Wunsch hegen. Offenbar ist das Bedürfnis nach kultureller und religiöser Homogenität in Deutschland stärker verankert als in anderen westeuropäischen Gesellschaften. Es könnte in signifikantem Maße dazu beitragen, dass viele Deutsche sich dafür aussprechen, den vielfältigen und vielfältiger werdenden Religionsgemeinschaften die Gleichbehandlung vorzuenthalten.

Abb. 1.13: Ausländerfeindlichkeit im Vergleich

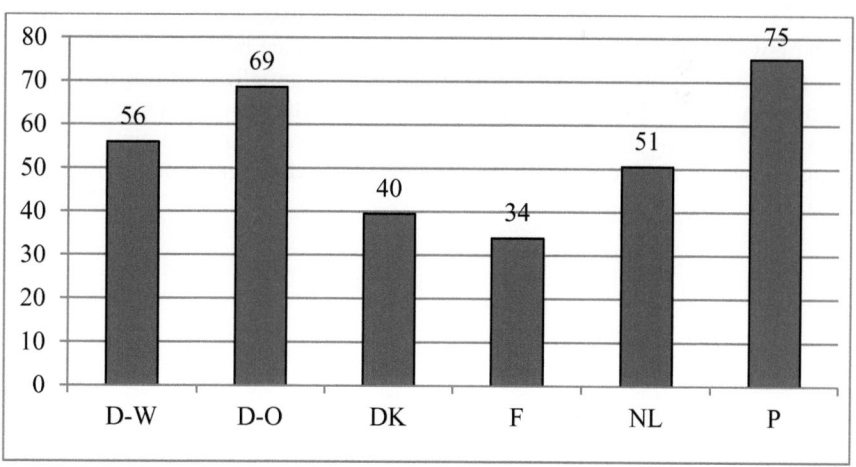

Fragestellung: „Es leben zu viele Ausländer in (Land).“; 4er-Skala (stimme stark zu – stimme eher zu – stimme eher nicht zu – stimme gar nicht zu); Anteil derjenigen, die stark bzw. eher zustimmen, in %.

Die Vorbehalte gegenüber einer Gleichberechtigung aller Religionsgemeinschaften könnten aber auch mit einem Gefühl der kulturellen und sozialen Bedrohung zusammenhängen. Immerhin etwa zwei Fünftel der Deutschen geben an, sich durch fremde Kulturen bedroht zu fühlen (vgl. oben Abb. 1.1). Doch sind die Länderdifferenzen hinsichtlich dieser Frage nicht sehr groß. Auch was die konfliktiven Folgen der zunehmenden Vielfalt der Religionsgemeinschaften angeht, sind, wie wir gesehen haben (vgl. oben Abb. 1.2), die Länderdifferenzen nicht beträchtlich. In allen untersuchten Ländern beurteilt eine Mehrheit die wachsende Pluralität des Religiösen als eine Ursache für Konflikte. In Deutschland, Dänemark und den Niederlanden macht der Anteil, der dies so sieht, mehr als 70 % aus.

Oder beziehen sich die Vorbehalte gegenüber einer Gleichberechtigung aller Religionsgemeinschaften vor allem auf den Islam? Tatsächlich sprechen sich über 40 % im Westen und mehr als 50 % im Osten dafür aus, die islamische Glaubensausübung stark einzuschränken (vgl. oben Abb. 1.12). Nur 28 % in Westdeutschland und in Ostdeutschland sogar nur 20 % befürworten den Bau von Moscheen – weitaus weniger als in den anderen europäischen Ländern (vgl. Abb. 1.11). Noch einmal weniger sprechen sich für den Bau von Minaretten aus.

Doch warum wollen so viele Deutsche die Religionsausübung der Muslime eingeschränkt sehen? Fühlen sie sich durch den Islam bedroht? Fragt man ganz direkt, ob die Menschen Angst haben, ob unter den Muslimen in Deutschland nicht auch viele Terroristen sind, so antworten etwa zwei Drittel der Deutschen mit Ja (vgl. Abb. 1.14). Es verwundert dann nicht, dass etwa ebenso viele bzw. sogar etwas mehr islamische Gemeinschaften vom Staat beobachtet wissen wollen (vgl. Abb. 1.14). Und wenn die Frage danach gestellt wird, ob die zunehmende Anzahl von Muslimen eine Ursache für Konflikte ist, dann sind es wiederum über 70 %, die dieser Aussage zustimmen, während nur etwa ein Drittel das Wachstum der Zahl der Muslime für eine kulturelle Bereicherung hält (vgl. Tab. 1.2).

Abb. 1.14: Einstellungen zum Islam und zu Muslimen in Deutschland

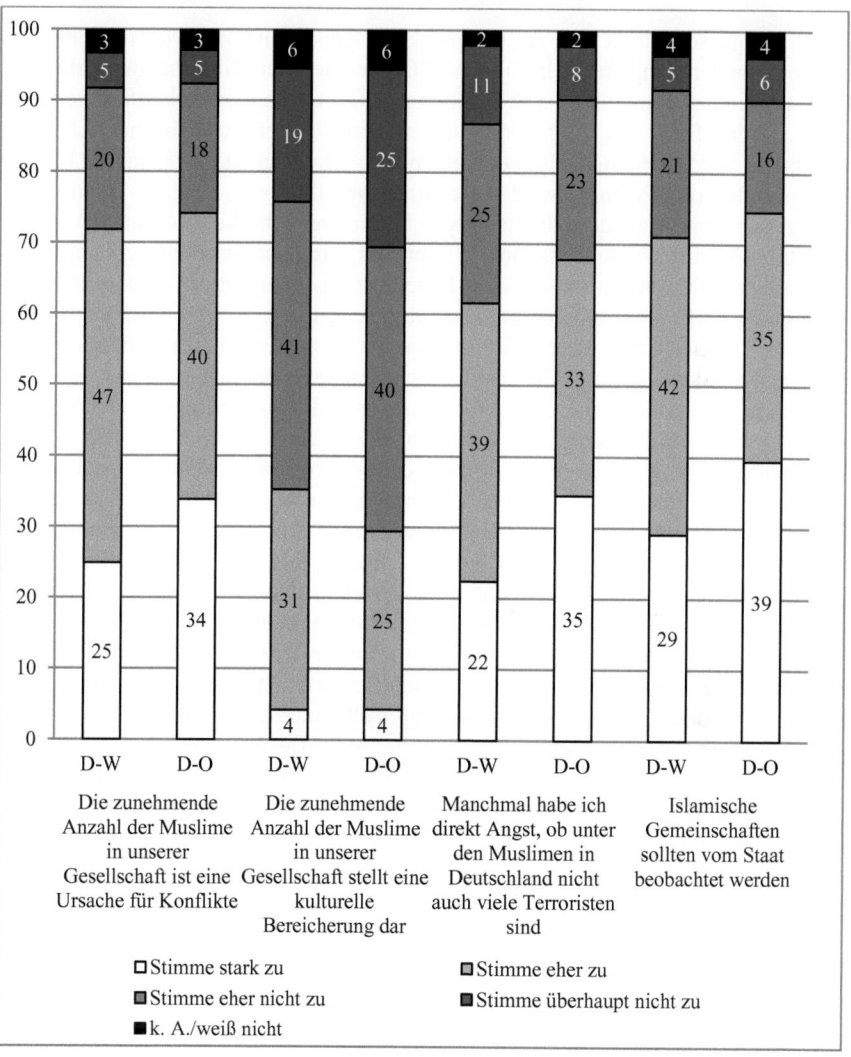

Alle Angaben in %.

4   Zusammenfassung

Zusammenfassend lässt sich festhalten, dass Deutschland sich von den anderen Ländern im Umgang mit religiöser Vielfalt in vielerlei Hinsicht unterscheidet. Insbesondere zu Muslimen ist die Haltung in Deutschland mehrheitlich negativ. Zwar ist das Bild, das vom Islam in den untersuchten europäischen Ländern entworfen wird, nirgends überwiegend positiv. In Dänemark, Frankreich, den Niederlanden und Portugal wird diese Situation allerdings durchaus ambivalent wahrgenommen. Man sieht die negativen Seiten, versteht die wachsende Vielfalt des Religiösen als eine Ursache für Konflikt, zugleich wird die zunehmende religiöse Vielfalt aber auch als eine Bereicherung interpretiert. In Deutschland hingegen sind es weitaus weniger, die Multireligiosität als Bereicherung wahrnehmen, und der Anteil derer, die positive Seiten am Islam ausmachen können, ist verschwindend gering. Das Bild vom Fremden und insbesondere von den Muslimen ist in Deutschland eindimensionaler und weniger ambiguitätstolerant. Auch wenn es in den anderen Ländern in etwa ebenso viele Menschen wie in Deutschland sind, die sich durch fremde Kulturen bedroht fühlen, die zunehmende Vielfalt des Religiösen als eine Konfliktursache beurteilen, das Christentum für das Fundament ihrer Kultur halten und von den Muslimen Anpassung an die Mehrheitskultur erwarten, ist in diesen Ländern die Bereitschaft, allen Religionsgemeinschaften gleiche Rechte zuzugestehen und auch dem Islam umfassende Rechte zur Religionsausübung einzuräumen, deutlich ausgeprägter als in Deutschland. Es entsteht der Eindruck, als wäre die Toleranz gegenüber fremden Religionen bei den Deutschen weniger stark entwickelt als bei ihren westeuropäischen Nachbarn. Dieser Befund verlangt nach einer Erklärung.

Womit es zusammenhängt, dass die deutsche Bevölkerung eine negativere Haltung gegenüber den Muslimen hat und die Gleichbehandlung der Religionsgemeinschaften stärker eingeschränkt sehen will als die Einwohner anderer Länder, soll in den nächsten Kapiteln untersucht werden.

Kapitel 2

Grenzen der Toleranz: Deutschlands Plädoyer für die Ungleichbehandlung von Religionsgemeinschaften

Detlef Pollack

1   Fragestellung und Hypothesen

Die Mehrheit der Deutschen in Ost und West spricht sich für Respekt gegenüber den Religionen der Welt aus. 81 % in Westdeutschland und 75 % in Ostdeutschland sind der Meinung, man müsse allen Religionen mit Respekt begegnen. Ebenso erfreut sich der Wert der Religionsfreiheit hoher Zustimmung. Die Gewährleistung von Glaubensfreiheit halten 94 % der Westdeutschen und 87 % der Ostdeutschen für wichtig. Die Garantie von Rechtsgleichheit für alle Religionsgemeinschaften findet hingegen deutlich weniger Unterstützung. Auf die Frage, ob alle religiösen Gruppen gleiche Rechte haben sollten, antworten nur 49 % der Westdeutschen und 53 % der Ostdeutschen mit Ja. Zwar werden Glaubensfreiheit, Respekt gegenüber fremden Religionen und Fairness im Umgang mit ihnen als abstrakte Werte bejaht. Wenn es aber konkret wird, kommen Fairness und Toleranz schnell an eng definierte Grenzen. Nur 28 % der Westdeutschen befürworten den Bau von Moscheen in Deutschland, nur 18 % den Bau von Minaretten. In Ostdeutschland belaufen sich die entsprechenden Anteile auf 20 bzw. 12 %. 42 % der Westdeutschen und 55 % der Ostdeutschen meinen, dass die Ausübung des islamischen Glaubens eingeschränkt werden muss. Und sogar mehr als 70 % der Deutschen halten es für angebracht, islamische Gemeinschaften vom Staat beobachten zu lassen.

Was steht hinter der Verweigerung gleicher Rechte für alle Religionsgemeinschaften? Wie kommt es, dass beachtliche Anteile der Deutschen im Osten und Westen des Landes sich für eine Ungleichbehandlung der Religionen aussprechen, obwohl sie die Werte des westlichen Rechtsstaats wie Glaubensfreiheit, Meinungs- und Redefreiheit sowie die Garantie von Minderheitenrechten hoch schätzen?[10] Diese Frage soll im Fokus der folgenden Analysen stehen. Für

---

[10]   99 % der Westdeutschen und 98 % der Ostdeutschen halten Meinungs- und Redefreiheit für ein hohes Gut des politischen Lebens; 88 % der Westdeutschen und 80 der Ostdeutschen schätzen garantierte Minderheitenrechte als wichtig ein.

ihre Bearbeitung wollen wir zunächst einige als wahrscheinlich einzuschätzende Vermutungen anstellen.

Auf die Bereitschaft, eine gleichberechtigte Behandlung aller Religionsgemeinschaften zu akzeptieren, üben gewiss sozialstrukturelle Merkmale einen Einfluss aus. Es kann als wahrscheinlich angenommen werden, dass ein höherer Bildungsgrad die Akzeptanz der Gleichbehandlung unterschiedlicher religiöser Gemeinschaften positiv beeinflusst. Ebenso kann die Hypothese, dass der ökonomische Status die Befürwortung religionsrechtlicher Gleichstellung beeinflusst, eine gewisse Plausibilität für sich beanspruchen. Je besser die ökonomische Stellung ist, desto stärker wird man dazu neigen, Menschen mit unterschiedlichen religiösen Orientierungen gleiche Rechte einzuräumen. Materielle Sicherheit erhöht die Toleranzbereitschaft. Dabei dürfte nicht nur die objektive Stellung einen Einfluss ausüben, sondern auch die subjektive Wahrnehmung derselben. Daher ist es wichtig, nicht nur die Formen einer objektiven Benachteiligung zu erfassen, sondern „auch die Gefühle, die die Akteure hinsichtlich dieser Benachteiligung empfinden" (Rippl/Baier 2005: 648). Die sozialstrukturellen Merkmale sollen deshalb sowohl durch die objektiven Variablen Alter, Geschlecht, Bildung, Wohnort (Stadt/Land) als auch durch die Wahrnehmung des sozialen Status abgebildet werden. Außerdem beziehen wir in die Untersuchung auch die Einstufung auf der politischen Links-Rechts-Skala ein.

Eine weitere Hypothese bezieht sich auf den Einfluss, den die Akzeptanz westlicher Werte wie Rede- und Meinungsfreiheit, Religionsfreiheit oder auch Gesetzestreue auf die Gewährung gleicher Rechte ausübt. Es kann als sehr wahrscheinlich gelten, dass Menschen, denen die angeführten westlichen Werte wichtig sind, davon Abstand nehmen, nichtchristlichen Religionsgemeinschaften gleiche Rechte vorzuenthalten.

Gefühle der Bedrohung dürften hingegen in die entgegengesetzte Richtung wirken. Gemäß den Annahmen einer Soziologie der Fremdenfeindlichkeit bestärken Gefühle der Bedrohung von Kultur, Gemeinschaft und sozialem Frieden Vorurteile gegenüber Fremden und damit möglicherweise auch die Bereitschaft, ihnen gleiche Rechte zuzugestehen (Stolz 2000: 63f.). Jürgen Leibold (2009) untersucht, inwieweit Bedrohungsempfindungen zur Verstärkung von Vorurteilen führen können. Er kommt zu dem Ergebnis, dass Bedrohungsgefühle vor allem eine Funktion von Fremdenfeindlichkeit sind: Je fremdenfeindlicher eine Person ist, desto stärker neigt sie dazu, andere Kulturen als Bedrohung wahrzunehmen und desto ausgeprägter sind ihre Vorurteile (Leibold 2009: 152). Wir gehen davon aus, dass die Wahrnehmung der Bedrohung durch fremde Kulturen und der durch Religionen ausgelösten Konflikte in der Welt dazu beitragen kann, Religionsgemeinschaften gleiche Rechte abzuerkennen und auf einer Einschränkung ihrer religiösen Praxis zu bestehen.

Ob diese Bedrohungsgefühle vor allem durch den Islam ausgelöst werden, muss gleichfalls geprüft werden. Deshalb fragen wir in einem weiteren Schritt unserer Analyse, ob man Angst hat, dass unter den Muslimen in Deutschland nicht auch viele Terroristen sind, und inwieweit man den Islam als eine fremde Kultur wahrnimmt, die nicht in die westliche Welt passt und sich stärker an unsere Kultur anpassen sollte. Hinter dem Bedrohungsgefühl könnte auch eine affektive Abwehr des Fremden, Ungewohnten und Unangepassten stehen, das zu einer Verteidigung des Eigenen herausfordert. Identitätstheorien machen den Konflikt zwischen Eigen- und Fremdgruppe zum Thema. Sie nehmen an, dass die Abwertung der Fremdgruppe mit einer Aufwertung der Eigengruppe zusammengeht und dass der Versuch, Fremdgruppen die Gleichberechtigung zu versagen, durch diesen Konflikt bedingt ist (Heitmeyer 2002).

Möglicherweise möchte man die Gleichbehandlung der unterschiedlichen Religionsgemeinschaften aber auch deshalb eingeschränkt sehen, da man das normative Bild einer mehr oder weniger einheitlichen Kultur in sich trägt. Fremde wären dann grundsätzlich eine Störung. Um die Effekte dieses normativen Bildes abzutesten, untersuchen wir, welchen Einfluss die Ablehnung von Ausländern, die Behauptung, dass das Christentum das Fundament unserer Kultur sei, sowie Vorbehalte gegenüber der zunehmenden religiösen Vielfalt auf die Verweigerung gleicher Rechte für alle religiösen Gemeinschaften hat. Kulturanthropologische Überlegungen, wie sie etwa von Werner Schiffauer (2007: 111-115) angestellt werden, besagen, dass die Erfahrung der wachsenden Heterogenität der Gesellschaft gesellschaftliche Ängste und Hysterien produziert, aus denen sich das Bild vom Muslim speist. Mit der zunehmenden Heterogenität der Gesellschaft werde der Muslim zum bedrohlichen Anderen der verunsicherten moralischen Gemeinschaft, die ihre Einheit in Leitkulturdebatten beschwört und zugleich den Muslim als Angstobjekt konstruiert. Unsere Vermutung ist daher, dass die Verweigerung gleicher Rechte für alle Religionsgemeinschaften umso stärker ist, je mehr die kulturelle Einheit der Gesellschaft betont und religiöse und kulturelle Pluralität abgelehnt wird.

2   Regressionsanalyse: Das Erklärungsmodell

Zur Erklärung der relativ geringen Befürwortung der rechtlichen Gleichbehandlung aller religiösen Gruppen in Deutschland West und Ost wurde eine schrittweise Regressionsanalyse[11] durchgeführt. In ihr wurde untersucht, inwieweit die

---

[11]   Bei einer hierarchischen Regression werden in verschiedenen Schritten immer mehr Variablen auf der Grundlage von theoretischen Überlegungen in das Modell integriert. Dabei sind mehrere Aspekte wichtig: Erstens geht es darum, wie sehr sich die erklärte Varianz (R^2) mit jedem Schritt

Verweigerung gleicher Rechte für alle religiösen Gruppen auf sozialstrukturelle Merkmale wie Geschlecht, Alter, Erziehung, sozialen Status oder Wohnort (Schritt 1), auf die Ablehnung politischer und bürgerlicher Freiheiten wie Meinungsfreiheit oder Religionsfreiheit (Schritt 2), auf ein Gefühl der Bedrohung durch fremde Kulturen (Schritt 3) und dabei ganz konkret auf die Angst vor der Gewaltbereitschaft von Angehörigen des Islam (Schritt 4), auf die Abwehr kultureller und religiöser Vielfalt und die Bevorzugung kulturell-religiöser Homogenität (Schritt 5) oder ganz allgemein auf die Skepsis gegenüber unterschiedlichen Religionsgemeinschaften, seien es buddhistische, hinduistische, jüdische oder muslimische (Schritt 6), zurückzuführen ist.

Betrachtet man zunächst die Modelle, die nur die sozialstrukturellen Variablen als Erklärungsfaktoren enthalten, dann üben, wie in Tab. 2.1 und 2.2 dargestellt, diese Merkmale durchaus einen gewissen Einfluss auf die Bereitschaft, Religionsgemeinschaften gleiche Rechte einzuräumen, aus. In Westdeutschland hat der Bildungsgrad einen Effekt: Je höher die Befragten gebildet sind, desto wahrscheinlicher ist es, dass die Gleichberechtigung religiöser Gruppen favorisiert wird (vgl. Tab. 2.1, Modell 1). In Ostdeutschland ist das Alter einflussreich: Je jünger die Befragten sind, desto stärker neigen sie zur Akzeptanz religiöser Gleichberechtigung (vgl. Tab. 2.2, Modell 2). Sowohl in West- als auch in Ostdeutschland spielen die Verortung auf der Links-Rechts-Skala und die Beurteilung des eigenen sozialen Status eine Rolle. Diejenigen, die sich politisch mehr links einordnen, neigen mehr zur Gleichbehandlung religiöser Gruppen als diejenigen, die sich im politischen Spektrum mehr rechts ansiedeln. Mit dem sozialen Status steigt auch die Bereitschaft, religiösen Gruppen gleiche Rechte zuzuschreiben. Diese Ergebnisse verwundern nicht und entsprechen geläufigen Erwartungen. Mit dem Bildungsgrad nehmen Reflexivität und Toleranz gewöhnlich zu. Je höher der eigene soziale Status ist, desto entspannter kann man mit Menschen umgehen, die anderen Überzeugungen folgen und andere Identitäten haben. Geschlechtszugehörigkeit und Wohnort machen in der Einstellung zur Gleichbehandlung der religiösen Gruppen keinen Unterschied. Mit einem korrigierten R^2 von ,085 bzw. ,062 ist die erklärte Varianz zufrieden stellend.[12]

---

veründert, zweitens werden diejenigen Variablen identifiziert, die die stärksten Effekte auf die abhängige Variable ausüben, drittens wird untersucht, ob erklärungskräftige Variablen ihre Erklärungskraft behalten, wenn weitere Variablen in das Modell eingefügt werden. Eine solche multivariate Herangehensweise, bei der zahlreiche Variablen berücksichtigt werden, ermöglicht viertens, dass eventuelle Effekte dritter Variablen aus dem jeweils untersuchten Verhältnis von zwei relevanten Merkmalen „ausgefiltert" werden.

[12] Mit dem korrigierten R^2 wird ausgesagt, wie hoch der Prozentsatz der beobachtbaren Unterschiede in der Einstellung zur Gleichbehandlung religiöser Gruppen – dies ist die abhängige Variable der Regressionsanalyse – ist, der durch sozialstrukturelle Merkmale aufgeklärt werden kann. Hier sind dies nicht mehr als 8 bzw. 6 %, was aber bei sozialstrukturellen Variablen im erwartbaren Rahmen liegt.

In einem zweiten Schritt wird der zusätzliche Einfluss der Akzeptanz von rechtsstaatlichen Prinzipien und Toleranz untersucht. Mit diesem Analyseschritt erhöht sich die erklärte Varianz in Westdeutschland um sechs Prozentpunkte auf 15 %, in Ostdeutschland sogar um 21 Prozentpunkte auf 27 % (vgl. Tab. 2.1 und 2.2, Modell 2). Vor allem eine Variable schlägt in starkem Maße durch – die Zustimmung zu der Aussage „Sofern sich die Ausländer an unsere Gesetze halten, kommt es nicht darauf an, welche Religion sie haben". Man könnte auch hier von einer bedingten Toleranz sprechen: Sofern Ausländer die Gesetze respektieren, will man ihnen mit Toleranz begegnen. Dann sieht man offenbar ein, dass ihnen, ganz gleich welcher Religionsgemeinschaft sie angehören, die gleichen Rechte zustehen. Anscheinend sind jedoch viele der Ansicht, dass sich Ausländer nicht an die Gesetze halten, und verweigern ihnen daher die Gleichberechtigung. Besonders in Ostdeutschland ist dieser Zusammenhang stark ausgeprägt. Wahrscheinlich steht hinter der mangelnden Bereitschaft, allen Religionsgemeinschaften gleiche Rechte einzuräumen, in Ost wie West, besonders aber im Osten, eine starke Devianzwahrnehmung.[13]

Auf die Absage an eine Gleichbehandlung aller religiösen Gruppen könnte aber auch die Einschätzung einen Einfluss ausüben, dass das Eigene durch Fremdes bedroht ist und Religionen zu dieser Bedrohung beitragen. Dieser Zusammenhang wird im dritten Analyseschritt untersucht (Tab. 2.1 und 2.2, 3. Modell). Tatsächlich erhöht sich die Erklärungskraft des Modells in Ost- und Westdeutschland durch Hinzufügung dieses Faktors noch einmal um 7 %. Das Gefühl, dass das eigene Land durch fremde Kulturen bedroht ist und dass die zunehmende Vielfalt religiöser Gruppen eine Ursache von Konflikten ist, ist ein wichtiger Prädiktor für die Ausprägung der abhängigen Variablen. Vor allem im Westen Deutschlands hat das Bedrohungsgefühl einen starken Einfluss.

Um herauszufinden, ob das Gefühl der Bedrohung durch Fremdes, das sich negativ auf die Akzeptanz der Rechtsgleichheit religiöser Gruppen auswirkt, vor allem ein Gefühl der Bedrohung durch den Islam ist, wird in einem weiteren analytischen Schritt (Schritt 4) der Einfluss von Aussagen über den Islam und die Muslime untersucht. Überraschenderweise geht von der Aussage „Manchmal habe ich direkt Angst, ob unter den Muslimen in Deutschland nicht auch viele Terroristen sind" kein direkter Effekt auf die abhängige Variable aus. Möglicherweise sind die Effekte der Angst vor Terroristen bereits durch das allgemeine Bedrohungsgefühl aufgesogen. Jedenfalls trägt die Angst vor muslimischen Terroristen, die von mehr als drei Fünfteln der deutschen Bevölkerung geteilt wird, nicht zu der verbreiteten Auffassung bei, dass gleiche Rechte religiösen

---

[13] Ob diese Devianzwahrnehmung, wie Schiffauer (2007: 131) annimmt, eine konstruierte und selbstproduzierte ist oder ob sie Anhalt an der sozialen Wirklichkeit hat, lässt sich anhand der beobachteten Zahlenwerte nicht ausmachen.

Gruppierungen vorenthalten werden sollen. Wohl aber spielen die Erwartung, dass Muslime sich an die in Deutschland herrschende Kultur anpassen sollten, und das Bewusstsein der Andersartigkeit des Islam („Der Islam passt durchaus in unsere westliche Welt") eine Rolle. Je höher die Anpassungserwartung und je stärker der Eindruck mangelnder Passförmigkeit, desto stärker auch die Ablehnung gleicher Rechte für alle religiösen Gemeinschaften.

Die Konformitätserwartung auf dem religiösen Feld wird noch einmal gesondert im fünften Schritt der Regressionsanalyse getestet. Sofern man sich eine größere religiöse Vielfalt wünscht und die wachsende Vielfalt religiöser Gruppierungen für eine Bereicherung hält, tendiert man auch stärker zur Gewährung gleicher Rechte für alle Religionsgemeinschaften. Wo die Vielfalt abgelehnt wird und wo man das Christentum für das Fundament unserer Kultur hält, neigt man dagegen zu der Auffassung, dass religiösen Gruppen nicht die gleichen Rechte zustehen. Die Ablehnung von Rechtsgleichheit für unterschiedliche religiöse Gemeinschaften ist also in West- und Ostdeutschland besonders stark auf die Erwartung eines hohen Maßes an religiös-kultureller Homogenität und die zu unterstellende Erfahrung der Abweichung von dieser Erwartung zurückzuführen. Daneben spielt auch das Gefühl der Bedrohung durch Fremdes eine gewisse Rolle. Außerdem fungieren rechtsstaatliche Grundüberzeugungen als Barriere für die Ablehnung von Rechtsgleichheit. Das gilt zumindest für Westdeutschland. Immerhin fast 30 % der Varianz lässt sich in Westdeutschland mit Hilfe der im Modell 5 berücksichtigten Variablen erklären, in Ostdeutschland sogar über 40 %. Die über die Variable „Es leben zu viele Ausländer in Deutschland" gemessene Ausländerfeindlichkeit hat auf die Präferenz der Ungleichbehandlung religiöser Gemeinschaften weder in West- noch in Ostdeutschland einen Einfluss.

Interessanterweise verschwinden gerade in Westdeutschland nun aber alle bisher in die Rechnung einbezogenen Einflüsse, wenn in einem letzten Schritt die Wirksamkeit der Haltung zu einzelnen Religionsgemeinschaften analysiert wird. Die Haltung zu Hindus, Buddhisten und Juden übt dabei allerdings keinen Einfluss aus; allein die Einstellung zu den Muslimen zieht alle Effekte bis auf den Effekt der Konformitätserwartung auf sich. Wenn man Muslimen negativ gegenübersteht, religiöse Vielfalt nicht für einen kulturellen Gewinn hält und sich eher weniger als mehr religiöse Pluralität wünscht, dann ist die Wahrscheinlichkeit hoch, dass man religiöse Gemeinschaften nicht mit gleichen Rechten versehen wissen will und die Rechte nichtchristlicher Religionsgemeinschaften und dabei wohl vor allem des Islam eingeschränkt haben will. Natürlich spielen in diese Bereitschaft zur Unterprivilegierung nichtchristlicher Religionsgemeinschaften Gefühle der Bedrohung und der Besorgnis über die Konflikthaftigkeit religiöser Vielfalt mit hinein. Diese Bedrohungs- und Angstgefühle lassen sich als eigenständiger Effekt in Westdeutschland jedoch nicht isolieren. Wenn sie in Ostdeutschland als eigenständiger Effekt auftreten, dann muss man diese Gefühle offenbar in einem engen Zusammenhang mit den Konformitätserwartungen sehen. Gerade weil viele religiöse Vielfalt nicht wünschen, erleben sie das Fremde als Infragestellung und Gefahr. Und wenn sie dann noch ein starkes Bewusstsein für Abweichungen haben, wie das in Ostdeutschland offenbar der Fall ist, dann bringt diese Mischung aus Konformitätserwartung, Bedrohungsgefühl durch Fremdes und Abweichungsempfindlichkeit wohl jene beachtliche Befürwortung der Ungleichbehandlung religiöser Gemeinschaften hervor, die den Ausgangspunkt für die hier angestellte Regressionsanalyse darstellte.

Tab. 2.1: Regressionsanalyse für Westdeutschland: Abhängige Variable „Alle religiösen Gruppen in Deutschland sollten gleiche Rechte haben"

Prädiktoren	1	2	3	4	5	6
Geschlecht (weibl.)						
Alter						
Bildung	,153**	,113**				
Land–Stadt						
Links–Rechts	-,187**	-,129**	-,082*	-,066*		
sozialer Status (aufst.)	,109**	,074*				
Rede-/Meinungsfreiheit						
Religionsfreiheit		,114**	,091*	,076*	,079*	
Akzeptanz Andersdenkender		,100**	,069*	,075*	,079*	
Gesetzestreue Ausländer		,199**	,148**	,146**	,122**	
kulturelle Bedrohung			-,254**	-,145**	-,104*	
Vielfalt als Konflikt			-,089*			
Religionen konfliktträchtig						
Angst vor Terroristen						
kulturelle Anpassung				-,075*		
Fremder im eigenen Land						
Islam passt in westliche Welt				,129**		
zu viele Ausländer						
Christentum Fundament der Kultur					-,087*	-,096*
Wunsch größere Vielfalt					,162**	,148**
Vielfalt als Bereicherung					,136**	,116*
Haltung zu Muslimen (pos.)						,160**
Haltung zu Hindus (pos.)						
Haltung zu Buddhisten (pos.)						
Haltung zu Juden (pos.)						
Adj. R²	,085	,149	,220	,251	,289	,295
ΔR²		,064	0,071	,031	,038	0,006

Lineare Regression; standardisierter Regressionskoeffizient nach Pearson (β); Signifikanz: **p < ,01; *p < ,05; abhängige Variable: „Alle religiösen Gruppen in Deutschland sollten gleiche Rechte haben."; 4er-Skala (1 = stimme überhaupt nicht zu; 2 = stimme eher nicht zu; 3 = stimme eher zu; 4 = stimme stark zu); unabhängige Variablen: siehe Anhang.

Tab. 2.2: Regressionsanalyse für Ostdeutschland: Abhängige Variable „Alle religiösen Gruppen in Deutschland sollten gleiche Rechte haben"

Prädiktoren	1	2	3	4	5	6
Geschlecht (weibl.)						
Alter	-,081*	-,091**	-,067*			
Bildung						-,085*
Land–Stadt						
Links–Rechts	-,182**	-,118**				
sozialer Status (aufst.)	,178**	,112**	,070*			
Rede-/Meinungsfreiheit						
Religionsfreiheit						
Akzeptanz Andersdenkender		,126**	,104**	,078*	,077*	,080*
Gesetzestreue Ausländer		,355**	,309**	,303**	,253**	,246**
kulturelle Bedrohung			-,264**	-,180**	-,130**	-,101*
Vielfalt als Konflikt			-,128**			
Religionen konfliktträchtig						
Angst vor Terroristen						
kulturelle Anpassung				-,104**	-,082*	
Fremder im eigenen Land						
Islam passt in westliche Welt				,155**	,128**	
zu viele Ausländer						
Christentum Fundament der Kultur						-,086*
Wunsch größere Vielfalt					,072*	,101**
Vielfalt als Bereicherung					,253**	,223**
Haltung zu Muslimen (pos.)						,143**
Haltung zu Hindus (pos.)						
Haltung zu Buddhisten (pos.)						
Haltung zu Juden (pos.)						
Adj. R²	,062	,271	,338	,358	,417	,450
ΔR²		,209	0,067	,020	,059	0,033

Lineare Regression; standardisierter Regressionskoeffizient nach Pearson (β); Signifikanz: **p < ,01; *p < ,05; abhängige Variable: „Alle religiösen Gruppen in Deutschland sollten gleiche Rechte haben."; 4er-Skala (1 = stimme überhaupt nicht zu; 2 = stimme eher nicht zu; 3 = stimme eher zu; 4 = stimme stark zu); unabhängige Variablen: siehe Anhang.

3   Zusammenfassung

Die schrittweise vorgenommene Regressionsanalyse hat gezeigt, dass viele der aufgestellten Vermutungen bestätigt werden konnten. Die sozialstrukturellen Merkmale, die Akzeptanz säkularer Werte wie Religionsfreiheit und Gesetzestreue, Gefühle der Bedrohung sowie die Abwehr von religiöser und kultureller Pluralität üben einen Einfluss auf die Bereitschaft, allen Religionsgemeinschaften gleiche Rechte einzuräumen, aus (vgl. Modell 1 und 2). Dieser Einfluss geht allerdings deutlich zurück, wenn andere Variablen in die Betrachtung einbezogen werden. In Westdeutschland besitzt die Einstellung zu den Muslimen die höchste Erklärungskraft. Sie ist noch bedeutsamer als die Ablehnung religiöser Vielfalt, die freilich gleichfalls ein gewisses Erklärungspotential besitzt. In Ostdeutschland spielt die Haltung gegenüber den Muslimen zwar auch eine beachtliche Rolle. Prägender aber sind Vorbehalte gegenüber religiöser Vielfalt und das Drängen auf die Gesetzestreue von Zugewanderten. Es scheint, dass normative Vorstellungen von kultureller und religiöser Homogenität im Osten Deutschlands in besonderem Maße dazu beitragen, religiösen Fremdgruppen die Gleichberechtigung vorenthalten zu wollen. Dabei verdichten sich die Vorbehalte offenbar besonders um die Gruppe der Muslime. In Ostdeutschland könnte insofern möglicherweise zutreffen, was Werner Schiffauer für ganz Deutschland unterstellt: dass ein gemeinschaftliches Gefühl der Bedrohung den Muslim als Fremden überhaupt erst produziert. Überraschend aber ist, dass sowohl allgemeine Fremdenfeindlichkeit als auch die Angst, dass unter den Muslimen vielleicht auch viele Terroristen sind, für die Vorenthaltung religiöser Gleichberechtigung keinen Erklärungswert besitzen. Insofern müsste man vielleicht vorsichtiger formulieren und sagen, es ist weniger ein Gefühl der Bedrohung als ein Gefühl der Befremdung und des Unwohlseins, das zur Verweigerung gleicher religiöser Rechte beiträgt. Für diese Interpretation spricht nicht nur die hohe Prädiktorqualität der Variablen „Sofern sich die Ausländer an unsere Gesetze halten, kommt es nicht darauf an, welche Religion sie haben" und „Die zunehmende Vielfalt von religiösen Gruppen ist eine kulturelle Bereicherung", sondern auch, dass die wahrgenommene Inkompatibilität zwischen Islam und westlicher Welt einen Erklärungsbeitrag zur Präferenz für die Ungleichbehandlung religiöser Gemeinschaften leistet (Schritt 4 und 5 in der Regression). Wenn in Westdeutschland jedoch fast alle in Anschlag gebrachten Erklärungsfaktoren von der Haltung zu den Muslimen aufgesaugt werden und neben dieser Haltung nur noch die Abwehr religiöser Vielfalt als Erklärungsfaktor Bestand hat (Schritt 6 der Regressionsanalyse), dann ist es erforderlich, genauer danach zu fragen, von welchen Faktoren diese Haltung beeinflusst wird. Dies wird das Thema des folgenden Kapitels sein.

Anhang: In den Regressionsanalysen verwendete Variablen

Tab. 2.1 und 2.2

Geschlecht: dichotom (0 = männlich; 1 = weiblich)

Alter: metrisch (in Jahren)

Bildung: (Deutschland): „Welchen höchsten Schulabschluss oder Hochschulabschluss haben Sie?" (1 = Schule beendet ohne Abschluss; 2 = Volks-\Hauptschulabschluss; 3 = Mittlere Reife; Realschulabschluss; 4 = Polytechnische Oberschule mit Abschluss, 8. bis 10. Klasse; 5 = Fachhochschulreife (Abschluss einer Fachoberschule etc.)/Abitur (Hochschulreife) bzw. erweiterte Oberschule mit Abschluss 12. Klasse; 6 = Fachhochschulabschluss; 7 = Universitätsabschluss, Hochschulabschluss)

Bildung (andere Länder): "How many years of formal education have you completed? That is including the years in school and university."; metrisch (in Jahren)

Land–Stadt: gebildete Variable; dichotom (1 = ländlich; 2 = städtisch)

Links–Rechts: Links-Rechts-Selbsteinstufung: „Viele Leute verwenden die Begriffe „links" und „rechts", wenn es darum geht, unterschiedliche politische Einstellungen zu kennzeichnen. Wir haben hier einen Maßstab, der von links nach rechts verläuft. Wenn Sie an Ihre eigenen politischen Ansichten denken, wo würden Sie diese Ansichten auf dieser Skala einstufen?"; 10er-Skala (1 = links; 10 = rechts).

sozialer Status: „Im Vergleich dazu, wie andere hier in Deutschland leben: Glauben Sie, dass Sie Ihren gerechten Anteil erhalten, mehr als Ihren gerechten Anteil, etwas weniger oder sehr viel weniger?"; 4er-Skala (1 = sehr viel weniger; 2 = etwas weniger; 3 = gerechten Anteil; 4 = mehr als gerechten Anteil)

Rede-/Meinungsfreiheit: „Geben Sie bitte anhand dieser Skala an, wie wichtig Ihnen folgende Aspekte des politischen Lebens sind. – Meinungs- und Redefreiheit"; 4er-Skala (1 = völlig unwichtig; 2 = eher unwichtig; 3 = eher wichtig; 4 = sehr wichtig)

Religionsfreiheit: „Geben Sie bitte anhand dieser Skala an, wie wichtig Ihnen folgende Aspekte des politischen Lebens sind. – Glaubensfreiheit"; 4er-Skala (1 = völlig unwichtig; 2 = eher unwichtig; 3 = eher wichtig; 4 = sehr wichtig)

Akzeptanz Andersdenkender: „Auch wenn ich eine bestimmte Überzeugung habe, akzeptiere ich Menschen, die anders denken."; 4er-Skala (1 = stimme überhaupt nicht zu; 2 = stimme eher nicht zu; 3 = stimme eher zu; 4 = stimme stark zu)

Gesetzestreue Ausländer: „Sofern sich die Ausländer an unsere Gesetze halten, kommt es nicht darauf an, welche Religion sie haben."; 4er-Skala (1 = stimme überhaupt nicht zu; 2 = stimme eher nicht zu; 3 = stimme eher zu; 4 = stimme stark zu)

kulturelle Bedrohung: „Ich glaube, dass unser Land durch fremde Kulturen/Nationen bedroht ist."; 4er-Skala (1 = stimme überhaupt nicht zu; 2 = stimme eher nicht zu; 3 = stimme eher zu; 4 = stimme stark zu)

Vielfalt als Konflikt: „Die zunehmende Vielfalt von religiösen Gruppen in unserer Gesellschaft ist eine Ursache für Konflikte."; 4er-Skala (1 = stimme überhaupt nicht zu; 2 = stimme eher nicht zu; 3 = stimme eher zu; 4 = stimme stark zu)

Religionen konfliktträchtig: „Wenn man so sieht, was in der Welt passiert, führen Religionen eher zu Konflikten als zum Frieden."; 4er-Skala (1 = stimme überhaupt nicht zu; 2 = stimme eher nicht zu; 3 = stimme eher zu; 4 = stimme stark zu)

Angst vor Terroristen: „Manchmal habe ich direkt Angst, ob unter den Muslimen in Deutschland nicht auch viele Terroristen sind."; 4er-Skala (1 = stimme überhaupt nicht zu; 2 = stimme eher nicht zu; 3 = stimme eher zu; 4 = stimme stark zu)

Kulturelle Anpassung: „Die Muslime müssen sich an unsere Kultur anpassen."; 4er-Skala (1 = stimme überhaupt nicht zu; 2 = stimme eher nicht zu; 3 = stimme eher zu; 4 = stimme stark zu)

Fremder im eigenen Land: „Durch die vielen Muslime fühle ich mich manchmal wie ein Fremder im eigenen Land."; 4er-Skala (1 = stimme überhaupt nicht zu; 2 = stimme eher nicht zu; 3 = stimme eher zu; 4 = stimme stark zu)

Islam passt in westliche Welt: „Der Islam passt durchaus in unsere westliche Welt."; 4er-Skala (1 = stimme überhaupt nicht zu; 2 = stimme eher nicht zu; 3 = stimme eher zu; 4 = stimme stark zu)

Zu viele Ausländer: „Es leben zu viele Ausländer in Deutschland."; 4er-Skala (1 = stimme überhaupt nicht zu; 2 = stimme eher nicht zu; 3 = stimme eher zu; 4 = stimme stark zu)

Christentum Fundament der Kultur: „Das Christentum ist das Fundament unserer Kultur."; 4er-Skala (1 = stimme überhaupt nicht zu; 2 = stimme eher nicht zu; 3 = stimme eher zu; 4 = stimme stark zu)

Wunsch größere Vielfalt: „Ich würde mir wünschen, dass es in meiner Nachbarschaft eine größere Vielfalt an religiösen Gruppen/Organisationen gäbe, so dass ich zwischen den Angeboten wählen könnte."; 4er-Skala (1 = stimme überhaupt nicht zu; 2 = stimme eher nicht zu; 3 = stimme eher zu; 4 = stimme stark zu)

Vielfalt als Bereicherung: „Die zunehmende Vielfalt von religiösen Gruppen in unserer Gesellschaft stellt eine kulturelle Bereicherung dar."; 4er-Skala (1 = stimme überhaupt nicht zu; 2 = stimme eher nicht zu; 3 = stimme eher zu; 4 = stimme stark zu)

Haltung zu Muslimen: „Wie ist Ihre persönliche Haltung zu den Mitgliedern folgender religiöser Gruppen? – Muslime"; 4er-Skala (1 = sehr negativ; 2 = eher negativ; 3 = eher positiv; 4 = sehr positiv)

Haltung zu Hindus: „Wie ist Ihre persönliche Haltung zu den Mitgliedern folgender religiöser Gruppen? – Hindus"; 4er-Skala (1 = sehr negativ; 2 = eher negativ; 3 = eher positiv; 4 = sehr positiv)

Haltung zu Buddhisten: „Wie ist Ihre persönliche Haltung zu den Mitgliedern folgender religiöser Gruppen? – Buddhisten"; 4er-Skala (1 = sehr negativ; 2 = eher negativ; 3 = eher positiv; 4 = sehr positiv)

Haltung zu Juden: „Wie ist Ihre persönliche Haltung zu den Mitgliedern folgender religiöser Gruppen? – Juden"; 4er-Skala (1 = sehr negativ; 2 = eher negativ; 3 = eher positiv; 4 = sehr positiv)

Kapitel 3

Das Verhältnis zu den Muslimen

Detlef Pollack

1 Einleitung

Wie das vorangegangene zweite Kapitel gezeigt hat, ist die Verweigerung gleicher Rechte für alle in Deutschland existierenden Religionsgemeinschaften in starkem Maße abhängig von der Haltung der Bevölkerung zu den Muslimen. Im ersten Kapitel hatten wir dargestellt, wie die Menschen in Deutschland, den Niederlanden, Dänemark, Frankreich und Portugal die Angehörigen nichtchristlicher Religionsgemeinschaften wahrnehmen, welche Eigenschaften sie dem Christentum und dem Islam zuschreiben, inwieweit sie den Islam mit der westlichen Welt für kompatibel halten und wie sie den Umgang mit der zunehmenden Vielfalt der unterschiedlichen Religionen und religiösen Gemeinschaften geregelt wissen wollen. In den folgenden Analysen soll es darum gehen herauszufinden, welche Faktoren die Haltung der Menschen zur zunehmenden Präsenz nichtchristlicher Religionsgemeinschaften beeinflussen. Da die Differenzen zu den Angehörigen der unterschiedlichen Religionsgemeinschaften hinsichtlich des Islam besonders groß waren, wollen wir uns in unseren Analysen auf die Einstellungen zu Muslimen konzentrieren. Die Frage nach der allgemeinen Haltung der Menschen zu den Muslimen in den untersuchten Ländern dient uns für unsere Regressionsanalyse daher als abhängige Variable.

Zur Erfassung der Faktoren, die die Haltung der Menschen zu den Muslimen beeinflussen, sollen zunächst auf der Basis von theoretischen Überlegungen einige plausibel erscheinende Hypothesen formuliert werden. Im Anschluss an die Hypothesenbildung erfolgt die Darstellung der Ergebnisse der durchgeführten Regressionsanalyse.

2 Hypothesen

Für die Bestimmung der Faktoren, die die Akzeptanz nichtchristlicher Religionsgemeinschaften beeinflussen, lassen sich auf Basis klassischer Theorien aus der Vorurteilsforschung zahlreiche Hypothesen bilden. So ist ebenso wie im zweiten

Kapitel zunächst zu vermuten, dass die Haltung zu anderen Religionsgemeinschaften durch das Bildungsniveau beeinflusst wird (*sozialstruktureller Ansatz*).
Je höher Menschen gebildet sind, desto wahrscheinlicher ist es, dass sie anderen
Religionsgemeinschaften mit Toleranz begegnen. Mit dem Bildungsniveau
steigt, so ist anzunehmen, die Reflexivität und Selbstkritikbereitschaft und damit
auch die Offenheit gegenüber kulturell differenten Einstellungen, Erfahrungen
und Praktiken.

Eine weitere Hypothese lautet, dass gesellschaftliches Engagement ebenso
wie interpersonales Vertrauen die Einstellung gegenüber fremden Religionsgemeinschaften positiv beeinflusst (*Sozialkapitalansatz*). Robert Putnam (Putnam
2000) vertritt die These, dass soziales Kapital ein wichtiger Bestandteil einer
funktionierenden Gemeinschaft ist. Bürgerschaftliches Engagement fördere das
Vertrauen zu den Mitmenschen und stärke die sozialen Bindekräfte des Ge-
meinwesens. In dem Maße, wie sich in einer Gesellschaft Freiwilligenassoziatio-
nen herausbildeten und interpersonales Vertrauen wachse, nehme auch das Vertrauen gegenüber „Fremden" zu. Unabhängige Gruppen innerhalb einer Gesellschaft würden zudem vor der Übernahme extremistischer Ideologien schützen,
da sie regulative Funktionen für das Verhalten der Individuen erfüllten (vgl.
McCutcheon 2000).[14] Der Einfluss des gesellschaftlichen Engagements auf Toleranzbereitschaft soll anhand der ehrenamtlichen Tätigkeit untersucht werden.

Nach Jan Delhey ist das Vertrauen aber auch von den bestehenden sozialen
und politischen Bedingungen in einer Gesellschaft abhängig. „Materielle Sicherheit und transparente demokratische Institutionen bilden eine Art Sicherheits-
netz", welches dazu beitrage, dass Vertrauen quasi als „Vorleistung" geschenkt
werde (Delhey 2007: 154). Entsprechend ist davon auszugehen, dass auch die
ökonomische Sicherheit und die materielle Position eine Rolle bei der Einstellung zum Fremden spielen. Als Indikatoren für die ökonomische Lage dienen
hier das Haushaltsnettoeinkommen und die Einschätzung der eigenen Position
auf der sozialen Leiter.

Weiterhin kann hypothetisch unterstellt werden, dass natürlich auch die eigene Religiosität einen Einfluss auf das Verhältnis zu anderen Religionen ausübt.
So haben Gordon Allport und Michael J. Ross (1967) den Zusammenhang zwischen Vorurteilen und religiöser Motivation anhand der Differenzierung zwischen intrinsischer und extrinsischer Religiosität untersucht. Sie stellten fest,
dass intrinsisch Orientierte weniger ethnische Vorurteile haben als Menschen mit

---

[14]   Delhey kommt in seiner Untersuchung jedoch zu dem Ergebnis, dass solchem Engagement zwar
      eine Bedeutung zugesprochen werden müsse, die Effekte aber geringer seien, als in der
      Sozialkapital-Theorie postuliert werde (Delhey/Newton 2004: 162).

einer extrinsischen Religiosität (vgl. Allport/Ross 1967: 441).[15] Theoretisch basieren ihre Überlegungen auf den Studien zum autoritären Charakter von Theodor W. Adorno und seinen Mitarbeitern (Adorno et al. 1950). In der Tatsache, dass insbesondere diejenigen, die intrinsische und extrinsische Motivation in sich vereinen *("indiscriminately proreligious people")*, sich als besonders intolerant erwiesen, sehen sie in Anlehnung an Rokeach das Vorhandensein eines *"dogmatic mind"*, der zu undifferenzierten Wahrnehmungen neigt (vgl. Allport/Ross 1967: 441). Diesen Befund kann auch Müller (2003: 188-191) in seiner Analyse der Daten des *Political Culture in Central and Eastern Europe* (PCE 2000) für Ostdeutschland, die Tschechische Republik und die Slowakei bestätigen.[16] Doktór stellt die Bedeutung von Autoritarismus, Dogmatismus und Fundamentalismus heraus, die in seiner Untersuchung die stärksten Prädiktoren für die Ablehnung neuer religiöser Bewegungen sind (Doktór 2002: 558f.). Jelen/Wilcox (1991) finden Effekte von Dogmatismus und der Zugehörigkeit zu einer protestantischen Denomination auf politische Intoleranz. In einer jüngeren Studie stellt Merino zudem für die USA fest, dass eine religiös-exklusive Position die Bereitschaft reduziert, Angehörigen nichtchristlicher Religionsgemeinschaften in der amerikanischen Gesellschaft die gleichen Rechte zuzugestehen (vgl. Merino 2010: 243).[17] Die zahlreichen Studien zu diesem Komplex deuten auf einen starken Einfluss von *religiösem Dogmatismus* auf religiöse Toleranz hin. Es ist daher naheliegend, die Hypothese zu formulieren, dass eine dogmatische Verfestigung der religiösen Haltung eine kritische und skeptische Einstellung gegenüber fremden Religionen befördert. Religiöser Dogmatismus wird in unserer Studie über die Zustimmung zu den Aussagen „Es gibt nur eine wahre Religion" und „Für mich selbst greife ich auf Lehren verschiedener religiöser Traditionen zurück" (= Synkretismus, negativ gewertet) erhoben.

Darüber hinaus dürfte auch die jeweilige Gruppenzugehörigkeit des Einzelnen einen Einfluss auf seine Offenheit gegenüber anderen Religionsgemeinschaften haben. Um diesen Zusammenhang zu erfassen, kann auf die *Social Identity*

---

[15] Herek kritisiert an den Studien, dass Allport und Ross stets nur ethnische Vorurteile in den Blick genommen hätten. Er selbst findet in einer Untersuchung zum Einfluss religiöser Orientierungen auf die Akzeptanz von Homosexualität heraus, dass die intrinsisch Orientierten hier sogar intoleranter waren als die Extrinsischen. Seiner Meinung nach erhöhe eine intrinsische religiöse Orientierung nur dann die Toleranz gegenüber anderen Gruppen, wenn die religiöse Lehre, der man folgt, zur Toleranz der entsprechenden Gruppe aufrufe (vgl. Herek 1987: 35).

[16] McFarland kommt grundsätzlich zu denselben Ergebnissen, stellt allerdings einen Geschlechterunterschied fest. Während bei Männern eine extrinsische Orientierung diskriminierende Einstellungen erhöht, tritt bei Frauen ein stärkerer diskriminierungsfördernder Effekt durch religiöse Ernsthaftigkeit auf (McFarland 2001: 333f.).

[17] Auch Herek meint auf der Basis seiner Untersuchung, dass durch religiösen Fundamentalismus Vorurteile gegenüber bestimmten Gruppen besser erklärt werden können als durch extrinsische oder intrinsische Religiosität (Herek 1987: 40).

Theory von Henri Tajfel (Tajfel 1981) zurückgegriffen werden. Individuen verhalten sich diesem Ansatz zufolge in bestimmten Situationen nicht ihren individuellen Eigenschaften entsprechend. Vielmehr wird ihr Verhalten stark durch ihre Gruppenzugehörigkeit bestimmt, die in Differenz zu anderen Gruppen definiert werde (vgl. Tajfel/Turner 1986: 10). Dieser Zusammenhang trifft besonders dann zu, wenn eine geringe Mobilität in der Gruppenzugehörigkeit bestehe (*social mobility*) und die Gruppenzugehörigkeit in das Selbst-Konzept integriert sei (vgl. Tajfel/Turner 1986: 11, 16). Aufgrund der komparativen Identifikation mit der Eigengruppe (soziale Identität) und dem Bedürfnis nach einem positiven Selbstwert auf der Gruppenebene, werde die eigene Gruppe im Vergleich zur Fremdgruppe aufgewertet. In dem Maße, in dem man sich mit der eigenen Gruppe verbunden fühle, könnten sich folglich negative Einstellungen gegenüber fremden Gruppierungen verstärken. So könne etwa eine stärkere Ausprägung nationalistischer Gefühle, wie Stolz auf die eigene Nation, einen negativen Effekt auf die Akzeptanz fremder religiöser Gemeinschaften haben. Den Nationalstolz benutzen wir in unserer Analyse als Indikator für die Identifizierung mit einer sozialen Gruppe.

Weiterhin hängt das Verhältnis zu anderen Religionsgemeinschaften wahrscheinlich auch davon ab, inwieweit man diese Religionsgemeinschaften überhaupt kennt und mit ihnen in Kontakt kommt. Die so genannte *Kontakthypothese* geht auf den Sozialpsychologen Gordon Allport (1971) zurück, der vor allem Verallgemeinerungen und Vereinfachungen als Ursache für die Entwicklung von Vorurteilen gegenüber sozialen Gruppen annimmt. Nach der Kontakthypothese würden „Kontakte, die Wissen und Bekanntschaft stiften, […] ein besseres Wissen über Minderheiten" erzeugen, wodurch Vorurteile reduziert werden könnten (Allport 1971: 273). Aufgrund der Bedeutung, die Allport dem Wissen durch Kontakte zuspricht, ist dieser Effekt nur bei einer gewissen Intensität der Kontakte zu erwarten, die über Zufallsbegegnungen hinausgehen. So differenziert Susanne Rippl (1995) in ihren Analysen zwischen der Anzahl der Kontakte und verschiedenen Formen von Kontakterfahrungen. Sie stellt fest, dass der Einfluss des Kontaktes auf Vorurteile erheblich höher ausfällt, wenn die Beziehungsstärke, die Netzwerkgröße, das Kategorisierungsniveau und die Statusungleichheit in die Betrachtung einbezogen werden, als wenn nur die Kontakthäufigkeit untersucht wird (vgl. Rippl 1995: 279f.).

Zahlreiche Studien belegen, dass Kontakte zu Fremden mit geringeren Vorurteilen einhergehen (vgl. Feddes/Rutland/Noack 2009; Fritzsche/Wiezorek 2006; Winkler 2003; Schneekloth 2003; Bratt 2002; Pettigrew/Tropp 2006). Problematisch aber ist, dass die Ergebnisse, die die Kontakthypothese bestätigen, zumeist keine Aussagen über die Kausalrichtung erlauben. Es wäre denkbar, dass nicht nur Kontakte dazu beitragen, Vorurteile abzubauen, sondern dass auch vorurteilsfreie Personen verstärkt dazu neigen, Kontakte zu Fremden zu suchen. Ob Kontakte vorurteilsreduzierend wirken oder Vorurteilsfreiheit Kontakte wahrscheinlicher macht, bliebe dann unentschieden. Aufschlussreich sind diesbezüglich die Metaanalysen von Pettigrew/Tropp. Die Autoren stellen fest, dass Kontakte auch dann einen vorurteilsabbauenden Effekt haben, wenn sie erzwungen sind und nicht aufgrund von Handlungspräferenzen freiwillig hergestellt werden (Pettigrew/Tropp 2006: 757f.). Kontakte haben also unabhängig von den durch bestehende Vorurteile gegebenen Handlungspräferenzen einen vorurteilsabbauenden Effekt. Sie werden hier durch die Häufigkeit der Kontakte zu Muslimen erfasst.

Religiöse Toleranz dürfte auch durch die Einstellung zur jeweiligen *Mehrheitsreligion* beeinflusst werden. Wenn sich die Christen in der Mehrheit befinden, könnte eine positive Haltung zu ihnen Abgrenzungstendenzen gegenüber nichtchristlichen Religionsgemeinschaften verstärken. Aber es könnte auch sein, dass die Konfliktlinie nicht zwischen Islam und Christentum verläuft, sondern zwischen Religion und Nicht-Religion. Dann wäre zu erwarten, dass eine positive Haltung zum Christentum die Haltung zu den Muslimen positiv beeinflusst. Um die Haltung zum Christentum abzubilden, wird im Rahmen unserer Untersuchung nach der persönlichen Haltung gegenüber Christen gefragt.

3   Explanation

3.1   Erklärungen auf der Individualebene

Die zentrale Aussage der im ersten Kapitel vorgestellten deskriptiven Untersuchungsergebnisse lautete: In der Haltung gegenüber nichtchristlichen Religionsgemeinschaften bestehen starke Länderdifferenzen. Vor allem gegenüber dem Islam sind die Deutschen – in Ost- und Westdeutschland – deutlich kritischer eingestellt als in allen anderen untersuchten Ländern. Die Länderunterschiede lassen sich abgeschwächt zwar auch in den Einstellungen zum Judentum, Buddhismus und Hinduismus beobachten. Besonders ausgeprägt sind sie aber bezüglich des Islam.

Wie lassen sich die Haltungen zur religiösen Pluralität und zu den einzelnen Religionsgemeinschaften in den in unsere Untersuchung einbezogenen Ländern erklären? Darum soll es im Folgenden gehen. Dabei wollen wir uns wie bereits gesagt auf die Haltung zu den Muslimen, denen gegenüber die Unterschiede zwischen den Ländern besonders stark ausgefallen waren, konzentrieren. Auf Basis der formulierten Hypothesen werden in einem linearen Regressionsmodell die Faktoren in den Blick genommen, welche in den einzelnen Ländern vermutlich einen Einfluss auf die Haltungen zu Muslimen ausüben. Die Ergebnisse sind in Tab. 3.1 dargestellt.

Tab. 3.1: Regressionsanalyse: Abhängige Variable „Positive Haltung zu Muslimen"

	D-W	D-O	DK	F	NL	P
Geschlecht (weibl.)						
Alter			-,083*	-,098**		
Bildung		,077*	,141**			
Land–Stadt						
Ehrenamtliche Tätigkeit (ja)						
Haushaltsnetto-einkommen			-,071*			
Position auf sozialer Leiter						
Konfessions-zugehörigkeit	,073*				-,077*	
Religiöser Dogmatismus	-,116**	-,164**	-,155**	-,068*	-,172**	-,188**
Synkretismus	,153**	,086*			,070*	
Nationalstolz	-,072*	-,131**	-,090**			
Kontakthäufigkeit mit Muslimen	,377**	,141**	,221**	,265**	,171**	,171**
Haltung zu Christen (pos.)	,094*	,298**	,334**	,359**	,432**	,293**
Adj. R²	,248	,181	,236	,226	,251	,181

Lineare Regression; standardisierter Regressionskoeffizient nach Pearson (β); Signifikanz: **p < ,01; *p < ,05; abhängige Variable: „Wie ist Ihre persönliche Haltung zu den Mitgliedern folgender religiöser Gruppen? – Muslime"; 4er-Skala (1 = sehr negativ; 2 = eher negativ; 3 = eher positiv; 4 = sehr positiv) unabhängige Variablen: siehe Anhang.

Wie in Tab. 3.1 zu ersehen, ist der Einfluss sozialstruktureller Merkmale auf die Einstellung zu Muslimen in den untersuchten Ländern relativ gering. Die Geschlechtszugehörigkeit wirkt sich überhaupt nicht aus. Mit steigendem Alter steigt die Wahrscheinlichkeit einer negativen Einstellung gegenüber den Muslimen, wobei dieser Zusammenhang nicht in allen untersuchten Ländern, wohl aber in Dänemark und Frankreich anzutreffen ist. Überraschenderweise hat auch das Bildungsniveau nur einen schwachen Einfluss. In bivariaten Korrelationsanalysen zeigt sich ein solcher Einfluss zwar, wenn aber wie hier die Effekte mehrerer Variablen zugleich untersucht werden, tritt Bildung als Einflussfaktor hinter andere Variablen zurück. Nur in Ostdeutschland und Dänemark ist sie als eigenständige Erklärungsvariable nachweisbar. Ob jemand auf dem Lande oder in der Stadt wohnt, wirkt sich in der multivariaten Analyse hingegen wiederum nicht auf die Haltung gegenüber Muslimen aus. Wie in vielen anderen Untersuchungen zeigt sich auch hier, dass sozialstrukturelle Merkmale kaum einen von Einstellungen unabhängigen Effekt auf die Einstellung zu Fremdgruppen auszuüben vermögen.

Die ehrenamtliche Tätigkeit besitzt ebenfalls keinen toleranzfördernden Einfluss. Wichtig ist auch nicht, welche Position auf der sozialen Leiter man in der Gesellschaft besetzt bzw. wie hoch das Haushaltsnettoeinkommen ausfällt. Das Haushaltseinkommen übt nur in Dänemark einen signifikanten Einfluss aus.

Ebenso ist auch die Konfessionszugehörigkeit kein starker Prädiktor. Nur in Westdeutschland und den Niederlanden gehen von ihr leichte toleranzfördernde Wirkungen aus. Anders verhält sich dies jedoch, wenn man den Einfluss des Exklusivitätsanspruchs der eigenen Glaubensüberzeugung untersucht. Vertreten Menschen ein exklusives Glaubensverständnis, das nur eine einzige Religion als wahr anerkennt, und stehen sie einer individuellen Vermischung unterschiedlicher Religionstraditionen (Synkretismus) kritisch gegenüber, dann neigen sie eher zur Ablehnung von Muslimen.

Der Nationalstolz besitzt nur in Ostdeutschland und in geringerem Ausmaß in Dänemark eine beachtliche Erklärungskraft; in Westdeutschland ist die Korrelation zwischen Nationalstolz und der Haltung zu den Muslimen nur auf dem ,05-Niveau signifikant. Dabei gilt: Je stärker die Menschen in Deutschland und Dänemark stolz auf die eigene Nation sind, desto kritischer stehen sie den Muslimen gegenüber.

Einen sehr starken Einfluss auf die Haltung zu den Muslimen übt nun allerdings die Häufigkeit der Kontakte mit Muslimen aus, und zwar in allen in die Untersuchung einbezogenen Ländern. Je häufiger man ihnen begegnet, desto positiver ist die Einstellung ihnen gegenüber. Darüber hinaus ist auch die Erklärungskraft der Einstellung zur Mehrheitsreligion überraschend hoch. Die Haltung gegenüber Muslimen ist positiver, wenn auch die Einstellung zu den Christen positiv ausfällt. Möglicherweise verbirgt sich hinter diesem Effekt eine Konfliktlinie, die zwischen Religionsbejahung und religiöser Distanz verläuft. In den Niederlanden, aber auch in Frankreich und in Dänemark wird der Konflikt zwischen Religionsbejahung und religiöser Distanz offenbar besonders stark empfunden. Eine positive Haltung zu Christen behindert Offenheit gegenüber Muslimen nicht, sondern fördert sie. Zwischen Christen und Muslimen wird kein Gegensatz wahrgenommen. Vielmehr ist zu vermuten, dass beide einer areligiösen Position gegenüberstehen.

Insgesamt betrachtet besitzen drei Faktoren den stärksten Einfluss: Unter ihnen ist religiöser Dogmatismus, also die Frage, ob man nur eine Religion als wahr betrachtet, von mittlerer Wichtigkeit. Hochsignifikant ist hingegen der Einfluss der Kontakthäufigkeit. Ob man Muslime kennt und ihnen begegnet, prägt die Haltung zu ihnen stark. Wo man ihnen begegnet, ob im alltäglichen Leben, in der Nachbarschaft, auf der Arbeit oder vielleicht sogar in der Familie, übt ebenfalls einen gewissen Einfluss aus, wobei die Kontakte im privaten Raum entscheidender sind als die im öffentlichen (vgl. bezogen auf Deutschland das Kapitel 4 von Alexander Yendell). Wenn es zum Kontakt mit ihnen kommt, dann berichten in Westdeutschland drei Viertel und in Ostdeutschland knapp zwei Drittel der Befragten, dass sie diese als angenehm oder sehr angenehm empfunden hätten. Das Problem ist nur eben, dass die Kontakthäufigkeit so gering ist, was vor allem für den Osten Deutschlands zu konstatieren ist. Dort sind es gerade einmal 16 %, die Kontakt zu Muslimen haben (vgl. Abb. 3.1). In Westdeutschland trifft dies zwar auf etwas mehr als 40 % zu. Aber im Vergleich zu Frankreich, wo zwei Drittel der Befragten Kontakte zu Muslimen haben, ist die Kontakthäufigkeit auch in den alten Bundesländern nicht sehr hoch. Es ist klar, dass dort, wo nur wenige Kontakte eingegangen werden, die Wahrscheinlichkeit gering ist, dass Vorurteile durch persönliche Begegnungen und Erfahrungen abgebaut werden.

Abb. 3.1: Frage „Haben Sie viel Kontakt zu Muslimen?"

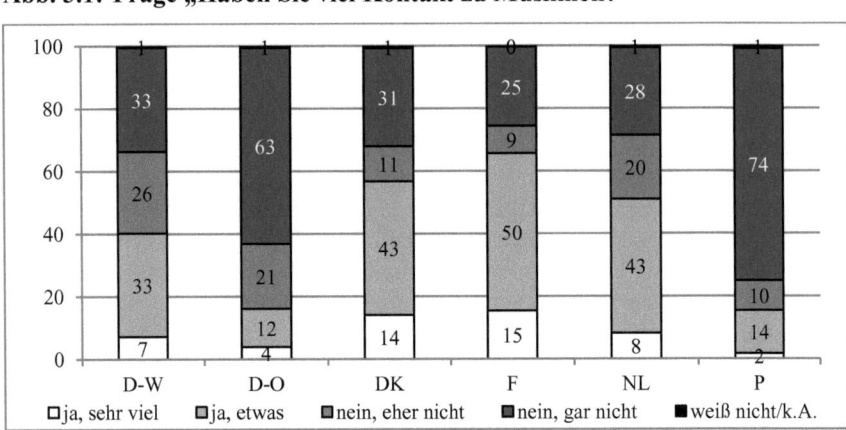

Alle Angaben in %.

Schließlich spielt die Einstellung zu den Christen als den Angehörigen der Mehrheitsreligion eine beträchtliche Rolle. Es scheint, dass sich in einer negativen Haltung zu den Muslimen auch eine Konfliktlinie zwischen Religion und Säkularität manifestiert. Jedenfalls scheint trotz der unterschiedlichen Einschätzungen von Christentum und Islam, wie sie sich in den in Kapitel 1 dargestellten Assoziationsbildern manifestieren, der Konflikt weniger zwischen Christen und

Muslimen zu verlaufen als zwischen säkular und religiös eingestellten Personen (vgl. dazu ausführlicher Kapitel 8 in diesem Band).

3.2 Makrosoziologische Erklärungen

Neben den hier aufgewiesenen Einflussfaktoren auf der Individualebene spielen aber auch Kontextbedingungen eine Rolle. Auch die rechtlichen, politischen und kulturellen Außenbedingungen müssen zur Erklärung der Haltung gegenüber den Muslimen herangezogen werden (vgl. Kapitel 6 in diesem Band). Wenn diese Bedingungen auch nicht in das präsentierte statistische Regressionsmodell eingehen konnten, das auf der Individualebene angesiedelt ist, können sie doch eine große Bedeutung besitzen. Ein beachtliches Gewicht dürfte zum Beispiel der unterschiedlichen politischen Diskussionskultur in den einzelnen Ländern zukommen. So sind in Deutschland über Jahrzehnte hinweg in der öffentlichen Debatte Integrationsprobleme eher heruntergespielt und unter den Teppich gekehrt als offensiv aufgegriffen worden. In den Niederlanden und in Dänemark wurde hingegen schon in den neunziger Jahren über entstehende Parallelgesellschaften diskutiert und nicht nur über Fördermaßnahmen für Zugewanderte nachgedacht, sondern auch darüber, welche Forderungen an sie zu richten sind. In Dänemark gibt es seit Jahren Vorschläge zur sozialen Durchmischung von sozialen Problemregionen. In Deutschland dagegen bestanden im Umgang mit den Integrationsproblemen über lange Zeit deutlich wahrnehmbare Sagbarkeitsgrenzen. In dem Maße, wie darauf verzichtet wird, Integrationsprobleme öffentlich anzusprechen, können sich Vorbehalte und Vorurteile gegenüber Ausländern jedoch umso leichter subkutan ausbilden. Sie müssen nicht der öffentlichen Kritik ausgesetzt werden, was die Wahrscheinlichkeit erhöht, dass sie sich mental verfestigen.

Außerdem besitzen die Menschen in Frankreich und den Niederlanden aufgrund ihrer kolonialen Vergangenheit weitaus mehr Erfahrung im Umgang mit Fremden. Die Begegnung mit Menschen aus Algerien oder Marokko gehört für viele Franzosen seit Jahrzehnten zu den Erfahrungen, mit denen umzugehen sie in ihrem Alltag gewöhnt sind. Sie sind nicht nur mit dem Auftreten der Zugewanderten in der Öffentlichkeit vertraut, sondern auch mit ihrer Musik, ihrer Literatur, ihren Kleidungsgewohnheiten und mit ihrer Essenskultur und haben sie auf diese Weise nicht selten schätzen gelernt. Multikulturalismus ist in Frankreich mehr als in Deutschland eine Tag für Tag gelebte Alltagswirklichkeit.

Schließlich sind für die Einstellungen der Mehrheitsbevölkerung gegenüber Angehörigen fremder Religionsgemeinschaften jedoch nicht nur Faktoren verantwortlich zu machen, die in der Aufnahmegesellschaft, in ihrer Diskussionskultur, in ihrer Vertrautheit mit außereuropäischen Ethnien oder auch in ihrer politischen Vergangenheit liegen. Auch Merkmale der Zugewanderten selbst üben einen Einfluss auf die Haltung, die man ihnen entgegenbringt, aus (vgl. Kapitel 5 in diesem Band). In Deutschland stammt der überwiegende Teil der Muslime aus der Türkei. Nach den Berechnungen von Haug/Müssig/Stichs (2009: 96) beläuft sich ihr Anteil auf knapp zwei Drittel der Muslime. In Frankreich hingegen haben über 70 % der Muslime ihre Ursprünge in den ehemaligen nordafrikanischen Kolonien. In der Regel sprechen sie Französisch, während die Deutschkenntnisse der Türken, vor allem der mit eingereisten Familienangehörigen, in Deutschland oft mangelhaft sind (vgl. Kap. 5 in diesem Band). Auch hinsichtlich des Bildungsniveaus unterscheiden sich die Zugewanderten in Deutschland von den Zugewanderten in allen anderen von uns untersuchten Ländern. Zumeist sind die Menschen mit niedrigen Bildungsabschlüssen unter den Zugewanderten in allen europäischen Ländern überrepräsentiert. Aber sowohl in Frankreich als auch in Dänemark, den Niederlanden und Portugal gibt es unter den Zugewanderten zugleich einen höheren Anteil an Menschen mit den höchsten Bildungsabschlüssen. Nicht so jedoch in Deutschland. Dort liegt der Anteil der im Ausland Geborenen Hochgebildeten unter dem Bevölkerungsdurchschnitt (OECD 2008: 82ff; vgl. auch Kap. 5, insbes. Tab. 5.3, in diesem Band). Mit ihrer Herkunft und ihrem Bildungsniveau verbunden sind unterschiedliche Wertorientierungen, Verhaltensweisen und politische Einstellungen. Viele der aus der Türkei eingewanderten Muslime, die großteils aus ländlichen Gegenden stammen, werden teilweise traditionalen und patriarchalischen Familienvorstellungen anhängen, die sich mit dem Lebensstil der Mehrheit der Deutschen nur schwer vertragen. Probleme im Zusammenleben zwischen Mehrheitsbevölkerung und religiös-kulturellen Minderheiten wird man daher nicht allein Praktiken und Einstellungen der Deutschen zurechnen dürfen. Die Einstellungen der Deutschen sind ihrerseits auch bedingt durch die Erfahrungen, die sie im Zusammenleben mit Muslimen machen.

4   Zusammenfassung

Die Tatsache, dass die Deutschen weniger tolerant gegenüber fremden religiösen Gruppierungen eingestellt sind als die Franzosen, Niederländer, Dänen und Portugiesen, hängt zum einen mit einer geringeren Kontakthäufigkeit im Umgang mit Muslimen zusammen, aber wohl auch mit Unterschieden in der Diskussionskultur und in der Erfahrung mit Zugewanderten. Möglicherweise spielen aber auch Differenzen im Bildungsniveau, in der Urbanität und der kulturellen Aufgeschlossenheit bei den zugewanderten Muslimen selbst mit hinein.

Anhang: In der Regressionsanalyse verwendete Variablen

Tab. 3.1

Geschlecht: dichotom (0 = männlich; 1 = weiblich)

Alter: metrisch (in Jahren)

Bildung: (Deutschland): „Welchen höchsten Schulabschluss oder Hochschulabschluss haben Sie?" (1 = Schule beendet ohne Abschluss; 2 = Volks-\Hauptschulabschluss; 3 = Mittlere Reife; Realschulabschluss; 4 = Polytechnische Oberschule mit Abschluss, 8. bis 10. Klasse; 5 = Fachhochschulreife (Abschluss einer Fachoberschule etc.)/Abitur (Hochschulreife) bzw. erweiterte Oberschule mit Abschluss 12. Klasse; 6 = Fachhochschulabschluss; 7 = Universitätsabschluss, Hochschulabschluss) Bildung (andere Länder): "How many years of formal education have you completed? That is including the years in school and university."; metrisch (in Jahren)

Land–Stadt: gebildete Variable; dichotom (1 = ländlich; 2 = städtisch)

Ehrenamtliche Tätigkeit: „Wenn Sie sich einmal sorgfältig diese Liste mit verschiedenen Organisationen und Gruppen durchlesen und mir bitte sagen, bei welcher Sie zurzeit ehrenamtlich, also ohne Bezahlung, tätig sind?"; generierte Variable, dichotom (1 = tätig; 0 = nicht tätig)

Haushaltsnettoeinkommen: „Wenn Sie einmal alles zusammenrechnen: Wie hoch ist das monatliche Netto-Einkommen Ihres Haushaltes insgesamt?" (1 = bis unter 1 000 Euro; 2 = 1.000 bis unter 1.500 Euro; 3 = 1.500 bis unter 2.000 Euro; 4 = 2.000 bis unter 2.500 Euro; 5 = 2.500 bis unter 3.000 Euro; 6 = 3.000 bis unter 3.500 Euro; 7 = 3.500 bis unter 4.000 Euro; 8 = 4.000 Euro und mehr)

Position auf sozialer Leiter: „Manche Leute glauben, dass sie in unserer Gesellschaft ganz oben stehen, während andere glauben, ganz unten in der Gesellschaft zu stehen. Stellen Sie sich bitte eine Leiter mit 7 Stufen vor, wobei die Stufen für die soziale Stellung der Leute stehen. Wo würden Sie Ihre Familie auf einer solchen Leiter einstufen?; 7er-Skala (1 = ganz unten; 7 = ganz oben)

Konfessionszugehörigkeit: dichotome Variable (0 = nein; 1 = ja) auf Basis der Frage „Welcher Konfession oder Religionsgemeinschaft gehören Sie an?" (Antwortmöglichkeiten länderspezifisch)

Religiöser Dogmatismus: „Es gibt nur eine wahre Religion"; 4er-Skala (1 = stimme überhaupt nicht zu; 2 = stimme eher nicht zu; 3 = stimme eher zu; 4 = stimme stark zu)

Synkretismus: „Für mich selbst greife ich auf Lehren verschiedener religiöser Traditionen zurück" ; 4er-Skala (1 = stimme überhaupt nicht zu; 2 = stimme eher nicht zu; 3 = stimme eher zu; 4 = stimme stark zu)

Nationalstolz: „Ich bin stolz auf meine Nationalität." (1 = stimme überhaupt nicht zu; 2 = stimme eher nicht zu; 3 = stimme eher zu; 4 = stimme stark zu)

Kontakthäufigkeit mit Muslimen: „Haben Sie viel Kontakt zu Mitgliedern folgender religiöser Gemeinschaften? – Muslime"; 4er-Skala (1 = Nein, gar nicht; 2 = Nein, eher nicht; 3 = Ja, etwas; 4 = Ja, sehr viel)

Haltung zu Christen: „Wie ist Ihre persönliche Haltung zu den Mitgliedern folgender religiöser Gruppen? – Christen"; 4er-Skala (1 = sehr negativ; 2 = eher negativ; 3 = eher positiv; 4 = sehr positiv)

Kapitel 4

Warum die Bevölkerung Ostdeutschlands gegenüber Muslimen ablehnender eingestellt ist als die Bevölkerung Westdeutschlands

Alexander Yendell

1   Einleitung

Es gibt aktuell zwei Gründe für den Eindruck, die Ablehnung von Fremden sei insbesondere ein ostdeutsches Problem. Zum einen sind die Wahlerfolge rechtsextremer Parteien in den neuen Bundesländern zu nennen. In den Landesparlamenten Sachsens und Mecklenburg-Vorpommerns sind aktuell Neonazis vertreten; in einigen Gemeinden Mecklenburg-Vorpommerns erreichte die NPD bei der Wahl im September 2011 sogar mehr als ein Viertel der Stimmen. Zum anderen ist die Häufung von Straftaten mit rechtsextremistischem Hintergrund wie zuletzt durch die sogenannte „Terrorzelle" aus Zwickau auffällig, deren Mordopfer vor allem türkische Einwanderer waren. Der Verfassungsschutzbericht aus dem Jahr 2010 zeigt eindeutig, dass bezogen auf die Einwohnerzahl die rechtsextremistischen Gewalttaten, die im „Hellfeld" von Polizei und Justiz begangen wurden, in den fünf neuen Bundesländern deutlich häufiger sind als in den alten Bundesländern. In Bezug auf fremdenfeindliche Einstellungen kommt die Mehrheit der Forschungsarbeiten allerdings zu dem Ergebnis, dass die Bevölkerung Ostdeutschlands zwar durchschnittlich fremdenfeindlicher eingestellt ist als die Bevölkerung Westdeutschlands, die Unterschiede zwischen den alten und neuen Bundesländern allerdings nicht ganz so deutlich ausfallen, wie aufgrund der medialen Berichterstattung über Gewalttaten neonazistischer Ostdeutscher zu vermuten wäre (vgl. Diehl/Tucci 2011; Decker et. al. 2010; Brähler/Niedermayer 2002; Schmidt/Heyder 2000; Kleiner/de Rijke 2001; Winkler 2000).

Als Ursache für die Differenzen zwischen den beiden Teilen Deutschlands hinsichtlich der ablehnenden Einstellungen gegenüber Fremden wird häufig auf Unterschiede in den politischen Kulturen zwischen dem demokratieerfahreneren Westen und dem ex-sozialistischen Osten verwiesen. Die Demokratie sei im Osten weniger stabil und die Bevölkerung vor diesem Hintergrund anfälliger für Xenophobie und Rechtsextremismus. Allerdings zeigen Ergebnisse der empirischen Sozialforschung, dass diese Einschätzung nicht zutreffend ist (vgl. Falter 1996 2000). Zudem wird häufig auf die unterschiedliche Kultur der Erinnerung an die nationalsozialistischen Verbrechen verwiesen, die sich im Osten Deutschlands anders gestalte als im Westen. Besonders hinderlich für eine ernsthafte Auseinandersetzung mit dem Nationalsozialismus sei die Tatsache, dass sich die Ostdeutschen nach dem Fall der Mauer mit „zwei Diktaturen" auseinander zu setzen haben. Dadurch bestünde die Gefahr, dass die besondere Schwere der Schuld an den nationalsozialistischen Verbrechen in den Hintergrund trete (vgl. Decker et al. 2008: 477). Dabei werden der Erinnerungskultur allgemein positive Wirkungen zugesprochen: Die nationalsozialistischen Verbrechen einzugestehen, eine individuelle emotionale Auseinandersetzung mit der Vergangenheit zu führen und Verantwortung für die nationalsozialistischen Untaten zu übernehmen, befördere die Ausbildung von demokratischen Einstellungen und Toleranz (Decker et al. 2008: 470-477). Umgekehrt bedeutet dies, dass sich demokratische Wertorientierung und Toleranz im Osten Deutschlands nicht in demselben Maße entwickeln können wie im Westen und die Bevölkerung anfälliger für Fremdenfeindlichkeit und -hass sei.

In den Medien häufig verbreitete Erklärungsansätze auf der mikrosozialen Ebene zielen auf den Zusammenhang zwischen individuell erfahrener sozioökonomischer Benachteiligung und Fremdenfeindlichkeit ab. In der soziologischen und sozialpsychologischen Xenophobie-Forschung wird ein solcher Zusammenhang als Deprivationsthese bezeichnet. Im Kampf um knappe Ressourcen neigen Mitglieder einer Gruppe unter ungünstigen gesamtwirtschaftlichen Bedingungen dazu, Mitglieder einer anderen Gruppe abzuwerten und diesen mit Vorurteilen zu begegnen. Vor allem Personen mit niedrigem sozialem Status seien anfällig, in Krisenzeiten Feindbilder aufzubauen (McCutcheon 2000: 88f.). Neben einer solchen *objektiven Deprivation* wird häufig auch auf *relative Deprivation* hingewiesen. Damit ist die subjektive Wahrnehmung gemeint, gesellschaftlich benachteiligt zu sein, auch wenn keine tatsächliche objektive Benachteiligung vorliegen muss. Rippl/Baier (2005: 645) unterscheiden zudem zwischen *individueller Deprivation*, dem Gefühl der Benachteiligung der eigenen Person, und der *kollektiven Deprivation*, dem Gefühl, die eigene Gruppe sei benachteiligt. Die beiden Autoren nehmen an, dass insbesondere die *kollektive Deprivation* einen maßgeblichen Einfluss auf fremdenfeindliche Einstellungen hat. Viele Forschungsergebnisse sprechen für die Deprivationsthese (vgl. Decker et al. 2010; Becker 2007; Edinger/Hallermann 2001; Winkler 2003). Das Problem von Deprivationskonzepten besteht u.a. darin, dass sie nicht erklären können, warum nur wenige Personen auf ihre schlechte wirtschaftliche Situation mit Fremdenfeindlichkeit reagieren (vgl. Winkler 2001: 55f.). Diese Tatsache deutet darauf hin, dass Deprivationskonzepte allein zur Erklärung fremdenfeindlicher Haltungen nicht ausreichen. Nichts desto trotz wird vor allem in Zeiten der wirtschaftlichen Rezession auf Deprivationsthesen zurückgegriffen. Deprivationskonzepte scheinen vor allem dann sehr plausibel zu sein, wenn es darum geht, Unterschiede zwischen West- und Ostdeutschland zu erklären.

Eine weitere Ursache kann auch in der Tatsache liegen, dass in Ostdeutschland kaum vorurteilsabbauende Kontakte der Mehrheitsbevölkerung zu Minderheiten bestehen. Der sogenannten Kontakthypothese (Allport 1954) zufolge kann persönlicher Kontakt des Individuums mit Mitgliedern der Outgroup zum Abbau von Vorurteilen führen.[18] Eine Erweiterung erfährt die klassische Kontakthypothese durch die „parasoziale Kontakthypothese" (Horton/Wohl 1956). Der These zufolge können auch Massenmedien wie Radio, Fernsehen und Kinofilme die Illusion eines Face-to-face-Kontaktes herstellen und die Einstellungen gegenüber einer fremden Gruppe beeinflussen. In Bezug auf den Islam dürfte wohl vor allem die Berichterstattung über terroristische Anschläge durch Islamisten einen negativen Effekt auf die Einstellungen gegenüber Muslimen haben.

Vor dem Hintergrund der Überlegungen zur Kontakthypothese ist es interessant, dass sich Ost- und Westdeutschland bezüglich des Bevölkerungsstands der muslimischen Religionsgemeinschaft deutlich unterscheiden. Die Mehrheit der muslimischen Bevölkerung lebt im Westen und in Berlin, nur 2 % der geschätzten 3,8 bis 4,3 Millionen Muslime sind in den ostdeutschen Bundesländern angesiedelt (vgl. Haug/Müssig/Stichs 2009: 106-108).

Im weiteren Verlauf werden zunächst die Unterschiede in den Einstellungen der west- und ostdeutschen Bevölkerung gegenüber den Muslimen und dem Islam vor dem Hintergrund zweier Erklärungsansätze beschrieben. Es ist davon auszugehen, dass der Deprivationsthese und der Kontakthypothese eine besondere Rolle bei der Erklärung der Ursachen der Ablehnung des Islam und der Muslime zukommen.[19] Deswegen konzentriert sich die Analyse zunächst auf diese beiden Ansätze. In einem abschließenden komplexen Hypothesenmodell sollen allerdings auch weitere Theorien einfließen, die bereits im dritten Kapitel ausführlicher dargestellt wurden.[20]

---

[18] Für eine ausführliche Darlegung der Annahmen der Kontakthypothese vgl. Kapitel 3 von Detlef Pollack.

[19] Dass die Kontakthäufigkeit die Haltung zu Muslimen beeinflusst, konnte bereits in Kapitel 3 nachgewiesen werden.

[20] Zwar liegt der Fokus in diesem Kapitel auf der Bedeutung von Deprivationskonzepten und Kontakten. Die Analysen aus Kapitel 3 haben jedoch gezeigt, dass die Haltung zu Muslimen von zahlreichen Faktoren abhängt, so dass es geboten scheint, diese als Kontrollvariablen auch in dem hier berechneten Modell zu berücksichtigen.

2   Einstellungen zum Islam und zu Muslimen vor dem Hintergrund der Kontakthypothese und Deprivationsthese

Auf einige Unterschiede zwischen den Einstellungen der Bevölkerung in West- und Ostdeutschland hat Detlef Pollack bereits im ersten Kapitel verwiesen. Die Ergebnisse lassen sich wie folgt zusammenfassen: Das Ausmaß an Intoleranz gegenüber Muslimen und ihrer Glaubenspraxis in beiden Teilen Deutschlands ist recht groß und unterschiedet sich deutlich von der Einstellung gegenüber anderen Religionsgemeinschaften. In Ostdeutschland ist die Ablehnung allerdings etwas stärker ausgeprägt. So befürwortet die Bevölkerung im Osten Deutschlands im Vergleich zu der im Westen noch etwas seltener den Bau von Moscheen und Minaretten, fühlt sich durch den Islam mehr bedroht und ist im Durchschnitt gegenüber dem Islam und den Muslimen sogar noch etwas restriktiver eingestellt.

Welche möglichen Gründe könnte es für diese zwar nicht starken, wohl aber signifikanten Unterschiede zwischen den beiden Landesteilen geben?

2.1   Kontakte und Einstellungen zum Islam und Muslimen

Wie oben erwähnt, könnte eine Ursache für die Unterschiede bezüglich der Ablehnung des Islam und dessen Angehörigen darin liegen, dass aufgrund des geringen Anteils an Muslimen im Osten Deutschlands auch weniger vorurteilsabbauende Kontakte bestehen. Tab. 4.1 gibt einen Überblick über die Anzahl der Muslime in den alten und neuen Bundesländern. Die Tabelle enthält für die einzelnen Bundesländer auch die durchschnittliche Haltung gegenüber Muslimen, den Mittelwert für die durchschnittliche Häufigkeit der Kontakte und den Mittelwert für die durchschnittliche Häufigkeit der Beschäftigung mit dem Islam.

Tab. 4.1: Muslimische Bevölkerung nach Bundesländern, Haltungen gegenüber Muslimen und Kontakte zu Muslimen

	Verteilung der muslimischen Bevölkerung Deutschlands[a]	Geschätzte Anzahl Muslime[b]	Bevölkerung Statistisches Jahrbuch 2011	Anteil der Bevölkerung in % Stand Statistisches Jahrbuch 2011	Mittelwert Haltung gegenüber Muslimen[c]	Mittelwert Häufigkeit der Kontakte[d]	Beschäftigung mit dem Islam[e]
BW	16,6	673.151	10.750.000	6,3	2,37	2,23	2,39
BY	13,2	535.277	12.520.000	4,3	2,32	2,09	2,37
BE	6,9	279.804	3.432.000	8,2	2,14	2,15	2,49
HB	1,6	64.882	662.000	9,8	2,54	2,31	2,86
HH	3,5	141.930	1.772.000	8,0	2,09	2,21	2,71
HE	10,3	417.678	6.065.000	6,9	2,11	2,32	2,58
NI	6,2	251.418	7.947.000	3,2	2,15	2,16	2,49
NW	33,1	1.342.248	17.933.000	7,5	2,25	2,21	2,40
RP	4,0	162.205	4.028.000	4,0	2,24	1,98	2,34
SL	0,8	32.441	1.030.000	3,1	2,19	1,86	1,98
SH	2,1	85.158	2.834.000	3,0	2,15	1,58	2,22
gesamt West	**98,4**	**3.986.192**	**68.973.000**	**5,8**	**2,25**	**2,14**	**2,42**
BB	0,1	4.055	2.522.000	0,2	2,04	1,48	2,08
MV	0,1	4.055	1.664.000	0,2	2,09	1,48	1,97
SN	0,7	28.386	4.193.000	0,7	1,98	1,46	2,06
ST	0,4	16.221	2.382.000	0,7	2,04	1,21	1,84
TH	0,2	8.110	2.268.000	0,4	2,18	1,45	2,21
gesamt Ost	**1,6**	**60.827**	**13.029.000**	**0,5**	**2,07**	**1,57**	**2,13**
gesamt D	**100**	**4.047.019**	**82.002.000**	**4,9**	**2,22**	**2,03**	**2,36**

[a] Schätzungen von Haug/Müssig/Stichs 2009: 107 (in %); [b] eigene Berechnungen auf Grundlage der Schätzungen von Haug/Müssig/Stichs (2009: 107) und des Statistischen Jahrbuchs 2011 (Statistisches Bundesamt 2011); [c] „Wie ist Ihre persönliche Haltung zu den Mitgliedern folgender religiöser Gruppen?" (hier: Muslime); 4er-Skala (1=sehr negativ; 2=eher negativ; 3=eher positiv; 4=sehr positiv), Bevölkerungsmittelwerte; [d] „Haben Sie viel Kontakt zu Mitgliedern folgender religiöser Gemeinschaften?" (hier: Muslime); 4er-Skala (1=nein, gar nicht; 2=nein, eher nicht; 3=ja, etwas; 4=ja, sehr viel), Bevölkerungsmittelwerte; [e] „Haben Sie sich schon viel mit folgenden Religionen beschäftigt?" (hier: Islam); 4er-Skala (1=nein, gar nicht; 2=nein, eher nicht; 3=ja, etwas; 4=ja, sehr viel), Bevölkerungsmittelwerte.

Es ist zu erkennen, dass der Anteil der Muslime an der Bevölkerung in den neuen Bundesländern jeweils unter einem Prozent liegt (Gesamtdurchschnitt Ostdeutschland: 0,5 %), während in den neuen Bundesländern der Anteil zwischen mindestens 3 % (Schleswig-Holstein) und 9,8 % (Bremen) liegt (Gesamtdurchschnitt Westdeutschland: 5,8 %). Gleichzeitig lässt sich aussagen, dass die durchschnittliche Häufigkeit der Kontakte in Ostdeutschland wie erwartet niedriger ist als in Westdeutschland. Dies gilt für alle Arten von Kontakten, egal ob sie privat, beruflich, nachbarschaftlich oder anders veranlasst sind (vgl. Tab. A4.1 im Anhang). Auch lässt sich aus Tab. 4.1 ablesen, dass in den Bundesländern, wo wenige Kontakte zur muslimischen Bevölkerung bestehen, durchschnittlich die Haltung gegenüber dieser tendenziell ablehnender ist. In den ostdeutschen Bundesländern Sachsen, Sachsen-Anhalt und Brandenburg ist die Haltung gegenüber Muslimen besonders negativ, während in den westdeutschen Bundesländern Bremen, Baden-Württemberg und Bayern die Haltung gegenüber Muslimen durchschnittlich positiver ist. Es gibt einige Ausnahmen, zum Beispiel Hamburg, wo vergleichsweise viele Muslime leben, die Haltung der Bevölkerung gegenüber Muslimen allerdings recht negativ ist (zu beachten ist hier allerdings die niedrige Anzahl der befragten Personen, die in Hamburg unter 100 liegt). Umgekehrt ist beispielsweise in Thüringen der Anteil der Muslime an der Bevölkerung genauso gering wie in den anderen ostdeutschen Bundesländern, während sich das Land in Bezug auf die Haltung gegenüber Muslimen im bundesdeutschen Vergleich eher im Mittelfeld befindet.

2.2   Wie stark ist der Zusammenhang zwischen Kontakten und den Einstellungen gegenüber dem Islam und dessen Angehöriger?

Tabelle 4.2 zeigt, dass Personen, die Kontakt zu Muslimen haben, den Bau von Moscheen zwar überwiegend ablehnen, die Ablehnungsquote jedoch deutlich geringer ist als unter denjenigen, die keinen Kontakt zu Muslimen haben. Im Osten Deutschlands ist die Ablehnungsquote unter denjenigen, die Kontakt zu Muslimen haben, um etwa 10 Prozentpunkte höher als im Westen Deutschlands. Das Zusammenhangsmaß verdeutlicht, dass der Zusammenhang zwischen der Haltung und den Kontakten im Osten niedriger ist als im Westen (Phi: ,168** vs. ,282**).[21] Deutlich wird der signifikante Zusammenhang auch zwischen dem Kontakt zu Muslimen und der Frage nach der Einschränkung des islamischen Glaubens. Diejenigen, die Kontakt haben, sind deutlich seltener für eine Einschränkung der islamischen Glaubenspraxis als diejenigen, die eher keinen Kontakt haben. Im Westen sind nur 28 % derjenigen mit Kontakten zu Muslimen und im Osten 37 % für eine Einschränkung des islamischen Glaubens. Auffällig ist

---

[21] Der Korrelationskoeffizient Phi beschreibt die Stärke des Zusammenhangs zwischen zwei dichotomen Variablen und kann Werte zwischen -1 (perfekter negativer Zusammenhang) und 1 (perfekter positiver Zusammenhang) annehmen. 0 deutet auf einen fehlenden Zusammenhang hin. Der Absolutwert zeigt die Stärke der Korrelation an, das Vorzeichen die Richtung des Zusammenhangs.

also auch hier wieder der Unterschied zwischen Ost- und Westdeutschland. In Westdeutschland scheinen Kontakte deutlicher als in Ostdeutschland mit islambefürwortenden Positionen in Zusammenhang zu stehen.

Tab. 4.2: Kontakte und Haltungen zum Islam und zu Muslimen

	Befürwortung des Baus von Moscheen[a]		Einschränkung des islamischen Glaubens[b]		Haltungen gegenüber Muslimen[c]	
	D-West	D-Ost	D-West	D-Ost	D-West	D-Ost
	ja	ja	eher ja	eher ja	eher pos.	eher pos.
Kontakt zu Muslimen	46	37	28	37	57	48
eher kein Kontakt zu Muslimen[d]	20	18	56	63	23	26
Phi	*,282***	*,168***	*,277***	*,189*	*,345***	*,184***
privater Kontakt	57	41	23	39	68	54
kein privater Kontakt[e]	24	19	50	60	29	27
Phi	*,287***	*,150***	*,217***	*,123***	*,320***	*,176***
Kontakt auf der Arbeit	48	45	25	34	58	55
kein Kontakt auf der Arbeit[e]	26	19	50	60	32	27
Phi	*,197***	*,162***	*,200***	*,126*	*,225***	*,161***
Kontakt in der Nachbarschaft	45	40	25	38	60	47
kein Kontakt i. d. Nachbarschaft[e]	27	20	49	60	31	28
Phi	*,157***	*,129***	*,193***	*,116***	*,239***	*,111***
Kontakt in anderen Bereichen	42	46	37	26	52	56
kein Kontakt in anderen Bereichen[e]	30	20	45	60	36	28
Phi	*,075**	*,134***	*n.s.*	*,144***	*,098***	*,131***

Fragestellungen: [a]„Allgemein gefragt, befürworten Sie den Bau von Moscheen in Deutschland?", Anteil derjenigen mit oder ohne Kontakt zu Muslimen, die mit „Ja" antworten; in %; [b]„Die Ausübung des islamischen Glaubens in Deutschland muss stark eingeschränkt werden."; 4er-Skala (1=stimme überhaupt nicht zu; 2=stimme eher nicht zu; 3=stimme eher zu; 4=stimme stark zu), Anteil derjenigen mit oder ohne Kontakt zu Muslimen, die mit „stimme eher zu" oder „stimme stark zu" antworten; [c]„Wie ist Ihre persönliche Haltung zu den Mitgliedern folgender religiöser Gruppen?" (hier: Muslime); 4er-Skala (1=sehr negativ; 2=eher negativ; 3=eher positiv; 4=sehr positiv), Anteil derjenigen mit oder ohne Kontakt zu Muslimen, die „eher" oder „sehr positiv" eingestellt sind; [d]„Haben Sie viel Kontakt zu Mitgliedern folgender religiöser Gemeinschaften?" (hier: Muslime); 4er-Skala (1=nein, gar nicht; 2=nein, eher nicht; 3=ja, etwas, 4=ja, sehr viel), Kategorien zusammengefasst (etwas" oder „sehr viel" Kontakt zu Muslimen sowie „gar nicht" oder „eher nicht"; [e]„Wo finden diese Kontakte statt?" (nur bezogen auf diejenigen, die Kontakte zu Muslimen haben; abgefragte Orte: auf der Arbeit, in der Nachbarschaft, im Privatleben, anderer Bereich); in %.

Ebenso deutlich wird der Unterschied bei Betrachtung der Haltungen gegenüber Muslimen: Während im Westen Deutschlands etwas mehr als die Hälfte derjenigen mit Kontakten eine positive Haltung haben (57 %), sind es im Osten unter dieser Teilgruppe wieder etwa 10 Prozentpunkte weniger, die eine positive Haltung haben. Insgesamt kann also festgestellt werden, dass der Zusammenhang zwischen den Kontakten zu Muslimen und der Befürwortung bzw. Ablehnung des Islam und der Muslime signifikant ist. Im Osten scheint dieser Effekt etwas schwächer als im Westen Deutschlands ausgeprägt zu sein.

In Bezug auf die Art der Kontakte lässt sich folgendes aussagen: Sowohl Kontakte im Privatleben als auch in der Nachbarschaft und im Erwerbsleben stehen in einem positiven Zusammenhang mit Einstellungen gegenüber dem Islam und den Muslimen. Dies gilt für beide Teile Deutschlands. Allerdings ist im Osten Deutschlands der Zusammenhang zwischen den Kontaktarten und der Haltung zu den Muslimen geringer als in Westdeutschland. Zu berücksichtigen ist freilich, dass auch die Interaktionen zwischen den Kontaktarten berücksichtigt werden müssen. So ist denkbar, dass Kontakte zum Beispiel im Erwerbsleben nur dann einen positiven Effekt haben, wenn daraus private Kontakte entstehen. Dann bestünde nur ein indirekter Effekt zwischen den Kontakten im Erwerbsleben und der positiven Einstellungen gegenüber dem Islam und den Muslimen. Die Überprüfung der Interdependenzen bezüglich der Kontaktarten erfolgt in der multivariaten Analyse in Abschnitt 3.

2.3   Periodeneffekte durch islamistischen Terror

Wenn im Osten fast keine realen Kontakte zwischen der Mehrheitsbevölkerung und Muslimen zustande kommen, dann stellt die Berichterstattung in den Medien fast die einzige Möglichkeit dar, sich über die islamische Glaubenspraxis und über Muslime zu informieren. Insbesondere den Medien wird allerdings vorgeworfen, dass sie islamabwertende Einstellungen erzeugten. Sie konzentrierten sich auf die *bad news* und zeichneten im Kontext der Terrorberichterstattung vom Islam das Bild einer aggressiven Religion (vgl. Schiffer 2005). Der Verdacht, die Ereignisse des 11. September und vermutlich auch die darauffolgenden terroristischen Anschläge durch islamische Terroristen hätten die Einstellungen der Bevölkerung gegenüber dem Islam maßgeblich negativ beeinflusst, erhärtet sich bei Betrachtung der Entwicklungen der Ablehnung von Muslimen im Zeitvergleich: In den Erhebungswellen 1990, 1999/2000 und 2008 der European Values Study wurde nach der Ablehnung verschiedener Personengruppen gefragt. Die Befragten hatten die Möglichkeit herauszusuchen, welche Personengruppen sie nicht gerne als Nachbarn hätten. Es wird aus Abb. 4.1 deutlich, dass es in Bezug auf die Ablehnung von Muslimen einen *turning point* gegeben hat, der sehr wahrscheinlich durch die Ereignisse vom 11. September erklärt werden kann (vgl. Abb. 4.1). Im Osten Deutschlands sank die Ablehnungsquote von muslimischen Nachbarn in den 1990er Jahren zunächst von 22 auf 15 %. Zwischen der Erhebungswelle 1999/2000 und 2008 ist die Ablehnungsquote allerdings um fast 20 Prozentpunkte gestiegen. Knapp über ein Drittel der Bevölkerung Ostdeutschlands möchte nicht neben einem Muslim wohnen. Im Westen Deutschlands ist ein solcher Anstieg nach der Erhebungswelle 1999/2000 auch zu erkennen (von 10 auf 20 %). Allerdings ist der Anteil derjenigen, die nicht neben einem Muslim wohnen möchten, 2008 in etwa genauso hoch wie zu Beginn der 1990er Jahre (19 %).

Abb. 4.1: Ablehnung von Muslimen, Immigranten und Juden in Deutschland

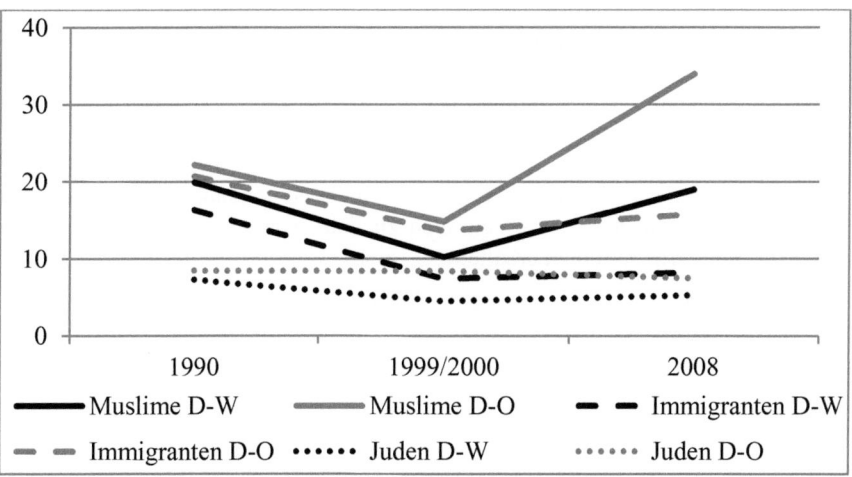

Quelle: European Values Study, eigene Berechnungen; <u>Fragestellung</u>: „Auf dieser Liste stehen eine Reihe ganz verschiedener Personengruppen. Könnten Sie einmal alle heraussuchen, die Sie nicht gern als Nachbarn hätten?"; jeweiliger Anteil derjenigen in West- und Ostdeutschland, die keine Muslime, Immigranten und Juden als Nachbarn wünschen, in %.

Eine solche Entwicklung bzw. ein solcher *turning point* ist in Bezug auf die Gruppen der Immigranten und Juden nicht zu erkennen. Vor diesem Hintergrund kann vermutet werden, dass die mediale Berichterstattung über Islamisten die Einstellungen gegenüber Muslimen negativ beeinflusst hat. Dies würde die „parasoziale Kontakthypothese" bestätigen. Im Osten könnte dieser Effekt deshalb stärker ausgeprägt sein, weil dort vorurteilsabbauende Kontakte seltener als im

Westen sind. Einen interessanten Hinweis für die Richtigkeit dieser Vermutung liefern die Ergebnisse aus dem englischen Forschungsprojekt *Young People's Attitudes towards Religious Diversity* (Arweck 2012). Interviews mit Studierenden, in denen die Akzeptanz von Muslimen thematisiert wurde, beschreiben eindrucksvoll, dass Kontakte zu Muslimen die Verarbeitung von *bad news* positiv beeinflussen. So berichten Studierende, dass sie beim Betrachten von Fernsehberichten über islamistische Terroranschläge zunächst aggressive Impulse gegenüber Muslimen entwickeln, diese allerdings unter Kontrolle bringen, sofern freundschaftliche Kontakte zu Muslimen bestehen.

2.4   Deprivation und Einstellungen zum Islam und Muslimen

Wie stark ist der Zusammenhang zwischen sozio-ökonomischer Deprivation und den Einstellungen gegenüber dem Islam und den Muslimen? Zwei Items werden zur Überprüfung des Zusammenhangs zwischen Deprivation und den zuvor überprüften Einstellungen herangezogen. Bei dem einen Deprivationsindikator handelt es hier um die selbsteingeschätzte Position auf der sozialen Leiter. Die 7er-Skala wurde in drei Kategorien zusammengefasst: in eine untere, mittlere und obere soziale Position. Als Indikator für *relative Deprivation* ist die Einschätzung der eigenen Lage im Vergleich zu anderen gemeint, hier erfasst durch die Frage, ob man glaubt, im Vergleich zu dem, was andere bekommen, den einem zustehenden Anteil zu erhalten.

Tab. 4.3: Deprivation und Haltungen zum Islam und zu Muslimen

	Befürwortung des Baus von Moscheen[a]		Einschränkung des islamischen Glaubens[b]		Haltungen gegenüber Muslimen[c]	
	D-West	D-Ost	D-West	D-Ost	D-West	D-Ost
	ja	ja	eher ja	eher ja	eher pos	eher pos.
eher gerechter Anteil	36	31	35	46	44	40
eher ungerechter Anteil[d]	25	16	55	65	30	23
Phi	*,118***	*,116***	*,204***	*,181***	*,135***	*,176***
untere soziale Position	31	15	60	64	29	18
mittlere soziale Position	31	22	44	58	37	31
obere soziale Position[e]	27	18	54	44	31	37
Cramer-V	*n.s.*	*n.s.*	*n.s.*	*n.s*	*n.s*	*,088**

Kreuztabelle mit Zeilenprozentwerten; <u>Fragestellungen:</u> [a]„Allgemein gefragt, befürworten Sie den Bau von Moscheen in Deutschland?", Antworten: Ja-Nein; [b]„Die Ausübung des islamischen Glaubens in Deutschland muss stark eingeschränkt werden."; 4er-Skala (1=stimme überhaupt nicht zu; 2=stimme eher nicht zu, 3=stimme eher zu; 4=stimme stark zu, hier Zustimmungswerte bezogen auf Kategorie, stimme eher zu bzw. stimme stark zu), [c]„Wie ist Ihre persönliche Haltung zu den Mitgliedern folgender religiöser Gruppen?" (hier: Muslime); 4er-Skala (1=sehr negativ; 2=eher negativ; 3=eher positiv; 4=sehr positiv, hier bezogen auf eher bzw. sehr positiv); [d] eher gerechter/ungerechter Teil: „Im Vergleich dazu, wie andere hier in (Land) leben: Glauben Sie, dass Sie Ihren gerechten Anteil erhalten, mehr als Ihren gerechten Anteil, etwas weniger oder sehr viel weniger?" (eher ungerechter Anteil=etwas weniger bzw. sehr viel weniger; eher gerechter Anteil: mehr als gerechter Anteil bzw. gerechter Anteil); [e] soziale Positionen: „Manche Leute glauben, dass sie in unserer Gesellschaft ganz oben stehen, während andere glauben, ganz unten in der Gesellschaft zu stehen. Stellen Sie sich bitte eine Leiter mit 7 Stufen vor, wobei die Stufen für die soziale Stellung der Leute stehen. Wo würden Sie Ihre Familie auf einer solchen Leiter einstufen?" 7 bedeutet „ganz oben" und 1 bedeutet „ganz unten" (1-2=untere soziale Position; 3, 4, 5=mittlere soziale Position; 6 und 7=obere soziale Position).

Eine Betrachtung der Ergebnisse der Analyse zeigt, dass die Einschätzung der sozialen Position und die Haltung gegenüber Muslimen sowie gegenüber ihrer Glaubenspraxis nicht signifikant zusammenhängen. Die Befürwortung des Baus von Moscheen sowie die Bejahung der Einschränkung der islamischen Glaubenspraxis weisen keinen Zusammenhang mit der Zuschreibung einer bestimmten sozialen Position in der Gesellschaft auf (Tab. 4.3). Zwischen der Positions-

zuschreibung und den Haltungen gegenüber den Muslimen besteht nur in Ostdeutschland eine schwache Korrelation. Stärker und statistisch signifikant ist
hingegen der Zusammenhang zwischen der relativen Deprivation und den Einstellungen zu den Muslimen und zur islamischen Glaubenspraxis. Dies gilt für
beide Teile Deutschlands. Das heißt, diejenigen, die glauben sie erhielten eher
weniger als den ihn zustehenden Anteil, weisen eine stärker ablehnende Einstellung zu den Muslimen und ihrer Glaubenspraxis auf als diejenigen, die sich gerecht behandelt fühlen.

2.5   Zwischenfazit

Die Ergebnisse der bivariaten Analyse machen klar, dass sowohl der Deprivationsthese als auch der Kontakthypothese eine gewisse Erklärungskraft zukommt. In Bezug auf die Deprivationsthese hat sich gezeigt, dass von den zwei
ausgewählten Indikatoren nur der für die als subjektiv empfundene Benachteiligung signifikant ist, nicht aber die Positionszuschreibung. Bezüglich der Kontakte konnte gezeigt werden, dass Kontakte zu Muslimen vergleichsweise stark mit
den Einstellungen korrelieren. Im Osten ist dieser Zusammenhang schwächer
ausgeprägt.

Noch nicht ausreichend beantwortet ist die Frage, ob und welche Kontaktarten signifikante Einflussgrößen darstellen, wenn berücksichtigt wird, dass sowohl die verschiedenen Kontaktarten untereinander als auch die Häufigkeit der
Kontakte und die Kontaktarten miteinander korrelieren. Anders formuliert lautet
die zu beantwortende Frage, ob es vor allem darauf ankommt, wie häufig man
Kontakte zu Muslimen hat, oder mehr darauf, welche Art von Kontakten man
pflegt. Die bivariaten Ergebnisse zeigen zwar, dass berufliche und nachbar-
schaftliche Kontakte in einem positiven Zusammenhang mit der Haltung gegenüber Muslimen stehen. Zu bedenken ist allerdings, dass es sich dabei um Schein-
korrelationen handeln könnte. Zum Beispiel könnten aus beruflichen und nach-
barschaftlichen Kontakten private Kontakte entstehen, so dass bei einer Signifikanz beruflicher und nachbarschaftlicher Kontakte dahinter eigentlich die Wirksamkeit privater Kontakte steht und diese die einzige Kontaktart mit vorur-
teilsabbauendem Effekt wären.

3 Bedingungsfaktoren der Ablehnung von Muslimen in West- und Ostdeutschland

Um die negativen Haltungen gegenüber Muslimen in den alten und den neuen Bundesländern zu erklären, werden Strukturgleichungsmodelle mit ausschließlich manifesten Variablen berechnet (Tab. 4.4). Hierbei wird als zu erklärender Indikator die Frage nach der Haltung gegenüber Muslimen sowie eine recht hohe Anzahl an Indikatoren in die Analyse einbezogen, die die Haltung gegenüber Muslimen erklären können. Neben sozialstrukturellen Merkmalen wie Region (Stadt vs. Land), Bildungsniveau, Geschlecht und Alter, werden Items zur Überprüfung der Deprivationsthese aufgenommen. Indikatoren zur Messung der *objektiven Deprivation* sind das Haushaltseinkommen und Arbeitslosigkeit. Die Angabe, als wie gerecht man selbst den Anteil einschätzt, den man erhält, wird als Indikator für *relative Deprivation* ebenfalls in das Modell einbezogen. Zusätzlich wurde noch die selbsteingeschätzte Position auf der sozialen Leiter in das Modell aufgenommen. Darüber hinaus wird die politische Einstellung (hier: Skala von links nach rechts), eine synkretistische Form der religiösen Orientierung, der Stolz auf die Nation, Autoritarismus, religiöser Dogmatismus, die Häufigkeit des Gottesdienstbesuchs und die Haltung zu Christen mit einbezogen. Die Überprüfung der Kontakthypothese erfolgt mittels sechs Items: Zum einem enthält das Modell die Häufigkeit der Kontakte zu Muslimen. Zum anderen die Abfrage nach Kontakten zu Muslimen im Privatleben, in der Nachbarschaft, auf der Arbeit und in anderen Bereichen. Da auch davon ausgegangen wird, dass angeworbenes Wissen über fremde Gruppen Stereotype abbauen kann, wird als weiteres Item die Beschäftigung mit dem Islam aufgenommen.

Ein solches Pfadmodell mit einfacher Kausalstruktur jeweils für West- und Ostdeutschland bietet den Vorteil, anders als in einer konventionellen Regressionsanalyse die Multikollinearität zwischen den exogenen Variablen sowie Messfehler berücksichtigen zu können und damit die Wahrscheinlichkeit fehlerhafter Interpretationen zu verringern (vgl. Weiber/Mülhaus 2010: 25). Es ist somit davon auszugehen, dass präzise Parameterschätzer erreicht werden können. Ein solches Modell kann zwischen direkten und indirekten Faktoren unterscheiden, also solchen, die in unmittelbarem Zusammenhang mit der abhängigen Variable stehen, und solchen, die vermittelt über einen oder mehrere andere Faktoren mit der abhängigen Variablen zusammenhängen.

3.1   Gesamtgüte der Strukturgleichungsmodelle

Es ist zunächst zu konstatieren, dass die Modellgüte für beide berechneten Modelle als hoch einzustufen ist. Zwar wird die Nullhypothese, der zufolge die empirischen und modelltheoretischen Kovarianzmatrizen gleich sind, für beide Pfadmodelle angenommen, allerdings ist die Aussagekraft des Chi-Quadrat-Tests aufgrund der hohen Anzahl an aufgenommenen Indikatoren eingeschränkt. Dementsprechend kann auch die Relation von Chi-Quadrat zu den Freiheitsgraden (CMIN/DF) als Prüfgröße außer Acht gelassen werden. Der Root-Mean-Square-Error of Approximation (RMSEA) weist mit Werten jeweils unter der von Browne/Cudeck (1992: 239) empfohlenen Grenze von 0,05 (PCLOSE: Westdeutschland 1,000, Ostdeutschland 0,999) auf eine hohe Güte beider Modelle hin.

3.2   Zusammenhänge zwischen den unabhängigen Indikatoren

In beiden Modellen wurde eine Vielzahl von signifikanten Zusammenhängen zwischen den beeinflussenden Indikatoren berücksichtigt.[22] Es sei an dieser Stelle auf die bedeutendsten Zusammenhänge verwiesen: Wenig überraschend korrelieren die unterschiedliche Bereiche, in denen die Menschen Kontakte zu Muslimen haben können, recht stark miteinander. Wer also Kontakte auf der Arbeit oder in der Nachbarschaft oder in anderen Bereichen hat, hat mit großer Wahrscheinlichkeit auch Kontakte im Privatleben. Kontakte stehen auch in einem beachtlichen Zusammenhang mit der Beschäftigung mit dem Islam. Ein weiterer recht starker Zusammenhang besteht wie erwartet zwischen dem Kirchgang und religiösem Dogmatismus.

3.3   Einflussfaktoren im Westen Deutschlands

Als stärkster direkter Effekt kann für Westdeutschland die Kontakthäufigkeit ausgemacht werden (vgl. Tab. 4.4). Dies war nach den deskriptiven Ergebnissen zu erwarten. Die Kontaktarten sind weniger entscheidend für die Haltung gegenüber Muslimen, allein private Kontakte wirken sich positiv aus. Zudem wird in dem Modell für Westdeutschland ersichtlich, dass die Einschätzung der zunehmenden religiösen Vielfalt als Konfliktursache sich negativ auf die Einstellung gegenüber Muslimen auswirkt. Weiterhin relevant ist religiöser Dogmatismus.

---

[22]   Die Zusammenhänge zwischen den beeinflussenden Items können hier nicht vollständig dargestellt werden und sind auf Anfrage beim Autor (a_yend01@uni-muenster.de) erhältlich.

Wer glaubt, dass es nur eine wahre Religion gebe, steht mit hoher Wahrscheinlichkeit Muslimen ablehnend gegenüber. Religiöser Dogmatismus wiederum
korreliert hoch mit der Häufigkeit des Gottesdienstbesuchs, welche jedoch einen
positiven Effekt auf die Haltung gegenüber Muslimen hat. Unter Berücksichtigung des Interaktionseffekts zwischen religiösem Dogmatismus und Gottesdienstbesuch kann dieser einen durchaus positiven Effekt auf die Haltung zu den
Muslimen haben. Die politische Einstellung korreliert in der anzunehmenden
Richtung mit der Haltung gegenüber Muslimen: je rechter die Einstellung, desto
höher die Wahrscheinlichkeit, negativ gegenüber Muslimen eingestellt zu sein.
Wenig überraschend ist auch der zwar signifikante, allerdings schwache Zusammenhang zwischen Synkretismus und der Akzeptanz von Muslimen. Menschen,
die den Lehren mehrerer Religionen folgen, sind toleranter eingestellt. Keinen
direkten Einfluss haben dagegen Nationalstolz und Autoritarismus – die beide
mit religiösem Dogmatismus korrelieren. Interessant sind auch die Befunde
hinsichtlich der Deprivationsthese. Während Arbeitslosigkeit, das Haushaltsnettoeinkommen und die selbst eingeschätzte Position auf der sozialen Leiter mit
der Haltung gegenüber Muslimen nicht zusammenhängen, besteht eine Korrelation zwischen dem Gefühl, sozial benachteiligt zu sein, und der Haltung gegenüber Muslimen. Damit kristallisiert sich relative Deprivation in diesem Modell
wiederum als entscheidend heraus. Die Indikatoren für objektive Deprivation –
welche mit dem hier verwendeten Indikator für relative Deprivation in Zusammenhang stehen – sind in dem vorliegenden Modell als direkte Einflussgrößen
nicht wichtig. Schwach signifikant ist die positive Haltung gegenüber Christen.
Sozialstatistische Merkmale wie Alter, Geschlecht und die Region (Stadt/Land)
sind unbedeutend.

Tab. 4.4: Ergebnisse der Strukturgleichungsmodelle: Haltung gegenüber Muslimen

Beeinflussende Indikatoren	Westdeutschland	Ostdeutschland
Kontakthäufigkeit	,277**	,183**
Kontakte zu Muslimen im Privatleben	,109**	k.d.E.
Kontakte zu Muslimen in der Nachbarschaft	k.d.E.	k.d.E.
Kontakte zu Muslimen auf der Arbeit	k.d.E.	k.d.E.
Kontakte zu Muslimen in anderen Bereichen	k.d.E.	k.d.E.
Beschäftigung mit dem Islam	k.d.E.	k.d.E.
Haltung zu Christen	,076**	,094**
Häufigkeit Gottesdienstbesuch	,113**	,122**
religiöser Dogmatismus	-,170**	-,128**
Autoritarismus	k.d.E.	k.d.E.
Nationalstolz	k.d.E.	-,073**
Synkretismus	,081**	,074**
Religionen führen zu Konflikten	-,139**	-,149**
politische Einstellung	-,104**	-,179**
relative Deprivation	-,096**	-,103**
Position auf sozialer Leiter	k.d.E.	k.d.E.
Arbeitslosigkeit	k.d.E.	k.d.E.
Haushaltsnettoeinkommen	k.d.E.	k.d.E.
Alter	k.d.E.	k.d.E.
Geschlecht	k.d.E.	k.d.E.
Bildungsabschluss	k.d.E.	,084**
Stadt vs. Land	k.d.E.	k.d.E.
R^2	0,218	0,173
E	0,782	0,827
RMSEA	,000	,000
PCLOSE	1,000	1,000

standardisierter Regressionskoeffizient; Signifikanz: **p < ,01; *p < ,05; k.d.E: kein direkter Einfluss der entsprechenden unabhängigen Variable auf die abhängige Variable; abhängige Variable: „Wie ist Ihre persönliche Haltung zu den Mitgliedern folgender religiöser Gruppen?" (hier: Muslime); 4er-Skala (1=sehr negativ; 2=eher negativ; 3=eher positiv; 4=sehr positiv); unabhängige Variablen siehe Anhang.

3.4   Einflussfaktoren im Osten Deutschlands

Der stärkste Faktor im Modell für Ostdeutschland ist wie auch im westdeutschen Modell die Kontakthäufigkeit, wenngleich der Faktor im Osten schwächer ausgeprägt ist (vgl. Tab. 4.4). Die Kontaktarten sind – anders als im westdeutschen Modell –unbedeutend. Es kommt im Osten Deutschlands also nur auf die Häufigkeit der Kontakte zu Muslimen an; ob sie privat, beruflich, nachbarschaftlich oder anders veranlasst sind, ist nicht entscheidend. Auch in der Bevölkerung Ostdeutschlands spielt die politische Einstellung eine Rolle: Wer sich politisch rechts einstuft, lehnt Muslime eher ab als politisch Linksorientierte. Wie in Westdeutschland steht die Einschätzung der Konflikthaftigkeit religiöser Vielfalt in einem negativen Zusammenhang mit der Haltung gegenüber Muslimen. Dasselbe gilt für religiösen Dogmatismus, der sich negativ auf die Haltung gegenüber Muslimen auswirkt, während die Häufigkeit des Gottesdienstbesuches auch in Ostdeutschland einen positiven Effekt auf die Haltung gegenüber Muslimen hat. Für Ostdeutschland gilt genauso wie für Westdeutschland, dass sich im Unterschied zu den Indikatoren für objektive sozio-ökonomische Benachteiligung nur das Benachteiligungsgefühl negativ auf die Haltung gegenüber Muslimen auswirkt. Weitere signifikante, allerdings sehr schwache Indikatoren, die einen positiven Effekt haben, sind die Haltung zu Christen und das Bildungsniveau. Zudem haben Personen mit einer synkretistischen religiösen Haltung eine leicht höhere Wahrscheinlichkeit, positiv gegenüber Muslimen gestimmt zu sein. Nationalstolz wiederum wirkt sich leicht negativ auf die Haltung gegenüber Muslimen aus.

Nicht als direkter Einfluss erkennbar sind sozialstatistische Merkmale wie Alter, Geschlecht und Region (Stadt/Land). Ob man auf dem Land oder in der Stadt wohnt, macht hinsichtlich der Akzeptanz bzw. Ablehnung von Muslimen im Osten Deutschlands keinen Unterschied. Es gilt allerdings hier zu beachten, dass es im Osten – im Gegensatz zum Westen – kleine, signifikante Zusammenhänge zwischen einigen Kontaktmöglichkeiten und der Region gibt: Wer auf dem Land lebt, hat eher wenig Kontakt zur muslimischen Bevölkerung und ist deshalb wiederum anfälliger für Vorurteile gegenüber Muslimen. Im Westen ist ein solches Szenario auf Basis der Strukturgleichungsmodellierung nicht zu erkennen.

4 Zusammenfassung

Die Bevölkerung Ostdeutschlands ist gegenüber den Muslimen und dem Islam ablehnender eingestellt als die Bevölkerung Westdeutschlands. Allerdings sind die Unterschiede nicht auffallend groß. Damit werden die Ergebnisse aktueller Forschungsarbeiten bestätigt. Es gibt bei der Erklärung der Haltungen gegenüber Muslimen in den beiden Teilen Deutschlands einige interessante Befunde, die sich aus der Synthese verschiedener prominenter Theorien zur Erklärung von Fremdenfeindlichkeit ergeben.

In diesem Kapitel wurden vor allem die sogenannte Deprivationsthese und die Kontakthypothese überprüft. Die These der relativen Deprivation kann für beide Teile Deutschlands bestätigt werden. Wer sich im Vergleich zu anderen sozial benachteiligt fühlt, erweist sich als anfälliger für ablehnende Haltungen gegenüber Muslimen. Dieser Zusammenhang ist allerdings relativ schwach. Merkmale objektiver Deprivation wie Arbeitslosigkeit und Haushaltseinkommen stellen in beiden Teilen Deutschlands keine Prädiktoren für die Ablehnung von Muslimen dar.

Die Ergebnisse zeigen auch, dass die sozialpsychologische Kontakthypothese für beide Teile Deutschlands bestätigt werden kann. Wer Kontakt zu Muslimen hat, entwickelt häufiger eine positive Einstellung zu Muslimen. Dabei kommt es nicht so sehr auf die Art der Kontakte an, sondern mehr auf die Häufigkeit des Kontakts. Ein detaillierter Blick auf die Kontakthäufigkeiten zeigt recht deutlich, dass die Bevölkerung in den neuen Bundesländern sehr viel weniger Kontakt zu Muslimen hat als die Bevölkerung Westdeutschlands. Es liegt nahe, die Ereignisse und die Nachfolgeereignisse des 11. September 2001 als eine weitere Ursache für die Ablehnung von Muslimen in Betracht zu ziehen. Die Analyse der EVS-Erhebungswellen zeigt, dass die Abwertung von Muslimen nach 2001 deutlich angestiegen ist – und dies vermutlich insbesondere deshalb stärker im Osten Deutschlands, weil dort weniger Kontakte zu Muslimen bestehen als in Westdeutschland.

Anhang

Tab. A4.1: Kontakte zu Muslimen in unterschiedlichen Bereichen nach Bundesländern

	Kontakte privat	Kontakte auf der Arbeit	Kontakte in der Nachbarschaft	Kontakte in einem anderen Bereich	Kontakte gesamt
BW	23,6	23,0	16,8	6,8	46,2
BY	19,3	21,9	16,7	8,9	40,6
BE	21,9	18,5	20,5	10,5	39,7
HB	n.F.	n.F.	n.F.	n.F.	n.F.
HH	n.F.	n.F.	n.F.	n.F.	n.F.
HE	n.F.	n.F.	n.F.	n.F.	n.F.
NI	20,9	20,9	20,1	12,7	42,8
NW	18,7	21,9	22,8	6,3	41,2
RP	n.F.	n.F.	n.F.	n.F.	n.F.
SL	n.F.	n.F.	n.F.	n.F.	n.F.
SH	n.F.	n.F.	n.F.	n.F.	n.F.
gesamt West	*20*	*19,8*	*19,1*	*8,4*	*40,4*
BB	2,0	3,9	1,3	3,9	9,3
MV	7,0	5,0	4,0	5,0	12,9
SN	8,6	4,1	7,0	3,3	13,6
ST	,6	1,9	,6	,6	3,2
TH	5,1	2,9	3,6	2,2	9,4
gesamt Ost	*8,6*	*6,7*	*7,3*	*4,5*	*16,1*
gesamt D	17,8	17,4	16,9	7,7	35,8

<u>Fragestellung:</u> „Wo finden diese Kontakte statt?" (abgefragte Orte: auf der Arbeit, in der Nachbarschaft, im Privatleben, anderer Bereich); Anteil derjenigen, die Kontakte zu Muslimen an den entsprechenden Orten haben (bezogen auf die Gesamtzahl der Befragten); Angaben in %; n.f.: Fallzahl niedrig, da < 100.

Verwendete Indikatoren in Tab. 4.4

<u>Kontakthäufigkeit:</u> „Haben Sie viel Kontakt zu Mitgliedern folgender religiöser Gemeinschaften?" (hier: Muslime); 4er-Skala (1=nein, gar nicht; 2=nein, eher nicht; 3=ja, etwas, 4=ja, sehr viel)
<u>Kontakt zu Muslimen:</u> Wo finden diese Kontakte statt?" (abgefragte Orte in Bezug auf Kontakte zu Muslimen: auf der Arbeit, in der Nachbarschaft, im Privatleben, anderer Bereich)
<u>Beschäftigung mit dem Islam:</u> „Haben Sie sich schon viel mit folgenden Religionen beschäftigt?" (hier: Islam); 4er-Skala (1=nein, gar nicht; 2=nein, eher nicht; 3=ja, etwas, 4=ja, sehr viel)
<u>Haltung zu Christen:</u> „Wie ist Ihre persönliche Haltung zu den Mitgliedern folgender religiöser Gruppen?" (hier: Christen); 4er-Skala (1=sehr negativ; 2=eher negativ; 3=eher positiv; 4=sehr positiv)
<u>Häufigkeit Gottesdienstbesuch:</u> „Wie oft besuchen Sie den Gottesdienst?" (nie, seltener als einmal im Jahr, genau einmal im Jahr, mehrmals im Jahr, ungefähr einmal im Monat, 2-3mal im Monat, jede Woche oder öfter)
<u>Religiöser Dogmatismus:</u> „Es gibt nur eine wahre Religion."; 4er-Skala (1=stimme überhaupt nicht

zu; 2=stimme eher nicht zu; 3=stimme eher zu; 4=stimme stark zu)

Autoritarismus: „Zu den wichtigsten Eigenschaften, die jemand haben sollte, gehört disziplinierter Gehorsam der Autorität gegenüber."; 4er-Skala (1=stimme überhaupt nicht zu; 2=stimme eher nicht zu; 3=stimme eher zu; 4=stimme stark zu)

Nationalstolz: „Ich bin stolz auf meine Nationalität."; 4er-Skala (1=stimme überhaupt nicht zu; 2=stimme eher nicht zu; 3=stimme eher zu; 4=stimme stark zu)

Synkretismus: „Ich greife für mich selbst auf Lehren verschiedener religiöser Traditionen zurück."; 4er-Skala (1=stimme überhaupt nicht zu; 2=stimme eher nicht zu; 3=stimme eher zu; 4=stimme stark zu)

Religionen führen zu Konflikten: „Wenn man so sieht, was in der Welt passiert, führen Religionen eher zu Konflikten als zum Frieden."; 4er-Skala (1=stimme überhaupt nicht zu; 2=stimme eher nicht zu; 3=stimme eher zu; 4=stimme stark zu)

Politische Einstellung: „Viele Leute verwenden die Begriffe ‚links' und ‚rechts', wenn es darum geht, unterschiedliche politische Einstellungen zu kennzeichnen. Wir haben hier einen Maßstab, der von links nach rechts verläuft. Wenn Sie an Ihre eigenen politischen Ansichten denken, wo würden Sie diese Ansichten auf dieser Skala einstufen?"; 10er-Skala (1=links, 10=rechts)

Relative Deprivation: „Im Vergleich dazu, wie andere hier in (Land) leben: Glauben Sie, dass Sie Ihren gerechten Anteil erhalten, mehr als Ihren gerechten Anteil, etwas weniger oder sehr viel weniger?" (Reihenfolge für die Berechnung des Modells geändert: mehr als Ihren gerechten Anteil, Ihren gerechten Anteil, etwas weniger, sehr viel weniger)

Position auf sozialer Leiter: „Manche Leute glauben, dass sie in unserer Gesellschaft ganz oben stehen, während andere glauben, ganz unten in der Gesellschaft zu stehen. Stellen Sie sich bitte eine Leiter mit 7 Stufen vor, wobei die Stufen für die soziale Stellung der Leute stehen. Wo würden Sie Ihre Familie auf einer solchen Leiter einstufen? 7 bedeutet „ganz oben" und 1 bedeutet „ganz unten"

Arbeitslosigkeit: „Was Ihre derzeitige Situation anbelangt, was von dieser Liste trifft auf Sie zu?" (hier: dichotom: 0=nicht arbeitslos; 1=zur Zeit arbeitslos)

Haushaltsnettoeinkommen: „Wenn Sie einmal alles zusammenrechnen: Wie hoch ist das monatliche Netto-Einkommen Ihres Haushaltes insgesamt? Gemeint ist die Summe, die sich ergibt aus Lohn, Gehalt, Einkommen aus selbständiger Tätigkeit, Rente oder Pension, jeweils nach Abzug der Steuern und Sozialversicherungsbeiträge. Nennen Sie mir bitte die entsprechende Ziffer auf der Liste!" (bis unter 1.000 Euro, 1.000 bis unter 1.500 Euro, 1.500 bis unter 2.000 Euro, 2.000 bis unter 2.500 Euro, 2.500 bis unter 3.000 Euro, 3.000 bis unter 3.500 Euro, 3.500 bis unter 4.000 Euro, 4.000 Euro und mehr)

Alter: „Sagen Sie mir bitte, wie alt Sie sind."

Geschlecht: dichotom (0=männlich; 1=weiblich)

Bildungsabschluss: „Welchen höchsten Schulabschluss oder Hochschulabschluss haben Sie? Bitte sehen Sie die Liste durch und sagen mir die für Sie zutreffende Kennziffer." (Schule beendet ohne Abschluss, Volks-/Hauptschulabschluss, Schule beendet ohne Abschluss, Mittlere Reife, Realschulabschluss, Polytechnische Oberschule mit Abschluss 8. oder 9., Polytechnische Oberschule mit Abschluss 8. oder 9. Klasse, Polytechnische Oberschule mit Abschluss 10. Klasse, Fachhochschulreife (Abschluss einer Fachoberschule etc.), Abitur (Hochschulreife) bzw. erweiterte Oberschule mit Abschluss 12. Klasse, Fachhochschulabschluss, Universitätsabschluss, Hochschulabschluss)

Stadt vs. Land: Information vor Interview bereits vorhanden, dichotom (0=Land,1=Stadt)

Kapitel 5

„Objektive" Lage und soziale Ablehnung: Das soziostrukturelle Profil der Muslime in Deutschland und Europa im Vergleich

Olaf Müller

1 Einleitung

Dass die Bevölkerung in den hier untersuchten Ländern, und die Deutschen in besonderem Maße, dem Islam bzw. den Muslimen skeptischer und ablehnender gegenüber stehen als anderen religiösen Minderheiten, ist eines der zentralen Ergebnisse unserer Studie. Was mögliche Erklärungsfaktoren für dieses Muster anbelangt, so wird in den meisten anderen Beiträgen in diesem Band vorrangig auf Einstellungen, Werte, Persönlichkeitsdispositionen oder bestimmte soziodemographische Merkmale der Angehörigen der Mehrheitsgesellschaft selbst Bezug genommen. Sind derartige Haltungen nun aber nichts weiter als aus der eigenen sozialen Lage oder psychischen Verfasstheit hergeleitete Konstrukte, oder ist es nicht naheliegend davon auszugehen, dass die Wahrnehmungen und Bewertungen unterschiedlicher sozialer Gruppen zumindest mittelbar auch durch deren eigene „objektive" Charakteristika mitgeprägt sind?

Entsprechende Annahmen finden sich schon implizit in einigen der in den anderen Beiträgen dieses Buches verwendeten Konzepte. So dürfte sich eine *relative soziale Deprivation* (insbesondere, wenn sie hinsichtlich der Orientierung gegenüber einer bestimmten sozialen Gruppe wirksam werden soll) kaum gänzlich isoliert von der „objektiven" Lage nicht nur der depravierten Person bzw. Gruppe, die sie empfindet, sondern auch von der sozialen Situation der jeweiligen Bezugsgruppe(n) herausbilden. Auch im Hinblick auf die *Kontakthypothese* ist anzunehmen, dass Häufigkeit und Art der Kontakte nicht ganz unabhängig vom Sozialprofil des jeweiligen Gegenübers zustande kommen. Andere Ansätze, die hier benannt werden könnten, zielen direkter auf das Zusammenspiel von objektiv-(sozio)strukturellen Merkmalen und Beziehungen zwischen differenten sozialen Gruppen ab: *Segregationstheorien* gehen davon aus, dass die Abschottung sozialer Gruppen voneinander soziale Ungleichheiten verfestigt und zu Konflikten führt. Besonderes Augenmerk wird hier auf entsprechende Strukturen auf dem Arbeitsmarkt gelegt, so wenn etwa die Jobvergabe auf dem Arbeitsmarkt dem Prinzip der ethnischen oder kulturellen Zuschreibung folgt (Hechter 1975). Gegen Minderheiten richtet sich der Unmut, so die Annahme, vor allem dann, wenn diese – etwa durch die Akzeptanz geringer Löhne oder niedrigere Lohnnebenkosten – einen gesplitteten Arbeitsmarkt schaffen, der die Marktposition der in diesem Segment beschäftigten etablierten Gruppen bedroht (Bonacich 1972).

Es erscheinen aber auch Ansätze anwendbar, die nicht die gegenseitige Abschottung, sondern gerade das Aufeinandertreffen sozialer Gruppen als konfliktverursachend ansehen: Vertreter der *Realistic Group Conflict Theory* weisen in diesem Zusammenhang darauf hin, dass antagonistische Beziehungen zwischen sozialen Gruppen vor allem dann auftreten, wenn diese miteinander im Wettbewerb um knappe Ressourcen stehen (Campbell 1965; Sherif 1966; Jackson 1993). Die Intensität des Konflikts sollte dabei umso stärker ausfallen, je mehr Menschen hier miteinander konkurrieren (bzw., auf das Problem von Mehrheit und Minderheit bezogen, je größer die Gruppe der mit der Mehrheit konkurrierenden Minderheit ist; Quillian 1995; vgl. auch Weins 2011: 483f.).[23]

Speziell auf den Bereich interethnischer Konflikte angewandt wurden diese Gedanken in jüngerer Zeit von der *Ethnic Competition Theory,* deren Vertreter darauf verweisen, dass Konflikte gerade dann aufflammen, wenn sich ethnisch verfestigte Ungleichheiten aufzulösen beginnen und ethnische Gruppen aufgrund von (tatsächlichen oder wahrgenommenen) *De*segregationsprozessen (etwa wiederum auf dem Arbeitsmarkt) miteinander konkurrieren (Olzak 1992: 3; vgl. auch Nagel 1996; Myers 1997). Am Anfang der Erklärung steht bei den letztgenannten Ansätzen somit gerade nicht eine bestehende Differenz zwischen unterschiedlichen Gruppen, sondern eine Ähnlichkeit in der sozialen Positionierung.

Schließlich sei an dieser Stelle noch Hartmut Esser genannt, der ethnische Beziehungen und Fragen der Integration im Rahmen des *Rational-Choice-Ansatzes* analysiert und dabei immer wieder auf den zentralen Stellenwert der Sprache verweist, welche sowohl verbindenden als auch trennenden Charakter annehmen kann: So geht er zum einen davon aus, dass die jeweils eigene Sprache als Teil des „spezifischen Kapitals" einer ethnischen Gruppe innerhalb dieser Gruppe eine wichtige Lebensgrundlage darstellt und eine identitätsbildende Funktion besitzt, außerhalb der Gruppe jedoch wenig Nutzen stiftet oder gar zur

---

[23]   Zwar wird dabei betont, dass die Konkurrenzsituation für den Einzelnen gar nicht objektiv bestehen muss, sondern etwa auch einem Bedrohungsgefühl kollektiver Art entspringen kann (Blumer 1958). Anders als etwa bei der *Social Identity Theory* (vgl. Kapitel 8 von Nils Friedrichs über das Verhältnis von Christen zu Muslimen und Atheisten in diesem Band), scheint eine gewisse „reale" Basis jedoch als notwendig oder doch zumindest förderlich erachtet zu werden (vgl. etwa Blalock 1967).

Abwertung führt (Esser 1997: 877). Wenn umgekehrt ein Angehöriger einer ethnischen Minderheit die Sprache der Mehrheitsgesellschaft gut beherrscht, dann stellt dies nicht nur einen wichtigen Aspekt seiner kulturellen Integration dar, sondern erweist sich aus humankapitaltheoretischer Perspektive auch als eine entscheidende Voraussetzung der strukturellen Integration etwa auf dem Arbeitsmarkt (Esser 2006: 26f., 399ff.).

Im Folgenden soll also der Versuch unternommen werden, die in den anderen Beiträgen dieses Buches behandelten Orientierungen und Bewertungen gegenüber „Fremdgruppen" über die Betrachtung zunächst naheliegender kultureller und in der eigenen sozialen und psychischen Positionierung begründeten Erklärungsfaktoren hinaus vor dem Hintergrund der „objektiven" Merkmale dieser Gruppen selbst zu beleuchten. Den Befunden unserer Studie, aber auch der Datenlage Rechnung tragend (siehe dazu die methodischen Anmerkungen weiter unten), sollen dabei die Muslime in Deutschland und hier wiederum deren quantitativ bedeutendster Teil, die Bevölkerungsgruppe türkischer Herkunft, im Fokus der Analyse stehen. Um deren soziale Lage besser einordnen zu können und mit Blick auf die Frage, warum dieser Gruppe eine besonders ausgeprägte Ablehnung durch die Mehrheitsgesellschaft entgegenschlägt, werden dabei auch immer wieder Vergleiche mit anderen religiösen bzw. ethnischen Minderheiten in Deutschland und den anderen in der Studie behandelten Ländern erfolgen. Der empirische Teil beginnt mit einem Überblick über die Zahl und Struktur der Personen mit Migrationshintergrund sowie der Muslime in den untersuchten Ländern insgesamt. Um das soziostrukturelle Profil der zu betrachtenden Gruppen näher zu umreißen, wird deren soziale Verortung anschließend anhand der Bereiche Bildung, Arbeitsmarkt, interethnische Partnerschaften, räumliche Segregation sowie Sprachkompetenz/Sprachgebrauch dargestellt. Der Beitrag schließt mit einem Fazit, das gleichzeitig auch den Versuch einer Erklärung enthalten soll: Wenn sich dabei die eingangs kurz umrissenen Theorien und Ansätze auch nicht Eins zu Eins auf die hier verfolgte Fragestellung anwenden lassen werden, so sollen sie doch als Gedankenanstoß dienen, um zumindest Vermutungen über Zusammenhänge zwischen der Haltung und Bewertung einer Minderheit durch die Mehrheitsgesellschaft und sozialen bzw. soziodemographischen Merkmalen dieser Minderheit anstellen zu können. Es versteht sich von selbst, dass in diesem Sinne keine Theorien getestet, sondern nur Plausibilitätsannahmen formuliert werden können.

2   Empirischer Teil

2.1   Methodische Vorbemerkung

Den empirischen Befunden müssen zunächst einige methodische Anmerkungen
vorangestellt werden: Womöglich wird dem Leser bereits eine gewisse „Un-
schlüssigkeit" in der Bezeichnung des Untersuchungsgegenstandes aufgefallen
sein. Das Lavieren hat freilich seinen Grund – schon mit Blick auf die deutsche
Gesellschaft, und mehr noch in international vergleichender Perspektive, stellt es
sich als nahezu unmöglich heraus, verlässliche Informationen über das Sozialprofil einer religiösen Minderheit zu erlangen. So enthalten die amtlichen Statistiken in Deutschland, die sich auf die soziale Lage von Minderheiten beziehen,
entweder überhaupt keine Angaben zum religiösen Hintergrund (wie etwa das
Ausländerzentralregister, die Einbürgerungsstatistik und der Mikrozensus), oder
sie erfassen diesen lediglich auf freiwilliger Basis (wie in den bisherigen Volks-
zählungen und auch im aktuellen Zensus 2011; vgl. auch Faas 2010: 60).[24] Ähnlich verhält es sich in den anderen Ländern (vgl. etwa Sunier 2010: 121 für die
Situation in den Niederlanden, Amiraux 2010: 138 im Hinblick auf Frankreich
und Jacobsen 2011: 33ff. bezüglich Dänemark).[25] Allgemeine Bevölkerungsum-
fragen dagegen scheiden für die Analyse von Minderheiten in den meisten Fällen
schon aufgrund von Fallzahlproblemen als Bezugsquelle aus.[26]

Es wird im Folgenden also nicht immer möglich sein, exakt die Gruppe der
Muslime in den einzelnen Ländern hinsichtlich ihrer sozialen Lage umfassend

---

[24]   Auf der Webseite des Statistischen Bundesamtes heißt es dazu nur: „Bei den deutschen
Meldebehörden werden Muslime unter dem Merkmal Religionszugehörigkeit als ‚verschiedene'
gezählt und nicht weiter differenziert" (Statistisches Bundesamt 2012).

[25]   Das weitgehende Fehlen entsprechender Statistiken erklärt sich nicht zuletzt aus dem Umstand,
dass der amtlichen Erhebung „sensibler" Daten etwa zur ethnischen Herkunft oder zum
religiösen Hintergrund datenschutzrechtliche Bestimmungen entgegenstehen. Als allgemeiner
Grundsatz auf EU-Ebene kann dabei die Richtlinie des Europäischen Parlaments aus dem Jahr
1995 (Art. 8 Abs. 1) gelten: "Die Mitgliedstaaten untersagen die Verarbeitung personenbezogener Daten, aus denen die rassische und ethnische Herkunft, politische Meinungen, religiöse
oder philosophische Überzeugungen oder die Gewerkschaftszugehörigkeit hervorgehen, sowie
von Daten über Gesundheit oder Sexualleben." Zur Diskussion um die Vor- und Nachteile einer
solchen Sichtweise vgl. Simon 2007.

[26]   Zwar werden in vielen Umfragen Daten zur Religiosität zumindest rudimentär erhoben; die
religiösen Minderheiten sind jedoch (besonders wenn sie zugleich Migrantenstatus besitzen und
Sprachdefizite aufweisen) gewöhnlich unterrepräsentiert oder überhaupt nicht repräsentativ
erfasst. Eine der seltenen Ausnahmen, auf die im Folgenden zurückgegriffen werden wird, stellt
die Studie „Muslimisches Leben in Deutschland" (Haug/Müssig/Stichs 2009) dar, die nach
Auskunft der Autoren auf einer repräsentativen Stichprobe der in Deutschland lebenden Muslime
basiert, neben Einstellungsvariablen eine Vielzahl an soziodemographischen Daten enthält und
es zudem erlaubt, zwischen unterschiedlichen muslimischen Glaubensrichtungen und
muslimischen Gruppen mit unterschiedlicher geographischer Herkunft zu differenzieren.

darzustellen sowie vergleichend zu betrachten. Stattdessen muss in den meisten Fällen auf den Kompromiss zurückgegriffen werden, ethnische Minderheiten aus bestimmten Herkunftsregionen als Proxy für religiöse Minderheiten zu behandeln. Eine weitere Inkonsistenz bei der Darstellung, die an dieser Stelle nicht aufzulösen ist, ergibt sich aus der Tatsache, dass einige Statistiken zwischen klassischen Einwanderern (der sogenannten „ersten Generation") und deren Nachkommen unterscheiden, andere jedoch nicht, und dass insbesondere die internationalen Migrationsstatistiken (wie die der OECD) nur die erstgenannte Gruppierung umfassen. Auch diesbezüglich ist die Vergleichbarkeit unterschiedlicher Befunde durch die Datenlage restringiert, was bei der Interpretation jeweils beachtet werden muss.

2.2 Migranten, Personen mit Migrationshintergrund und Muslime in Deutschland und den anderen Untersuchungsländern: Ein erster Überblick

Bevor das Sozialprofil der hier interessierenden Gruppierungen etwas genauer umrissen wird, erscheint zunächst der Blick auf die generelle Verteilung der Bevölkerung ausländischer Herkunft in den einzelnen Untersuchungsländern sinnvoll. Tab. 5.1 enthält dazu den Gesamtanteil der im Ausland geborenen Bevölkerung, die Anteile der jeweils fünf größten Minderheiten auf der Basis ihres Herkunftslandes sowie den geschätzten Anteil der Muslime (mit und ohne Migrationshintergrund). Betrachtet man die Verteilung über die einzelnen Länder hinweg, so stellt unter den untersuchten Ländern Deutschland mit etwa 12 % das Land mit dem höchsten Anteil der im Ausland geborenen Bevölkerung dar; in den Niederlanden und Frankreich ist etwa jeder Zehnte ausländischer Herkunft, in Dänemark und Portugal beträgt der Anteil ca. 6 bis 7 %. Was die relative Größe der in einem muslimisch geprägten Land geborenen Personen im Vergleich zur Gesamtgesellschaft betrifft, so erweisen sich die Algerier in Frankreich mit 2,5 % als bedeutendste Gruppierung, gefolgt von den Türken in Deutschland (1,7 %), den Marokkanern in Frankreich (1,4 %), den Indonesiern (1,4 %), Türken (1,3 %) und Marokkanern (1,1 %) in den Niederlanden sowie den Türken in Dänemark (0,7 %).

Bei der Interpretation der Daten aus Tab. 5.1 ist jedoch zu beachten, dass sich die Zahlen nur auf die im Ausland geborene Bevölkerung beziehen; der Anteil der Personen mit entsprechendem Migrationshintergrund aus den einzelnen Herkunftsländern ist, abhängig von der Verweildauer der Migranten der ersten Generation bzw. deren generativem Verhalten, zum Teil deutlich höher. Dies spiegelt sich auch in der Gesamtzahl der Muslime wider, die neben den kleineren, in Tab. 5.1 nicht aufgeführten ethnischen Minderheiten muslimischer Herkunft auch die Nachkommen der muslimischen Einwanderer umfasst. Den größten Anteil an Muslimen an der Gesamtbevölkerung weist mit 7,5 % Frankreich auf. In den Niederlanden wird deren Anteil auf 5,5 % geschätzt, in Deutschland auf 4,6 bis 5,2 % und in Dänemark auf etwa 4 %. In Portugal ist die Gruppe der Muslime mit 0,6 % mit Abstand am kleinsten.

Tab. 5.1: Anteil der im Ausland geborenen Bevölkerung aus den fünf Hauptherkunftsländern und Anteil der Muslime in den fünf Untersuchungsländern

	Herkunftsland	in % der Gesamtbevölkerung[a]
Deutschland	*gesamt*	*12,1*
	ehem. UdSSR	2,0
	Türkei	1,7
	Polen	1,5
	ehem. Jugoslawien	0,9
	Rumänien	*0,6*
	Muslime	*4,6-5,2[b]*
Frankreich	*gesamt*	*10,0*
	Algerien	2,5
	Marokko	1,4
	Portugal	1,2
	Italien	0,8
	Spanien	0,7
	Muslime	*7,5[c]*
Dänemark	*gesamt*	*6,8*
	Türkei	0,7
	ehem. Jugoslawien	0,6
	Deutschland	0,6
	Schweden	0,4
	Norwegen	0,3
	Muslime	*4,1[c]*
Niederlande	*gesamt*	*10,1*
	Indonesien	1,4
	Türkei	1,3
	Marokko	1,1
	Deutschland	0,9
	Belgien	0,4
	Muslime	*5,5[c]*
Portugal	*gesamt*	*6,3*
	Angola	1,9
	Frankreich	0,9
	Mozambique	0,9
	Brasilien	0,5
	Kap Verde	0,5
	Muslime	*0,6[c]*

Quellen: [a] OECD 2008: 70-72; [b] Haug/Müssig/Stichs 2009: 81; [c] Pew Research Center 2011: 161f.

Im Unterschied zu Frankreich, Dänemark und den Niederlanden, wo die muslimische Community nicht mehrheitlich aus einem einzelnen Herkunftsland stammt[27], zeichnet sich die Situation in der Bundesrepublik dadurch aus, dass hier die Muslime türkischer Abstammung mit einem Gesamtanteil von 63 % (2,6 Millionen Personen, davon ca. 1,5 Millionen mit türkischer und eine Million mit deutscher Staatsangehörigkeit) deutlich dominieren.[28]

Insgesamt bekennt sich in Deutschland etwa jeder zweite Bürger mit Migrationshintergrund zum Islam, jeder fünfte bekennt sich zum Christentum, etwa jeder vierte gehört keiner Religionsgemeinschaft an. Innerhalb der Gemeinschaft der muslimischen Gläubigen stellt die Gruppe der Sunniten mit fast 75 % die größte Gruppe dar.[29] Die insgesamt zweitgrößte Gruppierung stellen mit knapp 13 % die mehrheitlich aus der Türkei stammenden Aleviten, gefolgt von den Schiiten (etwa 7 %; vgl. Haug/Müssig/Stichs 2009: 96). Die Gruppe der türkischen Muslime mit Migrationshintergrund setzt sich zu fast 80 % aus Sunniten, zu 17 % aus Aleviten, zu 2 % aus Schiiten und zu etwas mehr als 3 % aus Anhängern einer anderen muslimischen Glaubensrichtung zusammen (Tab. 5.2).

---

[27] In Bezug auf Frankreich und die Niederlande ist dies schon anhand der Daten in Tab. 5.1 ersichtlich. Aber auch in Dänemark beläuft sich die größte nationale Gruppierung der Türken im Verhältnis zu allen im Land lebenden Muslimen allenfalls auf knapp ein Viertel (vgl. Jacobsen 2011: 45f.).

[28] Die zweitgrößte Gruppe in Deutschland bilden mit etwa 537.000 Personen (ca. 13 % aller Muslime mit Migrationshintergrund) die Muslime aus dem ehemaligen Jugoslawien, die drittgrößte diejenigen aus Marokko mit knapp 164.000 Personen (4 %; Haug/Müssig/Stichs 2009: 81, 96).

[29] Mit Ausnahme der iranischen Muslime, die fast ausnahmslos Schiiten sind, bilden sie die relative Mehrheit aller quantitativ bedeutsamen ethnischen Minderheiten mit muslimischem Hintergrund.

Tab. 5.2: Personen mit Migrationshintergrund in Deutschland nach Glaubensrichtung und Herkunftsregion

	Süd-ost-europa	Türkei	Zen-tral-asien/ GUS	Iran	Süd-/ Süd-ost-asien	Naher Osten	Nord-afrika	sonst. Afrika	ges.
Muslim	37,2	81,4	1,2	48,7	57,2	59,3	74,6	22,1	52,0
davon:									
Sunnitisch	*68,9*	*77,6*	*85,7*	*3,1*	*59,6*	*70,2*	*86,4*	*70,8*	*74,1*
Schiitisch	*k.a.*	*2,1*	*5,7*	*95,4*	*10,0*	*27,1*	*2,9*	*4,6*	*7,1*
Alevitisch	*5,5*	*17,0*	*5,7*	*1,5*	*0,6*	*0,4*	*k.a.*	*4,6*	*12,7*
sonstige	*25,6*	*3,3*	*2,9*	*-*	*29,8*	*2,3*	*10,7*	*20,0*	*6,1*
Christ	34,1	2,7	55,7	10,3	8,8	17,4	3,4	59,2	22,1
Jude	0,1	0,0	3,0	0,7	0,0	1,1	0,0	0,0	0,8
andere	0,6	1,2	2,0	1,9	13,9	2,8	0,0	1,4	1,9
keine	27,9	14,7	38,0	38,4	20,0	19,5	22,0	17,1	23,3
gesamt	100	100	100	100	100	100	100	100	100

Quelle: Haug/Müssig/Stichs 2009: 95, 97, 99; alle Angaben in %.

2.3   Bildung

Dass die Bildung als eine der entscheidenden Ressourcen für die Verwirklichung von Lebenschancen den Lebensverlauf von der Kindheit an strukturiert und somit zu den bedeutendsten Determinanten sozialer Ungleichheit gehört, zählt seit Jahrzehnten zu den unumstrittenen Erkenntnissen der Sozialwissenschaften (vgl. Bourdieu 1973; Blossfeld/Shavit 1993). Mit Blick auf die soziale Positionierung von Migranten bzw. ethnischen Minderheiten hat das Thema Bildung vor allem im Zuge der PISA-Studien an Relevanz gewonnen. Die unterdurchschnittlichen Lernleistungen von Kindern bzw. Jugendlichen aus Migrantenfamilien, die sich für nahezu alle europäischen Gesellschaften nachweisen lassen, werden dabei zum einen auf „kulturelle" Nachteile wie mangelnde Sprachkenntnisse, zum anderen auf ungünstige sozioökonomische Rahmenbedingungen im Elternhaus zurückgeführt (OECD 2010; vgl. Hradil 2004: 158; Geißler 2006: 144ff.). In der deutschen Diskussion hat in diesem Zusammenhang vor allem die im internationalen Vergleich besonders stark ausgeprägte Differenz zwischen Schülern mit und ohne Migrationshintergrund und dabei insbesondere das niedrige Bildungsniveau der Kinder aus Migrantenfamilien aus der Türkei und dem ehemaligen Jugoslawien Aufsehen erregt (vgl. Baumert/Schümer 2002: 96).[30] Einige Befunde aus der PISA-Studie spiegeln sich auch in Tab. 5.3 wider, die das erreichte allgemeine Bildungsniveau der im Ausland geborenen Bevölkerung aus den fünf Hauptherkunftsländern in standardisierter und international vergleichbarer Form auf Basis der *International Standard Classification of Education* (ISCED; UNESCO 1997) für alle in unserer Studie enthaltenen Länder abbildet. In vielen Fällen lässt sich in der Tat ein Gefälle zwischen Personen ohne Migrationshintergrund und im Ausland geborenen Personen erkennen, wobei die Unterschiede in Deutschland am stärksten ausgeprägt sind.[31] Innerhalb Deutschlands sind es dabei tatsächlich die Migranten aus dem ehemaligen Jugoslawien sowie noch mehr die Einwanderer türkischer Herkunft, die ein besonders niedriges Bildungsniveau aufweisen. Auch im internationalen Vergleich schneiden die türkischen Migranten schlecht ab; so erreichen sie in Dänemark und in den Niederlanden im Vergleich zu den anderen Haupteinwanderergruppen ebenfalls die niedrigsten Bildungsabschlüsse. Auffällig ist in diesem Zusammenhang zudem das besonders niedrige Bildungsniveau der im Ausland geborenenen türkischen Frauen, von denen etwa 80 % nur über eine *primary education* und weniger als 2 % über einen tertiären Bildungsabschluss nach ISCED 1997 verfügen.[32]

---

[30] In diesem Zusammenhang ist auch erneut das dreigliedrige Schulsystem in Deutschland in die Kritik geraten, dem in Bezug auf die Bildungskarrieren von Kindern mit und ohne Migrationshintergrund eine zusätzliche selektierende Wirkung zugeschrieben wird (vgl. Baumert et al. 2003; Diefenbach 2003).

[31] Eine generelle Ausnahme stellt Portugal dar, das sich durch einen relativ niedrigen Bildungslevel der einheimischen Bevölkerung auszeichnet, während die Einwanderer (bis auf die Gruppe der Kap Verder) ein deutlich höheres Niveau aufweisen.

[32] Um Missverständnisse zu vermeiden, sei in diesem Zusammenhang darauf verwiesen, dass die von der OECD benutzte Kategorie *primary education* nach der ISCED-Klassifikation nicht mit dem Primarbereich schulischer Bildung in Deutschland gleichzusetzen ist, sondern auch den Sekundarbereich I umfasst. Die sehr hohen Quoten in der *primary education* bei den Personen türkischer Herkunft in Deutschland spiegeln somit vor allem auch deren geringe Beteiligung am berufsbildenden System wider.

Tab. 5.3: Erreichtes Bildungsniveau der im Ausland geborenen Bevölke-rung aus den fünf Hauptherkunftsländern in den fünf Untersu-chungsländern

	Männer			Frauen		
	Primary	Secondary	Tertiary	Primary	Secondary	Tertiary
Deutschland						
Einheimische	16,8	58,0	25,1	31,0	55,1	13,8
ehem. UdSSR	35,1	46,9	18	41,5	43,3	15,2
Türkei	66,9	27,7	5,3	83,5	14,8	1,7
Polen	25,4	55,4	19,2	34,6	51,3	14,1
ehem. Jugosl.	40,8	50,5	8,8	64,0	31,4	4,7
Rumänien	23,4	54,8	21,9	37,0	47,1	15,9
Frankreich						
Einheimische	41,5	41,6	16,8	49,6	33,5	16,9
Algerien	54,7	29,1	16,2	58,9	27,0	14,2
Marokko	52,9	28,7	18,3	57,5	27,0	15,5
Portugal	72,5	23,7	3,7	76,2	19,3	4,5
Italien	66,5	26,2	7,3	77,3	16,4	6,3
Spanien	63,5	27,9	8,6	71,8	19,6	8,6
Dänemark						
Einheimische	35,0	46,2	18,8	40,1	39,0	20,9
Türkei	69,3	23,1	7,6	73,7	22,4	3,9
ehem. Jugosl.	36,3	48,0	15,6	45,4	42,5	12,0
Deutschland	16,9	50,5	32,6	31,4	40,2	28,4
Schweden	26,5	43,4	30,1	28,2	38,8	33,0
Norwegen	22,8	38,3	38,9	29,8	38,8	31,4
Niederlande						
Einheimische	35,1	43,3	21,6	45,8	38,1	16,1
Indonesien	29,9	34,7	35,4	39,9	38,3	21,8
Türkei	72,8	20,6	6,6	78,4	17,8	3,9
Marokko	69,7	21,9	8,3	80,2	15,1	4,7
Deutschland	34,8	40,6	24,6	45,0	36,3	18,7
Belgien	29,7	31,3	39,0	42,6	30,9	26,5
Portugal						
Einheimische	80,9	12,2	6,9	79,3	12,2	8,5
Angola	56,7	26,0	17,3	54,1	24,1	21,8
Frankreich	62,5	26,4	11,1	47,5	33,3	19,2
Mosambik	46,5	29,5	24,0	44,8	27,1	28,1
Brasilien	55,6	28,4	16,0	49,2	28,3	22,5
Kap Verde	85,9	9,5	4,6	85,7	9,5	4,8

Quellen: OECD 2008: 82ff.; Alter 15+; primary education: ISCED 0, 1, 2; secondary education: ISCED 3, 4; tertiary education: ISCED 5, 6 (siehe UNESCO 1997); alle Angaben in %.

Der internationale Vergleich eröffnet jedoch auch Einsichten, die zur Differen-zierung gemahnen: Die Annahme, es handele sich hier vorrangig um ein „kultu-relles" Problem, etwa der Herkunft aus dem muslimischen Kulturkreis, wird durch die Tatsache konterkariert, dass sich die marokkanischen und algerischen Einwanderer in Frankreich nicht so stark von den Einheimischen unterscheiden wie die Türken von der einheimischen Bevölkerung in Deutschland, den Niederlanden oder Dänemark. Im Vergleich zu den Migranten aus Portugal, Italien und Spanien weisen sie sogar durchschnittlich höhere Bildungsabschlüsse auf, wobei das für die Frauen ebenso gilt wie für die Männer. Zudem lassen sich die Ergebnisse aus Tab. 5.3 nicht ohne weiteres auf alle Personen mit Migrationshintergrund übertragen. Tab. 5.4, welche das Schulbildungsniveau bzw. den Schulabschluss der Personen mit Migrationshintergrund getrennt nach dem religiösen Hintergrund für Deutschland abbildet, lässt dann auch eine leichte Verbesserung der Situation bei Muslimen türkischer Herkunft erkennen, wenn sie ihren Bildungsabschluss in Deutschland gemacht haben.[33] Hierin spiegelt sich eine generelle Verbesserung des Bildungserfolgs der türkischstämmigen Bevölkerung in intergenerationaler Perspektive wider, wie sie auch in anderen empirischen Untersuchungen festgestellt wurde (Autorengruppe 2012). Auf der anderen Seite lässt sich jedoch auch erkennen, dass die Muslime mit Migrationshintergrund in Deutschland, und die türkischen Muslime im Besonderen, im Vergleich zu den Einwanderern bzw. deren Nachkommen mit einem nicht-muslimischen Background nach wie vor ein niedrigeres Bildungsniveau aufweisen, was sich vor allem in einem höheren Anteil von Personen ohne Schulabschluss und in einer niedrigeren Quote bei der Fachhochschulreife bzw. beim Abitur niederschlägt.

---

[33] Dies zeigt sich freilich noch nicht so sehr bei den höheren Abschlüssen, sondern vor allem in einer höheren Quote bei der mittleren Schulbildung.

Tab. 5.4: Schulbildungsniveau und Schulabschluss von Personen mit Migrationshintergrund nach religiöser Herkunft in Deutschland

	Christ/Jude/andere	Muslime	
		insg.	Türkei
Schulbildungsniveau insgesamt [a]			
ohne Schulabschluss	6,9	14,8	16,5
niedrige Schulbildung	23,7	28,8	33,5
mittlere Schulbildung	27,3	22,3	22,5
hohe Schulbildung	42,2	34,1	27,5
Schulabschluss in Deutschland [b]			
kein Schulabschluss	6,9	13,5	14,4
Hauptschulabschluss	25,5	27,4	29,7
Mittlere Reife	32,7	30,6	30,0
Fachhochschulreife/Abitur	34,9	28,5	25,9

Quelle: Haug/Müssig/Stichs 2009: 211f, 215, 216; [a] Schulabschluss in Deutschland oder im Herkunftsland; [b] nur diejenigen mit Schulabschluss in Deutschland; alle Angaben in %.

2.4 Arbeitsmarkt

Neben der Bildung gilt der Erwerbsbereich als zweite zentrale Instanz der Zuweisung von Individuen in das soziale Gefüge von modernen Gesellschaften. Da der Erfolg im Erwerbsleben nicht zuletzt von den im Lebensverlauf getätigten Bildungsinvestitionen abhängt (vgl. Kohli 1985), verwundert es wenig, dass die Muster im Hinblick auf die Verortung der Migranten bzw. Personen mit Migrationshintergrund im Erwerbssystem denen im Sektor der Bildung teilweise ähneln. Tab. 5.5 enthält die Erwerbstätigen- und Erwerbslosenquoten sowie eine Kennziffer zur Messung der Chance, vom Erwerbsleben ausgeschlossen zu sein[34], differenziert nach der einheimischen sowie der im Ausland geborenen Bevölkerung der fünf Hauptherkunftsländer in den Untersuchungsländern:

---

[34] Zur Definition der Indikatoren siehe die Anmerkungen unter Tab. 5.5. – Das Chancenverhältnis (*odds ratio*) der Migrantengruppen, im Vergleich zur Bevölkerung ohne Migrationshintergrund nicht erwerbstätig zu sein, wurde hinzugezogen, um deren Situation von der allgemeinen ökonomischen Lage und institutionellen Ausgestaltung der Arbeitsmärkte in den einzelnen Ländern loszulösen und somit (im Sinne eines allgemeinen Indikators für die relative Benachteiligung gegenüber den Einheimischen) international vergleichbar zu machen.

Tab. 5.5: Erwerbstätigkeit der im Ausland geborenen Bevölkerung aus den fünf Hauptherkunftsländern in den Untersuchungsländern nach Geschlecht

	Erwerbstätigenquote[1]		Odds Ratio Nicht-ET		Erwerbslosenquote[2]	
	Männer	Frauen	Männer	Frauen	Männer	Frauen
Deutschland						
Einheimische	74,2	60,4	-	-	6,8	6,4
ehem. UdSSR	68,9	57,2	1,31	1,14	-	-
Türkei	64,7	35,0	1,58	2,83	18,2	11,8
Polen	72,5	61,2	1,10	0,97	10,5	10,1
ehem. Jugoslawien	65,3	49,8	1,54	1,54	-	-
Rumänien	81,1	66,4	0,68	0,77	-	-
Frankreich						
Einheimische	67,2	54,8	-	-	8,6	
Algerien	61,5	43,7	1,28	1,56	21,3	
Marokko	60,8	37,2	1,32	2,05	23,6	
Portugal	79,1	65,3	0,54	0,64	5,8	
Italien	65,2	47,2	1,09	1,36	10,7	
Spanien	69,1	53,2	0,92	1,07	7,1	
Dänemark						
Einheimische	83,7	75,5	-	-	1,4	
Türkei	63,2	41,1	2,99	4,43	7,5	
ehem. Jugoslawien	58,5	44,0	3,64	3,93	4,4	
Deutschland	71,5	60,7	2,05	2,00	1,5	
Schweden	74,6	71,4	1,75	1,22	1,8	
Norwegen	67,2	64,2	2,51	1,72	1,4	
Niederlande						
Einheimische	84,2	65,0	-	-	3,5	4,4
Indonesien	72,5	55,2	2,02	1,51	-	-
Türkei	64,6	36,7	2,92	3,20	8,5	12,3
Marokko	61,3	31,5	3,36	4,04	12,6	11,4
Deutschland	77,4	55,8	1,56	1,47	-	-
Belgien	83,4	64,6	1,06	1,02	-	-
Portugal						
Einheimische	75,1	56,9	-	-	5,2	8,6
Angola	83,1	72,0	0,61	0,51	-	-
Frankreich	71,5	61,1	1,20	0,84	-	-
Mosambik	85,6	75,0	0,51	0,44	-	-
Brasilien	83,7	64,2	0,59	0,74	-	-
Kap Verde	78,6	68,7	0,82	0,60	-	-

Quellen:　[1] OECD 2008: 124-126; [2] Deutschland: Seebaß/Siegert 2011: 23, 27, 60; Frankreich: Département des statistiques 2009 (nur Immigranten); Dänemark: Ministry of Refugee 2010: 153, 155 (nur Immigranten; Daten von 2009); Niederlande: CBS 2012 (Daten von 2009); Portugal: OECD 2008: 120; Erwerbstätigenquote: Anteil der Erwerbstätigen im Alter von 15 bis unter 65 Jahren an der Gesamtbevölkerung derselben Altersgruppe in %; Odds Ratio Nicht-ET: Chance nicht erwerbstätig zu sein im Vergleich zur jeweiligen Gruppe der Einheimischen (Bsp.: Frauen deutscher Herkunft in Dänemark haben im Vergleich zu dänischen Frauen eine genau doppelt so hohe Chance nicht erwerbstätig zu sein;

odds ratio = 2,0); <u>Erwerbslosenquote:</u> Anteil der Erwerbslosen im Alter von 15 bis unter 65 Jahren an den Erwerbspersonen (Erwerbstätige und Erwerbslose) derselben Altersgruppe in %.

Auch hier zeigt sich, dass die einheimische Bevölkerung in vielen Fällen vergleichsweise besser in den Arbeitsmarkt integriert ist als die eingewanderten Bevölkerungsteile.[35] Erneut fällt auf, dass es in Deutschland die Einwanderer aus dem ehemaligen Jugoslawien, vor allem aber die aus der Türkei sind, die am wenigsten am Erwerbsleben partizipieren: So liegt die Beteiligung am Erwerbsleben unter den in der Türkei geborenen Männern mit knapp 65 % fast zehn Prozentpunkte niedriger als bei den Deutschen ohne Migrationshintergrund; die Erwerbslosenquote ist mit 18 % etwa zweieinhalbmal so hoch wie die der Einheimischen. Besonders ungünstig, und hier zeigt sich eine weitere Parallele zur Situation im Bildungsbereich, stellt sich die Lage für die türkischen Frauen dar. Dabei sollte man sich nicht von der im Vergleich zu den Männern niedrigeren (mit fast 12 % aber immer noch überdurchschnittlich hohen) Erwerbslosenquote täuschen lassen: Vor allem wegen der allgemein geringen Erwerbsneigung der türkischen Frauen – nicht einmal jede zweite zwischen 15 und 64 Jahren ist überhaupt am Arbeitsmarkt aktiv und geht somit in die Arbeitslosigkeitsstatistik ein (vgl. Seebaß/Siegert 2011: 23)[36] – beträgt deren Erwerbs*tätigen*quote gerade einmal 35 %. Somit hat eine türkische Frau mit Migrationshintergrund im erwerbsfähigen Alter eine fast dreimal so hohe Chance nicht erwerbstätig zu sein, wie eine deutsche Frau ohne Migrationshintergrund (odds ratio = 2,83).[37]

Auch in international vergleichender Perspektive stellt sich die Situation der Einwanderer türkischer Herkunft im Vergleich zu den Migranten aus anderen Ländern als besonders ungünstig dar. So weisen auch die Türken in Dänemark eine unterdurchschnittliche Erwerbsbeteiligung (Männer: 63 %; Frauen: 41 %) und überdurchschnittliche Arbeitslosigkeit (7,5 %) auf; die Chance nicht erwerbstätig zu sein, ist dort dreimal (Männer) bzw. sogar viereinhalbmal höher als bei den Einheimischen. In den Niederlanden sieht es ganz ähnlich aus (odds

---

[35] Wie schon bei der Bildung stellt sich das Bild nur in Portugal spiegelbildlich dar; hier sind es wiederum die Migranten, die eine höhere Arbeitsmarktbeteiligung aufweisen als die einheimische Bevölkerung. Zur Arbeitslosigkeit liegen für Portugal leider keine vergleichenden Daten vor.

[36] Die Erwerbsneigung wird anhand der Erwerbsquote gemessen, die sich aus dem prozentualen Anteil der Erwerbspersonen (Erwerbstätige und Erwerbslose) an der Gesamtbevölkerung im erwerbsfähigen Alter ergibt.

[37] Um keine Verwirrung im Hinblick auf die verwendete Methode zu stiften, werden die hier verwendeten Kennzahlen, da sie auf odds ratios bzw. Chancenverhältnissen beruhen, auch in der Umschreibung in zunächst vielleicht irritierender Konnotation als „Chance" und nicht als „Risiko" (welches sich etwa in Form des „relativen Risikos" mathematisch wiederum anders berechnen würde) bezeichnet.

ratios von etwa drei für beide Geschlechter); nur die Einwanderer marokkanischer Herkunft sind hier ähnlich schlecht in den Arbeitsmarkt integriert (odds ratios von 3,36 für die Männer und 4,04 für die Frauen). In Frankreich sind die Einwanderer aus den beiden muslimischen Hauptherkunftsländern im Vergleich zur einheimischen Bevölkerung wiederum etwas besser in den aktiven Erwerbsprozess eingebunden (die höchste Chance nicht erwerbstätig zu sein findet sich bei den marokkanischen Frauen mit einem Chancenverhältnis von 1:2,05); dennoch kann auch bei den Algeriern und Marokkanern von einer gelungenen Integration in den Arbeitsmarkt keine Rede sein: So liegt die Erwerbslosenquote bei diesen beiden Bevölkerungsgruppen deutlich über 20 % und damit deutlich über der der portugiesischen, italienischen oder spanischen Migranten.[38]

Die Befunde aus Tab. 5.5 scheinen somit die Ergebnisse aus anderen Studien zu bestätigen, denen zufolge innerhalb der Länder der Europäischen Union Migranten (und unter ihnen besonders die Frauen) aus Nicht-EU-Ländern vergleichsweise schlecht in den Arbeitsmarkt integriert und häufiger von Arbeitslosigkeit betroffen sind (Biffl 2012: 18). Speziell die niedrig gebildeten Frauen türkischer bzw. nordafrikanischer Herkunft weisen eine ausgeprägte Ferne vom Arbeitsmarkt auf (Münz 2008: 46). Dabei stellt sich die erfolgreiche Positionierung der Migranten auf dem deutschen Arbeitsmarkt wegen dessen hoher Verberuflichung (vgl. Konietzka 1999) als besonders schwierig dar: 30 % der gering qualifizierten Beschäftigten in Deutschland sind im Ausland geboren – eine Quote, die in Europa nur von den kleinen und hochentwickelten Volkswirtschaften Luxemburgs und der Schweiz übertroffen wird.[39] Vor dem Hintergrund des vergleichsweise geringen Bildungsniveaus und der hohen Zahl an Personen ohne abgeschlossene Berufsausbildung (mehr als 50 % der Männer und über 70 % der Frauen mit türkischem Migrationshintergrund im Alter zwischen 25 und 65 Jahren verfügen über keinen berufsbildenden Abschluss; vgl. Autorengruppe 2012: Tab. B5-12web) überrascht es kaum, dass die türkischen Muslime mit Migrationshintergrund, die am Erwerbsleben teilnehmen, zu mehr als der Hälfte der Arbeiterschaft angehören (55,9 %, die Mehrheit davon un- bzw. angelernt; vgl. Haug/Müssig/Stichs 2009: 231; Noll/Weick 2011: 4), während nur etwa jeder Vierte ein Angestelltenverhältnis aufweist und nahezu niemand über den Beamtenstatus verfügt. Anders als man aufgrund der öffentlichen Wahrnehmung vielleicht vermuten könnte, ist auch der Anteil an Selbständigen im Vergleich zu

---

[38] Bei der in Tab. 5.5 nicht ausgewiesenen Gruppe der türkischen Migranten in Frankreich liegt die Erwerbslosenquote insgesamt ebenfalls bei rund 25 % (vgl. Département des statistiques 2009). Besonderen sozialen Zündstoff birgt in Frankreich die exorbitant hohe Jugendarbeitslosigkeit unter den nordafrikanischen und türkischen Migrantengruppen (vgl. Laurence/Vaisse 2006: 34).

[39] In Frankreich beträgt der entsprechende Anteil weniger als 20 %, in den Niederlanden ca. 10 %, in Dänemark 8% (vgl. Biffl 2012: 7).

Bevölkerungsgruppen mit anderem Migrationshintergrund mit 16 % eher gering. Wie stark sich das Sozialprofil innerhalb der muslimischen Community je nach Herkunftsregion unterscheidet, sieht man vor allem beim Vergleich mit den Iranern, die – vor dem Hintergrund größtenteils völlig anderer Migrationsbiographien – in Deutschland mehrheitlich mittlere und gehobene berufliche Stellungen einnehmen (46,4 % Angestellte; 28,6 % Beamte). Bemerkenswert ist in diesem Zusammenhang auch, dass diejenigen unter den Personen mit Migrationshintergrund, die über einen nicht-muslimischen Hintergrund verfügen, unabhängig vom Herkunftsland oft besser positioniert sind als die Muslime (vgl. Haug/Müssig/Stichs 2009: 231).

2.5   Interethnische Partnerschaften

In der Migrations- und Integrationsforschung gelten Ehen von Migranten mit Einheimischen als einer der stärksten Indikatoren für eine erfolgreiche Eingliederung von Migranten in die Aufnahmegesellschaft (Schroedter/Kalter 2008: 351; vgl. auch Alba/Nee 2003). Detaillierte und zumindest ansatzweise vergleichbare Daten für einige der hier interessierenden Länder finden sich in den Studien von Schroedter (2006) und Lucassen/Laarman (2009), auf die im Folgenden hauptsächlich zurückgegriffen wird. Dass die Hürden in Bezug auf die Überwindung ethnischer Grenzziehungen im familialen Bereich für Einwanderer und ihre Nachkommen aus kulturell und religiös zur Aufnahmegesellschaft sehr differenten Ländern offenbar besonders hoch sind, zeigt schon der Blick auf die Situation in Deutschland (Tab. 5.6): Unter den aufgeführten Nationalitäten sticht die Gruppe der Personen mit türkischer Staatsangehörigkeit durch ihre besonders niedrigen *Intermarriage*-Raten deutlich heraus. Zwar hat sich der Anteil der binationalen Ehen zwischen türkischen und deutschen Staatsangehörigen im Laufe der 1990er Jahre insgesamt etwas erhöht; dennoch waren zuletzt die Raten von ca. 13 % für die Männer und allenfalls 6 bis 7 % für die Frauen immer noch deutlich geringer als etwa bei den italienischen und griechischen Staatsangehörigen oder bei den Bürgern aus dem ehemaligen Jugoslawien. Differenziert man zwischen den Einwanderern der ersten und der zweiten Generation[40], so fällt auf, dass bei den drei letztgenannten Nationalitäten zu fast allen Beobachtungszeitpunkten die Angehörigen der zweiten Generation beiderlei Geschlechts häufiger eine Ehe mit einem bzw. einer Deutschen eingegangen sind als ihre Vorfahren, während bei den männlichen Türken seit 1993 die Tendenz genau entgegenge-

---

[40]   Als Einwanderer der zweiten Generation sind in Tab. 5.6 Personen definiert, die entweder in Deutschland geboren wurden oder aber vor ihrem siebenten Lebensjahr nach Deutschland migriert sind (vgl. Schroedter 2006: 426).

setzt verläuft, d.h. die zweite Generation im Vergleich zur ersten seltener mit Deutschen verheiratet ist. Das gleiche gilt für den letzten Beobachtungszeitraum (2000) auch für die türkischen Frauen.

Tab. 5.6: Anteil von Ehen ausgewählter nationaler Minoritäten mit Deutschen in Deutschland

		Türkisch		Italienisch		ehem. Jugoslawien		Griechisch	
		m	w	m	w	m	w	m	w
1989	1. Gen.	5,9	1,5	37,1	8,7	18,6	16,0	17,0	7,6
	2. Gen.	8,3	8,8	60,0	51,0	66,7	57,1	26,7	9,5
1993	1. Gen.	6,6	2,3	40,2	15,0	15,4	18,1	17,5	7,7
	2. Gen.	4,1	3,1	69,1	24,1	23,5	32,1	15,8	5,6
1997	1. Gen.	9,1	3,0	38,8	15,4	18,9	15,9	15,9	8,4
	2. Gen.	6,8	4,5	45,5	23,3	27,3	18,6	30,3	10,8
2000	1. Gen.	13,1	7,1	37,4	13,1	20,9	17,8	17,5	12,0
	2. Gen.	12,7	5,5	51,1	29,6	30,2	28,1	35,1	19,2

Quelle: Schroedter 2006: 425f.; alle Angaben in %.

Bei einer Betrachtung der Situation in den Niederlanden und in Frankreich (Tab. 5.7) fallen zunächst die im Vergleich zu den Türken in Deutschland ähnlich niedrigen Raten (zwischen 4 und 7 %) von Ehen mit Einheimischen bei der türkischen und marokkanischen Minderheit in den Niederlanden ins Auge. Auch hier haben sich (mit Ausnahme der männlichen Migranten marokkanischer Herkunft) die *Intermarriage*-Quoten in der Generationenabfolge nicht erhöht. Die große Mehrzahl der Einwanderer aus diesen beiden Ländern heiratet Partner der gleichen ethnischen Abstammung aus dem Herkunfts- (56 bis 78 % der Männer und 62 bis 69 % der Frauen) bzw. dem Aufenthaltsland (12 bis 25 % der Männer vs. 21 bis 30 % der Frauen). Interessant ist der Vergleich mit der algerischen Minderheit in Frankreich, wo der Anteil der interethnischen Partnerschaften mit der indigenen Bevölkerung bei den Frauen (15 %) und vor allem bei den Männern (50 %; vgl. hierzu allerdings die Anmerkung unter Tab. 5.7) der zweiten Generation deutlich höher ausfällt. Im Vergleich zu den Einwanderern europäischer Abstammung legen die Migranten aus Algerien auch in Frankreich allerdings immer noch ein deutlich stärker intraethnisches Heiratsverhalten an den Tag.

Tab. 5.7: Interethnische Ehen ausgewählter nationaler Minoritäten in den Niederlanden und in Frankreich

Herkunftsland und Generation		mit Indigenen		mit co-ethnischen Partnern aus dem Aufenthaltsland		mit co-ethnischen Partnern aus dem Herkunftsland	
		m	w	m	w	m	w
Niederlande (2000)[a]							
Türkei	1. Gen.	7	4	12	24	78	69
	2. Gen.	5	4,5	19	24	72	69
Marokko	1. Gen.	6	5	14,5	21	77,5	68
	2. Gen.	14,5	5	25	30	56	62
Frankreich (1992)							
Spanien	1. Gen.	18	25	12	16	70	59
	2. Gen.	66	65	25	21	9	14
Portugal	1. Gen.	15	6	3	1	82	93
	2. Gen.	59	47	28	17	13	36
Algerien	1. Gen.	15	9	7	4	78	87
	2. Gen.	50[b]	15	33[b]	31	17[b]	54

Quelle: Lucassen/Laarman 2009: 64ff.; [a] Personen, die zwischen 1968 und 2000 in den Niederlanden geheiratet haben und im Jahr 2000 noch gelebt haben; [b] inkl. eheähnlicher Partnerschaften; alle Angaben in %.

Insgesamt geht aus den Befunden deutlich hervor, dass die Migranten aus muslimischen Ländern interethnische Partnerschaften wesentlich seltener eingehen als die Einwanderer aus den christlich geprägten Ländern Europas. Neben der religiös-kulturellen Distanz spielen hier sicherlich auch traditionell stärker patrilineal ausgerichtete Verwandtschaftsbeziehungen und ein stärker ausgeprägtes Maß ethnisch-nationaler Identifikation eine Rolle (vgl. Lucassen/Laarman 2009: 62). Dennoch lassen sich auch innerhalb der muslimischen Community Differenzen ausmachen: Die Tatsache, dass sich die algerischen Migranten der zweiten Generation in Frankreich durch ein höheres Niveau an Exogamie auszeichnen als die Marokkaner und Türken in Deutschland und den Niederlanden, dürfte auch mit der besonderen Migrationshistorie dieser Gruppierung und der Geschichte ihrer Beziehungen zum Aufnahmeland zusammenhängen: Im Vergleich zu Migranten aus Ländern, die über keine historischen Beziehungen zur Aufnahmegesellschaft verfügen, erweist sich für die algerischen Einwanderer der Umstand, in einer früheren Kolonie Frankreichs aufgewachsen zu sein, als relativer Vorteil in Bezug auf deren Integration, denn sie wurden schon in ihrer alten Heimat mit den kulturellen und politischen Werten des späteren Aufnahmelandes vertraut gemacht und waren auch mit dessen Sprache von vornherein besser vertraut (Lucassen/Laarman 2009: 63; vgl. auch Coleman 1994; Hansen 2000 und weiter unten den Abschnitt zur Sprachkompetenz). Neben der Absenz einer solchen integrationserleichternden Sozialisation im Heimatland werden Einwanderer aus Nicht-EU-Staaten, die nicht aus früheren Kolonien stammen, zudem auch durch die institutionelle Ausgestaltung des Einwanderungsrechts in den Aufnahmeländern oft geradezu „fehlmotiviert". So lässt sich das hohe Maß an Endogamie unter den türkischen und marokkanischen Bevölkerungsgruppen mit Migrationshintergrund in Deutschland und den Niederlanden teilweise auch als nicht intendierte Folge der Immigrationspolitik dieser Länder interpretieren: Die ab Mitte der 1970er Jahre verschärften Einreisebestimmungen für Migranten aus den ehemaligen Anwerbeländern haben, so etwa Lucassen und Laarman (2009: 63), demnach dazu geführt, dass die Heirat mit einem Mitglied der eigenen Ethnie als einer der wenigen legalen Wege der Immigration übrig blieb. Dies wiederum habe den im Heimatland ausgeübten sozialen Druck auf die Migranten vor allem der zweiten Generation erhöht, jemanden aus dem Herkunftsland zu heiraten.

2.6 Räumliche Segregation

Das Thema der räumlichen Segregation, traditionell beheimatet in der Stadtforschung, hat im Zuge zunehmender internationaler Wanderungsbewegungen auch Eingang in die Migrationsforschung gefunden: Ethnische Segregation im Sinne der im Vergleich zur Majorität disproportionalen Verteilung einer ethnischen Minderheit innerhalb eines abgegrenzten räumlichen Gebietes gilt seitdem als ein weiterer wichtiger Indikator für das Maß an (Des-)Integration dieser Minorität in die Mehrheitsgesellschaft (Friedrichs 2008: 380; vgl. auch schon Park 1928). In den letzten Jahren hat das Thema Segregation und Integration unter anderem im Zusammenhang mit den Unruhen zu Anfang der 1990er Jahre in Los Angeles („Rodney King Riots"), den gewalttätigen Auseinandersetzungen 2005 in den banlieues von Paris und anderer französischer Großstädte oder den Ausschreitungen in mehreren britischen Städten im Jahr 2011 öffentliche Aufmerksamkeit erregt.

Die Datenlage stellt sich hier, nicht zuletzt wegen der Unbestimmtheit der Untersuchungseinheit (kleinräumliche Gebiete, „Viertel", Städte, Regionen, ganze Länder usw.), als äußerst unbefriedigend dar. Umfassende, international vergleichende Studien zur räumlichen Segregation von ethnischen (nicht zu sprechen von religiösen) Minoritäten fehlen u.E. ganz; oftmals werden allenfalls einzelne Städte bzw. Stadtgebiete untersucht (vgl. Janßen/Schroedter 2007: 453;

Friedrichs 2008: 388ff.). Dennoch soll zumindest auf einige der vorliegenden Datenquellen zurückgegriffen werden, um den Aspekt punktuell zu beleuchten. Um zunächst wieder die Situation in Deutschland zu betrachten, sollen im Folgenden Daten aus der im Auftrag des Bundesministeriums für Migration und Flüchtlinge durchgeführten Repräsentativbefragung „Ausgewählte Migrantengruppen in Deutschland 2006/2007" (RAM; BMF 2010) herangezogen werden, wo neben der Selbsteinschätzung im Hinblick auf den Ausländeranteil im eigenen Wohnviertel auch die Häufigkeit der Nachbarschaftskontakte mit Deutschen erhoben wurde (Tab. 5.8). Vergleicht man die in der RAM-Studie untersuchten Gruppen miteinander, dann zeigt sich einmal mehr die besondere Stellung der türkischen Minderheit: Während unter den Befragten aus Polen, Italien und dem ehemaligen Jugoslawien etwa jeder Vierte bis Fünfte angibt in einem Viertel mit einem Ausländeranteil von über 50 % zu wohnen, trifft dies es bei den türkischen Respondenten auf jeden Dritten zu. Am nächsten kommen ihnen noch die griechischen Befragten, von denen etwa 28 % angaben, in einer Gegend zu leben, die mehrheitlich von Ausländern bewohnt ist.

Tab. 5.8: Räumliche Segregation und Kontakthäufigkeit zu Deutschen bei ausgewählten ethnischen Minoritäten in Deutschland

Herkunftsland/ -region	Wohnen in einem Wohnviertel mit mehr als 50 % Ausländeranteil[a]					
	ja	Nachbarschaftskontakte zu Deutschen[b]				
		täglich			seltener als mehrmals im Monat oder gar nicht		
		insg.	Männer	Frauen	insg.	Männer	Frauen
Türkei	35,8	40,6	45,2	35,3	16,8	13,0	21,2
ehem. Jugoslawien	25,7	51,6	50,9	52,3	10,6	10,9	10,1
Italien	22,5	51,3	52,0	50,1	13,8	12,2	16,3
Griechenland	28,2	45,8	46,9	44,5	13,7	13,4	14,0
Polen	22,6	54,5	52,1	56,3	12,4	17,1	8,9

Quelle: BMF 2010: 109, 147; [a] Selbsteinschätzung der Befragten; [b] 6er-Skala (täglich – mehrmals wöchentlich – einmal wöchentlich – mehrmals im Monat – seltener – gar nicht); alle Angaben in %.

Auch wenn sich auf Basis der hier verwendeten Daten kein unmittelbarer Zusammenhang nachweisen lässt, so scheint es doch so, als ob mit steigendem Ausländeranteil im Wohnviertel die Kontakte zur einheimischen Bevölkerung abnehmen. Etwas mehr als die Hälfte der polnischen, italienischen und exjugoslawischen Befragten gibt gleichzeitig an, täglich mit Deutschen in Kontakt zu kommen; von den Griechen behaupten das knapp 46 %, von den Türken nur knapp mehr als 40 %. Erneut sind es die türkischen Frauen, die aus den untersuchten Gruppen herausstechen: Gerade einmal 35 % von ihnen berichten über tägliche Begegnungen mit Deutschen, während jede Fünfte sagt, nur selten (seltener als mehrmals im Monat) oder gar nicht mit Einheimischen in Kontakt zu kommen. Die Befunde decken sich mit anderen Studien, die ebenfalls zu dem Schluss kommen, dass in Deutschland die Türken diejenige ethnische Gruppierung sind, die am stärksten von der Mehrheitsgesellschaft isoliert ist (vgl. bspw. Janßen/Schroedter 2007: 461; Sager 2012: 2623f., 2629).

Wie sind die Resultate für Deutschland nun in ländervergleichender Perspektive zu betrachten? Exakt vergleichbare Indikatoren auf jeweils nationaler Ebene sind, wie schon weiter vorn angemerkt wurde, nicht verfügbar. Setzt man Befunde aus anderen Studien zueinander in Beziehung, die sich nicht auf das gesamte Staatsgebiet, sondern auf einzelne Großstädte beziehen, dann zeigt sich, dass die Türken in Deutschland nicht stärker (teilweise sogar weniger) getrennt von der Mehrheitsgesellschaft leben als ethnische Gruppierungen in anderen Ländern. So wiesen in den 1990er Jahren Surinamesen (IS = 35) und Türken (IS = 39) in Amsterdam ähnlich hohe Segregationswerte auf wie etwa die Türken in Essen oder Gelsenkirchen (IS = 36).[41] Allerdings scheint es so, als ob die algerische Minderheit in Frankreich im Vergleich dazu räumlich doch weniger segregiert ist, als man aufgrund der allgemeinen Diskussionen um die Geschehnisse in den *banlieues* annehmen könnte (IS = 23 für das Département 75 in Paris; Friedrichs 2008: 389ff.; Musterd 2005: 334).[42]

Zu welchem Anteil die ethnische Segregation von bestimmten Bevölkerungsgruppen auf deren eigene Präferenzen und Motivationen zurückzuführen ist und welche Rolle hier externe bzw. in der Aufnahmegesellschaft liegende Gründe spielen, lässt sich im Einzelnen schwer beurteilen. Hinsichtlich der Ursachen ethnischer Segregation wird in der Literatur im Wesentlichen auf zwei Aspekte verwiesen: Zum einen erfolgt die Wahl der Wohngegend in der Tat freiwillig, so etwa wenn sich die Migranten bewusst für Gebiete entscheiden, wo schon viele Angehörige derselben Ethnie bzw. Religion leben und eine entsprechende „ethnische Infrastruktur" existiert, die die Orientierung im Aufnahmeland erleichtert.

---

[41] Der Index of Segregation (IS) ist eine in der Migrations- und Stadtforschung gebräuchliche Maßzahl für die räumliche Segregation von sozialen Gruppen und stellt die Unterschiede in den Verteilungen einer Gruppe im Verhältnis zur restlichen Bevölkerung dar. Der Wertebereich liegt zwischen 0 (keine Segregation) und 100 (vollständige Segregation).

[42] Auch die Befunde der TeO-Studie weisen darauf hin, dass die algerische und marokkanische Minderheit in Frankreich nicht stärker oder sogar etwas weniger segregiert lebt als die europäischen Einwanderer (etwa aus Portugal, Spanien oder Italien). Die räumliche Konzentration der Türken wiederum ist auch in Frankreich gemessen an ihrer relativen Größe sehr hoch (vgl. Beauchemin et al. 2010: 17; Pan Ké Chon 2011: 1).

Zum andern unterliegt die Entscheidung über den Wohnort auch sozialen und ökonomischen Restriktionen, wenn etwa bestimmte Gruppierungen aufgrund von finanziellen Engpässen in preiswerte Gegenden mit hohem Sozialwohnungsanteil ziehen müssen oder auch von *gatekeepers* (Hausbesitzern, Maklern, kommunalen Wohnungsbaugesellschaften usw.) von den „besseren" Wohnvierteln ferngehalten werden (Friedrichs 2008: 391; vgl. auch Massey/Denton 1993; Häußermann/Siebel 2001). Die im Verhältnis zu den anderen nationalen Minderheiten höhere Segregation der Türken in Deutschland ist teilweise sicher auch durch die schiere Größe dieser Gruppe zu erklären. Insgesamt spricht jedoch einiges dafür, dass die räumliche Konzentration zum Teil auf die sozialen und sozioökonomischen Beschränkungen, zum Teil aber auch auf den Wunsch nach ethnischer bzw. religiöser Homogenität im sozialen Umfeld zurückzuführen ist (vgl. Sager 2012: 2625).[43]

2.7   Sprachkompetenz und Sprachgebrauch

Auf die zentrale Bedeutung, welche der Beherrschung der Sprache der Mehrheitsgesellschaft für die Integration von Minoritäten zukommt, ist zu Beginn des Beitrags bereits eingegangen worden. Ähnlich wie bei der Bildung insgesamt, hat dieses Thema in Folge der PISA-Studien in den letzten Jahren noch einmal an Relevanz gewonnen: So stellte sich in den PISA-Untersuchungen heraus, dass die Tatsache, welche Sprache zuhause gesprochen wird, genauso wichtig oder sogar wichtiger für das Leistungsniveau von Schülern mit Migrationshintergrund ist, wie der sozio-ökonomische Background der Familie (OECD 2010; vgl. auch Entorf/Minoiu 2005: 366).

Auch hier sei zunächst ein Blick auf die Situation in Deutschland geworfen: Tab. 5.9 enthält Daten auf der Basis des Sozio-oekonomischen Panels (SOEP) zur Sprach- und Schreibkompetenz unterschiedlicher Personengruppen mit Migrationshintergrund hinsichtlich der Sprache der Mehrheitsgesellschaft sowie Informationen darüber, welcher Sprache sich diese Gruppen im alltäglichen Umgang überwiegend bedienen. Alles in allem zeigt sich das bekannte Bild: Die Personen mit türkischem Migrationshintergrund verzeichnen nach eigenen Angaben durchschnittlich geringere Kenntnisse im sprachlichen (64 % gute bzw.

---

[43]   Auch in Frankreich leben Einwanderer vorwiegend muslimischer Herkunft überdurchschnittlich häufig in sozial benachteiligten Wohnvierteln. Danach unterliegen etwa nord- und schwarzafrikanische Immigranten einem dreimal höheren Risiko, in eine *disadvantaged neighbourhood* zu ziehen, als französische Staatsbürger. Trotz einer allgemein hohen Mobilität zwischen den benachteiligten Gebieten gelingt es ersteren auch seltener, in wohlhabendere Viertel umzuziehen (Pan Ké Chon 2010: 1604f.).

sehr gute Kenntnisse) und schriftlichen (54 %) Bereich als die meisten anderen Gruppen. Lediglich die Einwanderer bzw. deren Nachkommen aus Ost- und Südosteuropa schätzen ihre Schreibkenntnisse in Deutsch ähnlich ein wie die Türken. Was den überwiegenden umgangssprachlichen Gebrauch anbelangt, so ist es ebenfalls die türkische Minderheit, die häufiger als alle anderen befragten Gruppen angibt, die Herkunftssprache zu benutzen (31 % vs. 2 bis 13 %).

Tab. 5.9: Sprach- und Schreibkompetenz sowie Sprachgebrauch von Personen mit Migrationshintergrund in Deutschland nach Herkunftsland

	Türkei	Aus-siedler	Ost-europa	Süd-europa	Ex-Jug.	West-/Nord-europa	*ges.*
sehr gute/gute Sprachkompetenz (deutsch)[a]	64	83	82	78	76	91	*75*
sehr gute/gute Schreibkompetenz (deutsch)[a]	54	72	53	54	62	80	*60*
Umgangssprache überwiegend Herkunftssprache[b]	31	4	10	13	5	2	*13*

Quelle: Noll/Weick 2011: 5 auf Basis SOEP 2009; nur Personen, bei deren beiden Eltern Deutsch nicht die Muttersprache ist; [a] 5er-Skala (sehr gut – gut – es geht – eher schlecht – gar nicht), Selbsteinschätzung, [b] 3er-Skala (überwiegend deutsch – überwiegend die Sprache des Herkunftslandes bzw. die Sprache der Eltern – teils/teils); alle Angaben in %.

Unmittelbar mit den deutschen Befunden vergleichbare Daten zu den anderen Ländern waren leider auch hier nicht aufzufinden. Die in diesem Beitrag schon mehrfach verwendete TeO-Studie (Beauchemin et al. 2010) liefert jedoch ebenfalls recht detaillierte und interessante Informationen zur Sprachkenntnis und -verwendung unter den Personen mit Migrationshintergrund in Frankreich: Die linke Spalte in Tab. 5.10 bildet zunächst die Antworten der Respondenten auf die Frage ab, ob diese während ihrer Kindheit im Elternhaus überhaupt mit der französischen Sprache in Berührung gekommen sind. In der Gruppe der Migranten, d.h. derjenigen, die im Ausland geboren wurden, berichtet etwa jeder zweite algerische Befragte, dass mindestens eines der beiden Elternteile neben anderen Sprachen auch Französisch gesprochen hat. Von den marokkanischen bzw. tunesischen Einwanderern behauptet das noch etwa jeder dritte, von den portugiesischen jeder vierte und von den spanischen bzw. italienischen Migranten jeder fünfte Befragte. In der Gruppe der türkischen Migranten erinnern sich dagegen nur 6 % der Befragten daran, dass der Vater oder die Mutter auch die französische Sprache benutzt hätten. Von den Angehörigen der „zweiten Generation" hat dann schon fast jeder der Befragten aus den untersuchten Bevölkerungsgruppen die französische Sprache über seine Eltern rezipiert (um die 90 %); eine Ausnahme stellen allerdings auch hier die Türken dar, von denen dies nur knapp 60 % von sich sagen.

Tab. 5.10: Sprachkompetenz und Sprachgebrauch ausgewählter ethnischer Minderheiten in Frankreich

Herkunftsland	Rezeption Französisch in der Kindheit[a]		sehr gute/gute Kenntnis der franz. Sprache (nur Migranten)[b]				Sprache, die Eltern (beide Migranten) mit ihren Kindern (Nachkommen) sprechen[c]		
	Migranten	Nach-kom-men	bei Einreise		aktuell		Franzö-sisch	andere Spra-che(n)	Kombi-nation
			M	F	M	F			
Algerien	53	92	52	44	84	72	17	11	72
Marokko/ Tunesien	31	86	47	36	77	64	11	19	70
Portugal	25	88	3	4	50	54	14	19	67
Spanien/ Italien	21	93	5	12	78	75	26	19	55
Türkei	6	59	4	3	38	37	27	33	40

Quelle: Beauchemin et al. 2010: 32-35; [a] Französisch wurde zumindest von einem der beiden Elternteile als eine Sprache neben anderen gesprochen, als der Befragte ein Kind war; [b] 4er-Skala (sehr gut – gut – nicht sehr gut – überhaupt nicht), M = Männer, F = Frauen; [c] nur Nachkommen, von denen Eltern beide im Herkunftsland geboren wurden; Migranten: Personen, die außerhalb Frankreichs geboren sind und bei Geburt nicht die französische Staatsbürgerschaft besaßen; Nachkommen (*descendants*): in Frankreich geborene Personen mit wenigstens einem außerhalb Frankreichs geborenem Elternteil („zweite Generation"); alle Angaben in %.

In der Studie wurde auch danach gefragt, wie die Migranten rückblickend ihre eigenen Kenntnisse der französischen Sprache zum Zeitpunkt der Einreise einschätzen (mittlere Spalte in Tab. 5.10). Hier fällt vor allem das im Vergleich zu den anderen Gruppierungen von Anfang an recht hohe Niveau der Sprachbeherrschung bei den Einwanderern aus Algerien, Marokko und Tunesien auf. Offenbar kommt hier wieder der bereits bei den interethnischen Ehen diskutierte positive Effekt der früheren kolonialen Abhängigkeit des Herkunftslandes vom Einwanderungsland zum Tragen. Es verwundert dann kaum, dass die Migranten aus den Maghrebstaaten auch ihr momentanes Sprachniveau überwiegend als gut bzw. sehr gut einschätzen. Während sich die Migranten aus den südeuropäischen Staaten hinsichtlich ihrer Selbsteinschätzung zum Zeitpunkt der Einreise kaum von den türkischen Einwanderern unterschieden haben, berichten sie über weit größere Fortschritte im weiteren Verlauf ihres Aufenthalts als letzte: Mit Blick auf ihre aktuellen Kenntnisse der französischen Sprache geben mehr als die Hälfte der Portugiesen und drei Viertel der spanischen und italienischen Befragten an, diese mittlerweile gut bzw. sehr gut zu beherrschen. Unter den Personen türkischer Herkunft sagen das nur knapp 40 %.[44]

Die Befunde aus Tab. 5.10 zeigen zum einen, dass sich die Sprachkenntnisse sowohl in intergenerationaler Perspektive als auch im Lebensverlauf der meisten Migranten aus allen Herkunftsländern offenbar deutlich verbessern.[45] Gleichzeitig fällt dabei aber einmal mehr die Tatsache ins Auge, dass Personen mit türkischem Migrationshintergrund die vergleichsweise schlechtesten Ergebnisse verzeichnen. Dies trifft auch auf den letzten in Tab. 5.10 behandelten Indikator zu (rechte Spalte): Von denjenigen Befragten, die in Frankreich geboren wurden, geben etwa 70 % der Personen mit algerischem, marokkanischem bzw. tunesischem Hintergrund an, dass ihre Eltern mit ihnen teilweise in der Herkunftssprache, teilweise in Französisch kommunizieren, während nur etwa 10 (Algerien) bis 20 % (Marokko/Tunesien) sich ausschließlich der Muttersprache bedienen. Ähnlich verhält es sich bei den Nachfahren der portugiesischen Einwanderer; bei den Spaniern bzw. Italienern berichten immerhin noch 55 %, beide Sprachen zu verwenden. Von den türkischen *descendants* bekundet dagegen jeder Dritte, dass sich die eigenen Eltern mit ihnen nur auf Türkisch verständigen.

Warum schneiden die Türken auch mit Blick auf die Sprachkompetenz der jeweiligen Aufnahmegesellschaft so schlecht ab?[46] Natürlich ist die Fähigkeit,

---

[44] Da im TeO-Survey eine vierstufige, im SOEP dagegen eine fünfstufige Antwortvorgabe gewählt wurde, sind die in Tab. 5.10 angegebenen Prozentzahlen auch für diesen Indikator leider nicht direkt mit den deutschen Daten aus Tab. 5.9 vergleichbar.

[45] Dies dürfte für Deutschland ebenso gelten wie für Frankreich. Hinweise, die in diese Richtung deuten, liefert eine Mehrgenerationenumfrage unter Migrantenfamilien, in der zunächst über alle Generationen hinweg über 80 % der Befragten mit türkischem Migrationshintergrund angaben, mit ihren Eltern überwiegend türkisch zu sprechen (in der Vergleichsgruppe der Italiener waren die Zahl derjenigen, die sich mit ihren Eltern in der Muttersprache verständigen, deutlich geringer). Danach gefragt, in welcher Sprache sie hauptsächlich mit ihren Geschwistern kommunizieren, gaben noch 68 % der Jugendlichen und 47 % der Kinder an, dies vorwiegend in der Herkunftssprache zu tun, während der Rest die deutsche Sprache anführte (Nauck 2007: 23). Vgl. dazu auch die Ausführungen weiter unten.

[46] Die Behauptung, dass die türkischstämmige Bevölkerung über besonders gering ausgeprägte Kenntnisse der Sprache des Aufnahmelandes verfügt, lässt sich offenbar über die Situation in

die Sprache der Aufnahmegesellschaft zu erlernen, wie auch die Tatsache, welche Umgangssprache jemand im Allgemeinen verwendet, nicht losgelöst von der Integration einer Person bzw. Gruppe in anderen Bereichen der Gesellschaft zu betrachten. Die Möglichkeit, sich in der Herkunftssprache zu verständigen (bzw. die Notwendigkeit, auf die Sprache der Mehrheitsgesellschaft umzuschwenken) hängt selbstverständlich auch davon ab, ob man in einer Gegend wohnt, in der viele Menschen die eigene Herkunftssprache sprechen, inwieweit und in welcher Weise man in den Arbeitsprozess eingebunden ist, wo man Einkaufen geht, wie sich das Umfeld der Familie gestaltet, wie der Freundeskreis strukturiert ist usw. Zieht man die bisher diskutierten Befunde in Betracht, dann spricht einiges für die Annahme, dass hinsichtlich des Spracherwerbs sowohl (sozio-)strukturelle Gegebenheiten als auch kulturelle Besonderheiten ausschlaggebend sind: Der vergleichsweise hohe Anteil der Personen türkischer Herkunft, der von sich selbst angibt, über unterdurchschnittliche Sprachkenntnisse der Aufnahmegesellschaft zu verfügen und sich im allgemeinen Umgang vorzugsweise der eigenen Herkunftssprache zu bedienen, kann somit sicher zum Teil auf deren ungünstige sozio-ökonomische Situation und das vergleichsweise geringe Bildungsniveau zurückgeführt werden, dürfte aber zumindest zum Teil auch Ausdruck der überdurchschnittlich ausgeprägten Binnenorientierung dieser Gruppe (sei diese nun in erster Linie selbst gewählt oder durch äußere Umstände bzw. die Mehrheitsgesellschaft aufgezwungen) sein.

3   Zusammenführung und Fazit: Das Bild der Muslime in den Augen der Mehrheitsgesellschaft – nur ein kulturelles Konstrukt oder auch „objektiv" fundiert?

Insgesamt, so sollten die obigen Ausführungen gezeigt haben, stellt sich die Gruppe der muslimischen Bevölkerung türkischer Herkunft in Deutschland nicht nur im Vergleich zur „einheimischen" Bevölkerung, sondern auch im Vergleich zu vielen Migrantengruppen aus anderen Herkunftsregionen und in anderen

---

Frankreich und Deutschland hinaus verallgemeinern: Gemäß der PISA-Studie 2009 fallen die durchschnittlichen Leseleistungen der türkischstämmigen Schüler in Dänemark ebenfalls schlechter aus als etwa bei Schülern aus dem früheren Jugoslawien oder aus Pakistan (OECD 2010: 182), und auch in den Niederlanden geben Angehörige der türkischen Minderheit öfter an, Probleme mit der Landessprache zu haben, als beispielsweise Personen marokkanischer Herkunft (FORUM 2010: 15). Auch in vielen anderen in der PISA-Studie untersuchten Ländern weisen die türkischstämmigen Schüler im Vergleich zu Schülern mit Migrationshintergrund aus anderen Ländern unterdurchschnittliche Leseleistung auf – und zwar auch dann, wenn der sozioökonomische Background der jeweiligen Immigrantengruppe berücksichtigt wurde (OECD 2010: 78f., 182).

Ländern auf vielen Gebieten als soziostrukturell überdurchschnittlich depraviert und vergleichsweise schlecht integriert dar. Ob sich die Lage in naher Zukunft grundlegend bessert, bleibt trotz wiederholter Verlautbarungen über verstärkte Anstrengungen auf diesem Gebiet seitens der politischen, wirtschaftlichen und sonstigen gesellschaftlichen Funktionsträger abzuwarten. Obwohl sich die kulturelle und strukturelle Integration vor allem der jüngeren Kohorten in den letzten Jahren leicht verbessert hat (vgl. Autorengruppe 2012: 43), erweisen sich die Hürden auch für die Nachkommen der Bürger mit türkischem Migrationshintergrund nach wie vor als hoch. Einige Ursachen sind dabei ohne Zweifel in den strukturellen und institutionellen Gegebenheiten der Aufnahmegesellschaft zu suchen. Neben der schon weiter vorn angesprochenen Dreigliedrigkeit des deutschen Schulsystems und der starken Verberuflichung des Arbeitsmarktes ist hier vor allem die Gastarbeiterpolitik der 1960er und 1970er Jahre zu nennen, welche hauptsächlich Bevölkerungsschichten angezogen hat, die von vornherein über ungünstige Startbedingungen verfügten. Da sich der anhaltende Migrationsstrom aus der Türkei in den darauf folgenden Jahrzehnten vornehmlich über den Nachzug der Angehörigen der oftmals un- und angelernten Arbeiter der ersten Generation speiste, hat sich die soziale Lage auch bei der zweiten Generation der türkischen Einwanderer mehrheitlich reproduziert (Biffl 2012: 13f.). Während sich heute aber der Großteil der Einwanderer aus den maghrebinischen Staaten in Frankreich in einer ähnlich ungünstigen sozio-ökonomischen Position befindet wie die Türken in Deutschland, schlägt bei letzteren der Sprachnachteil zusätzlich zu Buche (vgl. Entorf 2005: 13), der dann wiederum bestehende Segregationstendenzen verstärkt und zusätzliche negative Effekte auf den sozioökonomischen Status nach sich zieht (vgl. Esser 2006; Musterd et al. 2008).

Der Einfluss kultureller Besonderheiten ist schwerer nachzuweisen, sollte aber auch nicht gänzlich ausgeschlossen werden. So hat die überdurchschnittlich starke Abschottung muslimischer Frauen von der Mehrheitsgesellschaft sicherlich auch etwas mit dem in bestimmten muslimischen Milieus vorherrschenden Frauen- und Familienbild zu tun. Auch die Unterschiede bei den Bildungserfolgen zwischen Personen mit Migrationshintergrund und der einheimischen Bevölkerung sind nicht allein mit sozioökonomischen Nachteilen zu erklären.[47] Ungeachtet der Ursachen scheint es alles in allem jedenfalls so zu sein, dass die Situation der türkischen Muslime in Deutschland durch eine besonders ausgeprägte Kumulation von Benachteiligungen geprägt ist (Friedrichs 2008: 392).

Es geht nun aber in diesem Beitrag nicht in erster Linie darum zu erklären, warum sich die sozio-ökonomische Lage der türkischen Migranten und ihrer

---

[47] So verweist Diefenbach (2009: 447) auf die Tatsache, dass es in noch keiner Bildungsstudie gelungen ist, den Effekt des „Migrant-Seins" durch Kontrolle sozioökonomischer Faktoren zu eliminieren.

Nachkommen so darstellt, wie sie ist. Vielmehr interessiert an dieser Stelle, ob das soziostrukturelle Profil dieser Bevölkerungsgruppe seinen Teil zur Ablehnung durch die Mehrheitsgesellschaft beiträgt. Wie lassen sich also die oben beschriebenen Befunde mit Blick auf die Fragestellung nach möglichen „objektiven" Ursachen der besonderen Skepsis und Ablehnung gegenüber den Muslimen vor dem Hintergrund der anderen in diesem Band diskutierten Ergebnisse und der zu Beginn dieses Beitrags erwähnten Theorien interpretieren? Alles in allem scheint sich die eingangs geäußerte Vermutung zu bestätigen, dass die insgesamt ungünstige soziale Positionierung dieser Zielgruppe negative Haltungen seitens der Mehrheitsgesellschaft wenn nicht unmittelbar fördert, so doch verstärkt. Dabei erweisen sich die eingangs diskutierten Theorien jedoch von recht unterschiedlichem Nutzen. Die Tatsache etwa, dass Deutschland bezüglich des Anteils der im Ausland Geborenen und der Muslime an der Gesamtbevölkerung durchaus vergleichbar mit Frankreich oder den Niederlanden ist, wo die Einstellungen gegenüber den Muslimen wesentlich positiver ausfallen, spricht zunächst gegen die These, dass schon die bloße Größe der Minderheit insgesamt Bedrohungsgefühle und daraus resultierende negative Haltungen provoziert. Andererseits werden die Muslime in Deutschland wegen ihres mehrheitlich türkischen Hintergrunds möglicherweise als insgesamt homogener und schon deswegen bedrohlicher wahrgenommen als in den Ländern, in denen sie sich stärker aus Gruppen unterschiedlicher geographischer Herkunft zusammensetzen. Was den Einfluss eines (tatsächlichen oder wahrgenommenen) Wettbewerbs auf dem Arbeitsmarkt anbelangt, so lassen sich anhand der hier aufgezeigten Befunde nur sehr begrenzt Aussagen machen. Wie die Daten vermuten lassen, konkurrieren die Muslime in Deutschland aufgrund ihrer allgemeinen sozialen Lage und ihrer durchschnittlich eher mangelhaften Ausstattung an Humankapital mehrheitlich vor allem mit Niedriglohnbeziehern und prekär Beschäftigten. Aus den Analysen der anderen Beiträge in diesem Buch (vgl. Kapitel 3 und 4) lassen sich zwar durchaus partielle Anhaltspunkte dafür ableiten, dass in dieser Gruppe ablehnende Haltungen gegenüber den Muslimen besonders verbreitet sind. Insgesamt jedoch scheinen die Zusammenhänge zu schwach zu sein, als dass sie für einen direkten Einfluss auf der individuellen Ebene sprechen würden.[48] Dass sich in

---

[48]   Gegen die These einer vorrangig ökonomisch begründeten Fremdenangst sprechen zunächst auch die Befunde einer jüngeren Studie auf Basis der ALLBUS-Daten, deren Autorinnen zu dem Schluss kommen, dass die Grenzziehungen zwischen Deutschen und „Ausländern" in letzter Zeit eher einer „Kulturalisierung" unterlagen. Demnach hat vor allem die Bedeutung des Wunsches nach einer Lebensstilanpassung der Minderheiten an die Mehrheitsgesellschaft deutlich an Bedeutung gewonnen, während etwa die Forderung, Ausländer bei Arbeitsplatzknappheit in ihre Heimat zurückzuschicken, weniger oft geäußert wird (Diehl/Tucci 2010: 564ff.). Man sollte hier allerdings berücksichtigen, dass die beiden Referenzzeitpunkte die Jahre 1996 und 2006 waren,

den letzten Jahren vor dem Hintergrund der veränderten Sozialgesetzgebung (Hartz IV) und der sich ausweitenden Finanzkrise bzw. der damit verbundenen öffentlichen Diskurse um eine Prekarisierung des Arbeitsmarktes und die Schrumpfung der Mittelschicht kollektive Bedrohungsgefühle ökonomischer Art verstärkt haben könnten, erscheint aber nicht völlig ausgeschlossen.[49]

Entscheidend für die Herausbildung von negativen Haltungen gegenüber den Muslimen scheinen aber nicht die von der *Realistic Group Conflict Theory* und der Theorie des ethnischen Wettbewerbs in den Mittelpunkt gestellten gemeinsam geteilten Merkmale der beteiligten Gruppen zu sein, sondern Aspekte der Differenz und Distanz: Wenn auch die Segregationstheorie in ihrer eingangs vorgestellten arbeitsmarkttheoretischen Version auf Deutschland kaum anwendbar ist, so stellt sich doch schon etwa die vergleichsweise geringe Erwerbsneigung der Bevölkerungsgruppe türkischer Herkunft, und hier besonders der türkischen Frauen, nicht nur als Hindernis für eine bessere strukturelle Integration, sondern auch für Begegnungen und Verständigungen mit der Mehrheitsgesellschaft allgemein dar.[50] Von noch größerer Bedeutung ist jedoch wahrscheinlich die räumliche und die familiale Dimension der Segregation: Der Umstand, dass die türkischstämmige Bevölkerung in Deutschland im Vergleich zu anderen nationalen Minoritäten überdurchschnittlich häufig in Wohngebieten mit mehrheitlich ausländischer Wohnbevölkerung lebt, weniger Kontakte zur einheimischen Bevölkerung aufweist sowie seltener Ehen mit einem oder einer Angehörigen der Mehrheitsgesellschaft eingeht, ist zweifelsohne ein Ausdruck mangelnder sozial-interaktiver Integration und Verständigung (vgl. Esser 2006: 27) und trägt sicher nicht zu einer Verbesserung der Haltung der Mehrheitsgesellschaft ihr gegenüber bei. Konkurriert die türkische Minderheit dann noch in einem ohnehin sozial benachteiligten Wohngebiet mit anderen ethnischen Gruppen bzw. der einheimischen Bevölkerung um öffentliche Räume, sind Konflikte vorprogrammiert (vgl. Häußermann/Siebel 2001: 13f.). Beim Thema Verständigung ist schließlich auch das hierfür zentrale Medium, die Sprache, zu nennen, dessen Beherrschung in beträchtlichen Teilen der türkischen Bevölkerung in Deutschland ebenfalls unterdurchschnittlich entwickelt ist.

---

als die Finanz- und Staatsschuldenkrise und deren mögliche Folgen noch nicht ins Bewusstsein der Öffentlichkeit gerückt waren.

[49] Letztendlich müsste man an dieser Stelle weitere Untersuchungen auf international vergleichender Datenbasis durchführen. Hinweise in diese Richtung gibt etwa die Studie von Scheepers und Kollegen, die auf der Basis von Mehrebenenanalysen für 15 europäische Länder zu dem Schluss kommen: „the larger the percentage of non-EU citizens in a country, the more manual workers are in favour of ethnic exclusionsim as compared to the service class" (Scheepers et al. 2002: 29).

[50] Der Eindruck der „Unsichtbarkeit" vieler muslimischer Frauen im beruflichen und öffentlichen Leben kann dann schließlich auch dem Stereotyp des „frauenfeindlichen" Islam (siehe das einleitende Kapitel 1 von Detlef Pollack in diesem Band) leicht weiteren Vorschub leisten.

Das Dilemma, das die Integrationsschwierigkeiten noch einmal verschärft, besteht nun darin, dass sich Skeptiker durch die (teils auf eigenen Erfahrungen beruhende, teils vermittelte) Wahrnehmung oben beschriebener Tendenzen darin bestätigt sehen könnten, vielen Muslimen die Integrationswilligkeit abzusprechen, wobei derartige Vorwürfe die integrationsbereite Mehrzahl der Muslime natürlich immer wieder brüskieren müssen und das Entstehen eines Zugehörigkeitsgefühls erschweren.[51] Der wirkungsvollste Weg, gegenseitige Vorurteile abzubauen – das bessere Kennenlernen durch Kontakte (vgl. Kapitel 3 und 4 in diesem Band) – erweist sich in einer solchen Konstellation natürlich als weitgehend verbaut. Trägergruppen, die hier brückenbildend und vermittelnd wirken könnten, etwa aus dem intellektuellen Milieu bzw. aus den höher gebildeten Schichten, sind nun aber gerade in der türkischstämmigen Bevölkerung rar gesät.

Alles in allem scheint es sich beim Problem der mangelnden Akzeptanz einer Minderheit durch die Mehrheitsgesellschaft um ein sich oft selbst verstärkendes Wechselspiel von „Konstruktionen" (Schiffauer 2007) und „subjektiven" Wahrnehmungen auf der einen Seite und „objektiven" Gegebenheiten und Reaktionen auf der anderen Seite zu handeln.[52] Lässt man die Literatur zum Thema insgesamt Revue passieren, dann stößt man immer wieder auf die Feststellung, dass ablehnende und abwertende Haltungen und Stereotypen nicht alle Minderheiten gleichermaßen treffen, sondern vor allem davon abhängen, wie groß bzw. sichtbar die Minderheit ist und als wie „fremd" sie wahrgenommen wird (Fuchs et al. 1993; Scheepers et al. 2002; Weins 2011: 484). Dass persönliche Kontakte gegenseitigen Aversionen vorbeugen können, steht dabei angesichts der unzähligen in diese Richtung weisenden Befunde außer Zweifel. Die Frage, die oftmals offen bleibt, ist jedoch, *warum* bestimmte Bevölkerungsgruppen zueinander Kontakt suchen oder diesen eben meiden. Letztlich setzt eine erfolgreiche Kontaktaufnahme mit nachhaltiger Wirkung reziprokes Verhalten voraus, wobei beide Seiten zunächst als „natürlich" erscheinende Hemmungen überwinden müssen.

Mit Blick auf die in diesem Kapitel präsentierten Überlegungen lässt sich

---

[51] So bekundeten in einer kürzlich unter „Deutsch-Türken" durchgeführten repräsentativen Studie nahezu 80 % der Befragten, sich „unbedingt und ohne Abstriche in die deutsche Gesellschaft integrieren" zu wollen. Gleichzeitig waren dabei aber 87 % der Meinung, dass die deutsche Gesellschaft nicht genügend Rücksicht auf die Gewohnheiten und Gebräuche der türkischen Einwanderer nimmt. Fast jeder Zweite plant über kurz oder lang, in sein Heimatland zurückzukehren, wobei zwei von drei Rückkehrwilligen dabei als Grund angaben, dass sie letztlich doch die Türkei als ihre Heimat ansähen (Info GmbH 2012).

[52] Über die hier aufgezeigten Aspekte hinaus spielen natürlich auch noch andere Gründe „objektiver" Art eine Rolle: So spricht einiges dafür, dass die Einstellungsdifferenzen auf nationaler Ebene auch mit den in den einzelnen Ländern vorherrschenden Policyregimen in Zusammenhang stehen (siehe das folgende Kapitel 6 in diesem Band; vgl. auch Scheepers et al. 2010: 30).

abschließend feststellen: Neben den zweifellos wirksamen, dem Bedürfnis nach Identitätsbildung geschuldeten Konstruktionen der kulturellen Nähe bzw. Distanz und neben bestimmten soziodemographischen bzw. persönlichkeitsdispositiven Merkmalen der Mitglieder der Mehrheitsgesellschaft sind es wohl auch die „objektiven" Merkmale der Minderheiten selbst, die zumindest mittelbar das Maß an Wertschätzung bzw. Ablehnung mitbestimmen, Gefühle der Bereicherung bzw. Bedrohung in bestimmten Gruppen der „autochthonen" Bevölkerung auslösen und Wege der Verständigung eröffnen oder auch erschweren können. In Bezug auf das Verhältnis der Mehrheitsgesellschaft zur muslimischen Minderheit in Deutschland besteht damit die größte Herausforderung darin, innerhalb der Gemengelage wechselseitigen Misstrauens, einseitiger Schuldzuschreibungen und vom jeweils anderen eingeforderter Eigenleistungen diejenigen Ansatzpunkte zu finden, die diese Spirale zum Stillstand zu bringen und die Entwicklung in die gewünschte Richtung zu lenken vermögen.

Kapitel 6

Der Zusammenhang zwischen Regelungen der Staatsbürgerschaft, nationaler Identität und der Ablehnung von Muslimen

Alexander Yendell

1   Einleitung

In den Kapiteln 3 und 4 wurden bereits Ergebnisse von Regressionsanalysen diskutiert, die versuchen, die Akzeptanz von Muslimen aus mikrosoziologischer Perspektive zu erklären. Dabei wurde deutlich, dass es mehrere Individualfaktoren gibt, die die individuelle Haltung gegenüber Muslimen beeinflussen. So üben u.a. religiös dogmatische Einstellungen einen negativen Einfluss aus, eine positive Haltung gegenüber Christen sowie Kontakte zu Muslimen wirken hingegen positiv auf die Einstellung gegenüber Muslimen. Differenzen zwischen den Ländern lassen sich so zum Teil auf die unterschiedlichen Verteilungsstrukturen der Modellvariablen zurückführen. Beispielsweise hat die besonders negativ eingestellte Bevölkerung Deutschlands deutlich weniger (vorurteilsabbauende) Kontakte zu Muslimen als die Bevölkerung Frankreichs, der Niederlande und Dänemarks.

   Die mikrosoziologische Perspektive kann allerdings nur zum Teil erklären, warum es bezüglich der Ablehnung von Muslimen erhebliche Länderunterschiede gibt. Idealerweise sollten deshalb Modelle, die die Haltungen gegenüber Fremden erklären, auch Indikatoren aufnehmen, die sich aus makrosoziologischen Theorien zur Erklärung von Fremdenfeindlichkeit ableiten (vgl. Rustenbach 2010: 67). Dies kann beispielsweise durch die Berechnung von statistischen Mehrebenenanalysen geschehen. Deren Ergebnisse zeigen allerdings häufig, dass kontextuale Faktoren, wie zum Beispiel die Größe der Minderheitenpopulation und wirtschaftliche Faktoren, im Gegensatz zu individuellen Faktoren einen – wenn überhaupt – äußerst geringen Einfluss auf die Akzeptanz von Immigranten, Muslimen usw. haben (vgl. z.B. Strabac/Listhaug 2008; Weins 2004). Ceobanu und Escandell schlagen deshalb vor, zusätzlich zu den genannten Indikatoren, sozialpolitische und institutionelle Kontextfaktoren zu berücksichtigen, die sich auf die Einstellungen gegenüber Immigranten auswirken können (vgl. Ceobanu/Escandell 2010: 323). Als bedeutend erscheinen den beiden Autoren eine Vielzahl von kontextualen Bedingungsfaktoren[53], von denen hier, vor dem Hintergrund zweier noch zu erwähnender Annahmen, die Migrationspolitik in Bezug auf die Regulierungen der Staatsbürgerschaft diskutiert werden soll.

Im folgenden Beitrag wird also die These überprüft, dass die Haltungen der Mehrheitsbevölkerung gegenüber muslimischen Einwanderern auch davon abhängig ist, wie sehr die Integration in Bezug auf die Erlangung der Staatsbürgerschaft des Einwanderungslandes gelingt. So könnte eine Ursache für die Intoleranz gegenüber Muslimen in Deutschland darin liegen, dass muslimische Einwanderer lange Zeit als (nicht-deutsche) Gastarbeiter angesehen wurden, die nur vorübergehend in Deutschland verbleiben sollten. Dementsprechend wurde von der Politik lange Zeit die Integration von Einwanderern vernachlässigt. In Ländern hingegen, in denen eine Aufnahme in die Gesellschaft sogar aktiv von der Politik gefördert wurde – wie beispielsweise in Frankreich und lange Zeit auch in den Niederlanden –, ist die Toleranz gegenüber (muslimischen) Einwanderern vielleicht auch deshalb recht groß, weil diese als der Nation zugehörig und nicht mehr als fremd wahrgenommen werden.

Die hier zugrundeliegende These wurde bereits von Mikael Hjerm (1998a) und in Anlehnung daran von Cornelia Weins (2004) untersucht. Hjerms quantitativer Analyse von ISSP-Daten liegen zwei Hypothesen zugrunde, die auch hier statistisch überprüft werden: Zum einen wird angenommen, dass unterschiedliche Policy-Regime im Bereich der Einwanderung und Staatsangehörigkeit die nationale Identität prägen. Zum anderen wird ein Zusammenhang zwischen der Art der nationalen Identität und fremdenfeindlichen Einstellungen vermutet. Es existiere somit ein indirekter Zusammenhang zwischen dem Policy-Modell und fremdenfeindlichen Haltungen.

Abweichend von den bisherigen Analysen in den vorangegangenen Kapiteln beschränkt sich die folgende Analyse nicht ausschließlich auf die fünf Länder Deutschland, Dänemark, Frankreich, die Niederlande und Portugal. Dies wird damit begründet, dass die Anzahl von fünf untersuchten Ländern für eine solche statistische Analyse nicht ausreicht. Daher wird in diesem Kapitel auf die Angaben der Bevölkerung zur Ablehnung von Muslimen aus den Daten der European Values Study zurückgegriffen. Somit werden insgesamt 29 Länder berücksichtigt, darunter auch die fünf in der WArV-Studie befragten Länder. Im abschlie-

---

[53] Neben der Migrationspolitik und den Regelungen der Staatsbürgerschaft nennen die Autoren noch eine ganze Reihe anderer Indikatoren, die auf der makrosozialen Ebene möglicherweise die Einstellungen der Bevölkerung gegenüber Immigranten beeinflussen können: Das Sozialsystem im Hinblick auf die Inklusion und Exklusion von Migranten, die Existenz von Gewerkschaften, deren Programm die Situation der Migranten beinhaltet sowie der zivilgesellschaftliche Entwicklungsstand und damit einhergehend das Potential von Non-Profit-Organisationen, die sich für die Probleme von Migranten einsetzen (vgl. Ceobanu/Escandell 2010: 323).

ßenden Teil dieses Kapitels wird vor dem Hintergrund der generalisierenden Aussagen, die auf Grundlage der Hypothesenüberprüfung gemacht werden können, auf die fünf Länder Deutschland, Dänemark, Frankreich, die Niederlande und Portugal eingegangen. Es soll geklärt werden, inwieweit die These, dass ein indirekter Zusammenhang zwischen dem Policy-Modell in Bezug auf die Staatsbürgerschaft und der Ablehnung von Muslimen besteht, für die fünf Länder gilt.

2   Mikael Hjerms Annahmen

Hjerms zentrale These, die auch von Weins (2004) untersucht wurde, lautet, dass die jeweilige Ausrichtung der Integrationspolitik und die Regelungen der Staatsbürgerschaft mit Xenophobie in Zusammenhang steht (Hjerm 1998a). Seiner Untersuchung liegen zwei Hypothesen zugrunde. Zum einen wird angenommen, dass unterschiedliche Policy-Regime im Bereich der Einwanderung und Staatsangehörigkeit die vorherrschende nationale Identität prägen.

"National identities supply individuals with a sense of who they are in a world of (nation-) states. They provide them with a sense of belonging and order and allow them to claim that they are Australian, German, Swedish or any other nationality, in contrast to those who do not belong to the same nation, both within and outside state boundaries. National identity is based on being similar to some people and different (in perceived or actual terms) from others. It is hence plausible to assume that the citizenship and immigration policy regimes which are adopted in a country will affect people's national identities, since these policies constitute a country's way of defining who belongs and who does not." (Hjerm 1998a: 452)

Zum anderen bestehe ein Zusammenhang zwischen der Art der nationalen Identität und fremdenfeindlichen Einstellungen. Es existiere somit ein indirekter Zusammenhang zwischen dem Policy-Modell und fremdenfeindlichen Haltungen (vgl. Abb. 6.1).

Abb. 6.1: Policy-Regime, nationale Identität und Vorurteile

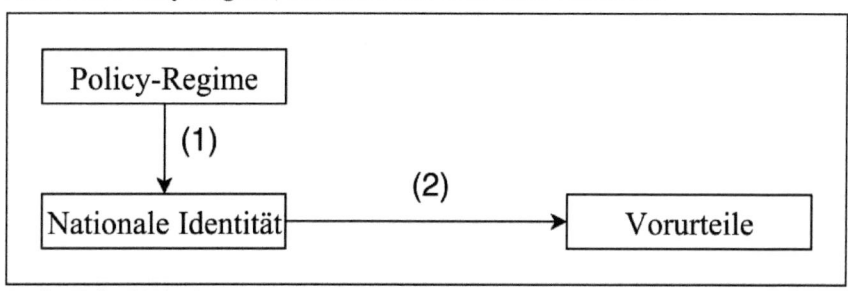

Quelle: Weins 2004: 53.

In seiner Analyse betrachtet Hjerm zunächst unterschiedliche Arten der nationalen Identität in verschiedenen Staaten, die er zuvor in Anlehnung an Castles und Miller (1993) nach verschiedenen Policy-Regimen kategorisiert hat. Deutschland bezeichnet er als „ethnisches Modell", da dessen Staatsangehörigkeit auf Abstammung beruhe und die Erlangung der Staatsbürgerschaft schwierig sei.[54] Deutschland sei ein „non immigration country", ein Gastarbeiterland, und übe kaum Druck auf die Einwanderer aus, sich zu assimilieren („All in all, Germany is largely characterised by the *laissez-faire*"; Hjerm 1998a: 456). Schweden könne beispielsweise als „semi-multikulturell" und Australien als „multikulturell" bezeichnet werden. Beide Länder förderten die Integration und Einbürgerung der Immigranten, wobei in Schweden die Einbürgerung teils komplizierter als in Australien und deshalb nur als „semi-kulturell" einzustufen sei.

Die unterschiedlichen Politikmodelle wiederum haben seiner Ansicht nach einen Einfluss auf die vorherrschende nationale Identität, die Hjerm in Anlehnung an Smith (1991) in zwei Idealtypen kategorisiert: eine *ethnische*, auf Abstammung beruhende, und eine *bürgerliche* Identität, die ein gemeinsames Gebiet, eine gemeinsame Gesetzgebung und gemeinsame politische Institutionen impliziere. Da diese Idealtypen allerdings häufig nicht in Reinform vorkämen, benennt er noch eine multiple nationale Identität, die sowohl aus der ethnischen als auch der bürgerlichen Identität bestehe und eine pluralistische Identität, die weder ethnisch noch bürgerlich geprägt sei. Diese Identitäten seien wiederum von den Politik-Modellen in den jeweiligen Ländern abhängig. Es sei zu erwarten, dass in ethnischen Politik-Modellen (z.B. in Deutschland), eine Identifikation mit der eigenen Ethnie häufig anzutreffen sei. Wiederum sei in Ländern mit einem multikulturellen Modell (z.B. Schweden und Australien) die bürgerliche bzw. politische Identifikation häufiger. Argumentiert man vor diesem Hintergrund mit der Social Identity Theory (Tajfel 1986) – Hjerm (1998b) geht selbst nur indirekt auf diese ein –, dann könnte es sich so darstellen, dass unter bestimmten Voraussetzungen eine starke Identifikation mit der eigenen Ethnie zu einer Aufwertung der eigenen und zur Abwertung anderer Ethnien führt. In einem solchen Modell ist mit vermehrter Xenophobie zu rechnen. In einem politischen Modell, in dem die Identifikation stärker mit dem Staat und dessen politischen Institutionen geschieht, sollten Vorurteile gegenüber Zuwanderern hingegen seltener sein.

Die Analyse Hjerms ist nicht unproblematisch und wird zu Recht von Weins kritisiert. Die Autorin bemängelt, dass Hjerms Kategorisierung der Staaten in Bezug auf die Policy-Regime nicht eindeutig ist und die Länder nach unter-

---

[54]   So schreibt Hjerm: „Given the demands in terms of period of residency and income which still apply, it is in practice very hard for non-ethics to comply with the naturalisation requirements" (Hjerm 1998a: 454).

schiedlichen Kriterien zugeordnet werden (vgl. Weins 2004: 54). So sei die Zuordnung mal nach dem historischen Verlauf der Zuwanderung, mal nach dem Minderheitenrecht und mal nach dem Staatsangehörigkeitsrecht erfolgt. Die Kritik macht darüber hinaus deutlich, dass eine eindeutige Zuordnung nur schwer möglich ist. Dies dürfte nicht zuletzt daran liegen, dass die Policy-Regime nicht in Reinform auftreten und alle möglichen Mischformen denkbar sind. In vielen Ländern sind beispielsweise sowohl *ius sanguinis*-Elemente als auch Elemente des *ius soli* und *ius domicili* im Staatsangehörigkeitsrecht vorzufinden.[55]

Alles in allem kann festgestellt werden, dass der Ansatz Hjerms, zum einen wegen der von Weins festgestellten Fehler bei der Operationalisierung und zum anderen wegen der problematischen Zuordnung der Länder zu den Policy-Modellen, nicht gut ist. Die These selbst, dass also ein indirekter Zusammenhang zwischen dem Policy-Modell und der Ablehnung von Fremden besteht, ist deswegen allerdings nicht widerlegt. Ein Blick auf die Ergebnisse der WArV-Studie lässt Hjerms zentrale Annahme zunächst recht plausibel erscheinen, zumindest dann, wenn man von Reinformen der Policy-Regime ausgeht: Das multikulturelle Modell der Niederlande weist in Bezug auf die Haltung gegenüber Muslimen, aber auch gegenüber anderen Religionsgemeinschaften hohe Toleranzwerte auf, Deutschland als – zumindest bis zur Änderung des Staatsbürgerschaftsrechts 2000 – durch ein ethnisches Politikmodell geprägtes Land, die niedrigsten. Frankreich, dem assimilatorischen Modell zugeordnet, liegt dazwischen (vgl. Kapitel 1 in diesem Band).

---

[55] Hjerms statistische Analyse der ISSP-Daten widerlegt ohnehin eher die These, dass die vorherrschende nationale Identität mit den Politik-Modellen in Zusammenhang steht (siehe dazu auch Weins 2004: 55). Eine rein ethnische Identifikation ist in den drei untersuchten Ländern nur sehr selten (Australien: 1,9 %; Deutschland: 2,3 % und Schweden: 1,1 %). Eine rein bürgerliche Identität sei viel häufiger anzutreffen (zwischen 36,5 und 46,8 %), ebenso wie eine multiple nationale Identität (zwischen 43,2 und 49,5 %). Auffällig ist wohl noch der Unterschied hinsichtlich der pluralistischen Identität, die signifikant häufiger in Deutschland vorkommt (19 %) als in Australien (5,6 %) und Schweden (5,5 %). Alles in allem kommt Hjerm also zu dem Schluss, dass die These widerlegt ist. Weins stellt allerdings fest, dass Hjerm einen Fehler bei der Operationalisierung gemacht hat, da Hjerm fälschlicherweise die Einschätzung der Befragten zur Wichtigkeit der Geburt im Land und die Dauer des Aufenthalts im Land als Kriterium für die ethnische Identität benutzt hat (vgl. Weins 2004: 55f.). Für das Abstammungsmodell sei hingegen nicht die Frage nach dem Geburtsort entscheidend, sondern die ethnische Zugehörigkeit der Eltern. Eine solche Frage existiere allerdings nicht in der von Hjerm herangezogenen Erhebungswelle des ISSP 1995. So verwundere auch nicht, dass die Zusammenhänge zwischen der ethnischen Identität und fremdenfeindlichen Einstellungen nicht in die angenommene Richtung signifikant sind (vgl. Weins 2004: 57).

3   Deskriptive Analyse

In der folgenden Analyse soll, in Anlehnung an Hjerm zum einen überprüft werden, ob es einen Zusammenhang zwischen der Migrationspolitik im Bereich der Einbürgerung und der vorherrschenden Form der nationalen Identität in Bezug auf einen ausgewählten Indikator gibt. Es wird erwartet, dass in Ländern, in denen die Einbürgerung für Zugewanderte vergleichsweise unkompliziert gestaltet ist, das Prinzip der ethnischen Abstammung von der Bevölkerung als weniger wichtig erachtet wird als in Ländern, in denen es vergleichsweise schwierig ist, die Staatsbürgerschaft zu erlangen. In den Ländern mit einer für Einwanderer ungünstigen Migrationspolitik im Bereich der Einbürgerung dürfte das *iussanguinis*-Prinzip auf mehr Zustimmung treffen als in den anderen Ländern. Die Hypothese weicht also von jener Hjerms dahingehend ab, dass zum einen die Länder nicht kategorisiert werden, und zum anderen, dass der Indikator „Zustimmung zum Abstammungsprinzip" als Proxy für die nationale Identität verwendet wird. Es wird also nur das Level der Zustimmung zum Abstammungsprinzip in den jeweiligen Ländern berücksichtigt und unterstellt, dass eine Zustimmung zum Abstammungsprinzip mit einer ethnischen Identifikation einhergeht.

Die zweite zu überprüfende These ist der vermutete Zusammenhang zwischen der nationalen Identität und der Ablehnung von Muslimen. Es wird angenommen, dass die Zustimmung zum *ius-sanguinis*-Prinzip mit der Ablehnung von Muslimen einhergeht.

Das würde auch bedeuten, dass es einen indirekten Zusammenhang zwischen den Regelungen der Einbürgerung und der Ablehnung von Muslimen gibt. Somit müsste in Ländern, die veraltete Einbürgerungsregelungen haben, die Ablehnung von Muslimen größer sein, als in Ländern, die die Einbürgerung vereinfachen. In Gesellschaften, die einem assimilatorischen oder multikulturellen Gesellschaftsmodell zuzuordnen sind, wie die Niederlande, Schweden und Frankreich, aber auch in Ländern, die sich in einen Transformationsprozess zu einer multikulturellen Gesellschaft befinden, wie bspw. Deutschland, dürfte eine vergleichsweise unkomplizierte Regelung der Einbürgerung mit weniger Ablehnung von Muslimen einhergehen als in Ländern, in denen die Migrationspolitik im Bereich der Einbürgerung vernachlässigt wird.

Aufgrund der problematischen Operationalisierung in der Analyse Hjerms, aber auch wegen anderer dieser zugrunde liegender Daten und Indikatoren[56], wird im Folgenden von dessen Analyse abgewichen.

---

[56]   Hjerm benutze für die Analyse die Daten des ISSP und konzentrierte sich nicht auf die Ablehnung von Muslimen.

Das Problem der Operationalisierung, die Länder in „multikulturell" und „ethnisch" einzuordnen, wird hier umgangen, indem auf eine solche Kategorisierung verzichtet und stattdessen zum Zwecke der Überprüfung der ersten Zusammenhangshypothese ein metrischer Indikator benutzt wird. Eine solche Möglichkeit bietet der Migrant Integration Policy Index (kurz MIPEX). Es handelt sich dabei um einen Länderindex, bestehend aus über 200 Indikatoren.[57] Der MIPEX umfasst Indikatoren aus sieben Bereichen[58]: 1. Zugang zum Arbeitsmarkt, 2. Familienzusammenführung, 3. Langfristiges Aufenthaltsrecht, 4. Politische Partizipation, 5. Zugang zur Staatsangehörigkeit, 6. Anti-Diskriminierung, 7. Bildung[59]. Die Bewertungen der verschiedenen Bereiche erfolgt auf sogenannten „best-case"-[60] und „worst-case"[61]-Beschreibungen. Für die einzelnen Kategorien werden dementsprechend die jeweils besten und schlechtesten Szenarien aufgestellt, an denen sich die Experten, die die Bewertung vornehmen, orientieren (der höchste theoretische Wert ist 100, dies wäre ein Land mit äußerst günstigen Einbürgerungsmöglichkeiten). Die folgende Analyse beschränkt sich auf den MIPEX-Wert bezüglich des Zugangs zur Staatsangehörigkeit aus dem Jahr 2010. Zu bewerten hatten die EU-Experten die staatliche Unterstützung zur Einbürgerung, die Möglichkeiten der doppelten Staatsbürgerschaft, das Vorhandensein des *ius-soli*-Prinzips, die Mindestdauer des Aufenthalts für die Einbürgerung, die Kosten von Sprachtests und deren Schwierigkeitsgrad und Kosten für Integrationskurse.

---

[57]   Die dazugehörige Studie wird unter Federführung des British Council in Gemeinschaftsarbeit mit 24 weiteren Organisationen erstellt.

[58]   Die Indikatoren entsprechen den Konventionen des Europarats oder Richtlinien der EU und sind standardisiert, so dass sich die Länder hinsichtlich ihrer Integrationspolitik vergleichen lassen.

[59]   Die aktuelle MIPEX III-Studie aus dem Jahr 2011 ergab, dass Deutschland in der EU bei seinen Integrationsbemühungen im Mittelfeld liegt, deutlich hinter den Spitzenreitern Schweden und Portugal sowie den Niederlanden, Belgien, Spanien und Italien, aber vor Dänemark, Frankreich, Österreich, der Schweiz, der Slowakei, Zypern und Lettland (vgl. Huddleston/Niessen 2011).

[60]   Als *best-case* gelten im Bereich der Einbürgerungsmöglichkeiten folgende Bedingungen: Alle Migranten mit festem Wohnsitz und dem Wunsch länger im Land zu bleiben, erhalten eine umfassende Unterstützung zur Einbürgerung und gleichberechtigten Partizipation; es gibt die Möglichkeit der doppelten Staatsbürgerschaft; wer im Land geboren wird, erhält automatisch die Staatsbürgerschaft des Landes; Migranten, die länger als drei Jahre im Land leben, können die Staatsbürgerschaft beantragen; Antragssteller können kostenlos einfache Sprachtests machen und an Kursen der politischen Bildung teilnehmen (vgl. Huddleston/Niessen 2011: 22).

[61]   Als *worst-case* gelten im Bereich der Einbürgerungsmöglichkeiten folgende Bedingungen: Selbst die Kinder und Enkel von Einwanderern werden als Ausländer behandelt; eine Einbürgerung ist erst nach einer Aufenthaltsdauer von 12 Jahren möglich; es gibt keine Möglichkeit der doppelten Staatsbürgerschaft für neu Eingebürgerte; es gibt harte Kriterien für die Einbürgerung (hohes Einkommen, Gebühren von 1500 Euro); der Antragsteller muss teure Sprach- und Integrationstests bestehen; die Entscheidung über die Einbürgerung ist ermessensabhängig; die Staatsbürgerschaft kann jederzeit wieder entzogen werden. (vgl. Huddleston/Niessen 2011: 22)

Die Frage zur Bedeutung der Abstammung wurde in der European Values Study in der Erhebungswelle 2008 gestellt und lautet wie folgt:

„Einige Menschen sagen, die folgenden Dinge seien wichtig, um wirklich [Nation, also deutsch, französisch etc., Anm. durch den Autor] zu sein. Andere dagegen sagen, sie seien nicht wichtig. Was meinen Sie, wie wichtig jedes dieser Dinge ist?"

Das folgende Streudiagramm zeigt den Zusammenhang zwischen den Indexwerten für die Einbürgerungsmöglichkeiten (MIPEX-Einbürgerung 2010) und dem länderspezifischen Durchschnitt für die Einstellung gegenüber dem Abstammungsprinzip. Von den fünf Antworten, zu denen sich die Befragten positionieren sollen, wird im Folgenden die Antwort nach den Vorfahren der jeweiligen Nation ausgewertet, also wie wichtig es ist, deutsche, französische, rumänische etc. Vorfahren zu haben, um sich richtig deutsch, französisch, rumänisch etc. zu fühlen.[62] Ein hoher Mittelwert bedeutet also eine hohe durchschnittliche Zustimmung in dem jeweiligen Land und ein niedriger Mittelwert eine eher niedrige durchschnittliche Zustimmung.

Das Streudiagramm (Abb. 6.2) macht deutlich, dass es einen Zusammenhang zwischen dem MIPEX-Wert und der Zustimmung zum Abstammungsprinzip gibt. Beispielsweise haben Länder wie Luxemburg, die Niederlande, Belgien, Schweden und Frankreich recht hohe Werte im Bereich der MIPEX-Kategorie Einbürgerung – die Einbürgerung von Migranten verläuft aus Sicht der EU-Experten also vergleichsweise gut – und gleichzeitig ist es in diesen Ländern für die Bevölkerung relativ unbedeutend, ob man Vorfahren aus der jeweiligen Nation hat, um sich richtig zugehörig zu fühlen. Durch einen niedrigen MIPEX-Wert zeichnen sich vor allem die osteuropäischen Länder aus, in der Regel ist es dort für die Bevölkerung auch wichtiger, dass man Vorfahren derselben Nation hat, um sich zugehörig zu fühlen. Portugal fällt in der WArV-Studie als dasjenige Land auf, dessen tatsächlicher Wert am weitesten von dem geschätzten Wert entfernt ist. Die Einbürgerungsmöglichkeiten werden dort als besonders positiv eingeschätzt, trotzdem ist es für die Bevölkerung im Durchschnitt nicht unbedeutend, dass man portugiesische Vorfahren haben sollte, um sich portugiesisch zu fühlen. Eine Erklärung für den scheinbaren Widerspruch ist schnell gefunden: Von den etwa 450.000 Ausländern in Portugal kommen etwa die Hälfte aus portugiesischsprachigen Ländern (Angola, Kap Verde, Guinea-Bissau und Brasilien). Ein nicht unerheblicher Anteil sind ehemalige Portugiesen, die mit einer anderen Staatsangehörigkeit zurückgekehrt sind (sogenannte *retornados*). Die „Ausländer", die von den günstigen Einbürgerungsmöglichkeiten profitieren,

---

[62] Auf einer Skala von 1 bis 4, hier umkodiert in folgender Reihenfolge: überhaupt nicht wichtig, nicht wichtig, ziemlich wichtig, sehr wichtig.

unterscheiden sich im Hinblick auf ihren sprachlichen und kulturellen Hintergrund, anders als in Einwanderungsländern wie den Niederlanden, Schweden und Frankreich, also nicht wesentlich von der Mehrheitsbevölkerung. Daher verwundert es auch nicht, dass in Portugal die Zustimmung zur Behauptung, dass man portugiesische Vorfahren haben müsse, um sich richtig portugiesisch zu fühlen, recht groß ist. Deswegen spricht diese Ausnahme nicht gegen die These.

Abb. 6.2: Zusammenhang zwischen der Bedeutung der nationalen Abstammung und dem MIPEX-Indikator „Einbürgerung"

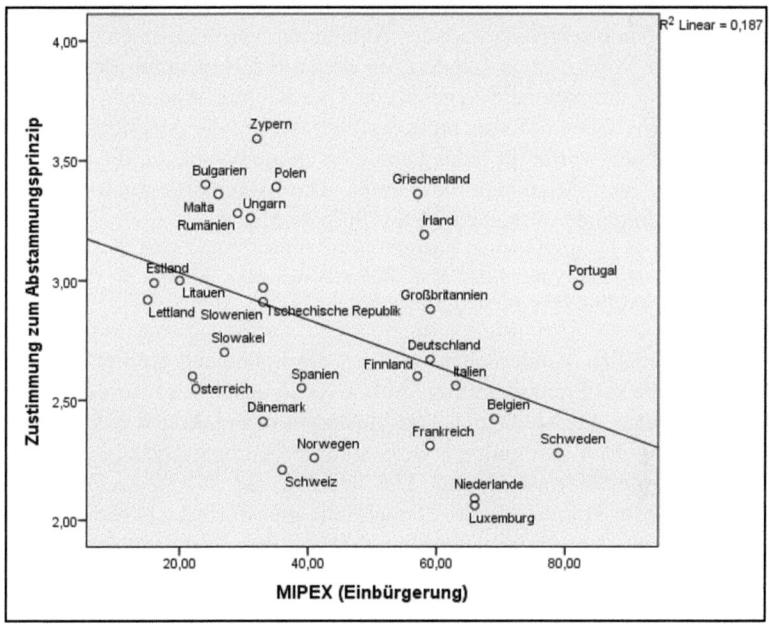

Zustimmung zum Abstammungsprinzip: „Einige Menschen sagen, die folgenden Dinge seien wichtig, um wirklich [Nation, also deutsch, französisch etc., Anm. durch den Autor] zu sein. Andere dagegen sagen, sie seien nicht wichtig. Was meinen Sie, wie wichtig jedes dieser Dinge ist?", 4er-Skala (überhaupt nicht wichtig, nicht wichtig, ziemlich wichtig, sehr wichtig, hier Mittelwerte der Bevölkerungen der jeweiligen Länder); Quelle: European Values Study 2008; MIPEX (Einbürgerung): siehe die Anmerkungen im Text.

Deutschland liegt fast genau auf der Regressionsgerade, d.h. der erwartete Wert entspricht ungefähr dem tatsächlichen Wert. Der Zusammenhang zwischen dem MIPEX-Wert „Einbürgerung" und der Zustimmung zu der Bedeutung der Abstammung hinsichtlich des Nationalgefühls ist mittelstark ausgeprägt (r=0,433).

Die recht großen Abweichungen vom geschätzten Wert können sehr wahrscheinlich auch dadurch erklärt werden, dass in der Analyse die Änderungen der MIPEX-Werte nicht berücksichtigt werden. D.h. es ist vermutlich zu erwarten, dass ein *time lag* vorliegt: Die Änderungen der Einbürgerungsmöglichkeiten wirken sich erst mit einer zeitlichen Verzögerung auf die Einstellungen gegenüber Prinzipien aus, die im Staatsbürgerschaftsrecht verankert sind. Im Falle Dänemarks dürfte sich die Verschärfung des Ausländer- und Asylrechts in Zukunft negativ auswirken. Noch ist die Ablehnungsquote trotz niedrigem MIPEX-Wert (33 im Bereich der Einbürgerung) vergleichsweise gering.

Gibt es auch einen Zusammenhang zwischen der Bedeutung der Abstammung für das Nationalgefühl und der Ablehnung von Muslimen? Ist also die Ablehnung von Muslimen in Ländern, in denen die Bedeutung der ethnischen Abstammung für die nationale Zugehörigkeit als wichtig angesehen wird, größer als in Ländern, in denen das eher nicht der Fall ist? Um die Ablehnung von Muslimen zu berechnen wurde für jedes Land eine Quote berechnet, die das Ausmaß der Ablehnung von Muslimen beschreibt. Die Ablehnungsquote wurde auf Grundlage der folgenden Frage im EVS (2008) errechnet:

> *„Auf dieser Liste stehen eine ganze Reihe von Personengruppen. Könnten Sie bitte einmal alle heraussuchen, die Sie nicht gerne als Nachbar hätten?"*

Neben verschiedenen Minderheiten steht auf der Liste auch die Personengruppe der Muslime, die im Streudiagramm (Abb. 6.3) berücksichtigt werden. Zunächst wird deutlich, dass die Ablehnung von Muslimen in Frankreich besonders niedrig (8 %) ist. Auch in den anderen west- und nordeuropäischen Ländern ist die Ablehnung vergleichsweise gering. Die auch in der WArV-Studie befragten Länder Dänemark, Frankreich, die Niederlande und Portugal haben im europäischen Vergleich unterdurchschnittlich hohe Ablehnungsquoten, während Deutschland eine vergleichsweise hohe Ablehnungsquote aufweist. Dies deckt sich mit den Ergebnissen der WArV-Studie, die feststellt, dass Deutschland von den fünf untersuchten Ländern dasjenige ist, in dem die Haltungen gegenüber Muslimen am negativsten sind (siehe Kapitel 1 in diesem Band). Länder mit vergleichsweise hohen Ablehnungsquoten sind – bis auf ein paar Ausnahmen (Österreich, Malta, Zypern) – vor allem osteuropäische Länder. Hinsichtlich der zu überprüfenden Hypothese zeigt das Streudiagramm, dass in Ländern, in denen häufiger die Abstammung als wichtig für die nationale Identität gesehen wird, die Ablehnungsquote in Bezug auf Muslime tendenziell höher ist.

Abb. 6.3: Zusammenhang zwischen der Bedeutung der nationalen Abstammung und der Ablehnung von Muslimen

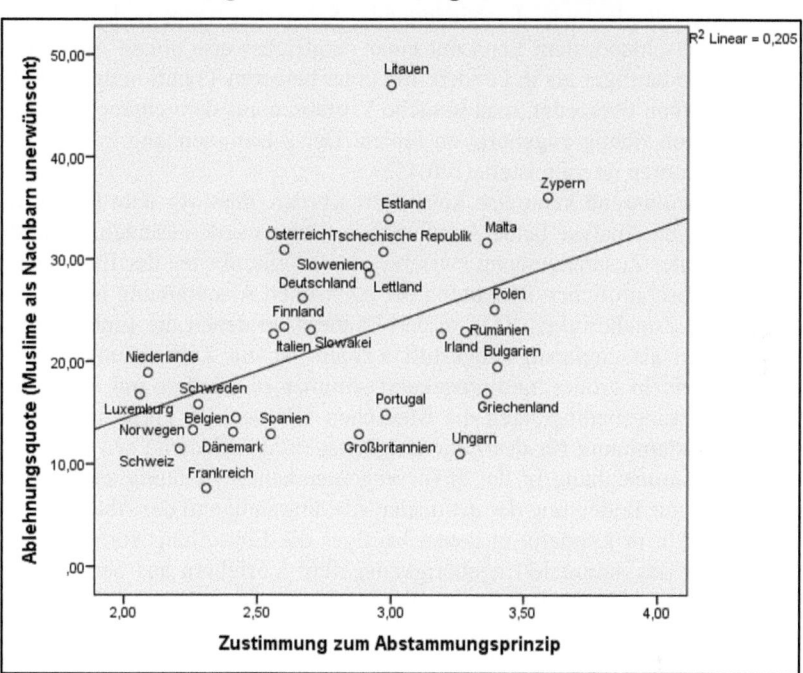

Ablehnungsquote (Muslime als Nachbarn unerwünscht): „Auf dieser Liste stehen eine Reihe ganz verschiedener Personengruppen. Könnten Sie einmal alle heraussuchen, die Sie nicht gern als Nachbarn hätten?", Anteil derjenigen im jeweiligen Land, die keine Muslime als Nachbarn wünschen, in %; Quelle: European Values Study 2008; Zustimmung zum Abstammungsprinzip: „Einige Menschen sagen, die folgenden Dinge seien wichtig, um wirklich [Nation, also deutsch, französisch etc., Anm. durch den Autor] zu sein. Andere dagegen sagen, sie seien nicht wichtig. Was meinen Sie, wie wichtig jedes dieser Dinge ist?", 4er-Skala (überhaupt nicht wichtig, nicht wichtig, ziemlich wichtig, sehr wichtig; hier Mittelwerte der Bevölkerungen der jeweiligen Länder); Quelle: European Values Study 2008.

Malta, Estland, Litauen und Zypern gehören beispielsweise zu den Ländern, in denen die nationale Abstammung in Bezug auf das nationale Zugehörigkeitsgefühl für wichtig gehalten wird und die Ablehnungsquote sehr hoch ist. Umgekehrt sind es vor allem Länder West- und Nordeuropas, die vergleichsweise niedrige Ablehnungsquoten vorweisen und in denen gleichzeitig die nationale Abstammung für die Zugehörigkeit tendenziell als eher weniger bedeutend erachtet wird. Länder mit vergleichsweise geringer Ablehnungsquote, in denen gleichzeitig die Bevölkerung eher nicht davon überzeugt sei, dass man Vorfahren braucht, um sich der Nation zugehörig zu fühlen, sind, wie erwartet, klassische Einwanderungsländer, wie die Niederlande, Schweden, Dänemark und Frankreich. In Deutschland, dem Land mit einer vergleichsweise hohen Ablehnungsquote, ist man häufiger als in Ländern mit einer längeren Tradition des Multikulturalismus davon überzeugt, man brauche Vorfahren aus dem eigenen Land, um sich der Nation richtig zugehörig zu fühlen. Der Zusammenhang zwischen den beiden Indikatoren ist mittelstark (r=0,453).

Zusammenfassend kann also konstatiert werden, dass vor dem Hintergrund der deskriptiven Analyse beide Annahmen bestätigt werden können: Es besteht ein signifikanter Zusammenhang zwischen den Möglichkeiten der Einbürgerung und der durchschnittlichen Bedeutung der ethnischen Abstammung in Bezug auf die nationale Zugehörigkeit. D.h. in den Ländern, in denen die Einbürgerungsmöglichkeiten als ungünstig eingestuft werden, ist die Zustimmung zum Abstammungsprinzip größer, und umgekehrt stimmen in Ländern mit eher günstigen Einbürgerungsbedingungen die Menschen seltener der These zu, dass die nationale Abstammung für das Zugehörigkeitsgefühl bedeutend sei. Zudem besteht ein Zusammenhang in der zuvor angenommenen Richtung zwischen der Zustimmung zur Bedeutung der nationalen Abstammung und der Ablehnung von Muslimen. D.h. in Ländern, in denen häufiger die Einstellung vorzufinden ist, dass man für das nationale Zugehörigkeitsgefühl Vorfahren aus der jeweiligen Nation brauche, ist in der Regel auch die Ablehnung gegenüber Muslimen signifikant stärker ausgeprägt.

4   Fazit

Ausgangpunkt dieser Analyse war, dass die Unterschiede zwischen Ländern bezüglich der Ablehnung von Muslimen nur zum Teil durch mikrosoziologische Theorien erklärt werden können. Es lag die Annahme zugrunde, dass auch unterschiedliche politische Kontexte im Bereich der Migrationspolitik einen Einfluss auf die Haltungen gegenüber Muslimen ausüben könnten. Vor dem Hintergrund der Annahmen von Mikael Hjerm wurde überprüft, ob länderspezifische Regelungen der Staatsbürgerschaft mit der vorherrschenden nationalen Identität in Zusammenhang stehen und ob diese wiederum mit der Ablehnung von Muslimen korreliert. Festgestellt wurde, dass in Ländern, in denen die Einbürgerungsmöglichkeiten von EU-Experten als günstig eingestuft werden, seltener die Überzeugung vorherrscht, man brauche Vorfahren aus dem jeweiligen Land, um sich diesem richtig zugehörig zu fühlen, als in Ländern mit eher schlecht bewerteten Einbürgerungsmöglichkeiten. Auch konnte die zweite Annahme bestätigt werden, der zufolge in Ländern, in denen die Bevölkerung dem Abstammungsprinzip eine große Bedeutung für das Nationalgefühl beimisst, die Ablehnung von Muslimen größer ist, als in Ländern, in denen man das Prinzip eher für unbedeutend hält. Es wurde somit ein bedeutender Kontextfaktor festgestellt, der auch mit erklären kann, warum in Deutschland die Ablehnung größer ist als in Frankreich, Dänemark und den Niederlanden. Das *ius-sanguinis*-Prinzip scheint den Deutschen noch wichtiger zu sein als den Franzosen, Dänen und Niederländern. Portugal stellt eine Ausnahme dar, da die positiv bewerteten Einbürgerungsmöglichkeiten sich insbesondere auf Zuwanderer beziehen, die einen portugiesischen Kulturhintergrund haben.

Die hohe Zustimmung zum Abstammungsprinzip in Deutschland kann vermutlich dadurch erklärt werden, dass sich Deutschland, anders als diese drei Länder, erst recht spät in einen Transformationsprozess begibt und die Integration von Ausländern fördert.[63] Aufgrund des demografischen Wandels und des Bedarfs an Zuwanderung dürften die Möglichkeiten der Einbürgerung zukünftig eher noch erleichtert werden (im Vergleich zu den MIPEX-Wert für den Bereich der Einbürgerung von 2007 hat sich Deutschland im Jahr 2010 bereits um 7 Punkte verbessert). Es bleibt also abzuwarten, ob sich mit einer zu erwartenden Vereinfachung der Einbürgerung und der aktiven Förderung der Integration von Zuwanderern zukünftig das Verhältnis zwischen Deutschen und Muslimen verbessert. Vor dem Hintergrund der vorliegenden Ergebnisse ist zu erwarten, dass eine Erleichterung der Einbürgerung dazu führt, dass Muslime eher akzeptiert werden, allein deshalb, weil sie häufiger als es früher möglich war, deutscher Staatsbürger werden und damit gleichzeitig die Zugehörigkeit zur Nation anders als früher nicht mehr so häufig über die Abstammung definiert werden wird. Umgekehrt ist selbstverständlich auch interessant wie sich in Ländern, in denen

---

[63] Bis in die späten 90er Jahre betrachtete sich Deutschland unter der Regierung Kohls offiziell nicht als Einwanderungsland. In der Koalitionsvereinbarung 1982 forderten CDU/CSU und FDP gar: „Die Bundesrepublik Deutschland ist kein Einwanderungsland. Es sind daher alle humanitär vertretbaren Maßnahmen zu ergreifen, um den Zuzug von Ausländern zu unterbinden". Zu der „Gastarbeiterpolitik" der Kohl-Regierung passte auch, dass das Staatsangehörigkeitsrecht Deutschlands lange Zeit nach dem Abstammungsprinzip (*ius sanguinis*) funktionierte. Das Recht zur Erlangung der deutschen Staatsbürgerschaft hatten bis in die 1990er Jahre nur nach Deutschland eingewanderte Volkszugehörige (Artikel 116 des Grundgesetzes). Erst im Jahr 2000 wurde nach langen politischen Debatten und Widerständen aus Politik und Bevölkerung das Staatsangehörigkeitsrecht reformiert. Zwar ist es der rot-grünen Koalition nicht gelungen, die doppelte Staatsbürgerschaft einzuführen, der ausgehandelte und im Bundestag verabschiedete Kompromiss mit der FDP integriert allerdings neben dem Abstammungsprinzip auch das Geburtsortsprinzip (*ius soli*), was im Anschluss an die Einführung zu einem Anstieg der Einbürgerungen führte. Ausländer haben das Recht, nach 8 Jahren Wohnaufenthalt in Deutschland die deutsche Staatsangehörigkeit zu beantragen (vor der Änderung des Gesetzes lag dieser Zeitraum bei 15 Jahren).

das multikulturelle Modell durch Rechtspopulisten in Frage gestellt und teils sogar recht erfolgreich die Einbürgerung erschwert wurde, die Einstellungen der Bevölkerung bezüglich der nationalen Zugehörigkeit und gegenüber (muslimischen) Einwanderern ändert. Noch ist ein solcher Effekt nicht aus den Daten ablesbar: Dänemark und die Niederlande sind immer noch vergleichsweise tolerante Länder.

Kapitel 7

Zwischen Akzeptanz und Ablehnung: Überlegungen zu einem Modell religiöser Toleranz

Nils Friedrichs

1   Einleitung

Es ist bereits in den ersten Kapiteln dieses Buches deutlich geworden, dass sich die Wahrnehmung und Bewertung von religiöser Pluralität ebenso wie von Muslimen und dem Islam schwerlich auf eine einzige Formel bringen lassen. Vielmehr zeigen die Häufigkeiten der einzelnen Fragen, dass die konkrete Zustimmungs- oder Ablehnungsbereitschaft je nachdem, welcher Aspekt dieses komplexen Themenfeldes beleuchtet wird, variiert (vgl. Kapitel 1 in diesem Buch). Dies gilt besonders in Deutschland und gerade für Fragen, welche die *Toleranz* sowohl religiöser Vielfalt als auch den Muslimen gegenüber betreffen. Dabei fällt vor allem auf, dass die Bereitschaft, andere als gleichberechtigt anzuerkennen, abnimmt, je konkreter und damit auch verbindlicher die Toleranzforderungen werden. Zudem scheint diese Bereitschaft stark mit der subjektiven Ablehnung religiöser und kultureller Pluralität ebenso wie mit den Einstellungen zu Muslimen zusammenzuhängen (vgl. Kapitel 2 in diesem Buch). Die Toleranzbereitschaft scheint also vor allem von der persönlichen Haltung zu den betreffenden Gruppen bestimmt zu sein. Doch nicht nur in Deutschland finden sich widersprüchliche Einstellungen. Denn auch die insgesamt aufgeschlosseneren Dänen, Franzosen, Niederländer und Portugiesen befürworten zwar mehrheitlich gleiche Rechte für alle religiösen Gruppen, bezogen auf die Muslime wird aber in allen untersuchten Ländern von den meisten eine kulturelle Anpassung erwartet (vgl. nochmals die Analysen in Kapitel 1). Vor dem Hintergrund dieser Ergebnisse stellt sich die Frage, ob Toleranz als von subjektiven Bewertungen unabhängige Position überhaupt vorhanden ist. Oder ob Aussagen, die Toleranz betonen, sich eher als Bestandteil der Haltung zu Pluralität und Muslimen und damit subjektiver Werturteile erweisen.

Diesen Fragen widmet sich der folgende Beitrag. Bevor diesen Fragen jedoch statistisch nachgegangen werden kann, ist zunächst einmal aus theoretischer Perspektive zu thematisieren, was soziologisch unter Toleranz überhaupt verstanden werden kann, und inwieweit diese sich theoretisch von subjektiven

Bewertungen abgrenzen lässt. Infolgedessen gilt es die Struktur hinter den vielfältigen in der WArV-Studie gestellten Fragen zu untersuchen. Im Anschluss soll
basierend auf diesen generellen Überlegungen zu Toleranz der Vorschlag für ein
Klassifikationsschema gemacht werden. Im dritten Abschnitt wird schließlich
untersucht, inwieweit die in den Daten liegenden Strukturen diesem theoretisch
entwickelten Schema entsprechen.

2   Was ist Toleranz? Versuch einer Begriffsbestimmung

Wer sich aus einer soziologischen Perspektive mit dem Toleranzbegriff ausein-
andersetzt, wird zunächst einmal feststellen, dass dieser als Gegenstand keinen
genuinen Bestandteil theoretischer Selbstauslegung innerhalb der Soziologie
darstellt (vgl. Feige 2011: 64).[64] Entsprechend lassen sich kaum Arbeiten finden,
die sich aus einer *soziologisch-theoretischen* Perspektive mit einer Konzeptuali-
sierung des Begriffs auseinandersetzen.[65] Demgegenüber beschäftige sich die
Soziologie eher mit Fragen nach Einflussfaktoren auf das *Praktizieren* von etwas, was in einem konkreten sozialen Kontext als tolerant verstanden werden
könnte und welche „ggf. handlungsbestimmenden mentalen Einstellungen der
Prozessbeteiligten zu diesen Sachverhalten als in Geltung stehend kommuniziert
werden" (Feige 2011: 64f.). Ein Grund für die Nichtbeschäftigung mit Toleranz
könnte daher möglicherweise in dem Umstand liegen, dass sie eher eine mentale
Haltung repräsentiert, die nicht unmittelbar mit Handlungen verbunden sein
muss.[66] Dagegen konzentrieren sich theoretische Modelle zum Teil jedoch eher
auf Handlungen, indem sie primär das Phänomen ‚Diskriminierung' problemati-
sieren und zu ihrem Untersuchungsgegenstand erheben. Als prominenteste Beispiele hierfür können wohl soziale Kategorisierungstheorien wie die *Social Identity Theory* (Tajfel, 1981; Tajfel/Turner 1986) oder die *Realistic Group Conflict
Theory* (Sherif 1970) gelten, die soziale *Interaktionsprozesse* in den Blick neh-

---

[64] Für die Sozialpsychologie gilt diese Feststellung nur bedingt. Eine explizite Thematisierung von
Toleranz findet sowohl bei Gordon Allport (1979) als auch bei Ammélie Mummendey, Thomas
Kessler und Sabine Otten (2009) statt. Auf die Zugänge dieser Autoren wird bei der Vorstellung
der vorliegenden Konzepte noch einzugehen sein.

[65] Dies hindert freilich nicht daran, den Begriff dennoch zu verwenden. Beispielsweise gaben
Wilhelm Heitmeyer und Rainer Dollase 1996 sogar einen ganzen Sammelband mit dem Titel
„Die bedrängte Toleranz" heraus, ohne den titelgebenden Begriff auch nur in einem Beitrag
theoretisch zu thematisieren.

[66] Dennoch existieren auch Definitionen, die Toleranz als Handlung konzipieren. So definieren
Andreas Beelmann und Kai J. Jonas Toleranz „als einstellungsbedingtes Verhalten [...], mittels
dessen aktiv Unterschiede auf einem individuellen oder kollektiven Niveau akzeptiert werden,
ohne den Versuch, diese Unterschiede zu verringern" (Jonas/Beelmann 2009: 23).

men.[67] Eine Fokussierung auf Diskriminierung erscheint insofern sinnvoll, als dass soziale Konflikte erst durch Handlungen ihre Realität gewinnen. Arbeitet man aber empirisch mit Umfragedaten, so gilt es zu realisieren, dass diese gar keinen unmittelbaren Zugang für Handlungen ermöglichen können. Will man also nicht auf (repräsentative) Umfragedaten verzichten, bleibt einem kaum etwas anderes übrig, als Einstellungen zu untersuchen, die in einer konkreten sozialen Situation dann möglicherweise in Handlungen ihren Ausdruck finden. Eine soziologische Thematisierung des Toleranzbegriffs als mentaler Disposition erscheint darüber hinaus auch deshalb sinnvoll, weil Toleranz als eine entscheidende Ressource zur Ermöglichung eines friedlichen Zusammenlebens unterschiedlicher sozialer Gruppen gelten darf.[68] Dies dürfte besonders unter den Bedingungen einer stetig zunehmenden Pluralisierung zutreffen. Diesem Ansatz folgen auch Heinz Streib und Constantin Klein, die eine Fokussierung *allein* auf negative (pathologische) Effekte ablehnen und eine Orientierung auf positive Ressourcen befürworten (vgl. Streib/Klein 2012: 4).

Wie aber lässt Toleranz sich theoretisch-konzeptionell fassen? Im Gegensatz zu den Sozialwissenschaften hat die Beschäftigung mit Toleranz in der Philosophie eine lange Tradition.[69] Dabei muss jedoch beachtet werden, dass philosophische Toleranzdiskurse in der Regel normative Diskurse sind, und folglich nach normativen Begründungen für Toleranz fragen.[70] Dennoch soll hier versucht werden, über die Art der Toleranzargumente den substantiellen Gehalt des jeweils vorliegenden Verständnisses von Toleranz zu erschließen, um es für eine soziologisch-empirische Analyse fruchtbar – d.h. in diesem Falle operationalisierbar – zu machen. Zwar können normative Argumente selbst nicht Bestandteil empirischer Analysen sein, sie verweisen aber auf mögliche Motive für tolerante oder intolerante Haltungen, welche sich ihrerseits durchaus empirisch messen lassen. Als bedeutendster neuzeitlicher Toleranztext darf wohl John Lockes „Ein Brief über Toleranz" (*A Letter concerning Toleration*) gelten (vgl. Forst 2003: 286). Locke, dessen Fokus auf Konflikte zwischen Religionsgemeinschaften gerichtet ist, spricht sich in seinem Werk für eine Trennung zwischen religiöser

---

[67] Vgl. hierzu auch die Kapitel 3, 5 und 8 in diesem Band.
[68] Gleichwohl ist zu berücksichtigen, dass „Universalismus als Handlungsmaxime […] noch kein emotional-engagiertes Handeln" (Hondrich 1996: 114) verbürgt. Insbesondere bei Gefühlen wie Angst und Bedrohung dürfte die Bedeutung von Toleranz gewissen Grenzen unterworfen sein (vgl. hierzu auch die Analysen von Detlef Pollack in Kapitel 2 in diesem Buch).
[69] Für einen detaillierten Überblick über die Begriffsgeschichte von Toleranz, auf die hier aus Platzgründen nicht näher eingegangen werden kann, vgl. Rainer Forst (2003).
[70] Der Kerngedanke dieser Herangehensweise ist in der Annahme zu sehen, dass menschliche Praktiken stets mit expliziten oder impliziten Rechtfertigungen verbunden sind (vgl. Forst 2007: 9).

und staatlicher Gewalt aus. Sein Toleranzverständnis[71] basiert auf der Logik gleicher Rechte für alle Bürger unabhängig von ihrer Religion, denn „keine Privatperson [hat] in irgendeiner Weise ein Recht, eine andere Person im Genuß ihrer bürgerlichen Rechte zu benachteiligen, weil diese zu einer anderen Religion gehört" (Locke 1996: 29). Toleranz meint in diesem Kontext eine universalistische Haltung gleicher Rechte für alle Bürger. Darüber hinaus hat Locke jedoch nicht nur im Blick, dass religiöse Praktiken und Überzeugungen von den eigenen abweichen, sondern auch, dass diese in einem normativen Sinne abgelehnt werden. So führt er aus, es sei nicht legitim, dass der Staat mit Gewalt gegen all das vorgehe, was er als Sünde gegenüber Gott betrachte (vgl. Locke 1996: 73). Begründet wird dieses Verständnis schließlich dadurch, dass aufgrund der Tatsache, dass jeder seine Religion für die wahre halte und halten müsse, keiner das Recht habe, mit Mitteln von Strafen und Gesetzen gegen andere Religionen vorzugehen, da ansonsten jeder das Recht dazu habe und keine Grenzen mehr gesetzt werden könnten (vgl. Locke 1996: 69).[72] Insofern tritt die normative Ablehnung von Überzeugungen oder Praktiken in Lockes Verständnis bereits als Voraussetzung für Toleranz zutage. Dieser Argumentation folgt auch der politische Philosoph Rainer Forst (2000 2003 2006), auf dessen Überlegungen das hier entwickelte Modell primär basiert. Er differenziert dabei zwischen einem Toleranzkonzept, welches die grundlegenden Merkmale des Gegenstandes bestimmt, und verschiedenen Interpretationen dieser Merkmale, die er Toleranz-Konzeptionen nennt, und die schlussendlich unterschiedliche Formen von Toleranz zum Ergebnis haben. Forsts Toleranzkonzept beinhaltet sechs Punkte (vgl. Forst 2003: 31-41), wobei von diesen sechs inhaltlichen Gesichtspunkten jedoch nur drei für ein prinzipielles Begriffsverständnis zentral zu sein scheinen, so dass diese ausführlicher dargelegt werden, während die anderen drei nur kurze Erwähnung finden sollen. Erstens müsse der Kontext der Toleranz sowohl in Bezug auf die *Toleranzsubjekte* (z.B. Personen, Gruppen) und deren Beziehung zueinander als auch bezogen auf die *Toleranzobjekte* (z.B. Überzeugungen, Praktiken) bestimmt werden (vgl. Forst 2003: 31). Zweitens sei es von „größter Bedeutung für den Begriff der Toleranz [...], dass die tolerierten Überzeugungen oder Praktiken in einem normativen Sinne als falsch angesehen bzw. als schlecht verurteilt werden" (Forst 2003: 32), was er als *Ablehnungs-Komponente* bezeichnet. Wäre

---

[71] Rein sprachlich wird der englische Begriff „toleration" mit dem Begriff der „Duldung" übersetzt (vgl. Locke 1996: 3). Dass diese Übersetzung der Argumentation von Locke tatsächlich angemessen Rechnung trägt, darf jedoch bezweifelt werden, wie die nachfolgenden Überlegungen zeigen werden.

[72] Zu dieser normativen Begründung gesellt sich eine weitere empirische in Lockes Werk, die ursprünglich deutlich mehr Bedeutung hatte, nämlich die von der Nichtzwingbarkeit zu einem authentischen Glauben, was ein staatliches Eingreifen in diesen Bereich von vornherein obsolet mache (vgl. Forst 2003: 303).

diese nicht vorhanden, so müsse entweder von Indifferenz oder von Bejahung gesprochen werden (vgl. Forst 2003: 32).[73] Demgegenüber gebe es (als dritten Punkt) eine *Akzeptanz-Komponente*, welche sich dadurch auszeichne, dass die Praktiken und Überzeugungen „nicht als so vollkommen falsch oder schlecht beurteilt werden, dass ihre Tolerierung unmöglich wird" (Forst 2006: 79). Dabei gilt es jedoch zu beachten, dass beide Komponenten als *Sets von Gründen*[74] für Ablehnung oder Akzeptanz zu verstehen und von daher nicht mit Akzeptanz oder Ablehnung als *mentaler Haltung* zu verwechseln sind. Die konkreten *Haltungen* sind ihrerseits das Ergebnis des Verhältnisses beider Komponenten zueinander. Entsprechend stehen sich Akzeptanz und Ablehnung als *Haltungen* in diesem Ansatz gegenüber, sie sind die beiden Pole *einer* spezifischen Dimension. Toleranz bestehe somit „aus einem prekären Gleichgewicht von negativen und positiven Gründen" (Forst 2003: 37). Der Punkt, an dem die Ablehnungsgründe gegenüber den Akzeptanzgründen derart überwiegen, dass man sich nicht mehr im Bereich der Toleranz, sondern vielmehr in jenem der Ablehnung befindet, werde durch die *Grenze der Toleranz* bestimmt, die den vierten Bestandteil darstellt (vgl. Forst 2000: 122).[75] Toleranz sei insofern immer begrenzt.[76] Die letzten beiden Kriterien, die Forst benennt, sind einmal die Tatsache, dass Toleranz (zumindest auf einer Einstellungsebene) nicht erzwungen werden kann, und zum zweiten, dass sie sowohl eine Haltung als auch Handlungen beinhalten *könne* (Forst 2003: 40f.).

---

[73]   Dies ist eine der wesentlichen Differenzen zu dem amerikanischen Philosophen Michael Walzer, der einen weiteren Toleranzbegriff verwendet, der sowohl Indifferenz als auch Affirmation als Formen von Toleranz einschließt (vgl. Walzer 1998: 20).

[74]   In Forsts normativer Theorie müssen diese Gründe gewissen Kriterien genügen. Zum einen müssten Forderungen für alle gleichermaßen gelten (Reziprozität), zum anderen sei es vonnöten, „dass Gründe für allgemein geltende, grundlegende Normen unter allen Betroffenen teilbar sein müssen" (Allgemeinheit; Forst 2007: 15). In der sozialen Realität kann jedoch nicht unbedingt davon ausgegangen werden, dass Begründungen für oder gegen spezifische Praktiken und Überzeugungen diesen Kriterien genügen. Dies dürfte insbesondere in Bezug auf das Kriterium der Allgemeinheit häufig nicht der Fall sein. Für empirische Forschung erscheint es daher notwendig, den Begründungsbegriff erheblich weiter zu fassen und auch solche Argumente einzuschließen, die diesen Kriterien nicht genügen.

[75]   Neben Akzeptanz- und Ablehnungs-Komponente benennt Forst noch eine weitere, welche bestimme, wo die Grenze der Toleranz gezogen werden müsse. Dies sei die *Zurückweisungs-Komponente*, die dann relevant werde, wenn bestimmte Überzeugungen oder Praktiken zurückgewiesen würden. Diese dritte Komponente findet im vorliegenden Modell keine Verwendung, da eine Zurückweisung, folgt man einer Bestimmung von Toleranz über das Verhältnis von Akzeptanz- und Ablehnungsgründen, dann bereits vorliegen würde, wenn die Ablehnungsgründe die Akzeptanzgründe deutlich übersteigen.

[76]   Forst macht darauf aufmerksam, dass Toleranz bestimmten Grenzen unterliegen muss. Wäre dies nicht der Fall, bestünde die Gefahr, dass Toleranz sich selbst zerstöre, da sie dann auch der Intoleranz noch tolerant begegnen müsste (vgl. Forst 2003: 37f.).

Auf Basis von Ablehnungs- und Akzeptanz-Komponente sowie der Grenze der Toleranz lassen sich zunächst einmal drei generelle Bereiche voneinander unterscheiden: erstens existiert ein Bereich der Bejahung, wenn also vollständige Akzeptanz ohne bzw. mit einer sehr gering ausgeprägten Ablehnungs-Komponente vorliegt, weshalb dieser begrifflich als Akzeptanz gefasst werden soll; zweitens gibt es den eigentlichen Bereich der Toleranz mit einem Gleich-gewicht aus beiden Komponenten und drittens den Bereich jenseits der Grenze der Toleranz, in dem die Ablehnungsgründe so deutlich überwiegen, dass so gut wie keine Akzeptanz mehr vorliegt (vgl. Forst 2003: 38). Das Verhältnis von Ablehnungs- und Akzeptanzgründen in der konkreten Situation bzw. angesichts des konkreten Toleranzobjekts entscheidet innerhalb des Toleranzbereichs dann darüber, mit welcher Form von Toleranz man es zu tun hat.

3   Formen von Toleranz im Kontext von Einstellungen zu religiöser Pluralität und Muslimen

Wie bereits erwähnt, wird davon ausgegangen, dass unterschiedliche Gewich-tungen von Akzeptanz- und Ablehnungsgründen zu verschiedenen Formen von Toleranz führen. Forst (2000: 123-130) differenziert in seinem Ansatz zwischen vier spezifischen Formen bzw. Konzeptionen: der Erlaubnis-Konzeption, der Koexistenz-Konzeption, der Respekts-Konzeption und der Wertschätzungs-Konzeption. Diese Toleranzformen unterscheiden sich jedoch nicht nur in der *Menge* von Ablehnungs- und Akzeptanzgründen, sondern zum Teil ebenso in der *Art* der Begründungen von Toleranz.

Die Erlaubnis-Konzeption sei „als Minimalanforderung unterdrückter Min-derheiten erhoben" (Forst 2000: 124) worden; sie stelle lediglich die *Duldung* einer Minderheit dar. Dies gelte aber nur, solange der Herrschafts- und Gestal-tungsanspruch der Mehrheit nicht in Frage gestellt werde. Es wird von der Min-derheit hier eine gewisse Anpassung erwartet, die letztendlich eine Reduktion kultureller und religiöser Differenzen anstrebt. Der Unterschied zu der Koexis-tenz-Konzeption besteht lediglich im Kräfteverhältnis der Gruppen, da die Koexistenz-Konzeption gleich starke Parteien voraussetzt. Gemeinsam ist beiden Konzeptionen zudem, dass Toleranz vor allem pragmatisch-instrumentell be-gründet wird (vgl. Forst 2003: 43f.). Die Respekts-Konzeption ginge demgegen-über „von einer moralisch begründeten Form der wechselseitigen Achtung" aus, bei der die beteiligten Parteien als „moralisch-rechtliche Gleiche" angesehen würden (vgl. Forst 2000: 127).[77] Im Gegensatz zur Erlaubnis-Konzeption ist die

---

[77]   Das hier vertretene Verständnis von Respekt schließt neben Gleichheit auf der Ebene von Rechten auch die Achtung von Sitten und Gebräuchen der betreffenden Gruppen ein.

Respekts-Konzeption auf eine wertrationale Begründung angewiesen, welche sich durch Reziprozität und Allgemeingültigkeit auszeichnet (vgl. Forst 2003: 46). Die letzte Konzeption der Wertschätzung gehe schließlich so weit, dass *einzelne Aspekte* der Überzeugungen und Praktiken der „anderen" Gruppe geschätzt werden, obgleich insgesamt trotzdem starke Differenzen wahrgenommen würden. Diese partielle Wertschätzung kann nicht auf pragmatisch-instrumentellen Überlegungen basieren. Sie setzt aber ebenso wenig eine generelle wertrationale Begründung voraus, auch wenn diese durchaus vorhanden sein kann. In jedem Fall beinhaltet Wertschätzung aber eine partielle positive Bewertung, was für den Respekt nicht gilt.

In das hier entwickelte Modell sollen jedoch nur die beiden Konzeptionen der Erlaubnis und des Respekts integriert werden, während Koexistenz und Wertschätzung hingegen ausgeschlossen werden. Koexistenz kann deswegen weitestgehend vernachlässigt werden, weil im Zentrum der Studie die Einstellungen zu Minderheitsreligionen stehen, so dass nicht von einem Kräftegleichgewicht ausgegangen werden kann. Ein solch asymmetrisches Kräfteverhältnis ist bei der Bewertung von religiöser Vielfalt selbst zwar nicht vorausgesetzt, diese entsteht in Deutschland schließlich allein schon durch die drei relativ stark vertretenen Gruppen Katholiken, Protestanten und Konfessionslose, aber es ist davon auszugehen, dass die meisten Menschen mit religiöser Pluralität primär religiöse Minderheiten – aufgrund ihrer Präsenz vermutlich vor allem Muslime – assoziieren. Die Wertschätzungs-Konzeption soll demgegenüber aus methodologischen Erwägungen ausgeschlossen werden. Da es sich bei dieser Konzeption um eine partielle Bejahung handelt, wäre es für eine empirische Messung vonnöten, Items zu formulieren, in denen sowohl das affirmative als auch das kritische Element zum Ausdruck kommt, um diese Form der Toleranz von einer umfassenden Bejahung abgrenzen zu können. Dies scheint in der quantitativen Forschung jedoch kaum möglich zu sein.

Es ist bereits erwähnt worden, dass sich Duldung, wie sie in Forsts Erlaubnis-Konzeption vorliegt, und Respekt sich nicht nur in der Anzahl der Akzeptanz- und Ablehnungsgründe unterscheiden, sondern gleichsam auch in der Art der Begründung. So stehen pragmatisch-instrumentelle Erwägungen, wie sie für eine duldende Position charakteristisch sind, wertrationalen Überlegungen, die den Respekt kennzeichnen, gegenüber. Es erscheint in diesem Zusammenhang jedoch geboten, gerade diese wertbasierte Begründung des Respekts näher zu bestimmen. In der Konsequenz läuft es daher auf die Frage hinaus: Wie hängen Toleranz und Werte miteinander zusammen? Nach Milton Rokeach (1973: 5) ist ein Wert „an enduring belief that a specific mode of conduct or end-state of existence is personally or socially preferable to an opposite or converse mode of conduct or end-state of existence". Neben dieser Unterscheidung zwischen Werten, die sich auf einen Endzustand beziehen (*terminal values*), und solchen, die auf ein spezifisches Verhalten ausgerichtet sind (*instrumental values*), existierten in Rokeachs Ansatz jedoch noch zwei weitere Differenzierungen, die für eine Verhältnisbestimmung zwischen Toleranz und Werten relevant zu sein scheinen. So differenziert er zwischen moralischen Werten und Kompetenzwerten auf der einen Seite, und zwischen Werten, die sich auf das Individuum beziehen (intrapersonale Werte), und solchen, die auf soziale Zusammenhänge verweisen (interpersonale Werte), auf der anderen Seite. Dabei seien moralische Werte in der Regel interpersonale, instrumentelle Werte und würden vom Individuum häufig als objektive Erwartungen in einer Gesellschaft[78] erlebt (vgl. Rokeach 1973: 7-9). Eine Position der gegenseitigen Achtung, wie sie in Forsts Respekts-Konzeption vorliegt, kann im Anschluss an Rokeach allgemein zunächst als moralische Wertorientierung verstanden werden, die für das Funktionieren einer Gesellschaft notwendig erscheint.

Noch präziser lässt sich eine wertbasierte Toleranzbegründung bestimmen, wenn man die Überlegungen des Psychologen und Werteforschers Shalom H. Schwartz (1992) heranzieht. Er führt eine weitere Differenzierung ein,[79] indem er darauf verweist, Werte ließen sich auch nach den zentralen Motiven unterscheiden, auf die sie verweisen (vgl. Schwartz/Bilsky 1987: 550).[80] Dabei nimmt er an, die unmittelbaren Aussagen zu individuellen Werten seien Ausdruck hinter diesen Aussagen stehender Motive. Was sich in der Respekts-Konzeption ausdrückt, ist die Vorstellung von Gleichheit, die bei Schwartz ursprünglich als Bestandteil der Dimension prosozialer Motive konzipiert wurde, die für ein erfolgreiches Bestehen in der Gesellschaft notwendig seien (vgl. Schwartz/Bilsky 1987: 552). In seiner späteren Wertetheorie, die zehn grundlegende menschlichen Werte postuliert, ist Gleichheit ein Aspekt von Universalismus,[81] der gekennzeichnet ist durch „understanding, appreciation, tolerance, and protection for the welfare of *all* people" (Schwartz 1992: 12).[82] Universalistische Wert-

---

[78] Rokeach verwendet hierfür den Terminus „*oughtness*" (vgl. Rokeach 1973: 9).

[79] Dabei übernimmt er jedoch die Unterscheidung von Rokeach zwischen terminalen und instrumentellen Werten sowie zwischen intra- und interpersoneller Ausrichtung.

[80] Auch bei Rokeach ist bereits die Verbindung von Motiven mit Werten zu finden, sie nimmt in seinem Ansatz aber eine weniger zentrale Stellung ein, als im Schwartzschen Wertekonzept. Bei instrumentellen Werten liege das Motiv darin, durch das den Wert bestimmende Verhalten einen wünschenswerten Endzustand zu erreichen (vgl. Rokeach 1973: 14).

[81] Die anderen neun Wertetypen in der deutschen Version sind Macht, Leistung, Hedonismus, Stimulation, Selbstbestimmung, Benevolenz, Tradition, Konformität und Sicherheit (vgl. Schmidt et al. 2007: 262).

[82] Dass Universalismus diesen Wertetyp adäquat beschreibt, ist dabei keineswegs unumstritten. Aufgrund der relativen großen Breite des universalistischen Wertetyps sprechen sich Knoppen/Saris (2009) auf Basis ihrer statistischen Analysen dafür aus, diesen Wertetyp auf Items zu reduzieren, die Toleranz messen. Dies führe sowohl zu einer stärkeren Homogenität

orientierungen würden sich unmittelbar aus dem Bewusstsein um menschliche Bedürfnisse ableiten und bei Kontakten mit Menschen außerhalb der eigenen Primärgruppe aktiviert (vgl. Schwartz 1992: 12). Auf Basis dieser Überlegungen soll hier angenommen werden, dass sich über eine Position der gegenseitigen Anerkennung als gleichberechtigte Partner eine moralische Wertorientierung ausdrückt, der eine universalistische Motivation zugrunde liegt. Insofern ist Forst auch dahingehend zu folgen, dass Toleranz selbst zunächst nicht als Wert verstanden werden darf, sie jedoch durch spezifische Begründungen zu einem solchen werden kann (vgl. Forst 2003: 49).

Die Differenzierung zwischen eher pragmatischen und eher wertorientierten Toleranzbegründungen lässt sich auch in anderen Arbeiten finden. So unterscheidet Otfried Höffe lediglich zwischen zwei Formen der Toleranz, der aktiven und der passiven Toleranz. Die aktive Toleranz beschreibe die Bejahung des Rechts des anderen auf freie Entfaltung (vgl. Höffe 2006: 85). Demgegenüber meint der Begriff der passiven Toleranz lediglich die „Duldung des Andersdenkenden und Anderslebenden, die sich nicht selten mit Verächtlichkeit verbindet" (Höffe 2006: 85). Die Grenze, die von Höffe zwischen aktiver und passiver Toleranz gezogen wird, entspricht der Grenze zwischen der Erlaubnis- und der Respekts-Konzeption bei Forst, denn auch Höffe verweist in seiner Konzeption der aktiven Toleranz auf eine dahinterliegende universalistische Werthaltung.

Der amerikanische Philosoph Michael Walzer (1998) entwickelt in seinem Werk „Über Toleranz" ein fünf-stufiges Modell von Toleranz. Er unterscheidet in seinen Überlegungen zur Wahrnehmung und Bewertung von Differenz zwischen Duldung, Indifferenz, moralischem Stoizismus, Offenheit und schließlich Bejahung (vgl. Walzer 1998: 19f.).[83] Historisch müsse dabei „resignierte Duldung" als ursprünglichste Form der Toleranz gelten (vgl. Walzer 1998: 19), welche zu unterscheiden sei von einer Form der Offenheit verbunden mit Achtung (vgl. Walzer 1998: 20). Auch Walzer arbeitet also mit einer klaren Abgrenzung zwischen einer pragmatisch-instrumentell-duldenden und einer wertrational-achtenden Position, auch wenn beide bei ihm nicht unmittelbar aufeinander folgen. Diese kategoriale Unterscheidung Walzers wird schließlich auch bei der deutschen Sozialpsychologin Ammélie Mummendey übernommen (vgl. Mummendey et al. 2009: 52f.). Demgegenüber beruht der Zugang des renommierten Sozialpsychologen Gordon Allport (1979), einem der wenigen Sozialwissenschaftler, die sich um eine theoretische Konzeption des Toleranzbegriffs bemü-

---

innerhalb der Universalismus-Items, als auch zu einer besseren Abgrenzbarkeit gegenüber den anderen Wertetypen (vgl. Knoppen/Saris 2009: 98). Dieser ließe sich dann aber mit dem vormals verwendeten Begriff „equality" besser erfassen (vgl. Knoppen/Saris 2009: 99).

[83] Ähnlich wie Forst sieht auch Höffe in der Indifferenz explizit keine Form von Toleranz (vgl. Höffe 2006: 86).

hen, lediglich auf einer alltagsprachlichen Verwendung des Begriffs. Er verzichtet in seinem Werk „*The Nature of Prejudice"* auf eine theoretische Herleitung und differenziert lediglich zwischen einer Art der Duldung bei gleichzeitiger Ablehnung und einer Form von Bejahung (Allport 1979: 425), so dass sein Toleranzverständnis theoretisch letztendlich unterkomplex bleibt.

Abb. 7.1: Modell zur Toleranz

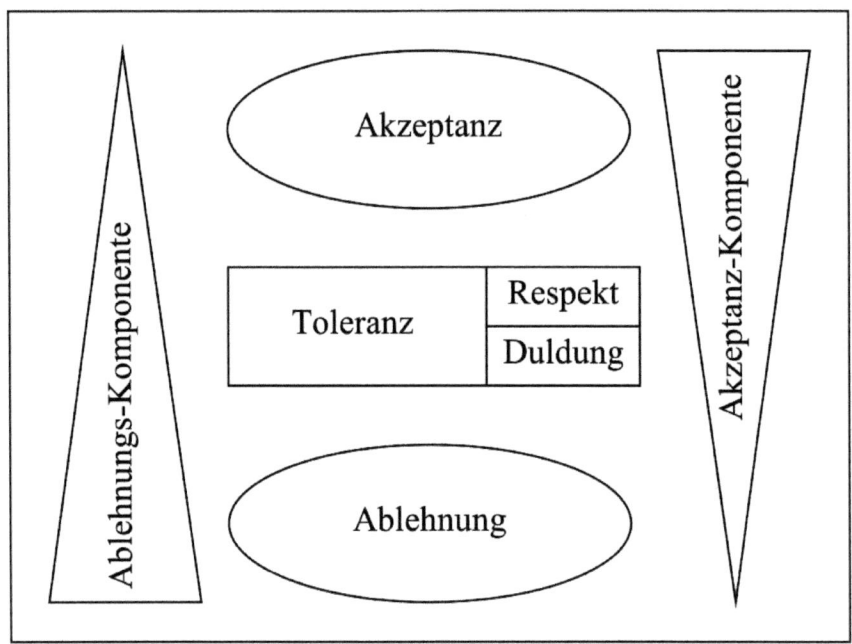

Die drei Bereiche Ablehnung, Akzeptanz und Toleranz lassen sich nun anhand von drei spezifischen Grenzen näher bestimmen: Erstens spielt die von Forst postulierte Grenze der Toleranz eine entscheidende Rolle, denn sie macht die Unterscheidung von Toleranz und Intoleranz, also Ablehnung, überhaupt erst möglich. Die zweite entscheidende Grenze verläuft in Anlehnung an Forst zwischen dem eigentlichen Bereich der Toleranz und jenem der Affirmation bzw. der Akzeptanz. Auf Basis der Überlegungen zu den Motivlagen, die den Toleranzformen zugrunde liegen, lässt sich nun jedoch noch eine dritte Grenze benennen, nämlich jene zwischen den Konzeptionen der Erlaubnis (Forst) bzw. passiven Toleranz (Höffe) oder Duldung (Walzer) und dem Bereich von Respekt

(Forst) bzw. aktiver Toleranz (Höffe) oder Achtung (Walzer). Während die Motivation einer Duldung vor allem in pragmatischen Überlegungen einer Kosten-Nutzen-Kalkulation gesucht werden muss, ist Achtung bzw. Respekt notwendigerweise an eine universalistische Wertorientierung gebunden. Im Bereich der Toleranz wird also eine Struktur angenommen, bei der sich eine reservierte Form, die der passiven Toleranz von Höffe bzw. der Erlaubnis-Konzeption von Forst weitestgehend entspricht, abgrenzen lässt von einer Position des Respekts bzw. der Achtung, die auf eine universalistische Wertorientierung verweist. Die erste Form soll in Anlehnung an Walzer als Duldung bezeichnet werden, die zweite soll nach Forst Respekt genannt werden (vgl. Abb. 7.1).

Eine derart differenzierte Erhebung von Toleranz dürfte auch sinnvolle Implikationen für die Frage nach individuellen Integrationsstrategien, wie sie in der Akkulturationsforschung untersucht werden, enthalten. Denn ethnische Grenzziehungen könnten nicht nur von Migrantenseite sondern ebenso von der Aufnahmegesellschaft produziert werden auf Basis einer Beschränkung der Chancen auf gesellschaftliche Teilhabe oder durch eine Verstärkung von sozialen Distanzen durch negative Bewertungen (vgl. Esser 2008: 91). Im Gegensatz zum klassischen Akkulturationsmodell aus der Psychologie (Berry 1997), bei dem die Strategien Integration, Assimilation, Separation und Marginalisierung fast ausschließlich vom sich akkulturierenden Individuum her gedacht werden, spricht sich Bernhard Nauck für eine stärkere Berücksichtigung des Kontextes mit seinen Asymmetrien aus (vgl. Nauck 2008: 115). Kontexte würden über Faktoren wie Opportunitätsstrukturen oder soziale Kontrollmechanismen die Wahl spezifischer Akkulturationsstrategien nahelegen (vgl. Nauck 2008: 117). Diese Kontexte dürfen jedoch nicht nur in den gegebenen politischen und rechtlichen Bedingungen gesehen werden, vielmehr wäre es sinnvoll, auch individuelle Bewertungen von Minoritäten durch die Majorität zu berücksichtigen. So bedeutet Integration nicht nur für die Mitglieder der Minorität erhöhte Anforderungen durch die Notwendigkeit der Integration sich möglicherweise widersprechender kultureller Merkmale. Auch die Mitglieder der Majorität sind hier aufgefordert, Differenz zu akzeptieren, und zwar auch dann, wenn sie diese nicht wertschätzen. Die Bereitstellung von Gelegenheitsstrukturen für die Akkulturationsstrategie Integration ist somit in einem gewissen Maß an eine respektvolle Haltung gebunden. Demgegenüber muss die Mehrheitsgesellschaft den Minderheiten im Falle einer Assimilation erheblich weniger entgegenkommen, bei der vollkommene Anerkennung an eine kulturelle Anpassung gebunden ist und somit lediglich die Bereitschaft zur Duldung erfordert.

4 Toleranz als ein- und mehrdimensionales Phänomen

Die vier postulierten Einstellungsformen Ablehnung, Akzeptanz, Duldung und Respekt sind jeweils mithilfe mehrerer Items als Indikatoren erhoben worden. Als „Objekte", auf die sich die Toleranz richtet, wurde zum einen die religiöse Pluralität als solche in den Blick genommen, ohne dabei einzelne religiöse Gruppen näher zu spezifizieren, zum anderen wurden die Muslime (als Gruppe) und der Islam (als Religionsgemeinschaft) untersucht. Die einzelnen Items für jede Dimension sind in Tab. 7.1 dargestellt.

Tab. 7.1: Indikatoren zum Modell von Toleranz[84]

Toleranzform	Item (religiöse Vielfalt)	Item (Muslime/Islam)	Motiv
Ablehnung	Ich glaube, dass unser Land durch fremde Kulturen/Nationen bedroht ist.	Die Zuwanderung von Muslimen nach (Land) sollte beschränkt werden.	-
	Die zunehmende Vielfalt von religiösen Gruppen in unserer Gesellschaft ist eine Ursache für Konflikte	Die Ausübung des islamischen Glaubens in (Land) muss stark eingeschränkt werden.	
		Die zunehmende Anzahl der Muslime in unserer Gesellschaft ist eine Ursache für Konflikte.	
Duldung	Sofern sich die Ausländer an unsere Gesetze halten, kommt es nicht darauf an, welche Religion sie haben.	Die Muslime in (Land) müssen sich an unsere Kultur anpassen.	pragmatisch-instrumentell
Respekt	Alle religiösen Gruppen in (Land) sollten gleiche Rechte haben.	Ich hätte nichts dagegen, wenn für die von mir bevorzugte Partei ein Muslim kandidieren würde.	univer-salistisch
	Man muss alle Religionen respektieren.	Mädchen sollten in der Schule ein Kopftuch tragen dürfen, wenn es ein Teil ihrer religiösen Tradition ist.	
Akzeptanz	Die zunehmende Vielfalt von religiösen Gruppen in unserer Gesellschaft stellt eine kulturelle Bereicherung dar.	Der Islam passt durchaus in unsere westliche Welt.	-
	Ich würde mir wünschen, dass es in meiner Nachbarschaft eine größere Vielfalt an religiösen Gruppen/Organisationen gäbe, so dass ich zwischen den Angeboten wählen könnte.	Die zunehmende Anzahl der Muslime in unserer Gesellschaft stellt eine kulturelle Bereicherung dar.	

---

[84] Alle Items wurden auf einer vierstufigen Zustimmungs-Skala gemessen und werden als metrische Variablen verstanden (vgl. Borgatta/Bohrnstedt 1980: 152f.).

Auf Basis des hier entwickelten theoretischen Modells sollen nun die in der Einleitung dieses Kapitels aufgeworfenen Fragen spezifiziert werden: Erstens muss die Frage beantwortet werden, inwieweit sich überhaupt Haltungen von Ablehnung, Duldung, Respekt und Akzeptanz empirisch unterscheiden lassen. Zweitens – und dies ist nicht identisch mit der erstens Frage – muss überprüft werden, ob die vier verschiedenen Einstellungsformen sich statistisch durch eine oder mehrere Dimensionen abbilden lassen. Drittens ist zu untersuchen, ob die Struktur der vier Einstellungsformen in Bezug auf religiöse Vielfalt und Muslime identisch ist bzw. wo sich gegebenenfalls Unterschiede bemerkbar machen. Viertens sind schließlich mögliche länderspezifische Differenzen in Bezug auf die Struktur zu überprüfen.

Vorab sind jedoch noch einige Einschränkungen in Bezug auf die verwendeten Items zu nennen. Bis auf die Fragen danach, ob die zunehmende religiöse Pluralität und die steigende Anzahl der Muslime als Konfliktursache und/oder als kulturelle Bereicherung empfunden werden, sind die Items für religiöse Pluralität und Muslime nicht identisch formuliert. Die Ablehnungsindikatoren sind im Falle der Muslime zudem etwas stärker als bei der Beurteilung von religiöser Vielfalt. Während bei den ersteren konkrete Einschränkungsforderungen formuliert werden, wird bei letzterer (lediglich) die Wahrnehmung einer Bedrohung abgefragt. Die Befürwortung direkter Einschränkungen von Muslimen ist abgefragt worden, um das Meinungsbild der Befragten konkreter erfassen zu können. In Bezug auf die Akzeptanz liegt der Fall wiederum umgekehrt. Die Aussage, dass man sich eine größere religiöse Vielfalt wünscht, um zwischen den Angeboten zu wählen, geht über eine reine Bejahung deutlich hinaus. Diese Aussage beschreibt viel eher eine (partielle) Annahme anderer religiöser Überzeugungen.[85] Wahlmöglichkeiten von religiösen Überzeugungen und Inhalten setzen Pluralität voraus, sie sind somit beim Vorhandensein einer Vielzahl von Religionen eher gegeben, weshalb sich dieses Merkmal zur Erhebung einer Beurteilung des Islam eher nicht eignet. Demzufolge lassen sich die Modelle für die religiöse Pluralität und die Muslime (den Islam) von vornherein nur bedingt vergleichen.

Obgleich in der statistischen Analyse im vorliegenden Fall explorativ vorgegangen wird, ist es doch notwendig, vorab Überlegungen zur theoretischen Konstruktion von Begriffen und Klassifikationen zu unternehmen (vgl. Diekmann 2008: 36). Die ersten beiden oben benannten Forschungsfragen zielen dabei auf das Verhältnis, indem die vier postulierten Einstellungsformen zueinanderstehen

---

[85] Die Existenz einer partiellen Annahme fremdreligiöser Inhalte konnte für Westdeutschland bereits in einer Clusterzentrenanalyse nachgewiesen werden, bei der ebenfalls eine Gruppe mit ablehnenden Haltungen, eine Gruppe, die zu einer bedingten Duldung bereit ist, und eine Gruppe, die anderen religiösen Gruppen unbedingte Achtung entgegen bringt, gefunden wurden (vgl. Pollack/Friedrichs 2012: 176f.).

könnten. Sollten sich die vier theoretisch hergeleiteten Formen empirisch finden lassen, so wären zwei unterschiedliche Ergebnisse denkbar: Handelt es sich bei dem angenommenen Modell um ein Kontinuum, so müsste ein *quantitativer* Unterschied von Ablehnung über Toleranz bis hin zu Akzeptanz vorliegen. In diesem Fall müsste von einem eindimensionalen Stufenmodell ausgegangen werden, bei dem die unterste Stufe einer Ablehnung und die höchste Stufe der Akzeptanz entspricht. Inwieweit sich die einzelnen Toleranzformen in der Mitte einer solchen Dimension abbilden lassen, müsste dann anhand der Position der einzelnen Items innerhalb des Modells überprüft werden. Es ist aber ebenso vorstellbar, dass die Subdimensionen vielmehr einen *qualitativen* Unterschied erfassen, so dass sie nebeneinander stehen können. Dann gäbe es kein Kontinuum zwischen den einzelnen Formen und es wäre eher von einem mehrdimensionalen Modell auszugehen.

Aus theoretischer Perspektive ist diese Frage keineswegs schon beantwortet. Die Modelle von Forst und Walzer unterscheiden sich hier fundamental. Walzers Ansatz kann schon deshalb nicht als Kontinuum verstanden werden, weil Indifferenz in eine Skala mit steigender Toleranz nicht eingeordnet werden kann. Dies ist bei Forst anders. Durch die Bestimmung der verschiedenen Toleranzformen über die Gewichtung von Akzeptanz- und Ablehnungsgründen entspricht sein Modell auf den ersten Blick durchaus einem Kontinuum. Dennoch lassen sich auch bei Forst qualitative Differenzen im Bereich der Toleranz selbst postulieren. Es wurde eine Verbindung zwischen den Toleranzformen Duldung und Respekt mit hinter diesen Einstellungen liegenden Motivstrukturen pragmatisch-instrumenteller (bei Duldung) und wertrationaler (bei Respekt) Art angenommen. Bei den Formen Ablehnung und Akzeptanz kann hingegen kein solches Motiv von vornherein angenommen werden. Qualitative Differenzen zwischen Akzeptanz/Ablehnung, Duldung und Respekt dürften also nicht in der Stärke der Toleranz, sondern in den diesen Toleranzformen zugrunde liegenden Motiven, liegen. Es wird zunächst angenommen, dass es eine Dimension gibt, deren Pole mit den Begriffen Ablehnung und Akzeptanz bezeichnet werden müssen. Gibt es insgesamt nur eine Dimension und liegen die beiden Toleranzformen in der Mitte dieser Dimension, so würde sich zwar eine Differenz zwischen Ablehnung/Akzeptanz und Toleranz zeigen, aber der Motivlage hinter Toleranz käme dann keine oder nur eine sehr geringe Bedeutung zu. Ein solches Ergebnis würde die Schlussfolgerung nahelegen, dass die Bereitschaft von Toleranz letztendlich nur von der Frage abhängig ist, wie sehr man die betreffenden Gruppen bzw. ihre Praktiken und Überzeugungen schätzt oder eben nicht. Sollten sich die postulierten Motivlagen jedoch als relevant erweisen, ist ein mehrdimensionales Modell zu erwarten, bei dem Duldung, Respekt und Ablehnung/Akzeptanz je eigene statistische Dimensionen abbilden.

Die Struktur der einzelnen Variablen – und damit auch der einzelnen Toleranzformen – soll mithilfe explorativer Faktorenanalysen[86] untersucht werden. Das Verfahren der Faktorenanalyse bietet nicht nur die Möglichkeit theoretisch angenommene Merkmale auf ihre empirische Realität hin zu überprüfen, sondern es liefert über die Struktur des Verhältnisses der Variablen untereinander auch Anhaltspunkte für die Frage, inwieweit die angenommenen latenten Konstrukte hinter den sprachlichen Formulierungen der Items durch diese repräsentiert werden, und ob diese Konstrukte überhaupt existent sind (vgl. Dollase 2006: 282).[87] Die Faktorenanalysen wurden als Hauptkomponentenanalysen (PCA)[88] mit einer schiefwinkligen Rotation (oblimin) berechnet, so dass die extrahierten Faktoren miteinander korrelieren können. Die Rotationsmethode wurde deswegen gewählt, weil gerade durch die offene Frage der Art der Unterscheidbarkeit der einzelnen Toleranzformen auch im Falle einer statistischen Trennbarkeit Korrelationen zwischen den Faktoren angenommen werden müssen.[89]

5   Ergebnisse

Wie bereits im vorangegangenen Abschnitt geschildert, wurden die Faktorenanalysen getrennt nach der Wahrnehmung von religiöser Pluralität und nach den Einstellungen zu Muslimen für jedes Land berechnet.[90] In vier von fünf Ländern

---

[86]   Mit dem Verfahren der Faktorenanalyse sollen auf Basis von Korrelationen verschiedener, im Fragebogen erhobener Variablen miteinander latente Merkmale (Faktoren) ermittelt werden, die diesen Variablen zugrunde liegen. Es wird mit diesem Verfahren das Ziel verfolgt, eine größere Anzahl von Variablen durch eine geringe Anzahl von Faktoren zu beschreiben. Wie stark die jeweilige Variable mit dem Faktor zusammenhängt, wird durch Faktorladungen bestimmt, welche als Korrelationen der jeweiligen Variable mit dem Faktor interpretiert werden können und zwischen -1 und 1 variieren (vgl. Wolff/Bacher 2010: 343).

[87]   Ein weiteres Argument für ein exploratives Vorgehen stellt die Tatsache dar, dass Widersprüche und Inkonsistenzen, die in der wissenschaftlichen Arbeit überwunden werden, durchaus im Bewusstsein und Verhalten eines Menschen vorhanden sein können (vgl. Dollase 2006: 282) und sich in einem explorativen Vorgehen dann explizieren sollten.

[88]   Sowohl nach dem Sphärizitätstest von Bartlett als auch nach Kaiser-Meyer-Olkin-Kriterium (KMO) kann davon ausgegangen werden, dass die vorliegenden Daten sich für eine Hauptkomponentenanalyse eignen. Lediglich in Bezug auf Einstellungen zu religiöser Pluralität in Portugal liegt der KMO mit ,56 schon im kritischen, jedoch noch nicht im inakzeptablen Bereich zur Durchführung einer Faktorenanalyse (vgl. Dziuban/Shirkey 1974: 359).

[89]   Auch in der Fachliteratur (vgl. Wolff/Bacher 2010: 345) wird in einem solchen Fall statt der üblichen orthogonalen Varimax-Rotation eine schiefwinklige Rotationsmethode empfohlen.

[90]   Zur Einschätzung der Reliabilität beider Skalen wurde die interne Konsistenz über Cronbach's α berechnet. Sie liegt bezogen auf die Einstellungen gegenüber Muslimen mit Werten zwischen ,748 in Portugal und ,878 in Westdeutschland im guten Bereich. Die Ergebnisse für die Skala zu religiöser Pluralität erzielen demgegenüber deutlich schlechtere Werte. Lediglich für Deutschland (,659 DW; ,648 DO), Dänemark (,616) und den Niederlanden (,649) können die

kommt bei den Einstellungen gegenüber religiöser Pluralität eine zweidimensionale Lösung zustande. Lediglich in Portugal werden drei Faktoren extrahiert. Dabei ist die Struktur in Deutschland, Dänemark und den Niederlanden nahezu identisch (vgl. Tab. 7.2).[91]

Der erste Faktor in diesen drei Ländern umfasst insgesamt vier Items, wobei jeweils die beiden, die Akzeptanz ausdrücken, positiv, die beiden Ablehnungsitems hingegen negativ auf diesem Faktor laden. Somit kann für diese drei Länder bestätigt werden, dass eine Dimension existiert, auf der Ablehnung und Akzeptanz jeweils die Endpunkte bilden. Entsprechend wird diese Dimension als *Akzeptanz/Ablehnung von Vielfalt* bezeichnet. Die Wahrnehmung von Konflikten als Resultat von religiöser Pluralität weist in Deutschland und Dänemark die höchsten Ladungen auf. Lediglich in den Niederlanden lädt das Item „Ich glaube, dass unser Land durch fremde Kulturen bedroht ist" am stärksten negativ auf dem Akzeptanzfaktor. Der positive Pol der Akzeptanz wird erneut mit Ausnahme der Niederlande hingegen am stärksten durch das Item geprägt, dass man sich eine größere Vielfalt wünschen würde, um aus den Angeboten wählen zu können. Problematisch ist allerdings das Item „Die zunehmende Vielfalt an religiösen Gruppen stellt eine kulturelle Bereicherung dar" in den neuen Bundesländern. Dieses Item besitzt nahezu gleichgroße Ladungen auf beiden Faktoren. Mit einer Ladung von ,483 auf dem zweiten gegenüber ,478 auf dem ersten Faktor, hat dieses Item die Hauptladung sogar auf dem ersten Faktor, wobei es bei nahezu gleich großen Ladungen eigentlich keinem Faktor zugeordnet werden kann.[92]

Werte noch als akzeptabel gelten. In Frankreich mit ,562 und Portugal mit sogar nur ,352 liegen sie deutlich darunter. Cronbach's α variiert in Abhängigkeit von Itemanzahl, Interkorrelationen zwischen den Items und der Dimensionalität einer Skala (vgl. Cortina 1993: 101-103), so dass zumindest die Vermutung aufgestellt werden kann, dass die mit sieben Items relativ kurze Skala zur Beurteilung religiöser Pluralität das Kriterium der Eindimensionalität nicht erfüllt und es deshalb zu einer Reliabilitätsunterschätzung der Skala kommt (vgl. Schmitt 1996: 351). Es sind in diesem Modell also tendenziell mehrere Faktoren zu erwarten.

[91] Die Hauptladungen sind jeweils fett hervorgehoben.

[92] Im Normalfall würde die Faktorenanalyse ohne das Item nochmals berechnet, um ein insgesamt besseres Ergebnis zu erzielen. Um die Vergleichbarkeit mit den anderen Ländern weiter zu ermöglichen ist an dieser Stelle allerdings darauf verzichtet worden.

Tab. 7.2: Faktorenanalyse: Wahrnehmung von religiöser Vielfalt (Deutschland, Dänemark, Niederlande)

	D-W		D-O		DK		NL	
	Akzeptanz	Universalismus	Akzeptanz	Universalismus	Akzeptanz	Universalismus	Akzeptanz	Universalismus
Die zunehmende Vielfalt von religiösen Gruppen in unserer Gesellschaft ist eine Ursache für Konflikte.	**-,811**	,160	**-,883**	,203	**-,796**	,155	**-,803**	,181
Ich würde mir wünschen, dass es in meiner Nachbarschaft eine größere Vielfalt an religiösen Gruppen/Organisationen gäbe, so dass ich zwischen den Angeboten wählen könnte.	**,723**	-,090	**,564**	,077	**,598**	-,061	**,531**	,232
Ich glaube, dass unser Land durch fremde Kulturen/Nationen bedroht ist.	**-,624**	-,230	**-,717**	-,142	**-,678**	-,208	**-,828**	,031
Die zunehmende Vielfalt von religiösen Gruppen in unserer Gesellschaft stellt eine kulturelle Bereicherung dar.	**,621**	,289	,478	**,483**	**,508**	,319	**,606**	,181
Sofern sich die Ausländer an unsere Gesetze halten, kommt es nicht darauf an, welche Religion sie haben.	-,162	**,894**	-,229	**,884**	-,182	**,769**	-,213	**,842**
Man muss alle Religionen respektieren.	,199	**,734**	,129	**,736**	,053	**,743**	,185	**,604**
Alle religiösen Gruppen in (Land) sollten gleiche Rechte haben.	*,434*	**,443**	,317	**,640**	,260	**,594**	,259	**,539**
Eigenwerte	**2,62**	**2,18**	**2,42**	**2,44**	**2,02**	**1,89**	**2,34**	**1,76**
erklärte Gesamtvarianz (in %)	**44,0**	**15,1**	**43,8**	**16,6**	**34,8**	**16,3**	**37,0**	**15,8**

Hauptkomponentenanalyse; Rotation: oblimin; Variablen: siehe Anhang.

Interessant ist nun die Interpretation des zweiten Faktors, auf dem in allen drei Ländern die drei Toleranzitems laden. Es scheint – zumindest in diesen drei Ländern – also eine Haltung der Toleranz zu geben, die getrennt von bejahenden bzw. ablehnenden Beurteilungen betrachtet werden kann. Wie aber ist diese tolerante Position nun näher inhaltlich zu bestimmen? Der Toleranzfaktor wird in allen drei Ländern am stärksten durch die Einstellung geprägt, dass es auf die Religion nicht ankomme, sofern sich „die Ausländer" an die Gesetze in dem jeweiligen Land halten, das Item was zur Erhebung von Duldung konzipiert wurde. Die beiden Indikatoren für Respekt folgen, wobei die Aussage „Man muss alle Religionen respektieren" in allen drei Ländern stärker auf dem Faktor lädt als die Anerkennung gleicher Rechte.[93] Muss also davon ausgegangen werden, dass sich Toleranz in den Ergebnissen primär durch eine pragmatisch-instrumentell-duldende Position auszeichnet?

Eine solche Interpretation wäre wohl verfrüht. Denn die beiden Items zur Messung von Respekt laden ebenfalls auf diesem Faktor und stehen in einem klaren Widerspruch zur Duldungserwartung. Wie lässt sich dieses Ergebnis dann interpretieren? Die Forderung nach Anpassung wird zwar als das zentrale Kennzeichen von Duldung in dem hier gewählten theoretischen Zugang betrachtet. Diese Anpassung wird jedoch als eine von der Minderheit zu erbringende Leistung verstanden, die zu einer Differenzierung zwischen Mehr- und Minderheit führt. Die Beachtung und Befolgung von Gesetzen ist aber eine Form der Anpassung, die grundsätzlich für alle Gesellschaftsmitglieder gilt und von daher auch von Mitgliedern aller religiösen Gruppen erwartet werden dürfte. Trifft diese Interpretation das Verständnis der Befragten beim Beantworten der Frage, kann von einer für Duldung erforderlichen Asymmetrie möglicherweise nicht mehr ohne weiteres gesprochen werden. Die Gesetzestreue wäre dann eher als Minimalkonsens zu interpretieren, innerhalb dessen man bereit ist, vollständige Achtung zu gewähren. Demzufolge – so könnte man argumentieren – müsste auch dieses Item eine universalistische Motivation nicht grundsätzlich ausschließen.[94] Die Differenz zu den beiden anderen Respekts-Items ist dann die Einschränkung in Form von Gesetzestreue, die eine unbedingte Achtung zu einer bedingten

---

[93] Dieses Item weist in den alten Bundesländern zudem eine bedenklich hohe Nebenladung von ‚434 auf dem ersten Faktor auf, so dass in Bezug auf dieses Item nicht von einer klaren Trennung gesprochen werden kann. Der ‚Kern' der hier vertretenen theoretischen Konzeption von Respekt ist also nicht unabhängig von wertschätzenden Haltungen zu sehen.

[94] Die Konsequenz daraus ist die Erkenntnis, dass es sich hier um keine valide Messung von Duldung handelt und das Item dafür schlecht gewählt wurde. Für zukünftige Forschungen sollten daher Items entwickelt werden, die eine asymmetrische Anpassungsforderung klar zum Ausdruck bringen.

werden lässt.[95] Für diese Interpretation spricht auch, dass die Korrelationen[96] zwischen diesem Item und der Aussage „Die Muslime müssen sich an unsere Kultur anpassen", die als Duldungsindikator für die Einstellungen gegenüber Muslimen verwendet wurde, in Deutschland, Dänemark und Frankreich insignifikant sind. In den Niederlanden und Portugal finden sich mit ‚073 (NL) und ‚076 (P) nur geringe Korrelationen, die auch nur auf dem Niveau von $p < ‚05$ signifikant werden.[97] Auf Basis dieser Überlegungen kann in Anlehnung an Schwartz (1992) eine universalistische Wertorientierung, die allerdings an die Bedingung der Achtung der Rechtsordnung gebunden ist, als das Gemeinsame der drei Variablen angesehen werden, weshalb dieser Faktor als *Universalismus* bezeichnet werden soll. Dabei ist jedoch zu beachten, dass es stets problematisch ist, eine unmittelbare Verbindung von Einstellungs-Items zu Wertorientierungen zu ziehen. So kritisiert Schwarz, dass nicht genügend zwischen beiden Konzepten unterschieden werde (Schwartz 2007: 169), da Werte im Unterschied zu Einstellungen Situationen und Handlungen transzendieren würden (Schwartz 2007: 171). Entsprechend kann der Universalismus-Faktor selbst auch nicht als Wert betrachtet werden. Er verweist jedoch auf eine universalistisch motivierte Werthaltung, die diesen drei Items zugrunde liegen dürfte. Die genauen Positionen der einzelnen Items innerhalb des zweifaktoriellen Raums lassen sich mithilfe der Ladungsdiagramme anschaulich visualisieren (vgl. Abb. 7.2).[98]

---

[95]   In Kapitel 2 in diesem Buch ist das Duldungs-Item als Prädiktor für die Akzeptanz gleicher Rechte für alle religiösen Gruppen verwendet worden. Die Ergebnisse der Faktorenanalyse deuten jedoch eher darauf hin, dass beide Variablen eher zwei Aspekte *eines* Merkmals ausdrücken, als dass sie tatsächlich *zwei* Merkmale abbilden.

[96]   Es handelt sich hierbei um bivariate Korrelationen nach Pearson. Im Gegensatz zum Korrelationskoeffizienten Phi (vgl. Kapitel 4 in diesem Buch) wird der Pearsonsche Koeffizient zur Berechnung von Zusammenhängen zwischen metrischen Variablen verwendet, ist ansonsten aber analog zu interpretieren. Auch in den weiteren Korrelationsanalysen in diesem Kapitel wird auf diesen Koeffizienten zurückgegriffen.

[97]   Gewiss ist dieses Ergebnis nur dann als Unterstützung für die hier vertretene Interpretation zu werten, wenn davon ausgegangen werden kann, dass das Duldungsitem für die Einstellungen zu Muslimen stärkere Validität besitzt. Die Tatsache, dass in dieser Aussage aber genau die für Duldung relevante Differenzierung zwischen den Gruppen durch eine einseitige Anpassungsleistung formuliert wurde, spricht jedoch deutlich für eine höhere Validität dieses Items.

[98]   Beispielhaft wurde hier Dänemark ausgewählt. Die Struktur ist in Deutschland und den Niederlanden im Wesentlichen jedoch identisch.

Abb. 7.2: Ladungsdiagramm: Wahrnehmung von religiöser Vielfalt in Dänemark

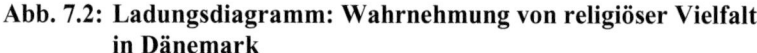

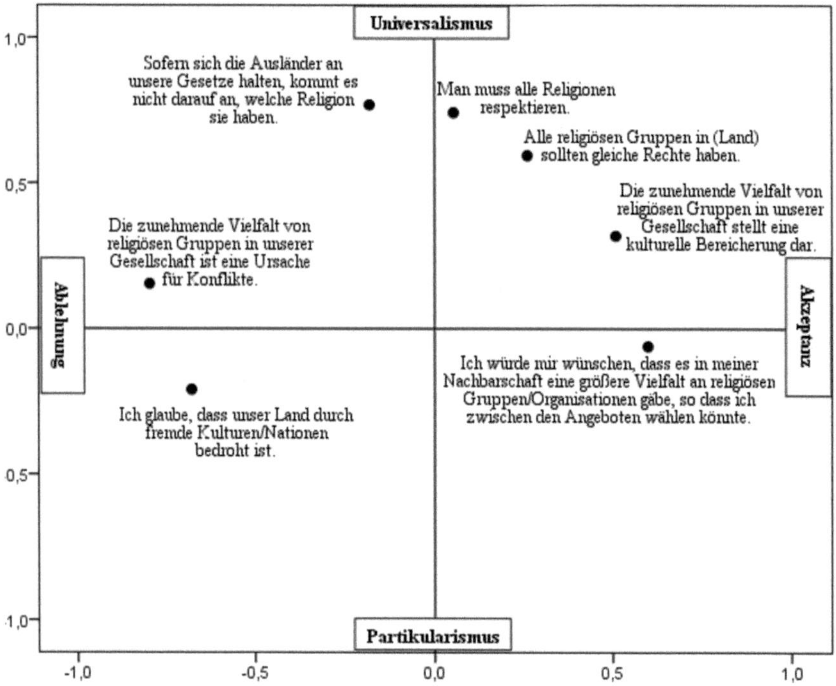

Die X-Achse stellt den Akzeptanzfaktor dar, an dessen Polen sich jeweils die Akzeptanz- bzw. die Ablehnungsitems befinden. Die Y-Achse hingegen spiegelt den Universalismusfaktor wider, an dessen positivem Pol sich die drei Toleranzaussagen befinden. Da lediglich ein Akzeptanz- und ein Ablehnungsitem relativ geringe negative Nebenladungen auf diesem Faktor aufweisen und sich entsprechend keine Items in der Nähe des negativen Pols befinden, die zu seiner Interpretation herangezogen werden könnten, wird dieser aus theoretischen Überlegungen heraus als Partikularismus bezeichnet. Entsprechend versammeln sich im Quadranten oben rechts jene Haltungen, die sich durch universalistische Werthaltungen bei gleichzeitiger Akzeptanz von Vielfalt auszeichnen. Oben links schließlich sind die eher negativen Haltungen zu Vielfalt zu finden, die auf der Ebene von Motiven aber zugleich mit Universalismus einhergehen. Unten sind in beiden Quadranten daher eher die partikularistischen Einstellungen vertreten, wobei rechts die positiven und links die negativen Haltungen zu religiöser Pluralität zu finden sind.

Die Befürwortung von Respekt und gleichen Rechten für alle Religionen sind, wie hier anschaulich wird, verhältnismäßig stark mit positiven Einstellungen zu religiöser Vielfalt verbunden. Obgleich sie also auf unterschiedlichen Faktoren positioniert und damit durchaus klar voneinander unterscheidbar sind, sind sie doch nicht unabhängig voneinander. Dass universalistische Werthaltungen demgegenüber generell aber nicht nur mit positiven Einstellungen zu religiöser Vielfalt verbunden sein müssen, zeigt das bereits viel diskutierte Item „Sofern sich die Ausländer an unsere Gesetze halten, kommt es nicht darauf an, welche Religion sie haben". Obgleich diese Aussage primär als Bestandteil universalistisch motivierter Toleranz zu verstehen ist, ist sie sehr leicht mit negativen Einstellungen zur Vielfalt verbunden. Das erscheint insofern plausibel, als dass in der Bedingung der Achtung einer gemeinsamen rechtlichen Grundlage zur Regelung des Zusammenlebens eine gewisse Beschränkung einer jeden religiösen Gruppe liegt, die ein Bewusstsein für Problemlagen und potentielle Spannungen in einer religiös-pluralen Gesellschaft erkennen lässt. Die Tatsache, dass die Betonung von Konflikten durch eben jene religiös-plurale Gesellschaft zwar deutlich Ablehnung signalisiert, zugleich aber die Betrachtung von ‚anderen' religiösen Gruppen als gleichwertig nicht grundsätzlich ausschließt, dürfte diese Interpretation noch unterstützen. Im Anschluss an diese Interpretation ist die Beachtung eines die Toleranz ermöglichenden Grundkonsens im Falle der Wahrnehmung der Bedrohung der Ordnung durch „Fremde" nicht mehr gegeben, so dass die Betrachtung der Gleichwertigkeit aller Gruppen hier ausgeschlossen ist und dieses Items sich leicht im Bereich einer partikularistischen Werthaltung befindet.

Interessant ist nun die Position des Items zur Erhebung einer potentiellen (partiellen) Identifikation mit ‚fremdreligiösen' Inhalten innerhalb des Koordinatensystems. Eine Offenheit für die Integration von Elementen aus verschiedenen Religionen scheint weitestgehend unabhängig von einer prinzipiell universalistischen Haltung zu sein. Wenn überhaupt, verbindet sie sich eher mit einer partikularistischen Orientierung. Möglicherweise ist die Bereitschaft zur Gleichberechtigung zum Teil an die Attraktivität der betreffenden Gruppen gebunden. Dabei darf aber nicht vergessen werden, dass die negative Nebenladung auf dem Universalismusfaktor gering ist und diese Interpretation daher spekulativ bleiben muss.

Tab. 7.3: Faktorenanalyse: Wahrnehmung von religiöser Vielfalt (Frankreich, Portugal)

	F		P		
	Offen-heit	Ableh-nung	Univer-salismus	Ableh-nung	part. An-nahme
Die zunehmende Vielfalt von religiösen Gruppen in unserer Gesellschaft ist eine Ursache für Konflikte.	,069	**,845**	,062	**,803**	,013
Ich würde mir wünschen, dass es in meiner Nachbarschaft eine größere Vielfalt an religiösen Gruppen/Organisationen gäbe, so dass ich zwischen den Angeboten wählen könnte.	**,315**	-,201	-,048	,173	**,854**
Ich glaube, dass unser Land durch fremde Kulturen/Nationen bedroht ist.	-,098	**,794**	-,055	**,792**	-,008
Die zunehmende Vielfalt von religiösen Gruppen in unserer Gesellschaft stellt eine kulturelle Bereicherung dar.	**,590**	-,281	,068	-,237	**,684**
Sofern sich die Ausländer an unsere Gesetze halten, kommt es nicht darauf an, welche Religion sie haben.	**,742**	,284	**,709**	,049	-,231
Man muss alle Religionen respektieren.	**,764**	,083	**,702**	-,111	,056
Alle religiösen Gruppen in (Land) sollten gleiche Rechte haben.	**,619**	-,224	**,599**	,076	,277
Eigenwerte	2,13	1,77	1,41	1,39	1,38
erklärte Gesamtvarianz (in %)	34,2	17,7	23,6	18,8	16,1

Hauptkomponentenanalyse; Rotation: oblimin; Variablen: siehe Anhang.

Wie bereits erwähnt wurde, unterscheiden sich die Ergebnisse in Frankreich und Portugal deutlich von denen in Deutschland, Dänemark und den Niederlanden (vgl. Tab. 7.3). Im Falle von Portugal besteht die grundsätzliche Differenz zu Deutschland, Dänemark und den Niederlanden darin, dass insgesamt drei Faktoren extrahiert werden. Neben dem Universalismusfaktor, der hier allerdings den ersten Faktor mit der höchsten Varianzaufklärung bildet, laden die beiden Items zur Messung von Ablehnung auf dem zweiten, die beiden Akzeptanzitems auf einem davon getrennten dritten Faktor. Eine von positiven bzw. negativen Urteilen getrennte Position der Toleranz lässt sich also auch in Portugal nachweisen. Wie aber ist die statistische Trennung zwischen Akzeptanz und Ablehnung zu erklären? Betrachtet man den dritten Faktor, so wird deutlich, dass dieser sehr stark von dem Item, das eine Integration „fremdreligiöser" Inhalte erfasst, geprägt wird, und zwar erheblich stärker, als dies bei den anderen Ländern der Fall ist. Möglicherweise sollte der dritte Faktor daher eher unter dem Aspekt einer (partiellen) Annahme als unter jenem positiver Haltungen verstanden werden, was eine qualitative Differenz zur Ablehnung bedeuten würde. Positive Einstellungen zu religiöser Pluralität und verschiedenen Religionsgemeinschaften zu besitzen, muss nicht zu einer Identifikation mit den Inhalten dieser Gruppen führen. Die partielle Annahme geht gewissermaßen einen Schritt über die Akzeptanz hinaus, obgleich positive Bewertungen hierfür sicherlich notwendig sind. Entsprechend wird der zweite Faktor mit *Ablehnung* und der dritte mit *partieller Annahme* bezeichnet. In gewisser Weise spricht für diese Interpretation, dass die Korrelation zwischen dem zweiten und dem dritten Faktor lediglich -,078 (Signifikanzniveau: $p < ,05$) beträgt und damit als gering zu betrachten ist.

Schwierig gestaltet sich die Interpretation für die Ergebnisse in Frankreich. Der erste Faktor wird primär von den Toleranzitems bestimmt, aber auch die beiden Akzeptanzitems laden, wenn auch deutlich geringer, auf diesem Faktor. Den zweiten Faktor bestimmen lediglich die beiden Ablehnungsitems. Eine Trennung von Toleranz und Akzeptanz lässt sich in Frankreich jedenfalls nicht finden. Eine mögliche Interpretation des ersten Faktors könnte sein, ihn als allgemeine Offenheit gegenüber Pluralität zu verstehen. Auch in den deskriptiven Ergebnissen zeigte sich bereits eine Tendenz zu mehr Offenheit der Franzosen im Vergleich mit ihren europäischen Nachbarn (vgl. Kapitel 1 in diesem Band).

Tab: 7.4 Faktorenanalyse: Wahrnehmung von Muslimen und dem Islam (Deutschland, Dänemark, Frankreich, Niederlande)[99]

	D-W Ableh-nung	D-O Ableh-nung	DK Ableh-nung	F Ableh-nung	NL Ableh-nung
Die Zuwanderung von Muslimen sollte beschränkt werden.	,851	,821	,783	,764	,765
Die Ausübung des islamischen Glaubens muss stark eingeschränkt werden.	,809	,808	,784	,611	,771
Die zunehmende Anzahl der Muslime ist eine Ursache für Konflikte.	,778	,753	,697	,773	,710
Die Muslime müssen sich an unsere Kultur anpassen.	,614	,529	,557	,501	,571
Mädchen sollten in der Schule ein Kopftuch tragen dürfen, wenn es ein Teil ihrer religiösen Tradition ist.	-,537	-,575	-,600	-,406	-,561
Ich hätte nichts dagegen, wenn für die von mir bevorzugte Partei ein Muslim kandidieren würde.	-,792	-,749	-,621	-,614	-,701
Der Islam passt durchaus in unsere westliche Welt.	-,750	-,749	-,652	-,643	-,682
Die zunehmende Anzahl der Muslime stellt eine kulturelle Bereicherung dar.	-,746	-,760	-,693	-,662	-,746
Eigenwerte	4,40	4,20	3,68	3,20	3,84
erklärte Gesamtvarianz (in %)	55,0	52,6	45,9	40,0	48,0

Hauptkomponentenanalyse; Variablen: siehe Anhang.

Die Ergebnisse für die Modelle zu den Bewertungen von Muslimen weisen eine gänzlich andere Struktur auf als jene in Bezug auf die Wahrnehmung religiöser Pluralität. Bis auf Portugal, wo sich eine Trennung zwischen positiven Bewertungen auf der einen und negativen Bewertungen inklusive der Toleranzitems auf

---

[99] Aufgrund der Abweichungen der Ergebnisse der portugiesischen Stichprobe wird auf die Darstellung und die nähere Besprechung der Ergebnisse hier verzichtet.

der anderen Seite zeigt, lässt sich in allen Ländern nur ein Faktor extrahieren (vgl. Tab. 7.4).

Damit lautet der erste und wichtigste Befund, dass sich bei der Wahrnehmung von Muslimen tolerante Positionen – insbesondere in Form von Respekt – nicht getrennt betrachten lassen von dem Ausmaß, in dem man sie akzeptiert bzw. ablehnt. Betrachtet man die Faktorladungen der einzelnen Items, so lässt sich feststellen, dass die Menschen in allen Ländern nur dann bereit sind, Muslimen mit Achtung zu begegnen und sie als gleichberechtigt anzuerkennen, wenn man sie auch positiv bewertet. Vor allem die Aussage „Ich hätte nichts dagegen, wenn für die von mir bevorzugte Partei ein Muslim kandidieren würde" lädt stark (negativ) auf dem Faktor und weist starke Zusammenhänge mit den Akzeptanzaussagen auf. Wenn Muslime als Bereicherung empfunden werden, und der Islam als kompatibel mit der westlichen Welt wahrgenommen wird, ist man auch bereit, die politische Partizipation von Muslimen zu akzeptieren. Eine Differenzierung aufgrund einer spezifischen motivationalen Lage, wie sie sich bei den Einstellungen zu religiöser Pluralität gezeigt hat, lässt sich nicht feststellen. Somit lassen sich empirisch zumindest keine Hinweise darauf erkennen, dass Respekt im Falle der Muslime mit einer universalistischen Wertorientierung begründet wird.

Es scheint sich vielmehr ausschließlich um ein Kontinuum im Sinne des Modells von Forst zu handeln, wobei sich hier die Frage stellt, inwieweit Toleranz innerhalb des Faktors als Mittelposition erkennbar wird. Die Items in Tab. 7.4 sind entsprechend der theoretischen Vorüberlegungen als Verlauf von Ablehnung über Duldung und Respekt bis hin zu Akzeptanz angeordnet. In allen Ländern laden die Ablehnungsitems und das Duldungsitem positiv, die Akzeptanz- und Respektsitems hingegen negativ auf dem Faktor. Die durch den Faktor abgebildete Dimension ist also – ähnlich wie bei dem 1. Faktor des Modells zu religiöser Pluralität – als *Akzeptanz/Ablehnung von Muslimen* zu bezeichnen. Im Bereich der eher negativen Bewertungen lässt sich in allen Ländern eine erstaunlich große Übereinstimmung der Faktorladungen mit den theoretischen Überlegungen feststellen. Eine Forderung der Beschränkung der Zuwanderung von Muslimen und der Ausübung des islamischen Glaubens weisen in Deutschland, Dänemark und den Niederlanden die höchsten Ladungen auf, gefolgt von der Wahrnehmung, dass die steigende Anzahl von Muslimen im eigenen Land für Konflikte sorgt. Lediglich in Frankreich ist das Bild etwas anders, wo der Faktor am stärksten durch das Konfliktitem geprägt ist. Dennoch besitzen in allen Ländern Aussagen, welche die Ablehnung von Muslimen ausdrücken, die höchsten Ladungen. Danach kommt in allen vier Ländern die Forderung, Muslime müssten sich an unsere Kultur anpassen, ebenfalls mit positivem Vorzeichen. Die Ablehnung darf bei diesem Item also als weniger stark betrachtet werden, obgleich sie aufgrund der positiven Ladung noch vorhanden zu sein scheint, weshalb es sich wohl tatsächlich um eine „verächtliche Duldung" handeln dürfte, wie Höffe es theoretisch postuliert (vgl. Höffe 2006: 85).

Auf der Seite von Respekt und Akzeptanz ist das Bild dagegen weniger einheitlich. Zwar finden sich in allen Ländern bei der Aussage, Mädchen sollten ein Kopftuch in der Schule als Zeichen ihrer Religion tragen dürfen, die geringsten positiven Ladungen, was auf eine gewisse Differenzierung zwischen Respekt und Akzeptanz hindeutet, in Bezug auf das zweite Items zur Erhebung von Respekt „Ich hätte nichts dagegen, wenn für die von mir bevorzugte Partei ein Muslim kandidieren würde" zeigen sich jedoch einige Länderunterschiede. In Ostdeutschland[100], Dänemark und Frankreich folgt dieses Item in der Höhe seiner Ladung dem ersten Respektsitem und die beiden Aussagen zur Messung von Akzeptanz zeigen die höchsten negativen Ladungen auf dem Faktor. Dies ist in Westdeutschland und den Niederlanden jedoch nicht der Fall. Die Akzeptanz der Kandidatur eines Muslims prägt den Faktor in den Niederlanden stärker (negativ) als die Ansicht, der Islam passe in die westliche Welt, in den alten Bundesländern hat dieses zweite Respektsitem sogar die höchste Ladung. Während sich also über die Stärke der Ladungen in Ostdeutschland, Dänemark und Frankreich eine gewisse Differenzierung zwischen Akzeptanz und Respekt zeigt, ist diese in Westdeutschland und den Niederlanden nicht festzustellen, wo Toleranzbereitschaft stärker mit positiver Bewertung der Muslime zusammenzuhängen scheint, was für Westdeutschland aber in besonderem Maße gilt.

Insgesamt bleibt festzuhalten, dass eine Verbindung von positiven Einstellungen und der Bereitschaft zu einer universalistischen Toleranz bei der Beurteilung der Muslime stärker zutage tritt, als bei der Evaluation von religiöser Pluralität. Vergleicht man einmal den Faktor Akzeptanz/Ablehnung von Vielfalt mit dem Faktor Akzeptanz/Ablehnung von Muslimen in Bezug auf die Ladungen *aller* Items, so zeigen sich fast identische Strukturen. Die Forderungen, alle Religionen zu respektieren und ihnen gleiche Rechte zuzugestehen, weisen die geringsten positiven Ladungen auf, das Item zur Toleranz unter der Forderung von Gesetzestreue besitzt hingegen die geringste negative Ladung. Der entscheidende Unterschied liegt jedoch darin, dass eben jene Toleranzitems doch so verhältnismäßig unabhängig von Akzeptanz und Ablehnung zu sein scheinen, dass sie für ein optimales Ergebnis zu einem zweiten Faktor zusammengefasst werden.[101]

---

[100] In den neuen Bundesländern gilt dieser Befund nur mit gewissen Einschränkungen, da die Akzeptanz der politischen Partizipation eines Muslims in der präferierten Partei ebenso stark (negativ) auf dem Faktor lädt wie die Aussage, der Islam passe in die westliche Welt.

[101] Insofern zeigt sich auch bei den Modellen zu religiöser Vielfalt, dass das Ausmaß von Toleranz durchaus auch durch das Verhältnis von Akzeptanz- und Ablehnungsgründen bestimmt wird, wie es in der Theorie von Forst angelegt und bei den Modellen zur Bewertung der Muslime klar zum Ausdruck gekommen ist.

Entsprechend hoch korrelieren auch die Faktoren[102] Akzeptanz/Ablehnung zum einen von religiöser Vielfalt, zum anderen von Muslimen miteinander (vgl. Tab. 7.5).[103] Akzeptanz/Ablehnung in Bezug auf die Beurteilung von religiöser Vielfalt kann folglich weitestgehend als das Äquivalent zu Akzeptanz/Ablehnung von Muslimen betrachtet werden. Zudem zeigen sich moderate Korrelationen zwischen Universalismus und Akzeptanz. Aufgrund der Nähe insbesondere der Respektsaussagen zu positiven Bewertungen ist eine nahezu komplette Unabhängigkeit beider Faktoren nicht zu erwarten gewesen. Dennoch lässt sich schlussendlich doch von zwei unterschiedlichen Merkmalen sprechen. Bis auf die Ergebnisse für die Niederlande, korreliert Universalismus jedoch relativ stark mit Ablehnung (Muslime). Doch auch in diesem Fall handelt es sich nicht um eine annähernde Deckungsgleichheit.

Tab. 7.5: Korrelationen zwischen den Faktoren (Deutschland, Dänemark, Niederlande)

	Akzeptanz (Vielfalt)/ Universalismus	Akzeptanz (Vielfalt)/ Ablehnung (Muslime)	Universalismus/ Ablehnung (Muslime)
D-W	,338**	-,742**	-,454**
D-O	,327**	-,754**	-,457**
DK	,257**	-,697**	-,444**
NL	,301**	-,779**	-,308**

Korrelationskoeffizienten nach Pearson; Signifikanz: **p < ,01.

Die unterschiedliche Faktorstruktur in den beiden Modellen und die Tatsache, dass der Universalismusfaktor eine gewisse Nähe zum Akzeptanzfaktor zeigt, wirft dennoch die Frage auf, ob die Interpretation einer sich in diesem Faktor ausdrückenden Wertorientierung tatsächlich zutrifft. Um dies zu überprüfen wurden die drei Faktoren für die beiden deutschen Stichproben zusätzlich mit der Aussage „Auch wenn ich eine bestimmte Überzeugung habe, akzeptiere ich Menschen, die anders denken" korreliert.[104] Es wird davon ausgegangen, dass dieses Item eine valide Erfassung von Toleranz als Wertorientierung ermöglicht, da sehr ähnliche Items in verschiedenen Werteinventaren Anwendung finden. So

---

[102] Es ist möglich, die Faktorwerte, die für die einzelnen Fälle im Datensatz geschätzt werden, als Variablen zu speichern und sie auf diese Weise für weitere Analysen zu verwenden.

[103] Da sich eine identische Struktur für beide Modelle nur in Deutschland, Dänemark und den Niederlanden gezeigt hat, werden aufgrund der Vergleichbarkeit im Folgenden auch nur diese drei Länder untersucht.

[104] Es konnten nur Korrelationen für Deutschland berechnet werden, da dieses Item in den anderen Ländern nicht erhoben wurde.

beispielsweise in der Skala zur Erhebung Individueller reflexiver Werte[105] (Hermann 2003 2008), aber ebenso auch in dem von Schwartz entwickelten Werteinventar *Portrait Value Questionnaire* (PVQ; Schwartz 2007; Schmidt et al. 2007).[106] Erwartungsgemäß korreliert Universalismus hoch signifikant (p < ,01) mit dem Toleranzitem. Zwar kann bei Koeffizienten von ,397 für die alten und ,390 für die neuen Bundesländer nicht davon gesprochen werden, dass beide Variablen dasselbe messen, aber die Nähe des Universalismus-Faktors zu allgemeiner Toleranz als Wert wird klar erkennbar,[107] vor allem wenn man bedenkt, dass die Korrelationen mit Akzeptanz/Ablehnung von Vielfalt (D-W: ,167; D-O: ,099) und Akzeptanz/Ablehnung von Muslimen (D-W: -,179; D-O: -,187) erheblich geringer ausfallen.

6   Zusammenfassung

In den durchgeführten Analysen hat sich erstens gezeigt, dass sich die Strukturen in der Wahrnehmung und Bewertung von religiöser Pluralität erheblich von jenen in Bezug auf die Evaluation von Muslimen unterscheiden. Zweitens ergeben sich bezogen auf mögliche Länderdifferenzen zwar zum Teil gleiche bzw. ähnliche Ergebnisse, aber es kann nicht von einer universellen Struktur gesprochen werden. Diese ist allerdings in beiden Teilen Deutschlands, in Dänemark und den Niederlanden in beiden Modellen identisch. Toleranz verstanden als universeller Respekt vor den religiösen Überzeugungen und Praktiken anderer lässt sich als eigenständige, wenn auch nicht vollkommen unabhängige, Orientierung nur in Bezug auf die abstraktere Ebene der Wahrnehmung von religiöser Vielfalt erkennen, wobei dies auch nur für vier der fünf untersuchten Länder gilt.

Bei den Beurteilungen von Muslimen werden tolerante Positionen der Duldung und der Achtung zwar ebenfalls insofern deutlich, als dass sie mit gewissen Einschränkungen in der Mitte des Faktors liegen, aber sie sind scheinbar tatsächlich nur als verschiedene Gewichtungen von Akzeptanz und Ablehnung zu verstehen, da alle Items nur einen Faktor ausbilden. Die hohen Korrelationen zwi-

---

[105] Die Frage lautete hier, wie wichtig es einem sei „auch solche Meinungen anerkennen, denen man eigentlich nicht zustimmen kann".

[106] Beim PVQ, bei dem die Befragten anhand einer Rating-Skala angeben sollen, wie ähnlich ihnen bestimmte Portraits von fiktiven Personen sind lautete die Formulierung des Items in der deutschen Version: „Es ist ihm wichtig, Menschen zuzuhören, die anders sind als er. Auch wenn er anderer Meinung ist als andere, will er sie trotzdem verstehen".

[107] Ein weiteres Indiz für Toleranz als eigenständiger Wertdimension liefern die Ergebnisse von Hermann (2003), der individuell projektive Werte nach Maag (1991) faktorenanalysierte, wobei die Subdimension „liberale Werte", unter der auch die Toleranz-Items subsumiert wurden, in zwei Faktoren aufgeteilt werden konnte, bei denen die Toleranz-Items einen eigenen Faktor gebildet haben (vgl. Hermann 2003: 368).

schen den beiden Akzeptanz/Ablehnungs-Faktoren und die vergleichsweise deutlich geringeren Zusammenhänge zwischen Akzeptanz/Ablehnung und Universalismus sprechen ebenfalls dafür, dass Toleranz in Bezug auf Muslime lediglich die Mittelposition zwischen Akzeptanz und Ablehnung darstellt. Dass der gefundene Universalismus-Faktor hingegen tatsächlich auf Wertvorstellungen von universeller Gleichberechtigung verweist, konnte durch die Korrelationen mit einem allgemeinen Toleranz-Item in der Art, wie es auch in klassischen Werteinventaren verwendet wird, nachgewiesen werden. Begrenzt wird der Respekt aber durch die geltenden Gesetze in einem Land, deren Einhaltung eingefordert wird. Von daher ist die Achtung eher als eine bedingte Achtung zu verstehen. Es wird außerdem deutlich, dass Toleranz die Wertschätzung von Pluralität keinesfalls zur Voraussetzung hat.

Insgesamt sprechen die Ergebnisse dafür, dass Toleranz als Ressource für die Vermeidung bzw. Lösung sozialer Konflikte nur bedingt vorhanden ist. Die Bereitschaft und Fähigkeit zur Anerkennung anderer als gleichberechtigt bei möglicher (partieller) Ablehnung ihrer Überzeugungen und Praktiken existiert zwar durchaus auf einer generelleren Ebene. Geht es jedoch um die konkrete Umsetzung einer solchen Achtung im Umgang mit Muslimen, so ist diese an eine Wertschätzung gebunden, was sich insbesondere in den Ergebnissen in Westdeutschland und den Niederlanden gezeigt hat.

Anhang: In den Faktorenanalysen verwendete Variablen

Tab. 7.2

„Die zunehmende Vielfalt von religiösen Gruppen in unserer Gesellschaft ist eine Ursache für Konflikte."; 4er-Skala (1 = stimme überhaupt nicht zu; 2 = stimme eher nicht zu; 3 = stimme eher zu; 4 = stimme stark zu)

„Ich würde mir wünschen, dass es in meiner Nachbarschaft eine größere Vielfalt an religiösen Gruppen/Organisationen gäbe, so dass ich zwischen den Angeboten wählen könnte."; 4er-Skala (1 = stimme überhaupt nicht zu; 2 = stimme eher nicht zu; 3 = stimme eher zu; 4 = stimme stark zu)

„Ich glaube, dass unser Land durch fremde Kulturen/Nationen bedroht ist."; 4er-Skala (1 = stimme überhaupt nicht zu; 2 = stimme eher nicht zu; 3 = stimme eher zu; 4 = stimme stark zu)

„Die zunehmende Vielfalt von religiösen Gruppen in unserer Gesellschaft stellt eine kulturelle Bereicherung dar."; 4er-Skala (1 = stimme überhaupt nicht zu; 2 = stimme eher nicht zu; 3 = stimme eher zu; 4 = stimme stark zu)

„Sofern sich die Ausländer an unsere Gesetze halten, kommt es nicht darauf an, welche Religion sie haben."; 4er-Skala (1 = stimme überhaupt nicht zu; 2 = stimme eher nicht zu; 3 = stimme eher zu; 4 = stimme stark zu)

„Man muss alle Religionen respektieren."; 4er-Skala (1 = stimme überhaupt nicht zu; 2 = stimme eher nicht zu; 3 = stimme eher zu; 4 = stimme stark zu)

„Alle religiösen Gruppen in (Land) sollten gleiche Rechte haben."; 4er-Skala (1 = stimme überhaupt nicht zu; 2 = stimme eher nicht zu; 3 = stimme eher zu; 4 = stimme stark zu)

Tab. 7.3

siehe Tab. 7.2

Tab. 7.4

„Die Zuwanderung von Muslimen nach (Land) sollte beschränkt werden."; 4er-Skala (1 = stimme überhaupt nicht zu; 2 = stimme eher nicht zu; 3 = stimme eher zu; 4 = stimme stark zu)

„Die Ausübung des islamischen Glaubens in (Land) muss stark eingeschränkt werden."; 4er-Skala (1 = stimme überhaupt nicht zu; 2 = stimme eher nicht zu; 3 = stimme eher zu; 4 = stimme stark zu)

„Die zunehmende Anzahl der Muslime in unserer Gesellschaft ist eine Ursache für Konflikte."; 4er-Skala (1 = stimme überhaupt nicht zu; 2 = stimme eher nicht zu; 3 = stimme eher zu; 4 = stimme stark zu)

„Die Muslime in (Land) müssen sich an unsere Kultur anpassen."; 4er-Skala (1 = stimme überhaupt nicht zu; 2 = stimme eher nicht zu; 3 = stimme eher zu; 4 = stimme stark zu)

„Mädchen sollten in der Schule ein Kopftuch tragen dürfen, wenn es ein Teil ihrer religiösen Tradition ist."; 4er-Skala (1 = stimme überhaupt nicht zu; 2 = stimme eher nicht zu; 3 = stimme eher zu; 4 = stimme stark zu)

„Ich hätte nichts dagegen, wenn für die von mir bevorzugte Partei ein Muslim kandidieren würde."; 4er-Skala (1 = stimme überhaupt nicht zu; 2 = stimme eher nicht zu; 3 = stimme eher zu; 4 = stimme stark zu)

„Der Islam passt durchaus in unsere westliche Welt."; 4er-Skala (1 = stimme überhaupt nicht zu; 2 = stimme eher nicht zu; 3 = stimme eher zu; 4 = stimme stark zu)

„Die zunehmende Anzahl der Muslime in unserer Gesellschaft stellt eine kulturelle Bereicherung dar."; 4er-Skala (1 = stimme überhaupt nicht zu; 2 = stimme eher nicht zu; 3 = stimme eher zu; 4 = stimme stark zu)

Kapitel 8

Das Verhältnis von Christen zu Muslimen und Atheisten: Zur Bedeutung von sozialer Kategorisierung und Identifikation im interreligiösen Vergleich

Nils Friedrichs

1 Einleitung

Die Unterschiede in den Bewertungen verschiedener Religionsgemeinschaften, wie sie sich gerade in den Haltungen zu Christen und Muslimen oder in den sich konträr gegenüberstehenden Bildern vom Islam und vom Christentum zeigten (vgl. Kapitel 1 von Detlef Pollack in diesem Buch) werfen die Frage nach interreligiösem Konfliktpotential auf. Dort, wo Menschen mit unterschiedlichen Weltdeutungsmustern aufeinander treffen, entsteht potentiell ein Spannungsfeld; dies dürfte insbesondere dann gelten, wenn die einzelnen religiösen Gruppen sich widersprechende letztgültige Erklärungsmuster vertreten, und somit im Bereich der Weltdeutung in Konkurrenz zueinander treten. Gleichzeitig existieren jedoch zahlreiche empirische Hinweise, die nahelegen, dass Konkurrenz zwischen Gruppen um materielle wie immaterielle Ressourcen intergruppale Spannungen zwar deutlich verstärken, aber keinesfalls als notwendige Voraussetzungen für Konflikte zwischen Gruppen angesehen werden können. Doch was sind die relevanten konfliktfördernden Bedingungen beim Intergruppenvergleich?

Ausgehend von sozialpsychologischen Theorien zu Intergruppenkonflikten wird hier die These vertreten, dass Prozesse der Generierung negativer Einstellungen maßgeblich auf Identifikation mit der Eigengruppe zurückzuführen sind, deren Ergebnis sich unmittelbar auf die Selbstevaluation des Individuums auswirkt. In diesem Zusammenhang soll die Bedeutung einer Identifikation mit dem Christentum im Hinblick auf die Bewertung von Christen, Muslimen und Atheisten diskutiert und auf ihre empirische Evidenz hin untersucht werden.

Da die Analyse auf der Ebene von Einstellungen angesiedelt ist, wird im theoretischen Abschnitt dieses Kapitels zunächst eine Bestimmung des Einstellungsbegriffs vorgenommen, bevor die Prozesse der Auf- und Abwertung von Gruppen ausführlich in den Blick genommen und zur Formulierung von Hypo-

thesen herangezogen werden. Im Anschluss erfolgen empirische Analysen. Neben der Frage, inwieweit eine Identifikation mit dem Christentum zu einer Bewertungsdifferenz zwischen der Eigen- und der Fremdgruppe führt, soll es vor
allem auch darum gehen, eben diese Fremdgruppe auf Basis der Bewertungen zu
rekonstruieren. Anders ausgedrückt: Treten Menschen, die sich mit dem Christentum identifizieren, in einen sozialen Vergleich mit anderen Religionen wie
dem Islam, so dass das Christentum auf- der Islam demgegenüber abgewertet
wird? Oder findet der Vergleich vielleicht zwischen religiösen und nichtreligiösen Menschen statt, so dass sich keine Bewertungsunterschiede zwischen Christen und Muslimen finden, wohl aber zwischen Christen und Atheisten?

2   Soziale Kategorisierung und sozialer Vergleich auf Basis von Einstellungen

In der Sozialpsychologie werden Einstellungen *(attitudes)* im Allgemeinen über
drei Komponenten definiert: „[A]ttitudes (1) have a topic (the object), (2) are
judgmental, or evaluative (favorable or unfavorable), and (3) are relatively long
lasting" (Gergen/Gergen 1986: 124). Das Einstellungsobjekt könne dabei allerdings völlig verschiedene Formen haben, es könne konkret oder abstrakt sein und
unbelebte Gegenstände, Personen oder Gruppen darstellen (vgl. Bohner 2002:
267). Im vorliegenden Beitrag werden die Einstellungen in Anlehnung an die
Klassifikation von Kenneth J. Gergen und Mary M. Gergen auf einer kognitiven
und einer evaluativen Dimension untersucht. Während in der evaluativen Dimension *unmittelbare* Bewertungen zum Ausdruck gebracht werden, thematisiert die
kognitive Dimension *mittelbare* Bewertungen über negativ oder positiv konnotierte Eigenschaftszuschreibungen zu einem Objekt (vgl. Stolz 2000: 77). Auch
bereits vorhandene Studien deuten an, dass negative Eigenschaftszuschreibungen
nicht unbedingt mit einer generellen negativen Bewertung einhergehen müssen
(vgl. Leibold/Kühnel 2006),[108] weshalb diese Differenzierung notwendig erscheint.
  Zur Erklärung von negativen Merkmalszuschreibungen und abwertenden
Einstellungen sollen in diesem Beitrag zwei sozialpsychologische Ansätze heran-

---

[108] Im Kontext der Untersuchung des Spannungsfeldes zwischen Islamkritik und Islamophobie
    finden Leibold und Kühnel mithilfe einer Clusterzentrenanalyse vier Einstellungstypen, von
    denen eine, die Optimistisch-kritischen, zwar Vorurteile dem Islam gegenüber hat, indem sie der
    Meinung ist, der Islam lehne Homosexualität grundsätzlich ab, sich zugleich aber offen für
    Pluralität zeigt (vgl. Leibold/Kühnel 2006: 105).

gezogen werden, bei denen Prozesse von Auf- und Abwertung auf der Ebene von Intergruppenbeziehungen angesiedelt sind (vgl. Zick 1997: 54).[109]

Zum einen soll hier erneut die *Social Identity Theory* nach Tajfel (1981) Anwendung finden,[110] die davon ausgeht, dass Gruppenzugehörigkeiten einen bedeutenden Aspekt der Identität des Individuums ausmachen, weshalb die Bewertung der eigenen Gruppe Auswirkungen auf den Selbstwert des Individuums hat (vgl. Tajfel 1981: 254). Die über die Identifikation mit der Eigengruppe entstehende Integration der Gruppenzugehörigkeit in das Selbst-Konzept[111] des Einzelnen sorge dafür, dass die Eigengruppe aufgewertet werden müsse (*ingroup-bias*), was Tajfel als soziale Kategorisierung bezeichnet (vgl. Tajfel/Turner 1986: 16). Tajfel belegt diese Annahme in einer Reihe von Minimalgruppen-Experimenten.[112] Die Social Identity Theory stellt eine Weiterentwicklung der *Realistic Group Conflict Theory*[113] von Muzafer Sherif (1970) dar, indem intergruppale Konflikte primär auf die Identifikation mit der Eigengruppe zurückgeführt werden und nicht auf die Konkurrenz um Ressourcen, so dass „the institutionalization, explicitness, and objectivity of an intergroup conflict are not necessary conditions for behavior in terms of ‚group' extreme" (vgl. Tajfel/Turner 1986: 8).[114]

Die Überlegungen von Tajfel wurden in dem von Ammélie Mummendey und Thomas Kessler entwickelten *Eigengruppen-Projektions-Modell* entscheidend erweitert, das den zweiten hier zu verwendenden Ansatz darstellt. Auch sie gehen genau wie Tajfel davon aus, dass eine geringe Mobilität in der Gruppenzugehörigkeit (*social mobility*) und die Integration dieser Gruppenzugehörigkeit in das Selbst-Konzept des Individuums notwendige Bedingungen für Intergruppenvergleiche darstellen (vgl. Kapitel 3 von Detlef Pollack). Darüber hinaus

---

[109] Individuellen Dispositionen wird bei diesen Ansätzen nur bezüglich der *Stärke* von positiven oder negativen Einstellungen zu anderen Gruppen Bedeutung beigemessen (vgl. Sherif 1970: 13).

[110] Vgl. hierzu auch Kapitel 3 in diesem Buch.

[111] In der Sozialpsychologie wird das Selbst-Konzept allgemein als die Summe der vom Individuum subjektiv wahrgenommenen Eigenschaften bezogen auf das eigene Selbst verstanden (vgl. Smith/Mackie 2007: 96).

[112] In der klassischen Variante, in der die Probanden zufällig in Gruppen aufgeteilt wurden und beliebig Geld an die Eigen- oder die Fremdgruppe verteilen sollten, stellte Tajfel fest, dass die Erzeugung einer maximalen Differenz zwischen den Gruppen angestrebt wurde (vgl. Tajfel et al. 1971: 172). Ebenso erwies sich die Ähnlichkeit der Gruppenmitglieder gegenüber dem Wissen um die eigene Zugehörigkeit als weniger bedeutsam (vgl. Billig/Tajfel 1973: 47-48).

[113] Für eine Darlegung der zentralen Annahmen der Realistic Group Conflict Theory vgl. Kapitel 5 in diesem Buch.

[114] Tajfel leitet diese These von der Tatsache ab, dass sich in Sherifs *Summer Camp Studies* die Identifikationen mit der Eigengruppe nicht nur unter Konkurrenzbedingungen (z.B. sportliche Wettkämpfe) bildete, sondern es zeigten sich im Anschluss an die Einteilung in Gruppen generell Tendenzen zur Präferenz der Eigen- gegenüber der Fremdgruppe.

komme es aber vor allem darauf an, dass die Fremdgruppe im sozialen Vergleich als relevante Vergleichsgruppe wahrgenommen werde. Dies sei der Fall, wenn beide Gruppen „als zugehörig zu einer gemeinsamen (übergeordneten) Kategorie wahrgenommen werden" (Mummendey/Kessler 2008: 517).[115] Das Vorhandensein einer solchen *Inklusivkategorie* entscheide überhaupt erst darüber, ob es zu einem sozialen Vergleich zwischen Gruppen kommt, denn die positive Evaluation der Eigengruppe werde generalisierend auf die übergeordnete Kategorie übertragen, die Fremdgruppe, die ebenfalls Teil der Inklusivkategorie ist, erscheine dann als weniger prototypisch für diese Kategorie. Somit sei der primäre Effekt die Aufwertung der Eigengruppe, die Diskriminierung der Fremdgruppe geschehe erst in einem zweiten, nachgeordneten Schritt (vgl. Mummendey/Kessler/Otten 2009: 47). Dieser Ansatz thematisiert also die Frage, auf welcher Ebene die Abgrenzung der Eigen- von der Fremdgruppe vorgenommen wird, wenn verschiedene Inklusivkategorien in der sozialen Realität für Gruppenvergleiche vorstellbar sind.

3   Religion als Merkmal für soziale Kategorisierung

Bevor die Religion als Merkmal für soziale Gruppenvergleiche untersucht werden kann, gilt es zunächst zu klären, inwieweit die drei genannten Axiome einer geringen sozialen Mobilität, der Integration der Gruppenzugehörigkeit in das Selbst-Konzept und dem Vorhandensein von Vergleichsgruppen, die sich in Bezug auf das Merkmal Religion unterscheiden, als erfüllt angesehen werden können.

Zur sozialen Mobilität: Obgleich es grundsätzlich möglich ist, die religiöse Zugehörigkeit zu wechseln, scheint die soziale Mobilität in den untersuchten europäischen Ländern relativ gering zu sein. So geben im *International Social Survey Programme* (ISSP) von 2008 zwischen 95 und fast 99 % der Katholiken in Deutschland, Frankreich, den Niederlanden und Portugal an, bereits in dieser Religion aufgewachsen zu sein. Auch bei den Protestanten sind es mit knapp 85 bis gut 92 % in Deutschland, Dänemark und den Niederlanden nur geringfügig weniger, auf die dies zutrifft. Zudem wird die Religionszugehörigkeit nicht situativ geändert, so dass zumindest eine mittelfristige Stabilität angenommen werden kann.

---

[115] Eine bedeutsame Voraussetzung in diesem Modell liegt in der Annahme, dass soziale Gruppen (Kategorien) immer hierarchisch strukturiert sind, so dass jede Gruppe einerseits in unterschiedliche Subgruppen gegliedert werden kann, andererseits kann sie auch eine Subgruppe für eine übergeordnete Kategorie darstellen.

Die Integration der Religionszugehörigkeit in das Selbst-Konzept, das zweite umschriebene Kriterium, kann dagegen weniger selbstverständlich angenommen werden, da die Gruppenmitglieder im Falle einer Religionsgemeinschaft untereinander nicht mehr unbedingt über Face-to-Face-Kontakte verfügen und eine Identifikation mit der eigenen Religion in Europa im Zuge fortschreitender Säkularisierungsprozesse zumindest nicht mehr als selbstverständlich betrachtet werden kann.[116] Dennoch spricht eine Reihe von empirischen Untersuchungen im europäischen Raum zumindest für eine partielle Identifikation mit dem Christentum.

Laut den Ergebnissen von Detlef Pollack identifizieren sich etwa zwei Drittel der west- und immerhin ein Viertel der ostdeutschen Bevölkerung mit dem Christentum (vgl. Pollack 2009: 126). Diese Identifikation darf jedoch nicht mit einer individuellen religiösen Bindung gleichgesetzt werden. So macht Gert Pickel deutlich, dass zwar eine starke christliche Prägung in Europa feststellt werden kann, diese habe allerdings primär das soziale Engagement der christlichen Kirchen im Blick (vgl. Pickel 2009: 99). Nach Olaf Müller werde „der europäische Kulturraum von den meisten Menschen durchaus als (christlich-) religiös geprägt angesehen". Dies gelte insbesondere in Bezug auf die „Verdienste um den kulturellen und sozialen Zusammenhalt", dessen Würdigung eine kritische Betrachtung der Religion aber keinesfalls ausschließe (Müller 2013: 185).

Insgesamt darf in Europa davon ausgegangen werden, dass ein beachtlicher Teil der Bevölkerung sich durchaus mit dem Christentum identifiziert, was jedoch nicht notwendigerweise Rückschlüsse auf das Maß an Religiosität zulässt. Hier ist gewiss mit länderspezifischen Differenzen aufgrund unterschiedlicher historischer Entwicklungen zu rechnen.[117] Die dargestellten Ergebnisse deuten auf eine christlich-*kulturelle* Prägung hin, über die ein Großteil der Menschen noch zu verfügen scheint. Es scheint daher sinnvoll zu sein, diese kulturelle Prägung von einer christlich-*religiösen* Prägung zu unterscheiden. Neben der

---

[116] Säkularisierung wird hier im Sinne Peter L. Bergers verstanden, der davon ausgeht, dass die Religion in der Moderne ihren Charakter „objektiver Wirklichkeit im Bewusstsein" und somit „die Selbstverständlichkeit intersubjektiver Plausibilität" (Berger 1973: 144) zunehmend verliert, was unmittelbar Implikationen für eine rückläufige Identifikation mit religiösen Inhalten beinhaltet. Dabei geht es in Anlehnung an Karel Dobbelaere um jene Säkularisierung, die auf der Individualebene stattfindet (vgl. Dobbelaere 1999: 236-243).

[117] So weist Sipco Vellenga etwa darauf hin, dass mit der Auflösung der Säulenstruktur in den Niederlanden auch die Selbstbeschreibung als Christ bzw. Protestant abgenommen habe (vgl. Vellenga 2003: 203), und Solange Wydmusch geht in einem deutsch-französischen Vergleich von einer stärkeren Verbundenheit der Deutschen mit ihrer Religionszugehörigkeit aus, da diese nicht wie im laizistischen Frankreich zur reinen Privatsache erklärt worden sei (vgl. Wydmusch 2001: 12).

objektiven *Zugehörigkeit* zum Christentum sollen für die Erklärung von Bewertungsdifferenzen zwischen Gruppen daher auch eine *religiöse* und eine eher *kulturelle* Form der Identifikation mit dem Christentum in den Blick genommen werden.

Zuletzt gilt es zu diskutieren, unter welcher inklusiven Kategorie die Religionszugehörigkeit für einen intergruppalen sozialen Vergleich relevant werden könnte. Auch empirisch scheint die Frage nach dem Referenzrahmen für einen sozialen Vergleich keinesfalls klar zu sein. In der klassischen Untersuchung von Gordon Allport und J. Michael Ross (1967: 441) weisen regelmäßige Gottesdienstbesucher zumindest mehr ethnische Vorurteile auf, als Menschen, die nicht in die Kirche gehen. Es könne den Religiösen jedoch nicht generell eine geringere Toleranz attestiert werden, vielmehr müsse die Ambivalenz der Religion in den Blick genommen werden. So könne nach Müller (2003: 189) von dem alleinigen Toleranzgebot der Religion noch nicht auf seine alltagspraktische Befolgung geschlossen werden und Religionen würden auch stets Abgrenzungsfunktionen erfüllen und immer auch die Gefahr einer exklusiv-religiösen Position beinhalten. Küpper und Zick finden in der aktuellen GFE-Europe Studie unter anderem bei Kirchgängern eine erhöhte Ablehnung von verschiedenen Randgruppen, wobei dieser Zusammenhang bei negativen Einstellungen zu Muslimen relativ gering ausfällt (vgl. Küpper/Zick 2010: 44). Gleichzeitig deuten andere Untersuchungen der jüngsten Zeit auf Basis der Daten des Religionsmonitors 2008 an, dass Religiosität auch toleranzfördernd sein kann. Volkhard Krech stellt bei Nichtreligiösen insgesamt weniger Zustimmung zu Aussagen, die den Wert verschiedener Religionen betonen, fest (vgl. Krech 2007: 39).[118] Huber und Krech (2009: 74) kommen zu dem Ergebnis, dass die religiöse Zugehörigkeit die Aufgeschlossenheit für religiöse Vielfalt fördert, was sie darauf zurückführen, dass die Wahrscheinlichkeit einer Auseinandersetzung mit Religion sich mit dem Vorhandensein einer eigenen religiösen Position erhöht.[119] Die Mehrzahl der neueren Forschungsergebnisse deutet tendenziell eher auf eine Solidarisierung Angehöriger verschiedener Religionen hin. Dabei ist jedoch nicht klar, ob diese Solidarisierung tatsächlich auch zu einer Abgrenzung von säkularen Menschen

---

[118] Ob sich dieser Befund auch in Bezug auf Einstellungen zum Islam bestätigt, ist insofern interessant, als dass die Einschätzung José Casanovas auf den Prüfstand gestellt würde, der die These vertritt, die Grenze der säkularen Toleranz sei erreicht, sobald es um den Islam gehe (vgl. Casanova 2007: 64).

[119] Bei den Modellen von Huber/Krech sind allerdings einige Einschränkungen in Bezug auf die abhängige Variable zu nennen. Diese besteht aus den Aussagen „Für mich hat jede Religion einen wahren Kern" und „Ich finde, man sollte gegenüber allen Religionen offen sein" (vgl. Huber 2009: 28). Nichtreligiösen Befragten dürfte es schwerfallen der ersten Aussage zuzustimmen, da diese eine gewisse religiöse Bindung voraussetzen dürfte. Insofern erscheint dieser Befund etwas tautologisch.

führt. Da die Analysen des Religionsmonitors sich zudem auf die Bewertung von religiöser Pluralität konzentrieren, bleibt zunächst auch die Frage offen, ob Christen beim Vergleich zwischen ihrer eigenen Religion und dem Islam als einer konkreten anderen Religion nicht doch Bewertungsunterschiede erkennen lassen.

Insofern kommen bei einer Identifikation mit dem Christentum sowohl Muslime als religiöse Fremdgruppe als auch Atheisten als weltanschauliche Fremdgruppe in Frage. Daher sollen zwei zentrale, komplementäre Hypothesen formuliert werden, die von unterschiedlichen Inklusivkategorien ausgehen. Findet der soziale Vergleich unter der Inklusivkategorie „Religion" statt, so sollte die Identifikation mit dem Christentum zur Aufwertung von Christen und dem Christentum bei gleichzeitiger Abwertung von Muslimen und dem Islam führen. Vergleichen Menschen, die sich mit dem Christentum identifizieren, jedoch eher religiöse mit säkularen Weltanschauungen, so sollte sich dies an einer positiven Evaluation sowohl der Christen/dem Christentum als auch der Muslime/dem Islam in Kombination mit einer Distanzierung gegenüber Atheisten zeigen.

H1: Christen und Menschen, die sich mit dem Christentum identifizieren, werten das Christentum als Eigengruppe auf, der Islam und Muslime werden als Fremdgruppe betrachtet und abgewertet.
H2: Christen und Menschen, die sich mit dem Christentum identifizieren, werten religiöse Gruppen und deren Angehörige auf und grenzen sich demgegenüber von Atheisten ab, indem diese abgewertet werden.

Um die beiden zentralen Hypothesen (gegeneinander) zu testen, werden die drei bereits angesprochenen Merkmale „religiöse Zugehörigkeit", „religiöse Identifikation mit dem Christentum" und „kulturelle Identifikation mit dem Christentum" verwendet. Während die Zugehörigkeit vor allem durch eine geringe soziale Mobilität gekennzeichnet ist, kann in Bezug auf eine Integration ins Selbst-Konzept bei diesem Merkmal lediglich von Möglichkeitsbedingungen für eine Identifikation gesprochen werden. Ob über die Zugehörigkeit überhaupt eine Form von Identifikation gemessen werden kann und welcher Art diese ist, kann an dieser Stelle folglich nicht abschließend bestimmt und höchstens im Nachhinein rekonstruiert werden. Bei der Zugehörigkeit werden Christen mit Konfessionslosen verglichen, andere religiöse Zugehörigkeiten werden hingegen aus der Betrachtung ausgeschlossen.[120] Die kulturelle und die religiöse Identifikation

---

[120] Die Antwortausprägungen „römisch-katholisch", „evangelisch", „evangelisch-freikirchlich", „orthodox" und „andere christliche Kirche" wurden dabei zu „christlich" zusammengefasst, „konfessionslos" blieb erhalten, „Islam" und „andere nicht-christliche Religionsgemeinschaft" wurden aus der Analyse ausgeschlossen.

zeichnen sich hingegen primär durch die Integration ins Selbstkonzept aus, die Frage nach der Stabilität muss hingegen weitestgehend offen bleiben. Als Indikator für die religiöse Identifikation wurde die Kirchgangshäufigkeit[121] einbezogen.[122] Einer christlich-kulturellen Prägung soll schließlich über die Zustimmung zu der Aussage „Das Christentum ist das Fundament unserer Kultur"[123] Rechnung getragen werden.

Um nun zu überprüfen, ob sich Christen eher mit Muslimen vergleichen (H1), oder ob eher Atheisten als relevante Fremdgruppe (H2) verstanden werden, sollen weitere, spezifischere Annahmen formuliert werden. Diese beziehen sich dementsprechend entweder auf den Vergleich unter der Inklusivkategorie „Religion" (H1) oder aber auf jenen unter der Inklusivkategorie „Weltanschauung" (H2) und sind einander somit je entgegengesetzt. Wie bereits geschildert, fand Tajfel in seinen Studien heraus, dass das Wissen um die Gruppenzugehörigkeit zu einer Differenzmaximierung zwischen Eigen- und Fremdgruppe führte. Das Christentum stellt jedoch lediglich für Christen, nicht aber für Konfessionslose die (objektive) Eigengruppe dar. In einem Vergleich von Christen mit Muslimen (H1) kann daher davon ausgegangen werden, dass Angehörige des Christentums ihre eigene Gruppe, nämlich die Christen, aufwerten und die Muslime als Fremdgruppe abwerten, um eine maximale Differenz zwischen beiden Gruppen herzustellen. Da konfessionsungebundene Befragte Christen vermutlich eher nicht als Eigengruppe verstehen, ist anzunehmen, dass keine Aufwertung von Christen in dieser Weise stattfindet, so dass geringere Unterschiede in der Bewertung von Christen und Muslimen erwartet werden können.

Vergleichen Christen ihre Weltdeutung jedoch eher mit säkularen, so sollte sich bei Christen eine größere Bewertungsdifferenz zwischen Christen und Atheisten zeigen, als dies bei Konfessionslosen der Fall ist. Entsprechend können die Hypothesen H1.1 und H2.1 formuliert werden.

H1.1: Die Bewertungsdifferenz zwischen dem Christentum (bzw. Christen) und dem Islam (bzw. Muslimen) ist bei Christen stärker als bei Konfessionslosen.

H2.1 Die Bewertungsdifferenz zwischen Christen und Atheisten ist bei Christen stärker als bei Konfessionslosen.

---

[121] Die Ausprägungen der Variable waren „nie", „seltener als einmal im Jahr", „genau einmal im Jahr", „mehrmals im Jahr", „ungefähr einmal im Monat", „2-3 mal im Monat" und „jede Woche oder öfter".

[122] Es muss bei dieser Variable berücksichtigt werden, dass sie nicht nur als Indikator für eine religiöse Identifikation, sondern gleichsam als Indikator für Religiosität betrachtet werden kann. Somit kann abschließend nicht bestimmt werden, ob die Ursache möglicher Effekte primär in der Identifikation mit der Eigengruppe oder vielmehr in der Religiosität liegen.

[123] Die Variable wurde auf einer vierstufigen Skala von 1 = „stimme überhaupt nicht zu" bis 4 = „stimme stark zu" erhoben.

Theoretisch sollte eine mögliche Bewertungsdifferenz zwischen Eigen- und Fremdgruppe primär durch die Aufwertung der Eigengruppe (*in-group-bias*) und sekundär durch die Abwertung der Fremdgruppe entstehen. Daher wird postuliert, dass die Zugehörigkeit zum Christentum in jedem Falle positive Sichtweisen auf das Christentum fördert, zugleich – wenn auch in etwas schwächerem Maße – zu negativen Beurteilungen von Muslimen führt, falls ein interreligiöser Vergleich vorliegt. Im Falle eines sozialen Vergleichs zwischen religiösen und nichtreligiösen Weltdeutungen, sollte die Zugehörigkeit hingegen negative Einstellungen zu Atheisten befördern.

H1.2: Die Zugehörigkeit zum Christentum führt zu einem positiven Bild vom Christentum und zu einem negativen Islambild und negativen Haltungen gegenüber Muslimen.
H2.2: Die Zugehörigkeit zum Christentum fördert eine positive Bewertung von Christen und führt zu negativen Einstellungen gegenüber Atheisten.

Die Effekte auf die Bewertung der Eigengruppe sowie auf die Bewertung der Fremdgruppe sollen auch auf Basis einer religiösen und kulturellen Identifikation mit dem Christentum untersucht werden. Da bei diesen beiden Identifikationsformen eher als bei der Zugehörigkeit davon ausgegangen werden kann, dass sie einen Bestandteil des Selbst-Konzepts darstellen, wird angenommen, dass eine religiöse Identifikation mit dem Christentum die Aufwertung des Christentums (bzw. Christen) und die Abwertung entweder des Islam (bzw. Muslimen) oder der Atheisten stärker fördern als die reine Zugehörigkeit. Im Falle einer kulturellen Identifikation werden hingegen lediglich starke Effekte bei einem interreligiösen Vergleich erwartet, da es unplausibel erscheint, dass Atheisten als kulturell fremde Gruppe wahrgenommen werden.

H1.3: Gottesdienstbesuch fördert negative Bewertungen von Muslimen und dem Islam in einem stärkeren Maße, als die Religionszugehörigkeit.
H1.4: Christlich-kulturelle Identifikation hat einen stärkeren negativen Einfluss auf die Bewertung des Islam und der Muslime als die Religionszugehörigkeit.
H2.3: Kirchgang fördert negative Einstellungen zu Atheisten in einem stärkeren Maße als dies bei der Zugehörigkeit zum Christentum der Fall ist.

Zur Messung der Merkmalszuschreibungen wurde den Befragten eine Liste mit neun „Images" vorgelegt, bei denen sie angeben sollten, ob sie das betreffende Merkmal mit dem Islam und dem Christentum assoziieren. Diese Eigenschaften waren Fanatismus, Gewaltbereitschaft, Engstirnigkeit, Benachteiligung der Frau, Rückwärtsgewandtheit, Friedfertigkeit, Toleranz, Solidarität und Achtung der

Menschenrechte. Die Variablen sind dichotom, so dass bei jeder der beiden Religionsgemeinschaften bis zu neun Merkmale benannt werden konnten. Es wird bei diesen Eigenschaftszuschreibungen angenommen, dass die ersten fünf negative Konnotationen haben, die letzten vier hingegen positiv besetzt sind.[124] Diese Konnotationen explizieren also Werturteile über die jeweilige Gruppe. Da für die Vergleichbarkeit in den nachfolgenden Analysen die gleiche Anzahl negativer und positiver Images verwendet werden sollte, wurde das Merkmal „Rückwärtsgewandtheit" aus der Analyse ausgeschlossen. Es wurde dieses Item ausgewählt, da es ein negatives Werturteil im Vergleich mit den vier anderen negativen Eigenschaften am schwächsten ausdrückt. Die Häufigkeiten der Nennungen der übrigen positiv und negativ besetzten Merkmale wurden getrennt und jeweils für den Islam und das Christentum zu einem Index summiert. Für beide Religionsgemeinschaften gilt also bei den positiven ebenso wie bei den negativen Eigenschaften eine mögliche Variation von null bis zu vier Nennungen. Die Berechnung des Index wurde ausschließlich auf Basis der Unterscheidung „positive/negative Konnotation" vorgenommen. Dass die verschiedenen Images zum Teil sehr unterschiedliche Eigenschaften beschreiben, bleibt unberücksichtigt. Neben den Zuschreibungen zu beiden Religionsgemeinschaften werden die generellen Haltungen[125] zu Christen, Muslimen und Atheisten betrachtet. Dabei gilt es jedoch zu beachten, dass die Haltungen zu den Angehörigen nicht unmittelbar mit den Eigenschaftszuschreibungen zu einer Religionsgemeinschaft verglichen werden können. Dabei dürfte der größte Unterschied in der Tatsache liegen, dass die Haltungsfragen auf eine Bewertung von Menschen zielen. Darüber hinaus wird das Werturteil – wie oben bereits erwähnt – bei den Assoziationen mit dem Islam und dem Christentum nur indirekt ausgedrückt.

Zur Testung der aufgestellten Hypothesen wird auf zwei statistische Verfahren zurückgegriffen. Die Effekte sozialer Kategorisierungsprozesse, also einer Bewertungsdifferenz bezogen auf die jeweiligen Gruppen, sollen mithilfe von Kreuztabellen[126] untersucht werden. Dabei geht es um den Zusammenhang zwischen einem konsistent positiven Bild vom Christentum und einem konsistent negativen Bild des Islam, sowie um den Zusammenhang zwischen den Haltungen zu Christen zum einen mit den Haltungen zu Muslimen und zum anderen mit jenen zu Atheisten jeweils differenziert nach Christen und Konfessionslosen. Zur Testung der Frage, inwieweit die Gruppenzugehörigkeit und die religiöse und kulturelle Identifikation auf der einen Seite zu einem *in-group-bias* führen,

---

[124]   In der Erhebung sind negative und positive Eigenschaften gemischt abgefragt worden.
[125]   Die Haltungen wurden auf einer vierstufigen Skala von 1 = „sehr negativ" bis 4 = „sehr positiv" erhoben.
[126]   Die in den Kreuzauswertungen gefundenen Zusammenhänge wurden mithilfe eines Chi-Quadrat-Tests auf Signifikanz überprüft.

und auf der anderen Seite die Bildung von negativen Einstellungen und Merkmalszuschreibungen zur jeweiligen *outgroup* fördern, wurde auf lineare hierarchische Regressionsmodelle[127] zurückgegriffen. Da in den Überlegungen ein stärkerer Einfluss der religiösen und kulturellen Identifikation gegenüber der Zugehörigkeit angenommen wurde, werden die Prädiktoren in den Modellen in zwei Schritten aufgenommen: Im ersten Schritt wird lediglich die Religionszugehörigkeit berücksichtigt, in einem zweiten Schritt sollen schließlich noch zusätzlich der Kirchgang und die Frage, inwieweit man der Ansicht sei, das Christentum sei das Fundament unserer Kultur, als Prädiktoren aufgenommen werden.

4 Ergebnisse

Betrachtet man die Häufigkeitsauszählungen der abgefragten Images, so scheinen die assoziierten Bilder vom Islam jenen vom Christentum geradezu diametral gegenüber zu stehen (vgl. Kapitel 1 in diesem Band). Die Häufigkeiten legen die Vermutung nahe, dass dem Islam in dem Maße negative Eigenschaften zugeschrieben werden, in dem das Christentum positiv gesehen wird. Es stellt sich jedoch die Frage, als wie homogen die Assoziationen mit dem Islam und dem Christentum gelten können. Sowohl die Social Identity Theory als auch das Eigengruppen-Projektions-Modell gehen von einer Homogenisierung sowohl auf die Eigen- als auch auf die Fremdgruppe bezogen aus, so dass Differenzen innerhalb der Gruppen zugunsten von Differenzen zwischen den Gruppen unterschätzt werden. Entsprechend muss untersucht werden, ob sich tatsächlich ein homogen positives Bild vom Christentum und ein homogen negatives Bild vom Islam zeigen, oder ob die Wahrnehmung beider Religionsgemeinschaften vielmehr als ambivalent zu bezeichnen ist. Setzt man positive und negative Eigenschaftszuschreibungen zum Islam auf Basis des gebildeten Indexes miteinander in Beziehung, so wird deutlich, dass man es in Westdeutschland mit einem relativ homogenen negativen Gesamtbild zu tun hat (vgl. Tab. 8.1).

---

[127] Für eine Erläuterung des Verfahrens vgl. Kapitel 2 in diesem Buch.

Tab. 8.1: Kreuztabelle: Positive und negative Merkmale des Islam (Westdeutschland)

		negative Merkmale des Islam					
		0	1	2	3	4	gesamt
	0	5,2	11,4	13,2	21,0	32,3	83,1
positive	1	1,1	1,8	1,4	3,0	2,6	9,9
Merkmale	2	0,6	0,7	0,9	1,0	1,1	4,1
des Islam	3	0,7	0,1	0,2	0,2	0,4	1,5
	4	0,7	0,1	0,1	0,0	0,5	1,3
gesamt		8,2	14,1	15,8	25,1	36,8	100,0

Alle Angaben in %.

Als Kriterium für die Homogenität eines negativen Bildes wurde festgelegt, dass mindestens zwei negative aber nur maximal ein positives Merkmal benannt werden durfte. Umgekehrt gelten diese Kriterien entsprechend auch für die Bestimmung eines insgesamt positiven Bildes vom Christentum im Sinne des *in-group-bias*. Es muss also jeweils mindestens ein Verhältnis von 2 zu 1 vorliegen. Der Bereich, in dem auf Basis der genannten Kriterien von einem homogen negativen Gesamtbild des Islam gesprochen werden kann, ist in Tab. 8.1 fett umrandet dargestellt. 74 % der Westdeutschen weisen ein solch konsistent negatives Islambild auf. Zwei Drittel (67 %) benennen nicht einmal eine einzige positive Eigenschaft des Islam. Legt man die oben beschriebenen Kriterien für ein konsistent negatives Islambild auch im internationalen Vergleich an, so ist das Bild der Deutschen zwar nochmals deutlich negativer, aber auch in Dänemark und den Niederlanden verfügt die Hälfte der Befragten über ein konsistent negatives Bild vom Islam.[128] In Frankreich und Portugal sind es mit 41 und 38 % etwas weniger. Verglichen mit Deutschland findet sich in Dänemark, den Niederlanden, Frankreich und Portugal jedoch ein erheblich größerer Anteil von Menschen, die dem Islam wenigstens eine positiv konnotierte Eigenschaft zuschreiben, so dass es sich eher um ein abgeschwächtes negatives Bild handelt.

In Bezug auf ein positives Gesamtbild vom Christentum weicht Deutschland nicht in der Weise von den anderen Ländern ab, wie beim negativen Islambild. Über ein positives Christentumsbild verfügen zwischen 46 % (Niederlande) und 65 % (Dänemark) der Befragten,[129] wobei sich auch hier mit Ausnahme der

---

[128] Ostdeutschland: 74 %, Dänemark: 57 %, Niederlande: 51 %.
[129] Westdeutschland: 59 %, Ostdeutschland: 48 %, Frankreich: 53 %.

Niederlande bei der überwiegenden Mehrheit ein stark positives Bild feststellen lässt. Es stellt sich nun die Frage, ob ein konsistent positives Bild vom Christentum mit einem konsistent negativen Bild des Islam zusammenhängt,[130] und ob die Stärke dieses Zusammenhangs in Gruppenvergleichen zwischen Christen und Konfessionslosen variiert. Um tatsächlich von sozialer Kategorisierung, also einer Aufwertung der Eigengruppe und einer Abwertung der Fremdgruppe sprechen zu können, wird in den nachfolgenden deskriptiven Analysen nur auf diejenigen eingegangen, die a) ein stark positives Bild (2-4 positive Merkmale; kein negatives) oder b) ein schwach positives Bild (2-4 positive Merkmale; 1 negatives) vom Christentum besitzen und gleichzeitig a) ein stark negatives oder b) ein schwach negatives Bild vom Islam haben. Diejenigen, die eher ein ambivalentes Bild vom Christentum und/oder vom Islam aufweisen, werden also nicht näher betrachtet, da sich bei diesen Befragten keine klaren Auf- oder Abwertungen nachweisen lassen. Doch auch bei dieser Analyse bedarf es Kriterien, ab wann von sozialer Kategorisierung gesprochen werden kann. Dabei wird zwischen drei Graden der sozialen Kategorisierung unterschieden. Fällt ein stark negatives Islambild (2-4 negative; 0 positive Merkmale) mit einem stark positiven Bild vom Christentum (2-4 positive; 0 negative Merkmale) zusammen, so soll von starker sozialer Kategorisierung (im Sinne der Social Identity Theory) gesprochen werden, weil die Markierung der Differenz zwischen dem Islam und dem Christentum in diesem Fall am größten ist. Tritt hingegen ein schwach negatives Islambild (2-4 negative; 1 positives Merkmal) mit einem lediglich schwach positiven Christentumsbild (2-4 positive; 1 negatives Merkmal) auf, so liegt auch lediglich eine schwache soziale Kategorisierung vor.[131] Die Klassifikation als mittel starke soziale Kategorisierung ergibt sich schließlich aus der Zuschreibung von ausschließlich negativen Merkmalen zum Islam in Kombination mit einem negativen Image des Christentums und umgekehrt.

---

[130] Für die Kreuztabellen wird vor allem deswegen der Zusammenhang zwischen konsistenten Bildern untersucht, da insbesondere bei den Befragten in Dänemark mit 15 %, in Portugal mit 18 % und den Niederlanden sogar mit knapp 30 % zwei bis vier positive Merkmalszuschreibungen mit gleichzeitig zwei bis vier negativen Christentumseigenschaften einhergehen, so dass insgesamt eher von einem ambivalenten als von einem positiven Bild vom Christentum gesprochen werden müsste.

[131] Diese Unterscheidung erscheint sinnvoll, um einer möglichen Ambivalenz in Bezug auf eine klare Bewertungsdifferenz von Eigen- und Fremdgruppe Rechnung tragen zu können.

Abb. 8.1: Soziale Kategorisierung: Anteil derjenigen, die positive Bilder des Christentums mit gleichzeitig negativen Bildern des Islam vertreten, differenziert nach Religionszugehörigkeit[132]

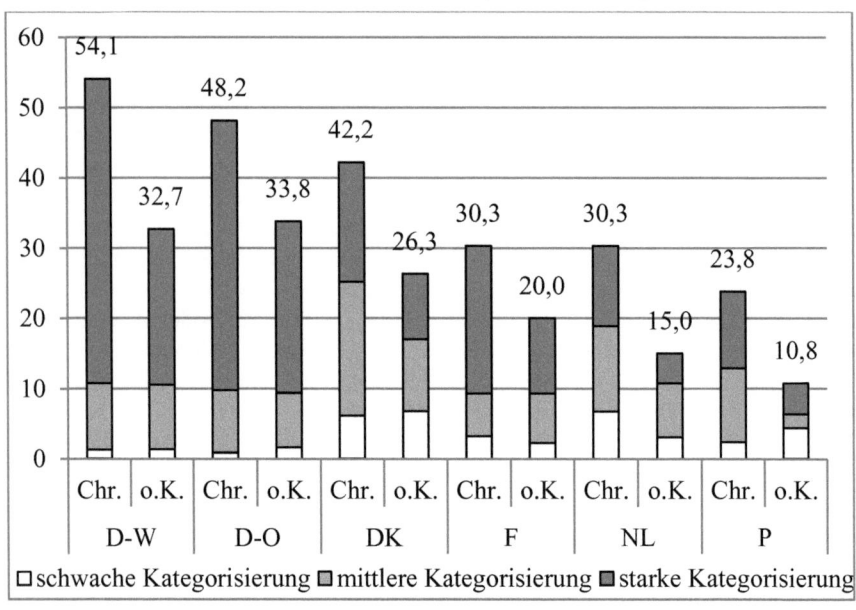

Chr.: Christen; o.K.: ohne Konfessionszugehörigkeit; alle Angaben in %.

Ohne Differenzierung nach der Zugehörigkeit zum Christentum zeigt sich bereits in allen untersuchten Ländern ein beachtenswerter Anteil von Menschen, bei denen eine positive Gesamtsicht auf das Christentum mit einer negativen Vorstellung vom Islam zusammenhängt.[133] Die nun anschließende zentrale Frage ist jedoch, ob die Aufwertung des Christentums und die Abwertung des Islam bei Christen stärker zu finden ist als bei Konfessionslosen (H1.1). In der Tat weisen Christen in allen Ländern ein deutlich stärkeres Ausmaß an sozialer Kategorisierung auf, als dies bei Konfessionslosen der Fall ist. Abb. 8.1 gibt in jedem Land den Anteil der Christen und Konfessionslosen wider, bei denen eine konsistent

---

[132] In der Grafik ist lediglich der Anteil dargestellt, bei dem nach den oben beschriebenen Kriterien von sozialer Kategorisierung gesprochen werden kann.

[133] Dabei sind jedoch deutliche Länderdifferenzen zu entdecken. In Westdeutschland kategorisieren 48 % der Befragten, in Ostdeutschland und Dänemark sind es fast 40 %, in Frankreich, den Niederlanden und Portugal liegen die Anteile lediglich bei einem guten Fünftel bis zu einem knappen Viertel.

positive Wahrnehmung des Christentums in Kombination mit einer konsistent negativen Beurteilung des Islam zu finden ist.[134] Erneut ist dies bei westdeutschen Christen am stärksten der Fall, wo insgesamt 54 % kategorisieren. 43 % weisen dabei ein starkes Kategorisierungsniveau auf, indem sie dem Islam keine einzige positive Eigenschaft zuschreiben und dem Christentum demgegenüber kein einziges negatives Merkmal attestieren. Zudem ist auch die Differenz zwischen Christen und Konfessionslosen hier mit 21 Prozentpunkten am größten. In allen anderen Ländern liegen die Differenzen demgegenüber zwischen zehn und fünfzehn Prozentpunkten. Diese Unterschiede im Ausmaß der sozialen Kategorisierung im Vergleich zwischen Christen und Konfessionslosen finden sich auch, wenn man nicht nach Eigenschaftszuschreibungen zum Islam und Christentum sondern nach den generellen Haltungen zu Christen und Muslimen fragt.[135] Es wird bei diesem Vergleich von einer schwachen Kategorisierung gesprochen, wenn eher positive Haltungen zu Christen mit eher negativen Haltungen zu Muslimen einhergehen. Eine mittlere Kategorisierung liegt dann vor, wenn eher positive Haltungen zu Christen und sehr negative Haltungen zu Muslimen und umgekehrt vorliegen. Von einer starken Kategorisierung soll die Rede sein, wenn sehr positive Haltungen zu Christen mit sehr negativen Haltungen zu Muslimen auftreten. Die Ergebnisse für westdeutsche Christen sind in Tab. 8.2 dargestellt.

Tab. 8.2: Kreuztabelle: Haltungen zu Christen und Haltungen zu Muslimen bei Christen (Westdeutschland)

Christen		Haltung zu Muslimen				gesamt
		sehr positiv	eher positiv	eher negativ	eher negativ	
Haltung zu Christen	sehr positiv	4,1	12,3	18,4	7,5	42,3
	eher positiv	0,7	19,5	26,0	8,8	55,0
	eher negativ	0,1	0,1	1,4	0,7	2,3
	sehr negativ	0,0	0,0	0,1	0,3	0,4
	gesamt	5,0	31,9	45,9	17,3	100,0

Alle Angaben in %.

---

[134] Da diejenigen Befragten ohne konsistent positives Christentumsbild und/oder ohne konsistent negatives Islambild nicht in dem Diagramm dargestellt sind, weil bei diesen Fällen nicht von Kategorisierung gesprochen werden kann, ergeben die Prozentangaben in den einzelnen Säulen keine 100 %.

[135] Dabei ist jedoch zu berücksichtigen, dass die Haltungen zu Muslimen vor allem in Dänemark, Frankreich, den Niederlanden und Portugal deutlich positiver sind, als die Merkmalszuschreibungen zum Islam (vgl. Kapitel 1 von Pollack).

Auch hier fallen die Differenzen in der Bewertung von Christen verglichen mit Muslimen in Deutschland bei Christen wie Konfessionslosen im Ländervergleich am stärksten aus.[136] Aber auch in den anderen Ländern ist die soziale Kategorisierung bei Christen stärker zu finden als bei Konfessionslosen, so dass die Hypothese H1.1 eindeutig als bestätigt angesehen werden kann.

Wechselt man nun die Ebene der inklusiven Kategorie von einem interreligiösen zu einem weltanschaulichen Vergleich, so ist zunächst darauf hinzuweisen, dass die Haltungen zu Atheisten im Vergleich zu denen zu Muslimen deutlich positiver sind.[137] Erwartungsgemäß ist der Anteil der Befragten, bei denen positive Haltungen zu Christen mit negativen Bewertungen von Atheisten einhergehen im Vergleich mit den bisherigen Ergebnissen geringer. Die *Differenzen* zwischen Christen und Konfessionslosen sind insgesamt betrachtet hingegen am stärksten (vgl. Abb. 8.2).

Abb. 8.2: Soziale Kategorisierung: Anteil derjenigen, die positive Haltungen zu Christen und zugleich negative Haltungen zu Atheisten vertreten, differenziert nach Religionszugehörigkeit

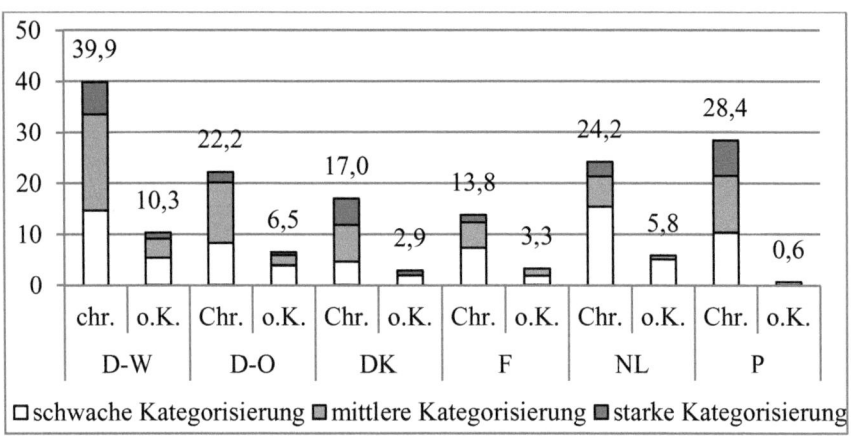

Chr.: Christen; o.K.: ohne Konfessionszugehörigkeit; alle Angaben in %.

---

[136] Während sich in den alten Bundesländern mit 61 % der Christen und 46 % der Konfessionslosen und in den neuen Bundesländern mit 63 % (Christen) und 53 % (Konfessionslose) insgesamt eine recht hohe Kategorisierung vorliegt, liegt in den übrigen Ländern die Bewertungsdifferenz bei Christen zwischen 30 und knapp 37 %, bei den Konfessionslosen sogar nur zwischen 14 und 23 %.

[137] In den neuen Bundesländern, in Dänemark, Frankreich und den Niederlanden geben jeweils über 80 % an, eher positive oder sehr positive Haltungen zu Atheisten zu haben. In Portugal sind positive Haltungen mit 72 % etwas weniger verbreitet, in Westdeutschland ist man mit lediglich 64 % deutlich kritischer eingestellt.

Lediglich in Ostdeutschland ist der Zusammenhang zwischen den Haltungen zu beiden Personengruppen bei den Christen insignifikant. In beiden Teilen Deutschlands sowie in den Niederlanden und Portugal finden sich in dem Ausmaß, in dem Christen auf- und Muslime abgewertet werden, zwischen Christen und Konfessionslosen hinweg große Differenzen, wie es in H2.1 angenommen wurde. In Westdeutschland mit 30 und in Portugal mit 27 Prozentpunkten Differenz zwischen Christen und Konfessionslosen liegen die Werte sogar erheblich höher als bei den beiden anderen Vergleichen.[138] Die Religionszugehörigkeit scheint also Bewertungsdifferenzen sowohl zwischen Christen und Muslimen bzw. dem Christentum und dem Islam als auch zwischen Christen und Atheisten zu fördern, wobei die Gruppenunterschiede bei letzterem etwas größer sind.

Nun soll jedoch der Frage nachgegangen werden, wodurch sich diese Kategorisierung erklären lässt. Auf Basis der drei Formen der Identifikation mit dem Christentum geht es somit darum, ob diese a) in erster Linie den *in-group-bias* für das Christentum bzw. für Christen erhöhen, so dass die Kategorisierung auf die Aufwertung der Eigen- nicht aber auf die Abwertung der Fremdgruppe zurück zu führen ist, oder ob sie b) (auch) zu einer Abwertung der Fremdgruppe führen.

Im Falle der Eigenschaftszuschreibungen zum Christentum und zum Islam wurden als abhängige Variable im ersten Regressionsmodell positive Merkmalsnennungen zum Christentum zur Testung des *in-group-bias* verwendet. Im zweiten Regressionsmodell bilden negative Eigenschaftszuschreibungen zum Islam die zu erklärende Variable, um die postulierte Abwertung der Fremdgruppe zu untersuchen. Um zu überprüfen, ob die religiöse und kulturelle Identifikation tatsächlich einen stärkeren Einfluss ausüben (Hypothesen H1.3 und H1.4), wurde die Religionszugehörigkeit im ersten, die religiöse und kulturelle Identifikation mit dem Christentum im zweiten Schritt in die Modelle aufgenommen. Die Ergebnisse für beide Regressionsmodelle sind in Tab. 8.3 dargestellt.

---

[138] Dabei ist gewiss ein entscheidender Unterschied zwischen diesem Vergleich und den beiden vorherigen zu berücksichtigen. Es kann angenommen werden, dass Atheisten für einen gewissen Anteil der Konfessionslosen die Eigengruppe darstellen. So geben in Westdeutschland 35 % der Konfessionslosen an, sie seien Atheisten, in Ostdeutschland sind es mit 49 % sogar fast die Hälfte.

Tab. 8.3: Lineare Regression: Positive Merkmale des Christentums und negative Merkmale des Islam

	positive Merkmale des Christentums					
	D-W	D-O	DK	F	NL	P
1 Konfession	-,289**	-,240**	-,125**	-,223**	-,153**	-,137**
2 Konfession	-,161**	-,001	-,072	-,132**	-,064	-,055
Kirchgang	-,165**	-,181**	-,087*	-,137**	-,079*	-,062
kult. Ident.	-,161**	-,293**	-,119**	-,091**	-,169**	-,202**
R^2	,143**	,164**	,039**	,076**	,060**	,064**
	negative Merkmale des Islam					
	D-W	D-O	DK	F	NL	P
1 Konfession	,033	,111**	-,015	-,066*	,082*	,039
2 Konfession	,028	,063	-,023	-,075*	,055	-,001
Kirchgang	,015	,141**	,048	,049	,089*	,125**
kult. Ident.	-,004	-,117**	-,058	-,046	-,064	-,128**
R^2	,001	,030**	,005	,007	,014**	,022**

Lineare Regression; standardisierter Regressionskoeffizient nach Pearson (β); Signifikanz: **p < ,01; *p < ,05; abhängige Variablen: Anzahl positiver Merkmalszuschreibungen zum Christentum, 5er-Skala (0; 1; 2; 3; 4); Anzahl negativer Merkmalszuschreibungen zum Islam, 5er-Skala (0; 1; 2; 3; 4); unabhängige Variablen: siehe Anhang.

Zunächst einmal ist festzustellen, dass die Differenz in den Zuschreibungen zum Islam und zum Christentum überwiegend durch die Betonung positiver Eigenschaften des Christentums bei Christen erklärt werden müssen. Bei den positiven Merkmalen des Christentums sind die Modelle in allen Ländern signifikant, obgleich lediglich in Deutschland mit 14,3 und 16,4 % im zweiten Schritt eine relativ hohe Varianzaufklärung (R^2) festgestellt werden kann. In Bezug auf die negativen Zuschreibungen zum Islam werden die Modelle in den alten Bundesländern, Dänemark und Frankreich hingegen nicht einmal signifikant und auch in den neuen Bundesländern, in den Niederlanden und Portugal kann selbst unter Einbeziehung der religiösen und kulturellen Identifikation mit 3, 1,4 und 2 % nur sehr wenig Varianz aufgeklärt werden.

Dies bestätigt die Annahmen insbesondere des Eigengruppen-Projektions-Modells, das den primären Effekt der sozialen Kategorisierung in der Aufwertung der Eigengruppe sieht. Die Annahme, dass der Einfluss der Zugehörigkeit für die Entwicklung eines positiven Bildes vom Christentum geringer ist, als jener der religiösen und kulturellen Identifikation lässt sich mit Ausnahme von Westdeutschland und Frankreich bestätigen. Während dieser Prädiktor im ersten Schritt in allen Ländern hoch signifikant ist, wird er bei Hinzunahme der Identifikationsvariablen in Ostdeutschland, Dänemark, den Niederlanden und Portugal insignifikant. Somit kann insgesamt durchaus von einer größeren Bedeutung der Identifikation im Vergleich mit der Zugehörigkeit gesprochen werden. Westdeutschland und Frankreich bilden auch insofern eine Ausnahme, als dass in diesen beiden Ländern kein deutlich stärkerer Effekt der kulturellen Identifikation gegenüber der religiösen zu beobachten ist. Während sich die Effektstärken in Westdeutschland kaum voneinander unterscheiden, so dass hier davon ausgegangen werden muss, dass sowohl religiöse als auch kulturelle Identifikation mit dem Christentum in einem bedeutenden Maße dazu führen, dieser Religionsgemeinschaft auch positive Eigenschaften zuzuschreiben, ist der Einfluss des Kirchgangs in Frankreich deutlich stärker als jener der kulturellen Identifikation. In Frankreich scheinen es somit tatsächlich eher die religiösen Menschen zu sein, die einen stärkeren *in-group-bias* ausbilden. In den anderen Ländern hingegen sind erheblich stärkere Effekte einer kulturellen Identifikation mit dem Christentum zu erkennen, in Dänemark und den Niederlanden wird der Kirchgang demgegenüber nur schwach signifikant, in Portugal sogar insignifikant.

Demgegenüber kommt der Identifikation mit dem Christentum zur Erklärung von negativen Islambildern kaum eine Bedeutung zu. Nennenswert starke und signifikante Effekte finden sich lediglich für die Zugehörigkeit in Ostdeutschland (im ersten Schritt) sowie für die religiöse und kulturelle Identifikation ebenfalls in den neuen Bundesländern als auch in Portugal.

Dennoch ergeben sich hier einige Auffälligkeiten. Nimmt man an, der Islam werde im sozialen Vergleich als Fremdgruppe wahrgenommen, so müssten die drei Formen der Identifikation in der Tendenz zu einer Abwertung der Fremdgruppe führen, was sich hier durch die Zuschreibung negativer Eigenschaften explizieren sollte. In Bezug auf die Zugehörigkeit (in Ostdeutschland) und die Häufigkeit des Gottesdienstbesuchs ist es aber genau umgekehrt. Ostdeutsche Christen und Kirchgänger aus den neuen Bundesländern und Portugal tendieren eher dazu, sich mit dem Islam zu solidarisieren und ihn weniger mit negativen Merkmalen zu assoziieren. Dies deutet erneut darauf hin, dass der soziale Vergleich in Bezug auf Religion eher zwischen Religiösen und Nichtreligiösen als zwischen unterschiedlichen Religionen stattfindet.

Der soziale Vergleich zwischen Christentum und Islam auf einer kulturalistischen Ebene führt hingegen eher zu einer Abgrenzung vom Islam, indem die Aussage, das Christentum sei das Fundament unserer Kultur, negative Merkmalszuschreibungen zum Islam fördert. Bei religiösen Menschen wird der Islam in Ostdeutschland und Portugal also eher als Teil der Eigengruppe der Religiösen verstanden, bei Menschen mit kultureller Identifikation hingegen als etwas Fremdes. Beschäftigt man sich in Bezug auf die Bewertung des Islam mit der Frage nach der Bedeutung der eigenen Gruppe, so scheint es notwendig zu sein, auch nach den genauen Aspekten zu fragen, mit denen man sich bezogen auf die Eigengruppe identifiziert. Dennoch bleibt insgesamt festzuhalten, dass Zugehörigkeit und Identifikation mit dem Christentum in den meisten Ländern kaum einen Einfluss auf das Bild vom Islam haben. Betrachtet man nun, von welchen Faktoren die generalisierten Haltungen zu Christen, Muslimen und Atheisten abhängen, verstärkt sich insgesamt der bisher gewonnene Eindruck (vgl. Tab. 8.4). Im ersten der drei Regressionsmodelle stellt die abhängige Variable die Haltungen zu Christen dar, im zweiten Modell sollen die Haltungen zu Muslimen erklärt werden, im dritten Modell schließlich bilden die Haltungen zu Atheisten die zu erklärende Variable.

Tab. 8.4: Lineare Regression: Haltungen zu Christen, Muslimen, Atheisten

		positive Haltung zu Christen					
		D-W	D-O	DK	F	NL	P
1	Konfession	,343**	,366**	,319**	,295**	,246**	,345**
2	Konfession	,184**	,133**	,201**	,140**	,100**	,173**
	Kirchgang	,242**	,192**	,230**	,204**	,191**	,215**
	kult. Ident.	,151**	,265**	,168**	,231**	,161**	,243**
R^2		,204**	,229**	,186**	,182**	,124**	,228**
		positive Haltung zu Muslimen					
		D-W	D-O	DK	F	NL	P
1	Konfession	,068*	,089*	,032	,033	-,022	,022
2	Konfession	,034	-,062	,023	,013	-,065	-,016
	Kirchgang	,084*	,142**	,033	,010	,072	,055
	kult. Ident.	-,018	,139**	-,015	,053	,020	,039
R^2		,010*	,041**	,002	,004	,005	,005
		positive Haltung zu Atheisten					
		D-W	D-O	DK	F	NL	P
1	Konfession	-,268**	-,200**	-,137**	-,238**	-,254**	-,268**
2	Konfession	-,108**	-,085	-,076*	-,161**	-,143**	-,114*
	Kirchgang	-,314**	-,198**	-,137**	-,228**	-,219**	-,265**
	kult. Ident.	-,030	,043	-,041	,096**	,015	-,025
R^2		,154**	,061**	,038**	,100**	,098**	,124**

Lineare Regression; standardisierter Regressionskoeffizient nach Pearson (β); Signifikanz: **p < ,01; *p < ,05; abhängige Variablen: Wie ist Ihre persönliche Haltung zu den Mitgliedern folgender religiöser Gruppen? „Christen", „Muslime", „Atheisten", 4er-Skala (1 = sehr negativ, 2 = eher negativ, 3 = eher positiv, 4 = sehr positiv); unabhängige Variablen: siehe Anhang.

Auch in Bezug auf die persönlichen Haltungen wird das Modell zur Erklärung einer Aufwertung der Eigengruppe in allen Ländern hoch signifikant mit einer zufriedenstellenden Varianzaufklärung von 12,4 % in den Niederlanden bis sogar knapp 23 % in Ostdeutschland und Portugal, was bei Berücksichtigung der geringen Zahl der Prädiktoren als relativ hoch angesehen werden kann. Im Unterschied jedoch zu den positiven Eigenschaftszuschreibungen zum Christentum bleibt die Zugehörigkeit zum Christentum in allen Ländern auch im zweiten Schritt signifikant mit relativ großen Effektstärken. Dennoch kann mit einigen Einschränkungen auch in dieser Analyse gesagt werden, dass eine religiöse und kulturelle Identifikation in stärkerem Maße zur Aufwertung der Eigengruppe beitragen, als dies durch die objektive Zugehörigkeit der Fall ist. Ob hier allerdings der kulturellen oder aber der religiösen Identifikation das größere Gewicht zugesprochen werden muss, kann in diesem Modell nicht entschieden werden. Die Effekte beider Identifikationsformen sind in den meisten Ländern ähnlich stark, wobei in Westdeutschland, Dänemark und den Niederlanden der Einfluss des Kirchgangs überwiegt, in Ostdeutschland, Frankreich und Portugal hingegen der kulturellen Identifikation eine größere Bedeutung zukommt. Die Modelle zur Erklärung der Einstellungen gegenüber Muslimen hingegen werden überhaupt nur in einem Land, nämlich in Ostdeutschland signifikant. In allen anderen Ländern kann man sagen, dass Identifikation mit dem Christentum als der Eigengruppe keinen Einfluss auf die Bewertung von Muslimen hat. Dabei ist jedoch darauf hinzuweisen, dass sich in den neuen Bundesländern der Abgrenzungseffekt durch eine kulturelle Identifikation, wie er bei den negativen Merkmalszuschreibungen zum Islam deutlich geworden ist, bei den Haltungen zu Muslimen nicht finden lässt. Im Gegenteil führt hier eine kulturelle ebenso wie eine religiöse Identifikation mit dem Christentum sogar eher zu positiven Bewertungen von Muslimen. Obgleich dies nicht sicher gesagt werden kann, ist davon auszugehen, dass dieser umgedrehte Effekt darauf zurückzuführen ist, dass die Bewertung von Menschen etwas anderes darstellt als die Bewertung einer Religionsgemeinschaft. So mag die Besinnung auf ein christlich-kulturelles Erbe zwar die Wahrnehmung des Islam als etwas Fremdes fördern, zugleich könnten christliche Werte der Nächstenliebe aber zu positiven Bewertungen der Muslime führen. In gewisser Weise wird diese Interpretation auch durch die Tatsache unterstützt, dass in allen untersuchten Ländern mehrheitlich die Position vertreten wird, der Islam passe nicht in die westliche Welt (vgl. Kapitel 1 von Detlef Pollack). Dass die Identifikation mit dem Christentum nur in den neuen Bundesländern zu einer Aufwertung von Muslimen führt, mag auch dadurch bedingt sein, dass nach wie vor nur eine Minderheit von etwa einem Drittel einer Religion angehört. Diese Minderheitenposition ostdeutscher Christen mag eine Inklusion anderer Religionen und ihrer Angehörigen zusätzlich fördern. Es lässt sich insgesamt aber auch

hier ebenso wie bei den Regressionsmodellen zur Erklärung der Eigenschaftszuschreibungen feststellen, dass Bewertungsdifferenzen zwischen Christen und
Muslimen durch die Aufwertung der Eigengruppe, nämlich der Christen bedingt
sind. Muslime hingegen werden mit Ausnahme von Ostdeutschland jedoch weder als Fremdgruppe noch als Teil der eigenen Gruppe verstanden. Vielmehr
scheinen sie als etwas vollkommen Differentes wahrgenommen und damit für
soziale Gruppenvergleiche irrelevant zu werden. Die Hypothese, dass die Zugehörigkeit zum Christentum zu einer Aufwertung von Christen *und* zu einer Abwertung von Muslimen führt (H1.2), kann somit nur teilweise, nämlich nur in
Bezug auf die Bildung eines *in-group-bias* bestätigt werden. Eine besonders
negative Bewertung von Muslimen durch eine kulturelle und religiöse Identifikation mit dem Christentum wie sie in den Hypothesen H1.3 und H1.4 postuliert
wurde, lässt sich hingegen nicht feststellen, so dass diese beiden Hypothesen zu
verwerfen sind.

Bei den Haltungen zu Atheisten schließlich bietet sich ein nahezu entgegen-
gesetztes Bild im Vergleich zu den Modellen der Haltungen zu Christen. Auch
hier werden alle Modelle signifikant, die mit Ausnahme von Dänemark (3,8 %)
und mit Einschränkungen Ostdeutschland (6,1 %) überall verhältnismäßig viel
Varianz aufklären. Gemäß den formulierten Erwartungen ist die Häufigkeit des
Gottesdienstbesuchs in allen Ländern der stärkste Prädiktor für negative Haltungen zu Atheisten. Allerdings wird eine Abgrenzung von Atheisten auch bereits durch die objektive Religionszugehörigkeit deutlich, denn bis auf Ostdeutschland, wo der Einfluss der Zugehörigkeit im zweiten Schritt sogar insignifikant wird, und Dänemark, wo die Effektstärke deutlich abnimmt, hat die Zugehörigkeit in allen anderen Ländern auch im zweiten Schritt noch einen deutlichen
Effekt.[139] Dennoch muss die Hypothese 2.3, der zufolge der Gottesdienstbesuch
zu einer stärkeren Ablehnung von Atheisten führt als die Zugehörigkeit, als bestätigt angesehen werden. Kulturelle Distanz gegenüber Atheisten kann erwartungsgemäß hingegen so gut wie gar nicht festgestellt werden, denn die kulturelle Identifikation wird nur in Frankreich überhaupt signifikant. Diese Analyse
bestätigt somit den bisher gewonnenen Eindruck eines sozialen Vergleichs zwischen religiösen und nichtreligiösen Menschen. Denn nur in dieser Regression
sind überhaupt starke Effekte in Richtung einer Abwertung zu finden.

Insgesamt verstärken sich somit die bereits im deskriptiven Abschnitt ent-
deckten Anzeichen für eine tendenziell stärkere Grenzmarkierung zwischen

---

[139] In einer ersten Version wurde in allen fünf Regressionsmodellen zudem eine mögliche
      Interaktion sowohl zwischen religiöser Identifikation und Zugehörigkeit, als auch zwischen
      kultureller Identifikation und Zugehörigkeit überprüft, wobei sich hierbei keine signifikanten
      Effekte finden ließen. Um die Übersichtlichkeit der Tabellen zu erhöhen, blieb dieser Schritt in
      einer Neuberechnung der Modelle unberücksichtigt.

Christen und Atheisten, wenn man sich mit dem Christentum identifiziert. Zwar liegt bei Befunden zum sozialen Vergleich zwischen diesen beiden Gruppen auch hier der Schwerpunkt auf der Aufwertung der Eigengruppe, aber anders als bei der Bewertung von Muslimen fördern Zugehörigkeit zum Christentum und religiöse Identifikation deutlich die Entwicklung negativer Einstellungen zu Atheisten. Somit müssen die gefundenen Hinweise für soziale Kategorisierungsprozesse bei einem weltanschaulichen Vergleich zwischen Menschen mit religiösen und solchen mit säkularen Deutungsmustern nicht nur mit der Aufwertung von Christen, sondern gleichsam mit der Abwertung von Atheisten erklärt werden, wie es in der Hypothese H2 formuliert wurde. Insgesamt ist die Hypothese H1, die besagt, dass es zu einem sozialen Vergleich von Christen mit Muslimen kommt, also zu verwerfen und H2 demgegenüber zu bestätigen, obgleich auch hier die Einschränkung zu machen ist, dass sich Anzeichen für eine Inklusion der Muslime in die Eigengruppe lediglich in den neuen Bundesländern und mit Einschränkungen in Portugal zeigten. Für einen Intergruppenkonflikt zwischen Christen und Muslimen konnten hingegen so gut wie keine Hinweise gefunden werden.

5   Zusammenfassung

Die Analyse hat ergeben, dass in allen Ländern negative Gesamtbilder des Islam relativ verbreitet sind, wobei Deutschland sich erstens dadurch auszeichnet, dass das Bild hier nochmals negativer ausfällt und es zweitens sehr viel homogener ist, da fast keine positiven Eigenschaften des Islam gesehen werden. Beim Gruppenvergleich zwischen Christen und Konfessionslosen konnte gezeigt werden, dass Bewertungsdifferenzen sowohl beim Vergleich mit Muslimen und dem Islam als auch beim Vergleich mit Atheisten bei Angehörigen des Christentums erheblich stärker ausfallen als bei konfessionslosen Befragten, was dafür spricht, dass Christen tatsächlich eine gewisse Identifikation mit ihrer Religionsgemeinschaft besitzen, welche zu einer positiven Evaluierung über Differenzmarkierung im Vergleich mit anderen Gruppierungen führt. Dabei konnten beim Vergleich mit Atheisten die größten Gruppenunterschiede beobachtet werden. In der multivariaten Analyse konnte diese Vermutung bestätigt werden. Zugehörigkeit und Identifikation fördern einen *in-group-bias* nur für Christen bzw. das Christentum. Während die Bewertungsunterschiede zwischen Christen/Christentum und Muslimen/Islam nahezu ausschließlich durch die starke Aufwertung des Christentums als Eigengruppe erklärt werden müssen, die gerade nicht mit einer Abwertung der „anderen" einhergeht, liegen die Ursachen für die Differenzen in einem weltanschaulichen Vergleich auch in einer deutlichen Abwertung der

Atheisten. Insgesamt scheint das Konfliktpotential eher in der Frage von religiösen oder säkularen Deutungsmustern zu liegen, als in einem interreligiösen Vergleich. Es kann m. E. lediglich in den neuen Bundesländern und bei den Analysen zum Islambild in Portugal von einer gewissen Solidarisierung gesprochen werden, so dass Muslime als Teil der religiösen *in-group* verstanden werden. Zugleich zeigen die Analysen zu den Bildern in diesen beiden Ländern eine Abgrenzung vom Islam bei einer kulturellen Identifikation mit dem Christentum. Möglicherweise – und diese Vermutung muss hier rein spekulativ bleiben – wird der Islam in Gruppenvergleichen insofern eher auf einer kulturellen Ebene relevant. Dann aber wäre nicht das Christentum die relevante Eigengruppe, sondern eher die westlich-moderne Gesellschaft, obgleich das Christentum historisch gewiss dazu gehört. Unter diesem Aspekt wäre eine Untersuchung der Identifikation mit klassischen Merkmalen der Moderne eventuell lohnenswert.

Anhang: In den Regressionsanalysen verwendete Variablen

Tab. 8.3 und 8.4

Konfession: dichotom (1 = konfessionslos; 2 = christlich)
Kirchgang: „Wie oft besuchen Sie den Gottesdienst?"; 7er-Skala (1 = nie; 2 = seltener als einmal im Jahr; 3 = genau einmal im Jahr; 4 = mehrmals im Jahr; 5 = ungefähr einmal im Monat; 6 = 2-3 mal im Monat; 7 = jede Woche oder öfter)
kulturelle Identifikation: „Das Christentum ist das Fundament unserer Kultur."; 4er-Skala (1 = stimme überhaupt nicht zu; 2 = stimme eher nicht zu; 3 = stimme eher zu; 4 = stimme stark zu)

Kapitel 9

Eine neue religiös-kulturelle Spannungslinie in Deutschland?

Gergely Rosta und Detlef Pollack

1   Einleitung

Deutschland ist weltoffener und multikultureller geworden. Ein Satz wie der des ehemaligen Bundespräsidenten, dass der Islam ebenso wie das Christentum und das Judentum zu Deutschland gehöre, wäre vor 10 oder gar vor 20 Jahren undenkbar gewesen. Heute stößt er zwar durchaus nicht auf ungeteilte Zustimmung. Aber er ist sagbar und akzeptabel geworden. Als Wolfgang Schäuble zur Eröffnung der Islamkonferenz im Herbst 2006 den Islam mit einer ganz ähnlichen Formulierung als einen Teil Deutschlands bezeichnete, kam dies noch einer Revolution im deutschen Selbstbild gleich. Diesen anstößigen Charakter hat der Satz inzwischen eingebüßt.

Dennoch stimmt ihm die Mehrheit der Deutschen nicht zu. Gefragt danach, ob der Islam zu Deutschland gehöre, spaltet sich die Bevölkerungsmeinung zu genau gleichen Teilen in Befürworter und Gegner auf. 48 % stimmen dem Satz zu, 48 % lehnen ihn ab (Deutsche Welle 2012). Deutschland ist zwar weltoffener und kulturell vielfältiger geworden; sobald aber die Sprache auf den Islam, seine gesellschaftliche Stellung und seine wachsende öffentliche Präsenz kommt, gehen die Meinungen auseinander. Auf der einen Seite stehen die, die den Islam mit Gewalttätigkeit, Fanatismus und der Unterdrückung der Frau assoziieren, an Parallelgesellschaften, Ehrenmorde und Kopftuchzwang denken und durch den Islam die Werte der westlichen Welt – Freiheit, Demokratie und Rechtsstaatlichkeit – sowie die Art, wie wir leben, bedroht sehen, auf der anderen Seite positionieren sich die, die Kritik an der Unfähigkeit üben, zwischen Islam und Islamismus zu unterscheiden, ein Denken in den Kategorien von „wir" und „sie" für verwerflich halten, die Rede vom Islam in der Einzahl ablehnen und die Angst vor dem so konstruierten Islam als eine kollektive Hysterie ansehen, die das, was Angst macht, überhaupt erst erzeugt (Schiffauer 2007: 131). Während die einen den Untergang des Abendlandes befürchten und vor gefährlicher, ja tödlicher Toleranz warnen (Lachmann 2006), die Zugewanderten zu mehr Integrationsbereitschaft auffordern und den Staat in seinen Leistungen für die Zugewanderten für überfordert halten, rufen die anderen gerade umgekehrt nach verstärkten staatlichen Anstrengungen zur Lösung der offenkundigen Integrationsprobleme, nach unterstützenden sozialen, bildungspolitischen, rechtlichen und finanziellen Maßnahmen zur Integration der Zugewanderten und ermahnen die deutsche Bevölkerung zu mehr Toleranz, Dialogbereitschaft und Verständnis. Die einen sehen das Problem in den Zugewanderten und fordern sie auf, sich zu ändern, die anderen in der deutschen Gesellschaft, die nicht so bleiben dürfe, wie sie ist. In dem öffentlichen Diskurs über den Islam ist eine sachliche und entspannte Diskussion kaum noch möglich. Warum ist das so? Warum polarisiert der Diskurs über die Rolle des Islam in der deutschen Gesellschaft die öffentliche Meinung? Steht dahinter eine unterschiedliche Einschätzung des Islam, seines geistigen und kulturellen Reichtums, seiner Demokratieverträglichkeit und der Gewaltbereitschaft seiner Anhänger? Oder hat die Polarisierung der Diskussion mit dem Islam und den Muslimen wenig zu tun, dafür aber umso mehr mit einer fraglich gewordenen Identität Europas, die zu ihrer Bestimmung eines anderen bedarf und den Islam als Feindbild benutzt, um sich selbst definieren zu können (Kermani 2008: 16)? Grundsätzlich gefragt: Ist in der Diskussion über den Islam und die Muslime eine neue religiös-kulturelle Spannungslinie entstanden, die die deutsche Bevölkerung ebenso spaltet wie der Konflikt zwischen arm und reich, zwischen links und rechts oder auch zwischen technologiefeindlich und technologieaffin?

Manch ein Sozialwissenschaftler sieht eine solche religiös-kulturelle Spannungslinie als bereits im Entstehen begriffen an. So nimmt etwa Kriesi (Kriesi et al. 2006 2008) die Herausbildung einer neuen Spannungslinie zwischen Globalisierungsgewinnern und Globalisierungsverlierern an, die sich aufgrund des verstärkten ökonomischen und politischen Wettbewerbs zwischen Nationen sowie von zunehmenden Immigrationsströmen in die westlichen Länder in diesen herausbilden. Ebenso beobachtet auch Jürgen Leibold im Zuge der Debatte über die Integration der Muslime in eine christlich geprägte säkulare Aufnahmegesellschaft die Entstehung einer „religiös-kulturellen Spannungslinie", in der die einen um kulturelle Anerkennung ringen und die anderen eine Ideologie der Ungleichwertigkeit vertreten (Leibold 2009: 146). Ob es sich bei diesen Anerkennungskämpfen und Konfliktlinien im sozialwissenschaftlichen Sinne um *cleavages* handelt, hängt davon ab, ob sie sich erstens über einen längeren Zeitraum beobachten lassen, sich verfestigen und ob sie zweitens politische Konsequenzen haben, also die politische Kultur, die politischen Einstellungen und das politische Verhalten – etwa das Wahlverhalten – nachhaltig zu prägen vermögen. Um die Prüfung der Hypothese, dass sich in Deutschland eine neue um den Islam gruppierte religiös-kulturelle Spannungslinie herausbildet, soll es in diesem Kapitel gehen.

Dabei sollen zunächst im Anschluss an neuere Forschungsergebnisse einige theoretische Überlegungen zur Herausbildung einer neuen Spannungslinie angestellt werden. Daraufhin sollen dann die zu behandelnden analytischen Fragen, die sich aus den theoretischen Überlegungen ergeben, formuliert werden. Erst daraufhin erfolgt dann der Versuch, die aufgeworfenen Fragen auf empirischer Grundlage zu beantworten.

2 Theoretische Überlegungen zur Herausbildung eines neuen *cleavage*

Wie Lipset und Rokkan (1967) bereits vor Jahrzehnten herausgearbeitet haben, werden die nationalen Parteiensysteme in Westeuropa durch dauerhafte Konfliktlinien bestimmt, deren Ursprünge bis in das 19. Jahrhundert zurückreichen. Diese Konfliktlinien drücken wichtige gesellschaftliche Wert- und Interessenkonflikte aus und haben erheblich zur Ausbildung von demokratischen Parteien sowie zum Wahlverhalten bestimmter sozialer Gruppen beigetragen. Lipset und Rokkan identifizierten vier solche *cleavages*, die auf die folgenden Dichotomien gründen: (1) Kapital vs. Arbeit, (2) Kirche vs. Staat, (3) Stadt vs. Land und (4) Zentrum vs. Peripherie.

Die These eines nachlassenden *cleavage voting* entlang der alten Bruchlinien wird in der Literatur breit diskutiert. Schrumpfende *cleavage*-Gruppen, wachsende Mobilität und Wohlstand, Individualisierungs- und Säkularisierungsprozesse sind die wichtigsten Argumente für die Behauptung, dass sich die Bestimmungskraft alter sozialer Konfliktlinien für die Wahlentscheidung abschwächt (Dalton 1984; Dalton et. al 1984; Klingemann 1985; Knutsen 2007). Die empirischen Befunde unterstützen diese Annahme allerdings nur teilweise. Frühere Studien mit einfacheren sozialwissenschaftlichen Analysemethoden beobachteten einen Rückgang des Einflusses der klassischen Konfliktlinien (Clark/Lipset 1991; Inglehart 1984; Rose/McAlister 1986). Neuere Analysen, die fortgeschrittenere Methoden der Sozialwissenschaften anwenden, kamen hingegen partiell zu anderen Ergebnissen. Danach nimmt weder die Bestimmungskraft von Klassen- und Schichtunterschieden noch die von Konfessionszugehörigkeit für die Wahlentscheidung eindeutig ab. Vielmehr sind Schwankungen im Zeitverlauf zu erkennen (Brooks/Manza 1997; Heath/Jowell/Curtis 1985; Schoen 2005).

Empirische Untersuchungen in Deutschland können die Frage, ob die beiden klassischen *cleavages*, das Klassen- und das konfessionelle *cleavage*, einen unveränderten Einfluss auf die Wahlentscheidung ausüben, ebenfalls nicht eindeutig beantworten. Einige Studien belegen einen rückläufigen *cleavage*-Effekt (Pappi 1990; Schnell/Kohler 1995; Dalton 2003), andere finden eher Beweise für das Weiterwirken der alten *cleavages* (Müller 1999; Schoen 2005).

Für die Erklärung der Veränderungen in den Parteisystemen in der zweiten
Hälfte des 20. Jahrhunderts wurden unterschiedliche neue Konfliktlinien als
Erweiterungen der von Lipset und Rokkan herausgestellten *cleavage*-Strukturen
herausgearbeitet. Dazu gehört neben den soziodemographischen Merkmalen wie
Generationszugehörigkeit, Bildungsgrad (Inglehart 1997) oder Geschlecht
(Knutsen 2001) vor allem die Dichotomie postmaterieller vs. materieller Werte
(Inglehart 1977). Andere haben gegen die Erweiterung der *cleavage*-Theorie
argumentiert und das Aufkommen von anderen, nicht-strukturellen Faktoren wie
Issue Voting oder Protestwahl betont (Dalton 1996; Knutsen/Scarbrough 1995).

Zu den wichtigsten Versuchen, die Herausbildung einer neuen Konfliktlinie
nachzuweisen, gehört der Ansatz von H. Kriesi und seinen Kollegen. Ihrer These
zufolge produziert der Globalisierungsprozess neue strukturelle Konflikte zwischen Globalisierungsgewinnern und -verlierern. Die Verlierer sind soziale
Gruppen, deren Lebenschancen durch die traditionellen nationalen Grenzen
geschützt wurden. Durch die Aufweichung und den Abbau dieser Grenzen fühlen sich Angehörige dieser Gruppen in ihrer Existenz bedroht. Zu den Gewinnern
gehören Personen, die von den durch die Globalisierung geschaffenen Gelegen-
heiten profitieren können und deren Lebenschancen durch diese Entwicklungen
verbessert wurden.

Laut Kriesi et al. (2006 2008) gibt es drei Mechanismen der Globalisierung,
die zur Spaltung zwischen Gewinnern und Verlierern führen können. Bei ihnen
handelt es sich um den *ökonomischen,* den *kulturellen* und den *politischen* Wettbewerb. Aus unserer Sicht ist vor allem der *kulturelle Wettbewerb* von großer
Bedeutung. Die massive Immigration aus nicht-westeuropäischen Ländern wird
in diesem Ansatz als eine Folge des verstärkten globalen Wettbewerbs betrachtet. Die Zuwanderer unterscheiden sich sowohl ethnisch als auch kulturell stark
von der einheimischen Bevölkerung. Dabei ist Religion einer der wichtigsten
Faktoren, die diese Unterschiede prägen.

Kriesi und seine Kollegen sehen in den Mechanismen der Globalisierung
und in den daraus resultierenden Spannungen zwischen Gewinnern und Verlierern politische Potentiale, die durch politische Organisationen artikuliert werden
können. Ferner behaupten sie, dass sich die traditionellen Spaltungen der nationalen Politik nicht mit den neuen Konflikten der Globalisierung überschneiden.
Was die Auswirkung der Veränderung des politischen Raumes auf die Selbstpositionierung der Parteien angeht, so vermuten Kriesi und seine Kollegen, dass die
neue Konfliktlinie zwischen den Gewinnern und Verlierern der Globalisierung
nicht zwangsläufig zur Herausbildung von neuen politischen Organisationen
führt. Im Gegenteil: Die existierenden politischen Parteien haben ihrer Meinung
nach die adaptive Kapazität, die neuen Interessen und Werte aufzugreifen und zu
artikulieren. Die typischen Mainstreamparteien, ob links oder rechts, verhielten

sich zunächst eher unentschlossen gegenüber der neuen Spaltungslinie. Im Prozess der Adaptation an den veränderten politischen Raum positionierten sie sich mit einer moderaten Pro-Integrationspolitik allerdings vorwiegend auf der Gewinnerseite (Hooghe et al. 2002; van der Eijk/Franklin 2004). Die Wähler der radikalen Parteien an beiden Enden des politischen Spektrums stammen hingegen tendenziell aus dem Lager der Globalisierungsverlierer. Linkspopulistische Parteien wehren vor allem die ökonomische Liberalisierung ab, Rechtspopulisten sehen eher die eigene Nation und Kultur durch Globalisierungsprozesse gefährdet (siehe auch Kapitel 10 in diesem Band).

3   Forschungsfragen

Die Überlegungen von Kriesi und seinen Kollegen legen es nahe, von der Entstehung einer neuen Konfliktlinie in den westlichen Gesellschaften auszugehen. Diese Konfliktlinie verläuft, so die Annahme, zwischen Globalisierungsgewinnern und -verlierern und macht sich unter anderem an den unterschiedlichen Einstellungen zur Einwanderung und dabei wahrscheinlich insbesondere an den muslimischen Einwanderern als der größten und öffentlich sichtbarsten Zuwanderungsgruppe in Deutschland fest. Geprüft werden soll die Hypothese, dass sich in der Haltung gegenüber der Einwanderung politische Positionen in der Gesellschaft polarisieren und dass es insbesondere die Muslime und der Islam sind, an denen sich die Meinungen spalten. Im Laufe unserer Untersuchung hatten wir immer wieder gesehen, dass vor allem in Deutschland die Haltung gegenüber Muslimen äußerst negativ ist, dass mit dem Islam mehrheitlich negative Eigenschaften wie Fanatismus, Gewaltbereitschaft und Benachteiligung der Frau assoziiert werden und dass sehr viele die religiöse Praxis der Muslime eingeschränkt sehen möchten.

So eindeutig die ablehnende Haltung gegenüber Muslimen als ein bedeutsamer Bestandteil von Antiimmigrationseinstellungen identifiziert werden kann, so schwierig ist es, die andere Seite des anscheinend entstehenden religiös-kulturellen *cleavage* zu bestimmen. Ist der Gegensatz tatsächlich der zwischen einwanderungskritischen Einstellungen und einer Verteidigung der nationalen Identität, wie Kriesi annimmt? Oder bündeln sich die einwanderungsablehnenden Einstellungen in einer kritischen Haltung gegenüber dem Islam, sodass die Spannungslinie zwischen der Haltung zum Islam und zum Christentum verläuft? Oder ist von einem *cleavage* zwischen ablehnenden Haltungen gegenüber Muslimen und Islam und der Behauptung säkularer Werte wie Freiheit und Trennung von Religion und Politik auszugehen? In der Bestimmung der neu entstehenden

religiös-kulturellen Spannungslinie müssen die einander gegenüber liegenden Pole noch genauer bestimmt werden. Die zu behandelnden Fragen lauten also:
1. Lässt sich tatsächlich eine neu entstehende an Immigration und Islam festgemachte Spannungslinie feststellen?
2. Wie sind die Pole dieser neu entstehenden Spannungslinie, soweit sie sich beobachten lässt, besetzt?
3. Hat diese Spannungslinie politische Konsequenzen und muss man damit rechnen, dass sich entlang dieser Spannungslinie die Organisation politischer Interessen und politischer Mobilisierungen vollziehen?

4   Entfaltung der Forschungsfragen

Angesichts der bereits präsentierten Ergebnisse unserer Studie verwundert es nicht, dass ein bedeutender Teil der deutschen Bevölkerung die zunehmende Zahl von Muslimen für eine Ursache von Konflikten hält. In Deutschland sind es etwa drei Viertel, die so denken (Kapitel 1, Abb. 1.2 in diesem Band). Um welche Art von Konflikten aber handelt es sich dabei? Denken die Menschen zum Beispiel an einen Konflikt zwischen Islam und westlicher Welt? In West- und Ostdeutschland meinen weniger als 25 % der Bevölkerung, dass der Islam in unsere westliche Welt passt (Kapitel 1, Abb. 1.8). Ist die sich möglicherweise neu herausbildende Spannungslinie also durch einen Konflikt zwischen Islam und westlicher Welt, was auch immer unter beidem zu verstehen ist, charakterisiert? Nur 20 % der Westdeutschen und 16 % der Ostdeutschen meinen, dass westliche und muslimische Welt gut miteinander auskommen (Kapitel 1, Abb. 1.9).

Um die Relation zwischen der westlichen und der muslimischen Welt genauer zu fassen, muss auch danach gefragt werden, in welchem Zusammenhang die Bejahung typisch westlicher Werte wie Glaubensfreiheit, Meinungs- und Redefreiheit, die Trennung von Kirche und Staat und Rechtsgleichheit mit der Einstellung zum Islam und zu den Muslimen steht. Vielleicht beruht der wahrgenommene Gegensatz zwischen der westlichen und der muslimischen Welt weniger auf kulturell-religiösen Gegensätzen als auf einem Streit um die Gültigkeit rechtsstaatlicher und freiheitlicher Prinzipien. Wenn dies der Fall wäre, dann müsste es zwischen der Bejahung solcher Prinzipien und der Einstellung zum Islam und zu den Muslimen einen nachweisbaren Konflikt geben. Die Analyse des positiven oder negativen Zusammenhanges zwischen diesen beiden Einstellungskomplexen dürfte in der Lage sein, mehr Licht in die unübersichtlichen Verflechtungs- und Abgrenzungsverhältnisse zu bringen.

Aber geht es in der Auseinandersetzung mit dem Islam überhaupt um einen Konflikt zwischen dem Westen und der muslimischen Welt bzw. zwischen westlichen und nichtwestlichen Prinzipien? Eine klare Mehrheit von etwa drei Vierteln hält das Christentum für das Fundament unserer Kultur und verlangt von den Muslimen, sie müssten sich an unsere Kultur anpassen (vgl. Kapitel 1, Absatz 3.2.). Ist die Auseinandersetzung mit dem Islam vielleicht ein Konflikt zwischen zwei Weltreligionen (Huntington 2002)? Schon die klare Entgegensetzung zwischen den positiven Images, die mit dem Christentum assoziiert werden, und den negativen Eigenschaften, die dem Islam zugeschrieben werden (vgl. Kap. 1, Abb. 1.7), weist in diese Richtung. Dagegen aber spricht der von Nils Friedrichs in Kapitel 8 herausgearbeitete Befund, dass die Konfliktlinie weniger zwischen Islam und christlicher Identität verläuft als zwischen religiösen und säkularen Deutungsmustern.

Weiterhin könnte es auch ein Spannungsverhältnis zwischen nationalstaatlicher Identifikation und Einstellung zu den Muslimen geben. In der oben zitierten Literatur wurde die Meinung vertreten, dass rechtspopulistische Parteien durch Prozesse der kulturell-religiösen Pluralisierung vor allem die eigene Nation als gefährdet betrachten, linkspopulistische Parteien hingegen die durch Pluralisierung und Globalisierung ausgelöste Gefahr eher in der ökonomischen Liberalisierung sehen. Inwieweit nationale und nationalistische Einstellungen die Ablehnung von Immigration und zugewanderten Muslimen befördert, muss gleichfalls untersucht werden.

Schließlich wäre es aber auch denkbar, dass der Gegenpol zur ablehnenden Haltung gegenüber Muslimen nicht in der Identifikation mit einer bestimmten kulturell-religiösen, politischen oder normativen Position besteht, sondern in einem diffusen Unbehagen gegenüber kultureller Vielfalt und Fremdheit insgesamt. Dann bestände der Konflikt in der Spannung zwischen Homogenität und Heterogenität, Gewohntem und Unvertrautem.

5   Ergebnisse

5.1   Faktorenanalysen

Um die unterschiedlichen Spannungsverhältnisse, die denkbar sind, analytisch aufzuhellen, haben wir ein relativ einfaches Verfahren gewählt. In einem ersten Schritt haben wir in Faktorenanalysen[140] versucht, den Zusammenhang zwischen unterschiedlichen Einzelitems zu testen und Faktoren zu bilden, auf denen die

---

[140] Die Extraktionsmethode ist eine Hauptkomponentenanalyse. Bei den Analysen der potentiellen Gegenpole zur Ablehnung von Muslimen wurde jeweils ein Faktor extrahiert. Eine Rotation ist deswegen nicht erforderlich.

Einzelvariablen laden.[141] Als Indikator für Einstellungen zu Muslimen greifen wir auf den Faktor „Ablehnung von Muslimen" zurück, der von Nils Friedrichs in Kapitel 7 unter Rückgriff auf insgesamt acht Variablen identifiziert werden konnte. Mit einer erklärten Gesamtvarianz von mehr als 50 % kann dieser Faktor als robust bezeichnet werden.

Um den Gegenpol zum identifizierten Faktor „Ablehnung von Muslimen" herauszufinden, haben wir Fragen zum Verhältnis von westlicher und muslimischer Welt auf ihren Zusammenhang geprüft und zu einem Faktor zusammengefasst. Zur Erfassung dieses Verhältnisses haben wir einen Faktor bestehend aus drei Variablen identifiziert, die die Einschätzung des Verhältnisses zwischen der westlichen und der muslimischen Welt und des Respekts vor dem jeweils anderen ausdrücken. Die Erklärungskräfte der Faktoren sind mit Werten von 58 bzw. 64 % in beiden Teilen Deutschlands ausgesprochen gut. Die Faktorladungen sind allerdings im Fall des Respekts der muslimischen Welt vor der westlichen Welt höher als umgekehrt (vgl. Tab. 9.1).

Tab. 9.1: Faktor „Verhältnis zwischen muslimischer und westlicher Welt"

	D-W	D-O
gutes Auskommen von westlicher und muslimischer Welt	,825	,848
Glaube, dass die westliche Welt die muslimische Welt respektiert	,576	,678
Glaube, dass die muslimische Welt die westliche Welt respektiert	,849	,859
Eigenwerte	1,73	1,92
erklärte Gesamtvarianz (in %)	57,8	63,9

Hauptkomponentenanalyse, Faktorladungen; Erklärung der Variablen: siehe Anhang.

Der Begriff der westlichen Welt ist natürlich äußerst unscharf. Um ihn zu spezifizieren, haben wir einen Faktor gebildet, der sich um die Akzeptanz demokratischer Rechte rankt. Für die Konstruktion des Faktors „Wichtigkeit demokratischer Rechte" wurden die Einschätzungen der Bedeutung der Meinungs- und Redefreiheit, der Freiheit und Unabhängigkeit der Medien, der Freiheit und Gleichheit der Wahlen, der Glaubensfreiheit und der Minderheitenrechte einbezogen. Es zeigen sich gute Faktorladungen mit einer erklärten Gesamtvarianz

---

[141] Zur Anwendung der Faktorenanalyse sowie zur näheren Beschreibung des Faktors ‚Ablehnung der Muslime' siehe Kapitel 7 von Nils Friedrichs in diesem Band sowie z.B. Wolff/Bacher 2010.

von knapp 50 %. Nur die Haltung zu den Minderheitenrechten lädt auf dem Faktor etwas niedriger (vgl. Tab. 9.2).

Tab. 9.2: Faktor „Wichtigkeit demokratischer Rechte"

	D-W	D-O
Wichtigkeit von Aspekten des politischen Lebens: Meinungs- und Redefreiheit	,783	,742
Wichtigkeit von Aspekten des politischen Lebens: freie und unabhängige Medien	,669	,750
Wichtigkeit von Aspekten des politischen Lebens: freie, gleiche und faire Wahlen	,803	,730
Wichtigkeit von Aspekten des politischen Lebens: Glaubensfreiheit	,658	,643
Wichtigkeit von Aspekten des politischen Lebens: garantierte Minderheitenrechte	,486	,559
Eigenwerte	2,38	2,37
erklärte Gesamtvarianz (in %)	47,5	47,4

Hauptkomponentenanalyse, Faktorladungen. Erklärung der Variablen: siehe Anhang.

Neben der Einschätzung der Bedeutung demokratischer Rechte soll untersucht werden, wie die Bejahung des modernen Prinzips der funktionalen Differenzierung einzelner gesellschaftlicher Bereiche wie Religion und Politik oder Religion und Wissenschaft oder auch Religion und Schulbildung mit der Haltung gegenüber Muslimen korreliert. Der Faktor „Compartmentalization"[142] wird durch Fragen nach der Akzeptanz der Trennung der Religion von Politik, Wissenschaft und schulischer Erziehung erfasst. Wie wir sehen, laden die einzelnen Items stark auf dem Faktor. Die erklärte Gesamtvarianz beträgt 55 bzw. über 60 % (vgl. Tab. 9.3).

---

[142] Nach Dobbelaere (2002: 169 ff.) wird unter *compartmentalization* (oder *secularization-in-mind*) die persönliche Verinnerlichung des Prinzips der Trennung von Religion und anderen Bereichen der Gesellschaft verstanden. Die in Tab. 9.3 gezeigten Variablen können allerdings teilweise auch als Indikatoren eines kämpferischen Atheismus verstanden werden.

Tab. 9.3: Faktor „Compartmentalization"

	D-W	D-O
Religiöse Symbole, wie Kreuze, sollten an staatlichen Schulen verboten sein.	,778	,812
Die Kirchenoberhäupter sollten nicht versuchen, die Entscheidungen der Regierung zu beeinflussen.	,688	,753
Wissenschaft und Forschung sollten nicht durch religiöse Normen und Werte eingeschränkt sein.	,637	,735
Die Erziehung in den Schulen sollte frei von Religion sein.	,836	,846
Eigenwerte	2,18	2,48
erklärte Gesamtvarianz (in %)	54,6	62,0

Hauptkomponentenanalyse, Faktorladungen; Erklärung der Variablen: siehe Anhang.

Weiterhin muss geprüft werden, in welchem Verhältnis der Faktor „Ablehnung von Muslimen" zur Identifikation mit dem Christentum steht. Die Konstruktion des Faktors „Einstellung zum Christentum" erfolgt über drei Variablen: die allgemeine Haltung zu Christen (positiv, negativ), die Zustimmung zu der Aussage, dass das Christentum das Fundament unserer Kultur sei, und die Häufigkeit der Zuschreibung von positiven Eigenschaften an das Christentum (vgl. Tab. 9.4).

Tab. 9.4: Faktor „Einstellung zum Christentum"

	D-W	D-O
Haltung zu: Christen	,756	,786
Aussage: Das Christentum ist das Fundament unserer Kultur.	,726	,760
Anzahl der positiven Images – Christentum	,719	,757
Eigenwerte	1,62	1,77
erklärte Gesamtvarianz (in %)	53,9	58,9

Hauptkomponentenanalyse, Faktorladungen; Erklärung der Variablen: siehe Anhang.

Um weitere mögliche Gegenpole zum Faktor „Ablehnung von Muslimen" abzutesten, nehmen wir schließlich auch die bereits gebildeten Faktoren „Bejahung universeller religiöser Rechte" (Universalismus) und „Akzeptanz religiöser Vielfalt" (Akzeptanz), die Nils Friedrichs in Kapitel 7 isoliert hat, sowie ein Item zur Messung des Nationalstolzes auf. Auf diese Weise wollen wir herausfinden, inwieweit die neue Konfliktlinie durch die Pole „Bejahung universeller religiöser Rechte" (Universalismus), „Offenheit für religiöse Vielfalt" (Akzeptanz) bzw. Stolz auf die eigene Nation gekennzeichnet ist.

5.2 Konfliktlinien

Im zweiten Schritt untersuchen wir die Struktur der Zusammenhänge der eben genannten Variablen und Faktoren anhand von bivariaten Korrelationskoeffizienten (vgl. Tab. 9.5). Unsere Aufmerksamkeit gilt dabei vor allem den Korrelationswerten des Faktors „Ablehnung von Muslimen" mit anderen Variablen. Wir vermuten, dass eine starke negative Korrelation ein Hinweis auf einen möglichen Gegenpol zur Ablehnung von Muslimen ist.

Die Korrelationstabelle der Faktoren zeigt sehr ähnliche Zusammenhangsstrukturen für die alten und neuen Bundesländer. Die Tabelle lässt klar erkennen, dass eine offene Haltung gegenüber wachsender Vielfalt, die in der zunehmenden kulturellen Pluralität eine Quelle der Bereicherung sieht, als Gegenpol der Ablehnung von Muslimen fungiert (vgl. hierzu auch Kapitel 7, Tab. 7.5). Darüber hinaus gibt es zwei weitere Faktoren, die eine mittelstarke negative Korrelation mit der ablehnenden Haltung gegenüber Muslimen zeigen: die Bejahung universeller religiöser Rechte sowie die Beurteilung des Verhältnisses zwischen der westlichen und der muslimischen Welt. Die erstere deutet darauf hin, dass allgemeine Rechtszuschreibungen für fremde Religionen zumindest teilweise einen Gegenpol zur negativen Haltung gegenüber Muslimen bilden. Die letztere dagegen ist ein Hinweis darauf, dass die Wahrnehmung des Konflikts zwischen den beiden Welten selbst als Teil des Konflikts betrachtet werden kann, bzw. dass die eigene negative Haltung gegenüber Muslimen auch die Wahrnehmung des Verhältnisses zwischen westlicher und muslimischer Welt in eine negative Richtung verzerren kann.

Andere Faktoren zeigen einen entweder nur schwachen oder gar keinen signifikanten Zusammenhang mit der Ablehnung von Muslimen. So korreliert der Faktor der Wichtigkeit bestimmter demokratischer Rechte (wie der Rede- und der Glaubensfreiheit) zwar negativ, aber nur leicht signifikant mit der Ablehnung von Muslimen. Auch mit der positiven Einstellung gegenüber Christen besteht nur in den neuen Bundesländern ein signifikanter Zusammenhang. Dieser ist jedoch nur sehr schwach. Die Richtung dieser Korrelation ist darüber hinaus negativ, was gerade gegen eine Bruchlinie zwischen dem Christentum und dem Islam spricht.

Tab. 9.5: Potentielle Konfliktlinien zwischen Christentum und Islam

		Akzeptanz religiöser Vielfalt	Bejahung universeller religiöser Rechte	Wichtigkeit demokratischer Rechte	Compartmentalization	Einstellungen zum Christentum	Nationalstolz	Verhältnis Islam-Westen
D-W	Bejahung universeller religiöser Rechte	,338**	1					
	Wichtigkeit demokratischer Rechte	,145**	,202**	1				
	Compartmentalization	n.s.	n.s.	n.s.	1			
	Einstellungen zum Christentum	n.s.	,158**	,128**	-,428**	1		
	Nationalstolz	-,255**	-,091**	n.s.	-,120**	,194**	1	
	Verhältnis Islam-Westen	,341**	,231**	n.s.	n.s.	n.s.	n.s.	1
	Ablehnung von Muslimen	-,742**	-,454**	-,178**	n.s.	n.s.	,244**	-,405**
D-O	Bejahung universeller religiöser Rechte	,327**	1					
	Wichtigkeit demokratischer Rechte	n.s.	,242**	1				
	Compartmentalization	-,355**	n.s.	n.s.	1			
	Einstellungen zum Christentum	,185**	,264**	,169**	-,373**	1		
	Nationalstolz	-,169**	n.s.	n.s.	n.s.	,129**	1	
	Verhältnis Islam-Westen	,307**	,226**	,071*	-,165**	,184**	n.s.	1
	Ablehnung von Muslimen	-,754**	-,457**	-,163**	,279**	-,147**	,229**	-,419**

Korrelationskoeffizient nach Pearson; Signifikanz: **p < ,01; *p < ,05; Erklärung der Variablen: siehe Anhang.

Die Trennung von Religion und Politik *(compartmentalization)* bildet ebenfalls keinen starken Gegenpol zur ablehnenden Haltung gegenüber Muslimen. Die Korrelation ist auch in diesem Fall entweder nicht signifikant (Westdeutschland) oder schwach positiv (Ostdeutschland). Die etwas stärkeren negativen Zusammenhänge mit den positiven Haltungen zum Christentum weisen darauf hin, dass *compartmentalization* mit einer grundlegenden Ablehnung von Religionen einhergeht. Darüber hinaus fällt auf, dass Nationalstolz nur schwach mit der Ablehnung von Muslimen korreliert.

Fasst man diese Ergebnisse zusammen, dann kann man feststellen, dass die Ablehnung von Muslimen am stärksten mit der Bejahung religiöser Vielfalt kontrastiert. Andere Faktoren wie die Wahrnehmung eines guten Verhältnisses zwischen westlicher und muslimischer Welt oder die Bejahung universeller religiöser Rechte bilden zwar auch einen Gegenpol zum Faktor „Ablehnung von Muslimen". Der negative Zusammenhang ist aber deutlich geringer als der mit dem Faktor „Akzeptanz religiöser Vielfalt". Unsere Ergebnisse zeigen daher, dass einer positiven Einstellung zu den Muslimen vor allem ein Gefühl kulturell-religiöser Homogenität entgegensteht und die Konfliktlinie, nach der wir suchen, sich in Form einer Spannung zwischen Vorbehalten gegenüber dem Islam als einer kulturell unvertrauten Religion und Akzeptanz religiös-kultureller Pluralität darstellt.

5.3   Konsequenzen der Konfliktlinie: Parteiwahl

Doch nicht nur die Frage, wie die sich herausbildende Konfliktlinie inhaltlich besetzt ist, ist interessant. Von einem *cleavage* im sozialwissenschaftlichen Sinne ist erst zu sprechen, wenn die festgestellten Spannungslinien politische Auswirkungen auf das Verhalten, etwa auf das Wahlverhalten haben. Was lässt sich bezüglich des Zusammenhanges zwischen der Einstellung zu Muslimen und der Parteiwahl bei einer eventuellen Bundestagswahl am nächsten Sonntag sagen?

Abbildung 9.1 zeigt die durchschnittlichen Faktorwerte der jeweiligen Faktoren differenziert nach den Wählern der unterschiedlichen Parteien.[143] Wie die Abbildung demonstriert, hängt eine ablehnende Haltung gegenüber Muslimen

---

[143]   Als Faktorwerte *(factor scores)* bezeichnet man die Ausprägungen der einzelnen Faktoren für die einzelnen untersuchten Personen. Faktorwerte haben einen Mittelwert von 0, eine Standardabweichung von 1 und bewegen sich in der Regel zwischen -3 und 3 (Backhaus et al. 2011). Werte über 0 weisen auf eine starke Ausprägung des Faktors bei einer Person hin, negative Werte stehen dagegen für eine schwache Ausprägung. Die η^2 Werte ermöglichen zusätzlich einen Vergleich der Effektstärke der einzelnen Einstellungen auf die Parteiwahl, wobei die Erklärungskraft umso besser ist, je höher die η^2 Werte sind.

signifikant mit der Parteiwahl zusammen. Unter den Wählern rechtsextremer Parteien (NPD, Republikaner) findet sich eine negative Haltung zu Muslimen überdurchschnittlich häufig, während die Grünen-Wähler eher positiv zu Muslimen eingestellt sind. Bei den Wählern anderer Parteien lassen sich entweder nur sehr leichte (FDP) oder gar keine (SPD, CDU/CSU, Die Linke) negativen Haltungen gegenüber Muslimen nachweisen.

Die Mittelwertvergleiche auf der Basis der Parteiwahl weisen für die mit der Haltung zu Muslimen stark korrelierenden drei Faktoren ähnliche Tendenzen auf, allerdings mit unterschiedlicher Stärke (vgl. Abb. 9.1). Die Akzeptanz religiöser Vielfalt, die Bejahung universeller religiöser Rechte sowie – mit deutlich weniger Erklärungskraft – die Wahrnehmung eines positiven Verhältnisses zwischen der islamischen und der westlicher Welt sind bei den Wählern von rechtsradikalen Parteien viel schwächer ausgeprägt als bei allen anderen Wählergruppen. Eine Überrepräsentierung solcher Ansichten – allerdings weniger stark – ist dagegen nur bei den Wählern der Grünen zu beobachten. Unter den Wählern der beiden Großparteien (CDU/CSU, SPD) ist keiner der hier untersuchten Einstellungen über- oder unterdurchschnittlich präsent, was die These von Kriesi unterstützt, der eine Unentschlossenheit bzw. eine moderate Pro-Integrationspolitik in den Mainstreamparteien für wahrscheinlich hält.

Von den anderen drei in die Korrelationsanalyse einbezogenen Faktoren hängt der Faktor „Compartmentalization" am stärksten mit der Sonntagsfrage zusammen, wobei die Haltung zum Christentum ebenfalls eine signifikante Rolle für die Parteiwahl spielt. Die Wichtigkeit demokratischer Rechte ist dagegen kaum relevant für die Parteiwahl. Die Zusammenhangsmuster für die ersten zwei Faktoren weichen dabei wesentlich von den früher untersuchten (die Ablehnung von Muslimen, die Akzeptanz religiöser Vielfalt, die Bejahung universeller religiöser Rechte sowie die Wahrnehmung eines positiven Verhältnisses zwischen der islamischen und der westlicher Welt) ab. In beiden Fällen bilden die Wähler der CDU/CSU den einen Pol (die gegen *compartmentalization* und positiv gegenüber dem Christentum eingestellt sind), die Linken bilden den anderen Pol als dessen stärkste Sympathisanten. Dieser Befund erweckt auf den ersten Blick den Eindruck, dass wir es hier mit einer Abbildung des klassischen religiösen *cleavage* zu tun haben. Diese Vermutung wird allerdings dadurch relativiert, dass auch unter den Wählern der FDP sowie der NPD die Befürworter von *compartmentalization* leicht überrepräsentiert sowie die gegenüber dem Christentum positiv Eingestellten unterrepräsentiert sind. Gleichzeitig kann man bei den Wählern der SPD keine charakteristische Meinung zu diesen Faktoren entdecken.

Abb. 9.1: Unterschiede in den potentiellen Konfliktfaktoren nach Parteiwahl

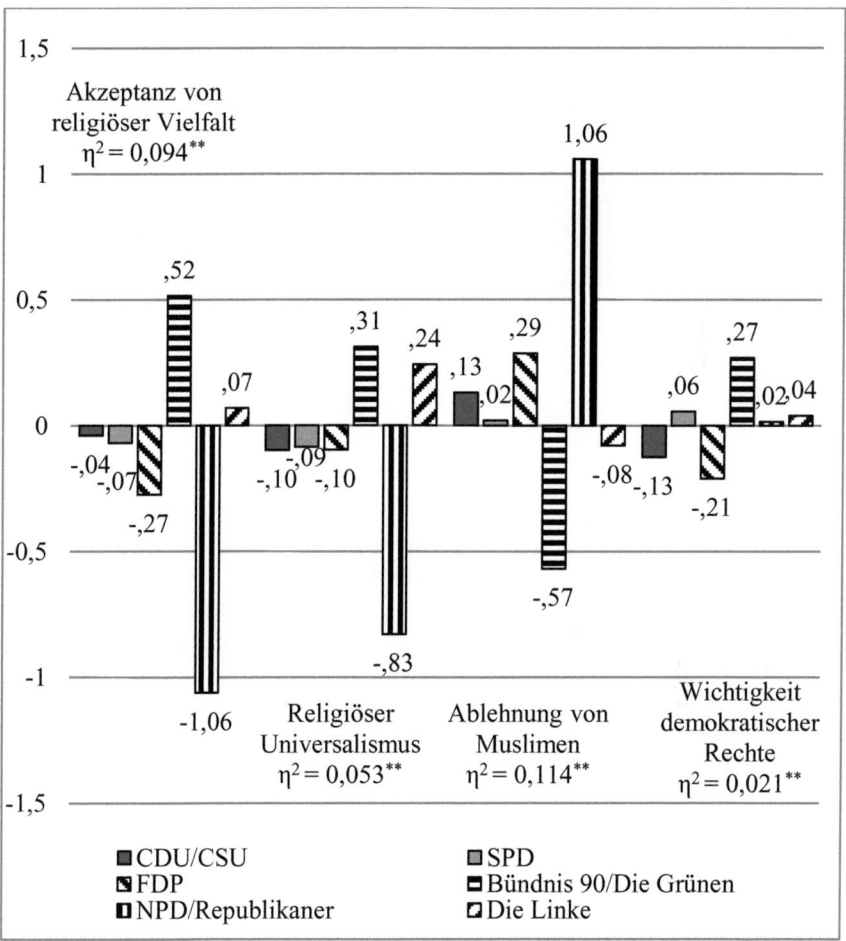

Durchschnittliche Faktorwerte; Signifikanz der Varianzanalyse **p < ,01; <u>Parteiwahl:</u> „Welche Partei würden Sie wählen, wenn am nächsten Sonntag Bundestagswahlen wären?"; Erklärung der Faktoren: siehe die Hinweise zu Tab. 9.5 im Anhang.

**Abb. 9.1 (fortgesetzt): Unterschiede in den potentiellen Konfliktfaktoren
nach Parteiwahl nach Parteiwahl**

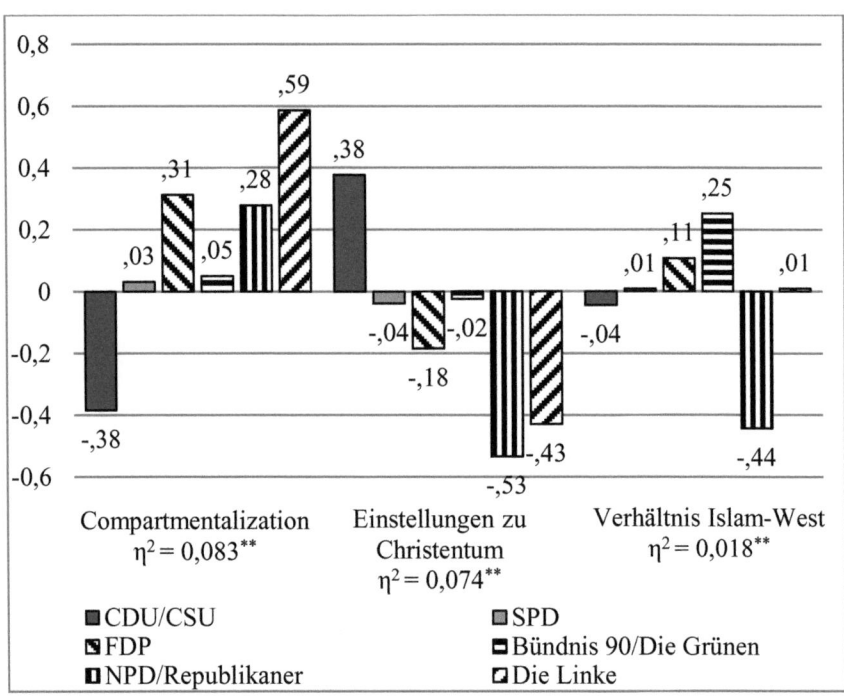

Compartmentalization   Einstellungen zu   Verhältnis Islam-West
$\eta^2 = 0,083^{**}$ Christentum $\eta^2 = 0,018^{**}$
                                       $\eta^2 = 0,074^{**}$

◼ CDU/CSU   ◼ SPD
◙ FDP   ◘ Bündnis 90/Die Grünen
◘ NPD/Republikaner   ◪ Die Linke

Durchschnittliche Faktorwerte; Signifikanz der Varianzanalyse **p < ,01; <u>Parteiwahl</u>: „Welche Partei
würden Sie wählen, wenn am nächsten Sonntag Bundestagswahlen wären?"; Erklärung der Faktoren:
siehe die Hinweise zu Tab. 9.5 im Anhang.

6   Zusammenfassung

Als eine Seite der kulturellen Dimension eines neuen *cleavage* können wir ziemlich eindeutig die ablehnende Haltung gegenüber Muslimen als einen wichtigen
Bestandteil von Antiimmigrationseinstellungen identifizieren. Die andere Seite
der Bruchlinie scheint allerdings weder mit der Identifikation mit der Nation,
noch mit dem Christentum oder mit universellen säkularen Werten besetzt zu
sein. Vielmehr kann man – im Sinne von Kriesi – von einer geschlossenen versus
einer offenen Haltung gegenüber kultureller Vielfalt sprechen. Die Vertreter von
anderen Kulturen werden entweder als Bedrohung oder als Bereicherung wahr-

genommen. Es scheint, dass die Haltung gegenüber Muslimen in diese Konfliktlinie eingeordnet ist.

Diese neue Spannungslinie hat wichtige politische Konsequenzen sowohl in
den alten als auch in den neuen Bundesländern. Eine ablehnende Haltung gegenüber Muslimen sowie die damit korrelierenden drei Faktoren haben in Deutschland einen signifikanten Einfluss auf die Parteiwahl. Dieser Einfluss ist vorwiegend in der Anhängerschaft rechtsextremistischer Kleinparteien sowie auf der
anderen Seite bei den Wählern der Grünen zu erkennen. Hingegen konnten kaum
Einflüsse der untersuchten Einstellung auf die Wahl der länger etablierten, großen Parteien nachgewiesen werden.

Unsere Ergebnisse sind kein endgültiger Beweis für die Existenz eines neuen
cleavage. Die Daten sprechen jedoch klar dafür, dass die Einstellungen gegenüber religiöser Vielfalt und vor allem gegenüber der muslimischen Minderheit
eine wichtige Rolle bei der Parteiwahl spielen und insofern eine zentrale Bedeutung für die sich möglicherweise abzeichnende Herausbildung eines neuen politischen *cleavages* besitzen.

Anhang: In den Analysen verwendete Variablen

Tab. 9.1

gutes Auskommen von westlicher und muslimischer Welt: „Glauben Sie, dass die westliche und die
muslimische Welt gut miteinander auskommen?"; dichotom (1 = nein; 2 = ja)
Glaube, dass die westliche Welt die muslimische Welt respektiert: „Sind Sie der Ansicht, dass die
westliche Welt die muslimische Welt respektiert?"; dichotom (1 = nein; 2 = ja)
Glaube, dass die muslimische Welt die westliche Welt respektiert: „Sind Sie der Ansicht, dass die
muslimische Welt die westliche Welt respektiert?"; dichotom (1 = nein; 2 = ja)

Tab. 9.2

Die genaue Formulierung der Fragen lautet: „Geben Sie bitte anhand dieser Skala an, wie wichtig
Ihnen folgende Aspekte des politischen Lebens sind."; 4er-Skala (1 = völlig unwichtig; 2 = eher
unwichtig; 3 = eher wichtig; 4 = sehr wichtig)

Tab. 9.3

Die genaue Formulierung der Fragen lautet: „Ich werde Ihnen nun einige Aussagen vorlesen, welche
Einstellungen gegenüber der Religion, der Gesellschaft und dem Leben allgemein beschreiben und
würde von Ihnen gern wissen, inwieweit Sie jeder dieser Aussagen zustimmen."; 4er-Skala (1 =
stimme überhaupt nicht zu; 2 = stimme eher nicht zu; 3 = stimme eher zu; 4 = stimme stark zu)

Tab. 9.4

Haltung zu Christen: „Wie ist Ihre persönliche Haltung zu den Mitgliedern folgender religiöser Gruppen? – Christen"; 4er-Skala (1 = sehr negativ; 2 = eher negativ; 3 = eher positiv; 4 = sehr positiv)

Das Christentum ist das Fundament unserer Kultur: „Wie stark stimmen Sie folgenden Aussagen zu? – Das Christentum ist das Fundament unserer Kultur."; 4er-Skala (1 = stimme überhaupt nicht zu; 2 = stimme eher nicht zu; 3 = stimme eher zu; 4 = stimme stark zu)

Anzahl der positiven Images – Christentum: „Es gibt ja ganz unterschiedliche Ansichten über den Islam und das Christentum. Hier sind einige aufgeschrieben. Woran denken Sie beim Stichwort Christentum?"; Anzahl der Erwähnungen aus den folgenden Items: Friedfertigkeit, Toleranz, Solidarität, Achtung der Menschenrechte (Indexwerte: 0-4)

Tab. 9.5

Akzeptanz religiöser Vielfalt: siehe Kapitel 7, Tab. 7.2

Bejahung universeller religiöser Rechte: siehe Kapitel 7, Tab. 7.2

Wichtigkeit demokratischer Rechte: siehe Tab. 9.2. in diesem Kapitel

Compartmentalization: siehe Tab. 9.3. in diesem Kapitel

Einstellungen zum Christentum: siehe Tab. 9.4. in diesem Kapitel

Nationalstolz: „Inwieweit stimmen Sie folgenden Aussagen zu? – Ich bin stolz auf meine Nationalität."; 4er-Skala (1 = stimme überhaupt nicht zu; 2 = stimme eher nicht zu; 3 = stimme eher zu; 4 = stimme stark zu)

Verhältnis Islam-Westen: siehe Tab. 9.1. in diesem Kapitel

Ablehnung von Muslimen: siehe Kapitel 7, Tab. 7.4

Kapitel 10

Links-Rechts und religiöse Vielfalt

Gergely Rosta

1 Einleitung

In vielen westeuropäischen Ländern wurden die politischen Debatten über die gesellschaftliche Position von Minderheiten mit „fremdem" kulturellen Hintergrund im Laufe der letzten Jahre lauter. Die Thematisierung religiös geprägter Unterschiede stellt insbesondere seit den terroristischen Anschlägen vom 11. September 2001 ein wichtiges Element der politischen Agenda dar. Vor allem rechtspopulistische und rechtsradikale Parteien setzen diesbezüglich immer häufiger eine anti-islamische Rhetorik ein.

In diesem Kapitel wird die Frage gestellt, ob und in welchem Maße derartige Aspekte auch in den individuellen politisch-ideologischen Positionen Resonanz finden. Die Untersuchung möglicher Zusammenhänge zwischen der Akzeptanz, Toleranz bzw. Ablehnung von religiöser Vielfalt und bestimmten Religionen auf der einen Seite und allgemeineren politischen Einstellungen auf der anderen Seite verspricht nicht zuletzt tiefergehende Einblicke hinsichtlich der Länderunterschiede in Bezug auf die Niveaus von Akzeptanz und Ablehnung. In diesem Zusammenhang stellt sich etwa die Frage, ob negative Haltungen gegenüber fremden Religionsgemeinschaften auch mit einer stärkeren Neigung zu radikalen Ansichten einhergehen.

Als Indikator für die Ausprägungen der politischen Einstellungen soll die für die Komplexitätsreduktion des politischen Raumes am häufigsten verwendete Dimension, die Links-Rechts-Skala, Verwendung finden. Ungeachtet der Tatsache, dass die Skala teilweise von aktuellen politischen Debatten in den jeweiligen Ländern beeinflusst wird und trotzdem (oder gerade deswegen?) insbesondere im internationalen Vergleich ganz unterschiedliche inhaltliche Komponenten widerspiegeln kann, erscheint sie als durchaus geeignet, die Einstellungen gegenüber religiöser Vielfalt im Spiegel der politisch-ideologischen Positionen der Befragten zu analysieren. [144]

Zunächst soll dabei geklärt werden, was unter Links und Rechts verstanden werden kann und welche Zusammenhänge sich aus theoretischer Perspektive zu den Haltungen gegenüber fremden Religionen (mit besonderem Blick auf den Islam) erwarten lassen. Dabei sollen speziell der Aufstieg rechtspopulistischer Parteien in Westeuropa sowie die Hintergründe und länderspezifischen Merkmale dieses Prozesses betrachtet werden. Basierend auf diesen theoretischen Vorüberlegungen, werden im Folgenden Forschungsfragen entwickelt, die anhand statistischer Analysen unserer Forschungsdaten überprüft werden können. Zur Operationalisierung der Einstellungen gegenüber religiöser Vielfalt werden die von Friedrich (Kapitel 7 in diesem Band) ausgewiesenen Faktoren der Akzeptanz von religiöser Vielfalt, Universalismus und der ablehnenden Haltung gegenüber Muslimen verwendet.

2   Was ist Links und Rechts?

Die Debatte darüber, ob eine komplexe politische Realität überhaupt eindimensional beschrieben werden kann und was in einem solchen Falle dann genau unter Links und Rechts zu verstehen wäre, ist ungefähr so alt wie der Ansatz selbst. Eine in der Politikwissenschaft oft vertretene Position verbindet mit den Begriffen Links und Rechts ausschließlich die Unterschiede, die auf den klassischen Marxschen Klassenkonflikt zurückgeführt werden können. Demzufolge stehen sich hinsichtlich der Fragen nach ökonomischer Ungleichheit bzw. der angemessenen Sozialpolitik sozialistische und nicht-sozialistische Positionen einander gegenüber (Knutsen 1995). Andere Themen, die zwar mit der Links-Rechts-Skala empirisch korrelieren, aber nicht zum Kern dieses Gegensatzes gehören, werden bei dieser Interpretation nicht als inhaltlicher Bestandteil von Links und Rechts betrachtet.

Die klassische Definition von Lipset behandelt ebenfalls das Problem der Ungleichheit als zentralen Aspekt der inhaltlichen Unterscheidung von Links und Rechts. Hier ist die Sichtweise allerdings nicht ausschließlich auf die ökonomische Dimension beschränkt:

---

[144] An dieser Stelle muss auch darauf hingewiesen werden, dass diese Positionen nicht direkt in Wählerstimmen übersetzt werden können. Es wird also in diesem Kapitel kein direkter Zusammenhang zwischen Einstellungen und Wahlverhalten untersucht.

By Left we shall mean advocating social change in the direction of greater equality – political, economic or social; by Right we shall mean supporting a traditional, more or less hierarchical social order, and opposing the change toward greater equality (Lipset 1957: 1135).

Im Zuge der Studentenrevolten Ende der 1960er Jahre entwickelte sich eine „neue Linke", die relativ wenig mit den Vertretern des klassischen Klassenkonflikts oder den Arbeiterorganisationen zu tun hatte und stattdessen eine Mixtur aus liberalen und egalitären Ansichten vertrat. Im Umfeld dieser „neuen linken Politik" sind in vielen Ländern „grüne" Bewegungen und Parteien entstanden, die sich mit ihren neuen Themen oft als Vertreter einer neuen politischen Dimension verstanden, die nicht im Rahmen des herkömmlichen Links-Rechts-Schemas verortet werden konnte. Die Theorie des postmaterialistischen Wertewandels von Inglehart schien diese neue Dimension der politischen Einstellungen gut aufzugreifen (Inglehart 1977 1984). Es war jedoch Inglehart selbst, der erkannte, dass diese Entwicklung eine nicht-ökonomische Reformulierung der Links-Rechts-Skala notwendig machte, da die Selbstpositionierung der Wähler eine viel stärkere Korrelation mit den neuen postmaterialistischen Themen (wie etwa der Abtreibung oder der Nutzung der Kernenergie) aufwies, als etwa mit der Beurteilung von traditionellen ökonomischen Fragen (Inglehart 1984: 40f.).

Nach dem Fall der kommunistischen Regime in Mittel- und Osteuropa entwickelten sich in diesen Ländern neue demokratische Systeme, in denen den Begriffen Links und Rechts teilweise andere Inhalte zugeordnet wurden als in den etablierten Demokratien der westlichen Welt. Postkommunistische Nachfolgeparteien, die als Vertreter der linken Seite auftraten, waren und sind oft konservativ im Sinne der Verteidigung des alten Systems, konservative Rechtsparteien finden sich dagegen oft in der Rolle der radikaleren Reformer. Hinzu kommt, dass die postkommunistischen Parteien, von denen viele relativ früh nach der Wende wieder in Regierungspositionen gelangten, stark am Ausbau eines kapitalistischen Marktwirtschaftssystems beteiligt waren, also klassische „anti-linke" Politik betrieben. Dieser Rollenwechsel im postkommunistischen Mittel- und Osteuropa leistete ebenfalls einen wesentlichen Beitrag zur heutzutage vorherrschenden inhaltlichen Vermischung von Links und Rechts (Evans/ Whitefield 1998; Tavits/Letki 2009).

Auch einige jüngere Entwicklungen auf der rechten Seite des politischen Spektrums in einigen westeuropäischen Ländern trugen zur Vermischung der Begriffe Links und Rechts bei. Wie etwa die Partei von Pim Fortuyn *(Lijst Pim Fortuyn – LPF)* in den Niederlanden in geradezu paradigmatischer Weise zeigt, kombinieren neue rechtspopulistische Parteien eine Anti-Einwanderungspolitik mit dem klassisch linken Thema der Verteidigung liberaler Werte wie der Redefreiheit, der Trennung von Kirche und Staat oder der Emanzipation von Frauen (Akkerman 2005).

Die Durchmischung linker und rechter Positionen zeigt sich nicht nur bei den politischen Bewegungen oder Parteien, sondern auch auf der Individualebene. Neben einer Reihe von klassischen und neueren Themen, die mit der allgemeinen Definition der Links-Rechts-Skala assoziiert werden, wie soziale Ungleichheit, Religion, die Rolle des Staates, Gender oder grüne Politik, können viele Menschen kaum eine eigene Interpretation benennen bzw. definieren Links und Rechts direkt über die Wahrnehmung der Positionen bestimmter Parteien (Klingemann 1979; Sani/Sartori 1983; Evans 1993).

Trotz aller Ambivalenz der Begriffe Links und Rechts erfüllt diese vereinfachte Kategorisierung politischer Positionen, der sich in den 1970er Jahren die überwiegende Mehrheit der Bevölkerung der Europäischen Gemeinschaft als adäquate politische Selbsteinstufungsskala bediente (Inglehart/Klingemann 1976), auch heute noch ihre Funktion: Im Jahr 2004 konnten sich 88 % der Befragten der im *European Social Survey* teilnehmenden Länder auf der Links-Rechts-Skala positionieren (Mair 2007). Das Links-Rechts-Kontinuum scheint also als Hilfsmittel für die Bestimmung der eigenen politischen Einstellung weiterhin eine hohe Akzeptanz zu genießen. Ähnlich stellt sich das Bild auf der „Angebotsseite" (*supply side*) des politischen Raums dar: Parteien können sowohl von den Wählern und Experten (Huber/Inglehart 1995) als auch von sich selbst (siehe z.B. Klingemann/Hofferbert/Budge 1994) durch die Links-Rechts-Skala bis zu einem gewissen Grad verortet werden.

Vor dem Hintergrund der komplexen und sich wandelnden inhaltlichen Referenzen für Links und Rechts stellt sich nun die Frage, wie diese politische Selbstkategorisierung mit den Einstellungen gegenüber religiöser Vielfalt, fremden Religionen und deren Vertretern zusammenhängt.

3   Links-Rechts und religiöse Vielfalt

Religion und Religiosität waren und sind ein wichtiges Element der Links-Rechts-Skala. Wie schon empirische Untersuchungen in den 1970er Jahren zeigten (Laponce 1972), geht Religiosität traditionell mit einer höheren Wahrscheinlichkeit einer politisch rechten Selbstpositionierung einher. Dieser Zusammenhang bleibt auch nach der inhaltlich veränderten Interpretation von Links und Rechts bestehen; so konnte Inglehart entgegen seiner Erwartungen empirische Nachweise für den Zusammenhang zwischen Religiosität und seiner neuen nichtökonomischen Links-Rechts-Skala belegen. Als Erklärung hierfür führt er die Verbindung zwischen Nichtreligiosität und Postmaterialismus auf (Inglehart

1977: 217-222; 1984: 57). Andere Untersuchungen weisen darauf hin, dass der Säkularisierungsgrad einer Gesellschaft positiv mit der Stärke des Zusammenhangs zwischen Religiosität und der Links-Rechts-Selbsteinstufung korreliert. Dementsprechend geht Religiosität in stärker säkularisierten Gesellschaften eher mit rechten Positionen einher als in Gesellschaften mit einem höheren Niveau an Religiosität (Rosta 2004) – ein Befund, der exemplarisch darauf verweist, dass Säkularisierungsprozesse und ein nomineller Rückgang der Religiosität nicht zwangsläufig mit einem Verlust der Bedeutung und Erklärungskraft von Religiosität für andere Lebensbereiche einhergehen muss.

Vor dem Hintergrund der Beziehung zwischen individueller kirchlicher Religiosität und einer rechtsgerichteten politischen Selbstpositionierung erscheint die Frage nach dem Zusammenhang zwischen der Einstufung auf der Links-Rechts-Skala und den Einstellungen gegenüber religiöser Vielfalt und fremden Religionen also durchaus relevant. Führt der Anspruch auf die Verteidigung der Positionen der eigenen Religion gegenüber „fremden" Einflüssen zu einem positiven Zusammenhang zwischen rechtsgerichteten Haltungen und der Ablehnung von religiöser Vielfalt? Oder erzeugen die christlichen Prinzipien der Nächstenliebe und Toleranz bzw. das Gefühl bzgl. der jeweils eigenen Position gegenüber einer weitgehend säkularisierten Umwelt „im gleichen Boot zu sitzen" gar umgekehrt einen positiven Zusammenhang zwischen rechten Positionen und der Akzeptanz fremder Religionen?

Es könnte aber auch sein, dass der Pfad der Kausalität umgekehrt verläuft: In diesem Fall würde man davon ausgehen, dass ideologische Einstellungen, genauso wie die individuelle Religiosität, durch Sozialisation verankert sind und rechte Positionen ganz selbstverständlich mit einer Überhöhung der eigenen nationalen und kulturellen Identität und damit gleichzeitig mit der Ablehnung fremder religiöser Einflüsse zusammengehen. Gemäß dieser Erklärung wäre also nicht die eigene Religiosität die gemeinsame Ursache, worauf der Zusammenhang zwischen der Links-Rechts-Skala und der Akzeptanz oder Ablehnung von religiöser Pluralität zurückgeführt werden kann, sondern man würde aus der allgemeinen ideologischen Gesinnung konkrete Einstellungen ableiten. Beide Kausalitäten sind möglich. Unsere Daten erlauben allerdings lediglich die Überprüfung der Natur des Zusammenhangs (bzw. seiner Stärke und positiven oder negativen Verfasstheit), nicht jedoch der Richtung des Ursache-Wirkung-Mechanismus.

Eine jüngere Entwicklung innerhalb der politischen Systeme Westeuropas lässt die Fragestellung über einen möglichen Zusammenhang zwischen Links-Rechts und den Haltungen zu religiöser Vielfalt als besonders aktuell erscheinen: Seit den 1980er Jahren sind in fast allen Ländern dieser Region neue Parteien auf die Tagesordnung getreten, die zusammenfassend als „rechtspopulistisch" bezeichnet werden können. Beispielhaft für diese Entwicklung sind etwa die *Lega*

Nord in Italien, der *Vlaams Blok/Belang* in den Niederlanden oder die FPÖ in Österreich. Zu den gemeinsamen Charakteristika dieser Bewegungen zählen Anti-Einwanderungseinstellungen, Anti-Establishment-Haltungen, charismatische Führungspersonen, die sich oft als Vertreter des Volkes präsentieren, ein relativ großes Mobilisierungspotenzial, aber im Gegensatz zu rechtsextremen oder rechtsradikalen Gruppierungen auch eine grundsätzliche Anerkennung der liberalen Demokratie, die Verteidigung bestimmter Menschenrechte und – zumindest in der offiziellen Verlautbarung – die Ablehnung faschistischer und rassistischer Haltungen (Reuter 2009: 34-39).

Rechtspopulistische Parteien werden in der Literatur vor allem als Produkte der Globalisierung und der damit verbundenen tiefgehenden sozialen, wirtschaftlichen und kulturellen Wandlungsprozesse aufgefasst (Decker 2004: 25-28). Kriesi und Kollegen sehen in der Globalisierung sogar die Quelle für ein neues politisches *cleavage* im Sinne von Lipset und Rokkan (1967), welches das gesamte politische System grundsätzlich bestimmt.[145]

Die Unterscheidung zwischen Rechtspopulismus und Rechtsextremismus ist nicht ganz einfach. In inhaltlicher Hinsicht überlappen sich beide teilweise und vor allem beim Rechtspopulismus ist vieles oft nicht klar definiert. Rensmann (2006) fasst die Unterschiede folgendermaßen zusammen:

- Rechtsextreme Parteien sind ideologisch geschlossener als rechtspopulistische Parteien.
- Rechtsextreme Gruppierungen bzw. Personen lehnen die Demokratie ab und vertreten allgemein eine systemkritische Haltung. Rechtspopulisten nehmen dagegen eine „Anti-Establishment"-Position ein, lehnen jedoch das demokratische System nicht grundsätzlich ab.
- Rechtsextreme Parteien präferieren eine diktatorische oder zumindest autoritäre Herrschaftsform, Rechtspopulisten dagegen befürworten eher die Stärkung der direkten Demokratie und die Schwächung der Gewaltenteilung.

Religiöse Vielfalt wird in Ländern, in denen große Bevölkerungsanteile über einen Migrationshintergrund verfügen, meist als Teil der Migrationsproblematik wahrgenommen. Rechtspopulistische Parteien sehen in der religiösen Vielfalt einen Beweis für die Bedrohung der eigenen kulturellen Identität durch fremde Kulturen und in fundamentalistischen religiösen Gruppierungen eine Gefahr für die demokratischen Grundrechte durch totalitaristische Positionen. Sie präsentieren sich oft als Verteidiger individueller Freiheitsrechte, die ihrer Meinung nach

---

[145] Zur „neuen" *Cleavage*-Theorie siehe die ausführliche Darlegung in Kapitel 9 in diesem Band.

im Islam missachtet bzw. durch die Zuwanderung aus islamischen Ländern gefährdet werden.

4 Rechtspopulismus in den untersuchten Ländern

Im Rahmen dieses Beitrags kann keine ausführliche Darstellung der Entwicklung und Charakteristika rechtspopulistischer Parteien in den untersuchten Ländern erfolgen. Die folgende knappe, auf den Aspekt der Fremdenfeindlichkeit fokussierte Darstellung sollte jedoch verdeutlichen, dass diese Problematik in den meisten der in unserer Studie untersuchten Gesellschaften mit einem nicht unerheblichen Bevölkerungsanteil mit Migrationshintergrund durchaus präsent ist.

Der französische *Front National* (FN) gehört zu den erfolgreichsten rechtspopulistischen Parteien in Europa – ein Umstand, der auch damit zusammenhängen dürfte, dass der Anteil der nicht in Frankreich geborenen Bevölkerung mit etwa 10 % europaweit zu den höchsten zählt (vgl. Minkenberg 2008: 24 und Tab. 5.1 in Kapitel 5 von Müller in diesem Band). Die Partei um ihren Gründer Jean-Marie Le Pen erreicht bei den Parlamentswahlen fortlaufend Ergebnisse von über 10 %. Ein wichtiger Teil der Ideologie des FN ist ihre Positionierung gegen „unerwünschte" Einwanderung vor allem aus den maghrebinischen Ländern. Le Pen hat öfters betont, dass diese Einwanderer mit ihrer Kultur und Religion eine große Gefahr für die europäische und französische Kultur darstellen. Vor allem im Islam und dessen „totalitaristischen" Ansprüchen sieht er eine Bedrohung für die Errungenschaften der einheimischen Zivilisation. Der FN kombiniert die „kulturelle Selbstverteidigung" mit einer Art Wohlfahrtschauvinismus und strebt ein Programm an, welches Leistungen des Wohlfahrtstaates überwiegend nur Franzosen gewährleisten soll (Ivaldi/Swyngedouw 2006: 130f.).

In den lange als besonders tolerant geltenden Niederlanden, in denen der Anteil der im Ausland geborenen Bevölkerung ebenfalls ca. 10 % beträgt (Kapitel 5; Tab. 5.1), gelang es Pim Fortuyn in den 1990er Jahren, das Thema Einwanderung politisch zu thematisieren. Nach seiner Ermordung zerfiel die von ihm gegründete politische Formation, das Thema blieb jedoch auf der politischen Agenda. Die antiislamischen Ressentiments wurden nach dem Mord an Regisseur Theo van Gogh durch einen islamischen Fundamentalisten im November 2004 weiter verstärkt. Die 2006 gegründete Partei der Freiheit (*Partij voor de Vrijheid*; PVV), geführt von Geert Wilders, ist zur Zeit die stärkste rechtspopulistische Partei der Niederlande; bei den letzten zwei Parlamentswahlen konnte sie mehr als 10 % aller Stimmen auf sich vereinigen. Das Programm der Partei richtet sich explizit gegen weitere Einwanderung und den Islam. Der Islam wird von der PVV dabei nicht in erster Linie als Religion, sondern als „totalitäre politische Ideologie" aufgefasst, die nicht unter den Schutz der Religionsfreiheit gehört (Partij voor de Vrijheid 2010: 13-15).

In Dänemark ist der Anteil der ausländischen Bevölkerung mit 7 % etwas niedriger als in Frankreich und in den Niederlanden; der Islam ist allerdings mit einem Anteil von etwa 4 % an der Bevölkerung die zweitstärkste Religion hinter der evangelisch-lutherischen Kirche (vgl. Kapitel 5; Tab. 5.1; Minkenberg 2004: 24). Die erste rechtsradikale Partei, die Fortschrittspartei (*Fremskridtspartiet*), wurde hier 1972 gegründet. Sie vertrat allerdings anfänglich noch keine Antiimmigrationspolitik und konzentrierte sich viel mehr auf Fragen der Wirtschaft und Bürokratie. Mitte der 1990er Jahre hoben ehemalige Mitglieder der Fortschrittspartei die Dänische Volkspartei (*Dansk Folkeparti*, DF) aus der Taufe, die von Beginn an unmissverständlich gegen Einwanderung bzw. die gesellschaftliche Integration von Einwanderern war (Minkenberg 2008: 47ff.). Neben klassischen demokratischen Forderungen wie der Bewahrung von Demokratie und Rechtsstaat tritt die DF u.a. für die Bewahrung der Privilegien der Dänischen Volkskirche sowie für einen Austritt aus der EU ein (Dansk Folkeparti 2002). Die DF hat seit 2001 bei jeder Parlamentswahl 12 bis 14 % der Stimmen erhalten.

In Deutschland ist der Anteil der im Ausland geborenen Bevölkerung mit 12 % zwar sogar noch etwas höher als in Frankreich oder den Niederlanden (Tab. 5.1 in Kapitel von Müller in diesem Band), trotzdem spielen rechtspopulistische Parteien hier bislang eine weit geringere Rolle als in den anderen untersuchten Ländern. Diese Entwicklung ist auf mehrere Gründe zurückzuführen, die hier nur skizzenhaft wiedergegeben werden können. Zum einen muss auf die historische Vorbelastung jedweden (Rechts-)Populismus hingewiesen werden (Decker 2004: 149), welche sich in der Angst vor der Wiederbelebung nationalsozialistischer Gedanken, der Tabuisierung entsprechender öffentlicher Debatten und der Stigmatisierung von Vertretern rechtspopulistischer Ansichten widerspiegelt (Decker/Hartleb 2006).[146] Darüber hinaus mangelt es anders als in den anderen Ländern an charismatischen Führungspersönlichkeiten aus diesem politischen Spektrum. Und nicht zuletzt wird die Mobilisierung einer rechtspopulistischen Szene durch die Versuche rechtsextremer Personen und Gruppierungen, das Lager gemäßigter rechtsgerichteter Parteien zu unterwandern und auf diesem Weg aus der politischen Isolation hinauszutreten, behindert.

Die derzeit bedeutsamste Partei am äußersten rechten Rand, die NPD, wird sowohl von Politikwissenschaftlern als auch vom Bundesamt für Verfassungsschutz als rechtsextremistisch eingestuft (Kailitz 2007; BMI 2011). Sie tritt zwar

---

[146] Die Sarazzin-Debatte im Jahr 2010 trug allerdings erheblich zur Enttabuisierung derartiger Themen bei. Diese Kontroverse fand allerdings erst nach der Durchführung unserer Untersuchung statt und sollte demzufolge keinen Einfluss auf die Ergebnisse haben.

gegen eine „multikulturelle" Gesellschaft, gegen Einwanderung und Asylrecht auf, leitet dies aber nicht wie die meisten rechtspopulistischen Parteien in den anderen untersuchten Ländern aus der Verteidigung liberaler Grundrechte ab, sondern aus einer Haltung des völkischen Nationalismus, nach dem das „Volk" eine „ethnische und rassische Einheit" bilde. Weder die NPD noch andere rechtsextreme Parteien haben je den Einzug in den Bundestag geschafft; auf der Länderebene konnte die NPD jedoch mehrmals die Hürde für den Einzug in den Landtag überspringen.

Die unter der „Pro"-Bewegung zusammengefassten Organisationen definieren sich hauptsächlich als deutsche Variante der erfolgreichen rechtspopulistischen Parteien in Österreich und Belgien. Dabei vertreten sie nach Ansicht einiger Experten eine überwiegend rechtsextreme Ideologie, umhüllt oder ergänzt durch rechtspopulistische Elemente (Häusler 2009; Butterwegge 2011).

In Portugal schließlich, dem „Kontrollfall" in unserer Studie, spielt weder die Einwanderung aus islamischen Ländern noch der Rechtspopulismus bzw. -extremismus eine bedeutende Rolle. Die bekannteste Partei, die Ansichten dieser Art vertritt, ist die Nationale Erneuerungspartei (*Partido Nacional Renovador*), die bisher bei keiner Wahl mehr als 0,4 % der Stimmen erreichte.

Zusammengefasst lässt sich mit Blick auf den Charakter des Rechtspopulismus in den hier untersuchten Ländern also sagen: Islam- und Ausländerfeindlichkeit sowie die Verteidigung der einheimischen Kultur stellen ein zentrales Element der Ideologie aller oben vorgestellten rechtspopulistischen bzw. rechtsextremen Parteien dar. Innerhalb des politischen Spektrums der einzelnen Länder kommt diesen Parteien selbst jedoch eine recht unterschiedliche Relevanz zu. Es stellt sich die Frage, ob diese Unterschiede auf nationaler Ebene auch in den individuellen Einstellungen ihren Ausdruck finden.

5 Forschungsfragen

Ausgehend von den theoretischen Erläuterungen können die folgenden Forschungsfragen formuliert werden:

(1) In welchem Zusammenhang stehen die Einstellungen gegenüber religiöser Vielfalt und die Links-Rechts-Selbsteinstufung? Geht die allgemeine Ablehnung fremder Religionen (insbesondere des Islam) mit rechten Ansichten einher? Und sind ähnliche Zusammenhänge auf der anderen Seite des politischen Spektrums zu entdecken, indem tolerante und wertschätzende Einstellungen einen positiven Zusammenhang zu linksgerichteten Selbsteinstufungen aufweisen?

(2) Gibt es bezüglich dieser Zusammenhänge länderspezifische Unterschiede oder gleichen sich eher die Korrelationsstrukturen der einzelnen Länder? Sind

die Zusammenhänge zwischen den Einstellungen zu religiöser Vielfalt und zu Muslimen einerseits und der Links-Rechts-Selbsteinstufung andererseits ähnlich gerichtet und von vergleichbarer Stärke? Und können eventuelle Länderunterschiede mit der Präsenz oder dem Nichtvorhandensein rechtspopulistischer Tendenzen bzw. Parteien in Verbindung gebracht werden?

(3) Einer der in unserer Studie nachgewiesenen Einstellungstypen in Bezug auf religiöse Vielfalt ist der Universalismusfaktor (siehe Kapitel 7 von Friedrichs in diesem Band). Dieser Faktor beinhaltet teilweise Einstellungen, die zu den allgemeinen demokratischen Rechten gehören und nicht explizit die eine oder andere Religion unterstützen. Steht dieser Faktor in einem ähnlichen Zusammenhang mit der Links-Rechts-Selbsteinstufung wie die Akzeptanz und Ablehnung religiöser Vielfalt? Oder ist im Hinblick auf die erwähnte Verteidigung liberaler Werte wie die der individuellen Freiheit und Selbstbestimmung durch rechtspopulistische Parteien eher zu erwarten, dass religiöser Universalismus, also die Befürwortung der Gleichberechtigung von Religionen bzw. die Bevorzugung von Gesetzestreue vor der Religionszugehörigkeit bei der Beurteilung von Ausländern, einen weniger negativen oder sogar einen positiven Zusammenhang mit linken Positionen aufweist? Letzteres würde implizieren, dass es hinsichtlich der hier interessierenden Fragen durchaus einen Unterschied machen würde, ob eine Gesellschaft über eine „liberale rechtspopulistische Tradition" verfügt oder nicht.

6   Die Ergebnisse

In der Verteilung der Links-Rechts-Skala in den einzelnen Ländern (vgl. Abb. 10.1) spiegeln sich, wie bereits weiter oben erwähnt, aktuelle politische Debatten ebenso wider wie langfristige politisch-ideologische Traditionen. Die kommunistische Vergangenheit der neuen Bundesländer beispielsweise ist sicherlich ein nicht zu unterschätzender Erklärungsfaktor für den relativ hohen Anteil der politisch Linken. Auch in Frankreich sind linke Positionen traditionell tief in der Gesellschaft verwurzelt.

Hinsichtlich der Verteilung von Linken und Rechten in der Bevölkerung der einzelnen Gesellschaften sind neben charakteristischen Differenzen auch Ähnlichkeiten zu beobachten. Was auf den ersten Blick auffällt, ist die insgesamt hohe Rate der gültigen Antworten (87 bis 98 %). Unsere Ergebnisse bestätigen somit frühere Befunde, denen zufolge sich die überwiegende Mehrheit der europäischen Bevölkerung auf der Links-Rechts-Skala positionieren kann.

Eine zweite wichtige Gemeinsamkeit aller sechs Untersuchungseinheiten besteht darin, dass sich die relative Mehrheit eher in der Mitte der Links-Rechts-Skala positioniert. Dieses Ergebnis ist vor dem Hintergrund der Entwicklungen moderner Gesellschaften auf ideologischem Gebiet ebenfalls nicht besonders überraschend (Dalton 2006).

Eine dritte gemeinsame Eigenschaft aller sechs Stichproben ist schließlich der niedrige Anteil an Personen, die sich auf dem extrem rechten Pol der Links-Rechts-Palette einordnen. In keinem der untersuchten Länder erreicht die Proportion der extrem Rechten ein Zehntel der Gesamtbevölkerung. Diese Tatsache weist bereits darauf hin, dass die insgesamt doch ziemlich hohe Ablehnung religiöser Vielfalt und besonders von Muslimen (vgl. Kapitel 1 von Pollack in diesem Band) keinesfalls mit einer ähnlich hohen Neigung zu rechtextremistischen Positionen einhergeht.

Abb. 10.1: Verteilungen der Links-Rechts-Selbsteinstufung in den untersuchten Ländern

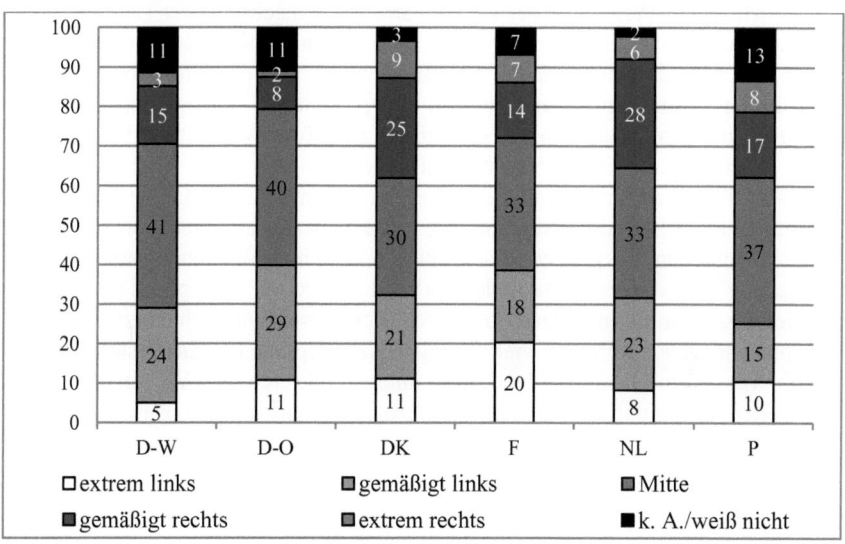

Prozentwerte; <u>Links-Rechts-Selbsteinstufung:</u> „Viele Leute verwenden die Begriffe ‚links' und ‚rechts', wenn es darum geht, unterschiedliche politische Einstellungen zu kennzeichnen. Wir haben hier einen Maßstab, der von links nach rechts verläuft. Wenn Sie an Ihre eigenen politischen Ansichten denken, wo würden Sie diese Ansichten auf dieser Skala einstufen?"; 10er-Skala (1 = links, 10 = rechts): 1-2: extrem links, 3-4: gemäßigt links, 5-6: Mitte, 7-8: gemäßigt rechts, 9-10: extrem rechts.

Die geringe Anzahl der in der Studie einbezogenen Länder erlaubt es nicht, statistische Zusammenhänge auf der Makroebene, also z.b. zwischen dem Anteil der Rechtsextremisten in der Gesellschaft insgesamt und dem Anteil der Personen, die gegenüber religiöser Vielfalt intolerant eingestellt sind, zu untersuchen.[147] Der Fokus unserer Analyse liegt daher auf der Überprüfung möglicher Zusammenhänge auf der Mikroebene, ergänzt durch einen heuristischen Vergleich der Erklärungsmodelle für die einzelnen Länder. Im ersten Schritt werden hier bivariate Zusammenhänge untersucht, darauffolgend eventuelle Effekte soziostruktureller Einflussfaktoren durch multivariate Modelle ausgefiltert.[148]

Als Indikatoren für die Einstellung gegenüber religiöser Vielfalt und Muslimen werden die von Friedrichs entwickelten drei Faktoren verwendet: der Akzeptanzfaktor von religiöser Vielfalt, der religiöse Universalismusfaktor sowie der Ablehnungsfaktor von Muslimen (näher siehe Kapitel 7 in diesem Band).[149]

Die Mittelwertvergleiche der Faktorwerte der hinsichtlich der Links-Rechts-Selbstpositionierung gebildeten Gruppen lassen recht ähnliche Strukturen für alle Länder und alle drei betrachteten Faktoren zutage treten (siehe Abb. 10.2 bis 10.4): Linke Positionen gehen eher mit akzeptierenden, universalistischen und nicht ablehnenden Einstellungen gegenüber religiöser Vielfalt und Muslimen einher, rechte ideologische Selbsteinstufungen hingegen mit Nichtakzeptanz, religiösem Partikularismus und der Ablehnung von Muslimen. Die Stärke der Zusammenhänge ist jedoch sowohl von Land zu Land als auch von Faktor zu Faktor verschieden. So gibt es Gesellschaften, in denen Ablehnung und Rechtsorientierung viel stärker miteinander verbunden sind als Akzeptanz und Linksorientierung, während in anderen Gesellschaften dieser Unterschied entweder gar nicht präsent oder zumindest viel schwächer ausgeprägt ist. Zur ersten Gruppe gehören vor allem Ostdeutschland, aber auch Frankreich und Westdeutschland, zur zweiten die anderen drei Länder. Besonders stark ist der Zusammenhang

---

[147] Golder hat gezeigt, dass negative Einstellungen gegenüber Einwanderern in Kombination mit Arbeitslosigkeit wichtige Erklärungsfaktoren für den Erfolg rechtsradikaler Parteien sind (Golder 2003). Norris fand in ihrer Makrolevelanalyse über die Prädiktoren einer rechtsradikalen Parteiwahl dagegen keine signifikante Verbindung mit dem Verbreitungsgrad von Anti-Einwanderungseinstellungen (Norris 2005: 180f.).

[148] Regressionsmodelle werden zwar meistens für die Modellierung von kausalen Mechanismen verwendet, in unserem Fall dient dieses Verfahren jedoch „nur" dem Ziel, die bivariaten Zusammenhänge von anderen möglichen Einflussfaktoren zu bereinigen.

[149] Wie Friedrichs gezeigt hat, lassen sich die Verhältnisstrukturen der Variablen zur Einstellung gegenüber religiöser Vielfalt ähnlich, aber nicht in allen sechs Fällen auf genau dieselbe Weise durch zwei Faktoren (Akzeptanz, Universalismus) abbilden. In Portugal und Frankreich stimmen demnach die Faktorstrukturen mit denen von anderen Ländern nur partiell überein. Da aber die Unterschiede relativ gering erscheinen, haben wir uns für die Beibehaltung dieser zwei Länder in den Analysen entschlossen.

zwischen einer extrem rechten Selbstkategorisierung und einer ablehnenden Haltung gegenüber religiöser Vielfalt und Muslimen in Ostdeutschland.

Abb. 10.2: Unterschiede in der allgemeinen Akzeptanz von religiöser Vielfalt nach Links-Rechts-Selbsteinschätzung und Ländern

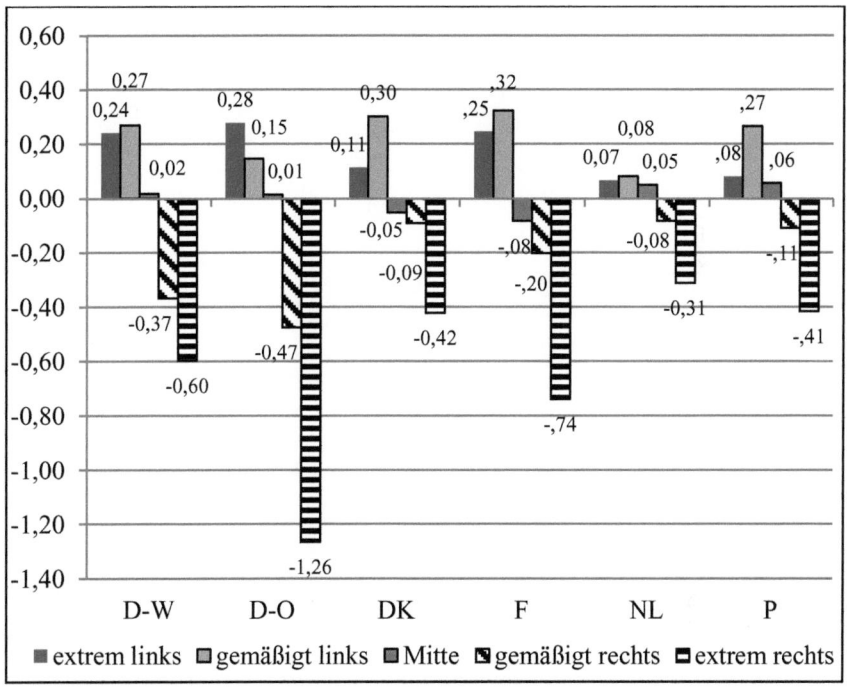

Durchschnittliche Faktorwerte; Links-Rechts-Selbsteinschätzung: siehe Anmerkung zu Abb. 10.1; allgemeine Akzeptanz von religiöser Vielfalt: zur Erläuterung des Faktors siehe Kapitel 7, Tab. 7.2.

Innerhalb der Gruppen der sich eher links einstufenden Befragten weichen die durchschnittlichen Faktorwerte wesentlich weniger von Null ab. Eine Überrepräsentierung der Akzeptanz und des religiösen Universalismus ist für diese Gruppen also weniger typisch, als dies für die gegenteiligen Haltungen der Vertreter des anderen Pols der politisch-ideologischen Palette der Fall ist. Noch eindeutiger ist das Ergebnis in Bezug auf die politische Mitte: In allen Ländern und bei jedem Faktor ist der durchschnittliche Faktorwert praktisch gleich Null. Diejenigen also, die sich weder links noch rechts positionieren, haben im Allgemeinen auch keine klar ausgeprägte Einstellung zu Fragen über religiöse Vielfalt, und zwar weder in die eine noch in die andere Richtung.

Abb. 10.3: Unterschiede in den universalistischen Einstellungen gegenüber religiöser Vielfalt nach Links-Rechts-Selbsteinschätzung und Ländern

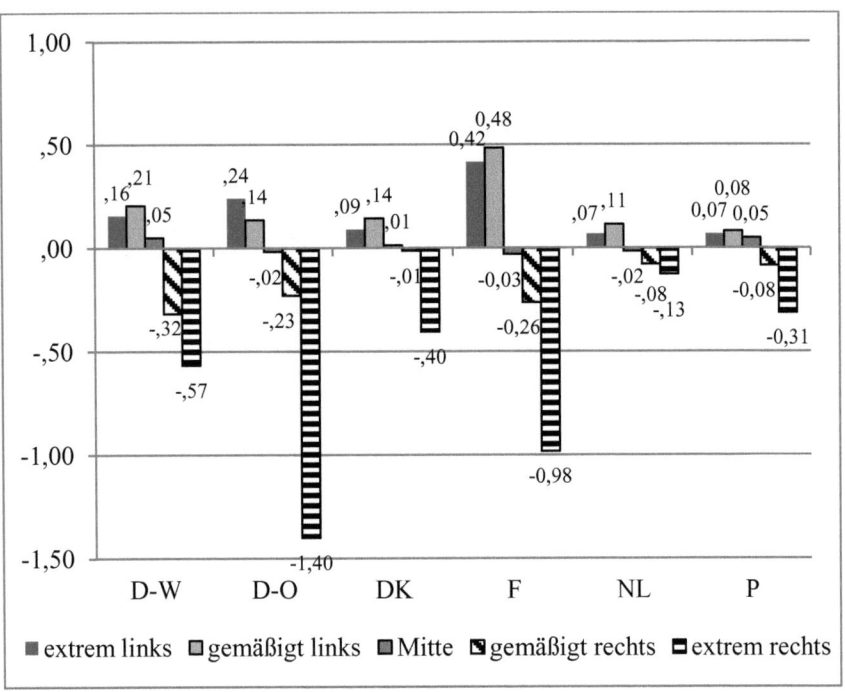

■ extrem links ◨ gemäßigt links ■ Mitte ◩ gemäßigt rechts ▤ extrem rechts

Durchschnittliche Faktorwerte; Links-Rechts-Selbsteinschätzung: siehe Anmerkung zu Abb. 10.1; universalistische Einstellungen gegenüber religiöser Vielfalt: zur Erläuterung des Faktors siehe Kapitel 7, Tab. 7.2.

Die Differenzen hinsichtlich der durchschnittlichen Faktorwerte der extremen und der gemäßigten Gruppen weisen darauf hin, wie stark die jeweiligen Gesellschaften entlang der untersuchten Einstellungskonstellationen politisch polarisiert sind, bzw. wie groß die Distanz zwischen den Positionen ist, die einerseits eher zum Zentrum und andererseits eher zu einem Extrem tendieren. „Links" und „Rechts" unterscheiden sich also auch in dieser Hinsicht: Während die Akzeptanz religiöser Vielfalt und religiöser Universalismus für die extreme Linke kaum charakteristischer sind als für die gemäßigten Linken – in einigen Fällen ist die Relation sogar umgekehrt – zeigen sich die extrem Rechten meistens deutlich ablehnender und partikularistischer als Personen, die sich auf der rechten Seite des politisch-ideologischen Spektrums näher zur Mitte positionieren. Besonders auffallend ist diese Differenz bei der Ablehnung der Muslime: In allen untersuchten Gesellschaften – mit der Ausnahme von Westdeutschland – lehnen Personen, die sich extrem rechts verorten, Muslime wesentlich stärker ab als die gemäßigten Rechten. Im Ländervergleich neigen allerdings sowohl die west- als auch die ostdeutschen moderaten Rechten stärker zu ablehnenden Haltungen gegenüber Muslimen als die entsprechenden Gruppen in den anderen Ländern.

Was die Unterschiede zwischen extremen und moderaten Rechten hinsichtlich der allgemeinen Haltungen zu religiöser Vielfalt angeht, so sind diese in Ostdeutschland und Frankreich am größten.

Abb. 10.4: Unterschiede in der Ablehnung von Muslimen nach Links-Rechts-Selbsteinschätzung und Ländern

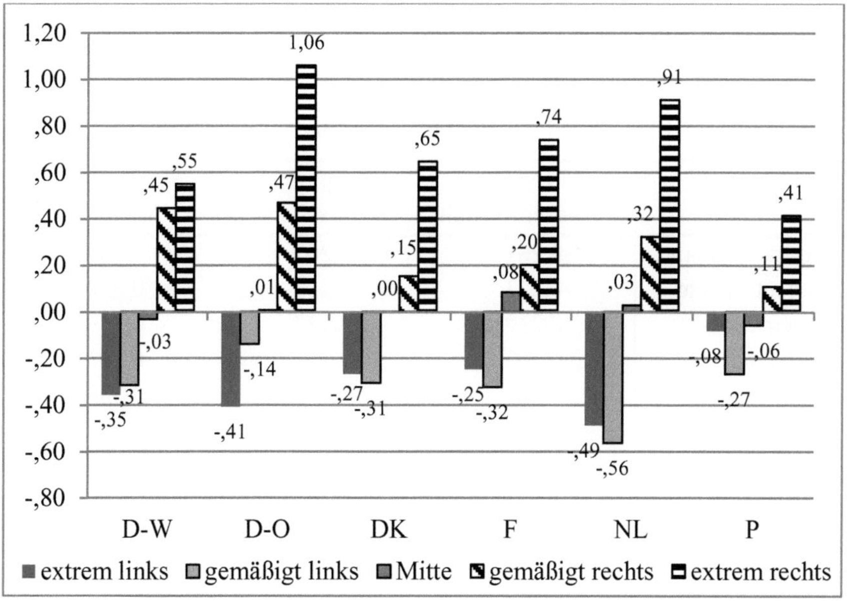

Durchschnittliche Faktorwerte; Links-Rechts-Selbsteinschätzung: siehe Anmerkung zu Abb. 10.1; Ablehnung von Muslimen: zur Erläuterung des Faktors siehe Kapitel 7, Tab. 7.4.

Tab. 10.1 enthält die Befunde zu den Zusammenhängen zwischen der Links-Rechts-Selbsteinstufung und den drei Faktoren „Akzeptanz religiöser Vielfalt", „religiöser Universalismus" und „Ablehnung von Muslimen" auf der Basis von bivariaten Korrelationskoeffizienten. Die Ergebnisse deuten auf ähnliche Verhältnisstrukturen und Differenzen in den untersuchten Ländern hin, wie sie schon in den Abb. 10.2 bis 10.4 sichtbar wurden. Alle Werte zeugen von signifikanten Zusammenhängen, die allerdings nicht besonders stark ausfallen.[150] Die negativen Vorzeichen bei der Akzeptanz religiöser Vielfalt und beim religiösen Universalismus verdeutlichen einmal mehr, dass diese beiden Einstellungen eher mit linken Selbstpositionierungen einhergehen, die positiven Korrelationen im Hinblick auf den dritten Faktor spiegeln erneut die höhere Wahrscheinlichkeit wider, dass eine Selbsteinschätzung als rechts mit einem stärkeren Grad an Ablehnung von Muslimen einhergeht. Bemerkenswerterweise ist die Reihung der drei Koeffizienten in Bezug auf die Stärke des jeweiligen Zusammenhangs in allen Ländern identisch: Die Ablehnung von Muslimen steht überall in der engsten Verbindung mit der Links-Rechts-Selbstplatzierung, gefolgt von der Akzeptanz religiöser Vielfalt und dem Faktor „religiöser Universalismus".

Tab. 10.1: Bivariate Korrelation zwischen den Einstellungsfaktoren und der Links-Rechts-Selbsteinschätzung

	Akzeptanz religiöser Vielfalt	religiöser Universalismus	Ablehnung von Muslimen
Westdeutschland	-0,261**	-0,202**	0,289**
Ostdeutschland	-0,223**	-0,203**	0,252**
Dänemark	-0,239**	-0,122**	0,259**
Frankreich	-0,263**	-0,152**	0,313**
Niederlande	-0,352**	-0,068*	0,384**
Portugal	-0,141**	-0,096**	0,234**

Korrelationskoeffizient nach Pearson; Signifikanz: **p < ,01; *p < ,05; Links-Rechts-Selbsteinschätzung: siehe Anmerkung zu Abb. 10.1; es wurde die ursprüngliche 10er-Skala verwendet (1 = links; 10 = rechts); Akzeptanz religiöser Vielfalt sowie religiöser Universalismus: zur Erläuterung des Faktors siehe Kapitel 7, Tab. 7.2; Ablehnung von Muslimen: zur Erläuterung des Faktors siehe Kapitel 7, Tab. 7.4.

Auffällig sind aber auch einige Unterschiede zwischen den einzelnen Ländern, wenn diese auch nicht besonders stark ausgeprägt sind. Der Zusammenhang

---

[150] Sehr viel stärkere Zusammenhänge waren allerdings auch kaum zu erwarten, da die Bedeutung von Links und Rechts auch durch andere Aspekte stark beeinflusst wird.

zwischen der allgemeinen Akzeptanz bzw. Ablehnung religiöser Vielfalt und von Muslimen auf der einen Seite und der Links-Rechts-Selbsteinstufung auf der anderen Seite ist in den Niederlanden eindeutig am stärksten. Der religiöse Universalismus spielt hingegen in Deutschland die wichtigste Rolle für die Links-Rechts-Positionierung. Etwas vereinfacht könnte man sagen, dass in Deutschland nicht nur die Haltung zur – hauptsächlich über die Muslime wahrgenommenen – religiösen Vielfalt, sondern auch die abstraktere Haltung „Universalismus vs. Partikularismus" einen Links-Rechts-Bezug aufweisen – eine Tatsache, die für die anderen untersuchten Länder nur in begrenzterem Umfang zutrifft.

Nach der Überprüfung der einzelnen bivariaten Zusammenhänge soll im nächsten Schritt die Berechnung anhand eines komplexeren, multivariaten Modells erfolgen.[151] Im ersten linearen Regressionsmodell (vgl. Tab. 10.2) wird deutlich, dass die allgemeine Akzeptanz bzw. Ablehnung von religiöser Vielfalt in den Ländern, in denen eine solche Vielfalt auch in der Realität existiert, einen von den soziostrukturellen Variablen praktisch unabhängigen Zusammenhang mit der ideologischen Selbsteinstufung hat. Die β-Koeffizienten weisen kaum niedrigere Werte auf als die bivariaten Korrelationen in Tab. 10.1. Nur in Portugal erweist sich der in den vorangegangenen Analysen konstatierte Zusammenhang nun offenbar als Scheinkorrelation, die sehr wahrscheinlich auf den starken Einfluss kirchlicher Religiosität sowohl auf die Akzeptanz religiöser Vielfalt als auch auf die Links-Rechts-Skala zurückzuführen ist.

---

[151] In diesem Fall werden multivariate Modelle nicht nur zur Kontrolle möglicher soziostruktureller Einflussfaktoren berechnet, es geht vielmehr auch um die Bereinigung der gegenseitigen Einflüsse der Zusammenhangsmerkmale der zwei Einstellungsfaktoren gegenüber religiöser Vielfalt.

Tab. 10.2: Lineare Regressionsmodelle für die Erklärung der Links-Rechts-Selbsteinstufung I[152]

	D-W	D-O	DK	F	NL	P
Geschlecht (1=männlich, 2=weiblich)			-,080*		-,084*	
Alter		-,289**				
Bildung	-,099*	-,132**				
Nettoeinkommen pro Kopf	,079*	,078*				
Position auf sozialer Leiter				,161**	,124**	,184**
Land vs. Stadt (1=ländlich, 2=städtisch)						-,120**
Kirchgangshäufigkeit	,171**	,169**		,183**		,229**
Akzeptanz der religiösen Vielfalt	**-,216****	**-,222****	**-,224****	**-,238****	**-,340****	
Universalismus	**-,129****	**-,140****		**-,100****		**-,104***
Korrigiertes R²	*,118*	*,167*	*,061*	*,128*	*,126*	*,137*
ΔR² durch die Einstellungsvariablen	*,064*	*,077*	*,052*	*,078*	*,106*	*,028*

Lineare Regression; standardisierter Regressionskoeffizient nach Pearson (β); Signifikanz: **p < ,01; *p < ,05; <u>abhängige Variable</u>: Links-Rechts-Selbsteinschätzung; siehe Anmerkung zu Abb. 10.1 (es wurde die ursprüngliche 10er-Skala verwendet; 1 = links; 10 = rechts); <u>unabhängige Variablen</u>: siehe Anhang.

Betrachtet man das im unteren Teil der Tabelle aufgeführte korrigierte R², dann erweisen sich die soziostrukturellen Merkmale in ihrer Gesamtheit in nur zwei der untersuchten Länder, in Ostdeutschland und in Portugal, als von größerer Relevanz als die Einstellungsfaktoren.[153] Dabei korreliert ein höherer „objekti-

---

[152]   Die Tabellen zu den Regressionsmodellen weisen nur die signifikanten Regressionskoeffizienten aus.

[153]   In Ostdeutschland beispielsweise werden durch das Gesamtmodell 16,7 % (0,167) der Varianz bei der Variablen „Links-Rechts" erklärt, wobei 7,7 % (0,077) der Erklärung auf die Einstellungsvariablen „Akzeptanz der religiösen Vielfalt" und „Universalismus" zurückgeht. Die

ver" (Nettoeinkommen) wie auch „subjektiver" (Position auf der sozialen Leiter) Status – mit der Ausnahme von Dänemark – allgemein mit rechtsgerichteten Einstellungen; in vier der sechs untersuchten Länder spielt die Kirchgangshäufigkeit eine ähnliche Rolle. Andere soziostrukturelle Merkmale hängen jedoch nur vereinzelt mit der Links-Rechts-Skala zusammen. Ein höherer Bildungsgrad geht in beiden Teilen Deutschlands mit eher linken Positionen einher, genauso wie ein höheres Alter in Ostdeutschland. Der letztgenannte Zusammenhang hat wahrscheinlich etwas mit der kommunistischen Vergangenheit der neuen Bundesländer zu tun und spiegelt somit einen Sozialisationseffekt wider.

Von den beiden Faktoren der Einstellungen zur religiösen Vielfalt verfügt der religiöse Universalismus eindeutig über eine geringere Erklärungskraft. In Dänemark und in den Niederlanden ist der Zusammenhang zur Links-Rechts-Einstufung sogar insignifikant. Deutschland erweist sich dagegen weiterhin als das Land mit der stärksten Verbindung zwischen religiösem Universalismus und der Links-Rechts-Selbsteinstufung. Alles in allem zeigt sich, dass in zwei der drei Länder, die über eine rechtspopulistische Tradition verfügen (Dänemark und die Niederlande), universalistische Einstellungen tatsächlich eine andere Rolle für die ideologische Selbstpositionierung spielen als in den anderen Ländern. Im Gegensatz zu Deutschland, Frankreich und Portugal geht die allgemeine Befürwortung der Gleichberechtigung unterschiedlicher Religionen in Dänemark und den Niederlanden nicht wahrscheinlicher mit einer linken als mit einer rechten Selbsteinstufung einher.

Die zweiten und dritten Regressionsmodelle in Tab. 10.3 beinhalten neben den soziostrukturellen Variablen, die schon in das Modell in Tabelle 10.2 Eingang gefunden haben, statt der Einstellungsfaktoren „Akzeptanz der religiösen Vielfalt" und „Universalismus" in einem ersten Schritt den Faktor „Ablehnung gegenüber Muslimen" (jeweilige Modelle a) sowie im zweiten Schritt (Modelle b) zusätzlich die Haltungen gegenüber Juden und bezüglich der Zahl der Ausländer im Land (Indikator „Ausländerfeindlichkeit"). Mit dem ersten Indikator wird einerseits gemessen, ob nur die Muslime oder auch andere Minderheiten mit einem eigenen religiösen Charakter eine Rolle bei der Links-Rechts-Selbststufung spielen. Darüber hinaus soll damit in Rechnung gestellt werden, dass moderne rechtspopulistische Bewegungen im Gegensatz zu klassischen rechtsradikalen Parteien mit antisemitischen Zügen eine positive Politik gegenüber Israel und den Juden verfolgen. Die Einbeziehung der Variablen „Auslän-

---

Differenz zwischen diesen beiden Werten – in diesem Fall 9 Prozentpunkte – lässt sich somit den restlichen soziostrukturellen Variablen zuzurechnen.

derfeindlichkeit" dient dem Ziel, die allgemeine Ablehnung von Ausländern und die Ablehnung von Muslimen voneinander zu trennen.[154]

Die jeweils ersten länderspezifischen Modelle (Spalte a) in Tab. 10.3 weisen ähnliche oder sogar stärkere Zusammenhänge zwischen der Links-Rechts-Einstufung und den allgemeinen Haltungen zu Muslimen auf als die einfachen Korrelationen in Tab. 10.1. Nur in Portugal findet man eine wesentlich geringere Korrelation, was darauf hindeutet, dass die bivariaten Zusammenhänge in diesem Fall vorrangig auf andere, etwa sozio-demografische Ursachen zurückzuführen sind. Die Struktur der signifikanten Zusammenhänge zwischen den soziostrukturellen Merkmalen und der Links-Rechts-Skala ist überwiegend identisch mit den Modellen in Tab. 10.2.

Interessanter sind allerdings die Modelle unter Einschluss der beiden zusätzlichen Einstellungsvariablen in Tab. 10.3 (Spalte b). Hier zeigt sich zum einen, dass allein in Deutschland neben der Ablehnung von Muslimen auch die negativen Haltungen zu Juden mit rechtsgerichteten ideologischen Einstellungen im Zusammenhang stehen. In allen anderen Ländern ist dieser Zusammenhang entweder nicht signifikant oder – im Fall von Frankreich – sogar in umgekehrter Richtung signifikant. Dass dort negative Haltungen zu Juden mit eher linken Positionen einhergehen, könnte eventuell mit der Neigung der französischen Linken, anti-israelische Haltungen einzunehmen, erklärt werden (Safran 2004).

Ausländerfeindlichkeit schließlich geht in Ostdeutschland, noch deutlicher in den Niederlanden und am stärksten in Frankreich, mit rechten Positionen einher, wobei in Frankreich der Zusammenhang sogar stärker ist als beim Faktor „Ablehnung von Muslimen". In allen drei Untersuchungsländern jedoch fallen, wenn man die beiden zusätzlichen Variablen einbezieht, die β-Koeffizienten für diesen Faktor wesentlich geringer – aber immer noch signifikant – aus als im Modell a. Dies deutet darauf hin, dass sowohl eine generell ausländerfeindliche Einstellung als auch eine spezielle islamfeindliche Haltung eine eigenständige Relevanz für die allgemeine politisch-ideologische Positionierung besitzen. Dabei ist jedoch die Ablehnung von Muslimen die einzige Einstellungsvariable, die über alle sechs untersuchten Länder hinweg einen signifikanten Zusammenhang zur Links-Rechts-Skala aufweist. Darüber hinaus ist beachtenswert, dass nur in Ostdeutschland alle drei Einstellungen, also Ausländerfeindlichkeit sowie die Ablehnung von Muslimen und Juden gleichzeitig eher mit rechten als mit linken Positionen Hand in Hand gehen.

---

[154] Die zwei Einstellungsvariablen korrelieren in den untersuchten Ländern relativ stark miteinander. Die Toleranzwerte für die Kollinearitätstests betragen jedoch in allen sechs Stichproben für beide Variablen mehr als 0,5, was nach wie vor eine sinnvolle Interpretation der Regressionsmodelle erlaubt.

Tab. 10.3: Lineare Regressionsmodelle für die Erklärung der Links-Rechts-Selbsteinstufung II

	Westdeutschland		Ostdeutschland		Dänemark		Frankreich		Niederlande		Portugal	
	a	b	a	b	a	b	a	b	a	b	a	b
Geschlecht (1=männlich, 2=weiblich)			-,078*	-,085**		-,084*			-,094**	-,101**		
Alter			-,293**	-,261**					-,084*	-,092*		
Bildung	-,121**	-,117**	-,142**	-,097*								
Nettoeinkommen pro Kopf	,113**	,131**	,081*									
Position auf sozialer Leiter		,091*					,162**	,141**	,111**	,114**	,176**	,175**
Land vs. Stadt (1=ländlich, 2=städtisch)											-,121**	-,124**
Kirchgangshäufigkeit	,183**	,185**	,188**	,199**			,151**	,090*			,218**	,202**
Ablehnung von Muslimen	**,310****	**,204****	**,318****	**,181****	**,297****	**,332****	**,332****	**,188****	**,385****	**,246****	**,181****	**,167****
Positive Haltung zu Juden	-	**-,145****	-	**-,082***	-	**n.s.**	-	**,137****	-	**n.s.**	-	**n.s.**
Ausländerfeindlichkeit	-	**n.s.**	-	**,176****	-	**n.s.**	-	**,258****	-	**,210****	-	**n.s.**
Korrigiertes R²	*,139*	*,156*	*,182*	*,198*	*,077*	*,089*	*,147*	*,190*	*,158*	*,184*	*,148*	*,149*
ΔR² durch die Einstellungsvariablen	*,085*	*,017*	*,092*	*,016*	*,068*	*,012*	*,097*	*,043*	*,138*	*,026*	*,039*	*,001*

Lineare Regression; standardisierter Regressionskoeffizient nach Pearson (β); Signifikanz: **p < ,01; *p < ,05; abhängige Variable: Links-Rechts-Selbsteinstufung; siehe Anmerkung zu Abb. 10.1 (es wurde die ursprüngliche 10er-Skala verwendet; 1 = links; 10 = rechts); unabhängige Variablen: siehe Anhang.

7   Schlussfolgerung

Im Spiegel der eben vorgestellten Befunde können die eingangs formulierten Forschungsfragen wie folgt beantwortet werden:

(1) Die Einstellung gegenüber religiöser Vielfalt und die Links-Rechts-Selbsteinschätzung hängen in allen untersuchten Ländern signifikant miteinander zusammen. Die Ablehnung sowohl von religiöser Vielfalt allgemein als auch von Muslimen geht dabei eher mit der Einnahme rechter Positionen einher. Gemäß der bivariaten Analysen sind diese Zusammenhänge in allen untersuchten Ländern stärker als die Verbindung zwischen der Akzeptanz religiöser Vielfalt und den Muslimen und der Einnahme linker Positionen.

(2) Die Intensität dieses Zusammenhangs ist in den einzelnen Ländern unterschiedlich ausgeprägt. Die Differenzen sind meist jedoch nicht sehr groß und auch nicht einfach zu erklären. Die stärkere Ablehnung von religiösem Pluralismus und Muslimen in beiden Teilen Deutschlands (siehe Kapitel 3 von Pollack in diesem Band) geht beispielsweise nicht mit einer stärkeren Polarisierung der politischen Einstellungen entlang dieser Bruchlinie einher als in den anderen Ländern. Ein möglicher polarisierender Effekt im Falle einer rechtspopulistischen Tradition war nur teilweise nachzuweisen: In den Niederlanden ist ein eindeutig stärkerer Zusammenhang zu beobachten als in Deutschland, in Frankreich hat nur die Ablehnung von Muslimen einen etwas stärker ausgeprägten Effekt. In Dänemark dagegen waren ähnliche Werte wie in Deutschland zu beobachten. Die Rolle von Portugal als Kontrastfall ohne eine bedeutende religiöse Minderheit ist durch unsere Ergebnisse bestätigt worden, indem dort die ganze Thematik religiöser Vielfalt einen viel geringeren Zusammenhang mit der politischen Einstellung aufweist als in den anderen Ländern. Hinter dem bivariaten Zusammenhang zwischen der Links-Rechts-Einstufung und der Ablehnung von Muslimen verbirgt sich in mehreren Ländern (Deutschland, Frankreich und den Niederlanden) zumindest teilweise auch der Einfluss antisemitischer und/oder allgemein ausländerfeindlicher Haltungen. Dies ist ein Fingerzeig dafür, dass die Intoleranz gegenüber Muslimen oft auch im Sinne einer Komponente einer allgemeineren Intoleranz gegenüber Minderheiten und fremden Gruppen mit der ideologischen Selbstpositionierung im Zusammenhang steht.

(3) Der Einstellungsfaktor „religiöser Universalismus" spielt in Deutschland eine etwas stärkere Rolle bei der Links-Rechts-Selbsteinstufung als in den anderen Ländern. In zwei der Gesellschaften mit einer rechtspopulistischen Tradition (Dänemark und den Niederlanden) ist die Beziehung dagegen nicht signifikant, in Frankreich negativ signifikant. Positive Zusammenhänge zu rechten Positionen waren in keinem der untersuchten Ländern aufzufinden, was vielleicht als ein Hinweis darauf verstanden werden kann, dass das offiziell proklamierte Ziel

der Verteidigung liberaler Grundrechte durch den Rechtspopulismus nicht unbedingt auch als Motivation auf der Individualebene präsent ist.

Dass Deutschland in Bezug auf den Zusammenhang zwischen Einstellungen zu religiöser Vielfalt und fremden Religionen sowie der Links-Rechts-Selbstpositionierung eine Sonderposition einnimmt, wird dadurch belegt, dass hier die Haltung zu Juden eine im Vergleich zu den Befunden in den anderen Untersuchungsländern ähnlich gerichtete, allerdings schwächere Korrelation mit der Links-Rechts-Skala aufweist als die Haltung zu Muslimen. In den übrigen Ländern spielt dagegen für die ideologische Selbsteinstufung die Frage nach der Einstellung zu Muslimen entweder ausschließlich oder in Kombination mit der Ausländerfeindlichkeit eine Rolle.

Religiöse Vielfalt, „fremde" Religionen und Muslime stellen in den untersuchten westeuropäischen Gesellschaften gesellschaftspolitisch hoch relevante Themen dar, was sich nicht nur im öffentlichen Diskurs, sondern auch in den individuellen politischen Positionen erkennen lässt. Besonders vor dem Hintergrund der in der Bundesrepublik im Vergleich zu den anderen Ländern wesentlich breiteren Präsenz derartiger Einstellungen ist dabei die einzigartige Kombination von antiislamischen und antisemitischen (sowie in Ostdeutschland auch ausländerfeindlichen) Einflüssen auf die politische Einstellung in Deutschland durchaus besorgniserregend.

Anhang: In den Regressionsanalysen verwendete Variablen

Tab. 10.2

Geschlecht: dichotom (1=männlich, 2=weiblich)
Alter: metrisch (in Jahren)
Bildung (Deutschland): „Welchen höchsten Schulabschluss oder Hochschulabschluss haben Sie?" (1 = Schule beendet ohne Abschluss; 2 = Volks-/Hauptschulabschluss; 3 = Mittlere Reife, Realschulabschluss; 4 = Polytechnische Oberschule mit Abschluss 8., 9. oder 10. Klasse, 5 = Fachhochschulreife [Abschluss einer Fachoberschule etc.]/Abitur [Hochschulreife] bzw. erweiterte Oberschule mit Abschluss 12. Klasse; 6 = Fachhochschulabschluss; 7 = Universitätsabschluss, Hochschulabschluss)
Bildung (andere Länder): "How many years of formal education have you completed? That is including the years in school and university."; metrisch (in Jahren)
Nettoeinkommen pro Kopf: generierte Variable; geschätzte Haushaltsnettoeinkommen aus der kategorisierten Variable (Mittelwerte der Kategorien; bis unter 1.000 Euro = 750 Euro; 4.000 Euro und mehr = 4.250 Euro), geteilt durch die Anzahl der Personen im Haushalt (Kinder eingeschlossen); metrisch (in Euro)
Position auf sozialer Leiter: „Manche Leute glauben, dass sie in unserer Gesellschaft ganz oben stehen, während andere glauben, ganz unten in der Gesellschaft zu stehen. Stellen Sie sich bitte eine Leiter mit 7 Stufen vor, wobei die Stufen für die soziale Stellung der Leute stehen. Wo würden Sie Ihre Familie auf einer solchen Leiter einstufen?"; 7er-Skala (1 = ganz unten; 7 = ganz oben)
Land vs. Stadt: generierte Variable; dichotom (1 = ländlich, 2 = städtisch)

<u>Kirchgangshäufigkeit</u>: Wie oft besuchen Sie den Gottesdienst? (1 = nie; 2 = seltener als einmal im Jahr; 3 = mehrmals im Jahr; 4 = ungefähr einmal im Monat; 5 = 2-3 mal im Monat; 6 = jede Woche oder öfter)

<u>Akzeptanz der religiösen Vielfalt</u>: zur Erläuterung des Faktors siehe Kapitel 7, Tab. 7.2

<u>Universalismus</u>: zur Erläuterung des Faktors siehe Kapitel 7, Tab. 7.2

Tab. 10.3

<u>Positive Haltung zu Juden</u>: „Wie ist Ihre persönliche Haltung zu den Mitgliedern folgender religiöser Gruppen? – Juden"; 4er-Skala (1 = sehr negativ; 2 = eher negativ; 3 = eher positiv; 4 = sehr positiv)

<u>Ausländerfeindlichkeit</u>: „Inwieweit stimmen Sie folgenden Aussagen zu? – Es leben zu viele Ausländer in (Land).“; 4er-Skala (1 = stimme überhaupt nicht zu; 2 = stimme eher nicht zu; 3 = stimme eher zu 4 = stimme stark zu)

Für detaillierte Angaben zu den weiteren unabhängigen Variablen siehe die Angaben zu Tab. 10.2.

Kapitel 11

Möglichkeitsbedingungen und Grenzen der Toleranz: Einige abschließende Bemerkungen

Detlef Pollack, Nils Friedrichs, Olaf Müller, Gergely Rosta und Alexander Yendell

Das religiöse Feld hat sich in den letzten Jahrzehnten in Deutschland und in anderen westeuropäischen Gesellschaften stark verändert. In Westdeutschland zum Beispiel gehörten 1950 noch etwa 96 % der Bevölkerung einer der christlichen Großkirchen an. Nicht einmal 4 % waren entweder konfessionslos oder Mitglieder anderer, teils freikirchlicher, teils nicht-christlicher Religionsgemeinschaften. Heute sind in Westdeutschland nur noch knapp drei Viertel konfessionell gebunden, wobei etwa 37 % der katholischen Kirche und etwa 32 % der evangelischen Kirche angehören. Der Anteil der Konfessionslosen hat sich im Laufe der letzten 60 Jahre vervielfacht und macht inzwischen etwa 20 % aus. Aus der verschwindenden Minderheit derjenigen, die vor 60 Jahren weder zur katholischen Kirche noch zu den evangelischen Landeskirchen gehörten, aber dennoch religiös gebunden waren, ist ein beachtlicher Anteil von etwa 8 % geworden. Unter ihnen stellen die Muslime mit einem Anteil von etwa 5 % an der Gesamtbevölkerung die größte Gruppe dar (EKD; DBK; Statistisches Bundesamt 2011). Die sich in diesen Zahlen manifestierende religiöse Pluralisierung wird sich aufgrund der zurückgehenden Bindungskraft des Christentums, der Zuwanderung von Menschen mit nichtchristlicher Identität, aber auch aufgrund höherer Fertilitätsraten unter diesen nichtchristlichen Migranten in den nächsten Jahren und Jahrzehnten weiter fortsetzen.

Die Herausforderungen, die sich durch die wachsende Vielfalt des Religiösen ergeben, betreffen das Zusammenleben der Menschen auf der alltäglichen Ebene von Beruf, Nachbarschaft und Familie, aber auch die Regelung des rechtlichen Ordnungsrahmens, der darauf geprüft werden muss, ob er die Gleichbehandlung der unterschiedlichen Religionsgemeinschaften nicht nur formell, sondern auch in der Praxis zu garantieren vermag. Auch Fragen der Erziehung in den Kinderbetreuungseinrichtungen und Schulen, der gleichen Bildungschancen, der sozialstaatlichen Hilfe und viele andere Probleme sind damit aufgeworfen. Für die Entscheidungsträger in Politik und Gesellschaft, aber möglicherweise auch für jeden einzelnen ist es aufschlussreich zu wissen, wie die Bevölkerung mit der wachsenden religiösen Vielfalt umgeht, wie sie sie wahrnimmt, ob sie sie akzeptiert und von welchen Faktoren die Bewertung der zunehmenden religiösen Pluralität abhängt.

Die Ergebnisse unserer Studie haben gezeigt, dass die Einstellungen zur wachsenden religiösen Vielfalt in den von uns untersuchten Ländern durch Ambivalenz gekennzeichnet sind. Man schätzt die mit der religiösen Pluralität einhergehende kulturelle Bereicherung, sieht aber auch die damit verbundenen Konflikte (vgl. Abb. 1.2). Es gibt ein beachtliches Gefühl der Bedrohung, wenn es auch nicht die Mehrheit erfasst (Abb. 1.1). Man betrachtet die Angehörigen nichtchristlicher Religionen insgesamt durchaus in positivem Licht, begegnet ihnen aber – und dies betrifft vor allem die Muslime – auch mit Vorbehalten (vgl. Abb. 1.4, 1.14). Diese ambivalente Haltung ist wohl zunächst einmal vor allem als Ausdruck einer realistischen Situationswahrnehmung zu interpretieren.

Die zunehmende Vielfalt religiöser Gemeinschaften wird nicht verurteilt, aber es herrscht in den Bevölkerungen der westeuropäischen Länder auch ein klares Bewusstsein der damit einhergehenden Probleme und Konflikte. Es kommt darauf an, wie es den Menschen gelingt, zwischen den einander widerstreitenden Tendenzen die Balance zu halten. Wenn in allen Ländern eine Mehrheit der Befragten die zunehmende religiöse Vielfalt als eine Ursache von Konflikten ansieht, dann wäre es unrealistisch zu erwarten, dass sich die Waage in Zukunft stark nach der positiven Seite hin neigt; Ambivalenz im Umgang mit zunehmender religiöser Vielfalt scheint vielmehr charakteristisch für unsere komplexen und hochdifferenzierten Gesellschaften voller Spannungen und Widersprüche zu sein. Auch die kürzlich durchgeführten Umfragen des Religionsmonitors 2013 spiegeln diese Ambivalenz wider. In allen in die Untersuchung des Religionsmonitors einbezogenen europäischen Ländern sind es in der Regel um die 60 % oder mehr, die die zunehmende Vielfalt von religiösen Gruppen als Bereicherung und zugleich als eine Ursache von Konflikten ansehen. Auch in den religiös hoch plural verfassten USA finden wir dieses Muster. Nur in der Türkei ist es anders: Dort ist der Anteil derer, die die wachsende Vielfalt des Religiösen als ein Problem empfinden, ähnlich niedrig wie der Anteil derer, die sie als Bereicherung wahrnehmen (30-40 %; vgl. Pickel 2013: 33).

Deutschland unterscheidet sich von den anderen europäischen Ländern, die wir in unserer Studie behandelt haben, durch eine insgesamt negativere und eindimensionale Sicht auf die zunehmende Vielfalt des Religiösen: Anders als in Frankreich, den Niederlanden, Dänemark und Portugal wird die wachsende religiöse Pluralität etwas weniger als Bereicherung gewertet, während die Wahrnehmung religiöser Vielfalt als Konfliktursache in Deutschland ähnlich hoch ausfällt wie in diesen Ländern; weniger als in den anderen Ländern wünschen sich die Deutschen in der Nachbarschaft eine Vergrößerung der Vielfalt an religiösen Gruppen und Organisationen (vgl. Abb. 1.3). Man sollte die Differenzen zwischen den Ländern allerdings auch nicht überzeichnen, denn immerhin ist es auch in Deutschland etwa die Hälfte, die die wachsende Pluralität als bereichernd wahrnimmt, und auch in den andern Ländern wird der Wunsch nach größerer Vielfalt nicht von der Mehrheit geteilt.

Gravierender sind die Länderdifferenzen, wenn es um die Beurteilung der nichtchristlichen Religionsgemeinschaften geht. Gegenüber den Anhängern von Hinduismus, Buddhismus und Judentum hat etwa die Hälfte der Deutschen eine positive Haltung; in Frankreich, den Niederlanden und Dänemark sind es etwa drei Viertel (vgl. Abb. 1.4). Gegenüber den Muslimen beläuft sich der Anteil der positiv Eingestellten in Westdeutschland aber nur auf ein Drittel und in Ostdeutschland sogar nur auf ein Viertel, während in den anderen Ländern etwa 50 oder sogar 60 % eine positive Haltung haben. Die Einstellungen gegenüber den Muslimen sind zwar in allen untersuchten Ländern negativer als gegenüber den Anhängern anderer Religionen; die deutsche Bevölkerung fällt aber mit einer besonders negativen Einstellung heraus. Auch hier ist das Bild in Deutschland wieder weniger durch Ambivalenz gekennzeichnet als anderswo.

In allen untersuchten Ländern, außer in Frankreich, verbindet man den Islam mehrheitlich mit Stichworten wie „Benachteiligung der Frau", „Fanatismus", „Gewaltbereitschaft" und „Engstirnigkeit" (vgl. Abb. 1.5). Hinsichtlich der Negativassoziationen sind die Unterschiede zwischen Deutschland und etwa den Niederlanden und Dänemark nicht gravierend. Kommt es aber zu den positiven Images, die man mit dem Islam verbindet, dann sticht Deutschland wieder heraus. Hier sind es noch einmal weitaus weniger Befragte, die den Islam mit Friedfertigkeit, Toleranz, Achtung der Menschenrechte und Solidarität in Zusammenhang bringen als in den anderen Ländern, wo der Anteil derer, die das tun, allerdings auch nicht sehr hoch ist und die 30-Prozent-Marke nur selten überschreitet (vgl. Abb. 1.6).[155]

Trotz der nicht zu verkennenden Skepsis gegenüber religiösen Minderheiten haben die Menschen in Deutschland und in den anderen untersuchten europäischen Ländern durchaus ein starkes Interesse daran, mit nichtchristlichen Religionsgemeinschaften fair umzugehen. Obwohl die Vorbehalte gegenüber nichtchristlichen Religionen und ihren Anhängern, insbesondere gegenüber Muslimen, stark verbreitet sind, meinen etwa vier Fünftel der Deutschen, man müsse alle Religionen respektieren. Neun von zehn Befragten in Deutschland halten das Prinzip der Glaubensfreiheit für wichtig; gleiche Rechte für alle religiösen Gruppen will aber wiederum nur jeder Zweite einräumen (Abb. 1.10). Die Analyse

---

[155] Dass der Islam dabei nicht nur vielfach mit negativen Eigenschaften verbunden wird, sondern dass hinsichtlich dieser Religion bei der Mehrheit der Befragten von einem in sich konsistenten negativen Gesamtbild gesprochen werden kann, welches bei den Deutschen wiederum besonders stark hervortritt, haben die Analysen in Kapitel 8 deutlich gemacht.

der Gründe für die Verweigerung gleicher Rechte für alle religiösen Gruppen durch immerhin die Hälfte der Deutschen hat ergeben, dass vor allem die Einstellung zu den Muslimen und die Haltung zur religiösen Vielfalt hohe Erklärungskraft besitzen: Je mehr Vorbehalte die Menschen gegenüber Muslimen haben und je stärker sie religiöse Vielfalt ablehnen, desto stärker neigen sie auch dazu, sich gegen die Gleichbehandlung aller Religionsgemeinschaften auszusprechen (Tab. 2.1, 2.2). Angesichts der Tatsache, dass die Deutschen den Muslimen besonders kritisch gegenüberstehen, verwundert es nicht, dass etwa zwei Fünftel der Westdeutschen und mehr als die Hälfte der Ostdeutschen die islamische Glaubensausübung stark eingeschränkt sehen wollen (Abb. 1.12). Weniger als 30 % der Befragten befürworten den Bau von Moscheen, noch weniger den von Minaretten (Abb. 1.11).[156] Wenn sich die Menschen in Deutschland skeptisch bezüglich der Gewährung gleicher Rechte für alle Religionsgemeinschaften äußern, dann stehen dahinter also vor allem zwei Motive – zum einen Vorbehalte gegenüber zunehmender religiöser Vielfalt, zum anderen eine ablehnende Haltung gegenüber Muslimen. Man sollte beide Motive nicht von vornherein als Islam- oder Fremdenfeindlichkeit interpretieren und sich über sie lediglich empören. So sehr man daran arbeiten muss, die Aufgeschlossenheit gegenüber dem Fremden zu erhöhen und insbesondere gegenüber Muslimen mehr Toleranz und Offenheit aufzubauen, so wenig wird einem das doch gelingen, wenn man nicht zunächst versucht zu verstehen, wie solche Haltungen zustande kommen.

Bei der Analyse der Faktoren, welche die ablehnende Haltung der Mehrheit der Deutschen gegenüber den Muslimen erklären können, erwies sich vor allem die Häufigkeit von Kontakten mit Muslimen als ausschlaggebend. Je häufiger es zu persönlichen Begegnungen mit Angehörigen des Islam kommt, umso positiver ist die Einstellung zu ihnen (vgl. Tab. 3.1, 4.4). Im Vergleich zu Dänemark, Frankreich und den Niederlanden ist die Kontakthäufigkeit zwischen Nichtmuslimen und Muslimen in Deutschland allerdings deutlich niedriger, wobei sie in Ostdeutschland, wo nur wenige Muslime leben, besonders gering ist (vgl. Abb. 3.1.). Entsprechend ist dann auch der Anteil derer, die eine positive Haltung zu Muslimen haben, in Ostdeutschland noch niedriger als in Westdeutschland. Wenn es jedoch zu persönlichen Begegnungen kommt, werden diese zumeist als positiv erlebt. Dabei kommt es kaum darauf an, ob diese Begegnungen bei der Arbeit, in der Nachbarschaft, im Privatleben oder anderswo stattfinden. Mit anderen Worten: Entscheidend ist, dass es überhaupt zu Kontakten zwischen

---

[156] Darüber hinaus haben die Analysen in Kapitel 7 gezeigt, dass die Bereitschaft, speziell die Gruppe der Muslime – auch in ihrer Religionsausübung – als vollständig gleichberechtigt zu betrachten, eng mit der Frage zusammenhängt, ob man sie zu schätzen weiß oder nicht (vgl. Tab. 7.4).

Muslimen und Nichtmuslimen kommt, während es weniger bedeutsam ist, wo diese stattfinden.[157]

Neben der Kontakthäufigkeit spielen natürlich auch andere Faktoren eine Rolle. Das macht schon das Beispiel Portugals deutlich, wo nur relativ wenige Muslime leben und die Einstellung zu ihnen positiver ist als in Deutschland und wo der statistisch nachweisbare Zusammenhang zwischen der Häufigkeit von Kontakten mit Muslimen und der Einstellung zu ihnen, obschon statistisch signifikant, nur vergleichsweise schwach ausgeprägt ist. Als wichtig erweist sich neben der Kontakthäufigkeit vor allem die Haltung zu Christen bzw. zum Christentum: Eine positive Haltung zu den Christen behindert nicht etwa eine positive Meinung über die Muslime, sondern befördert sie, und das in unterschiedlichem Ausmaß in allen untersuchten Ländern (vgl. Tab. 3.1). Dies ist ein durchaus interessanter Befund, der, sofern er sich durch zukünftige Forschungen erhärten ließe, von einiger Bedeutung für die Integration der Muslime in die westeuropäischen Gesellschaften sein könnte. Aber nicht nur die Haltungen zu Christen als Gruppe, sondern auch die eigene Zugehörigkeit und Identifikation mit dem Christentum führen keineswegs zu einer Ablehnung von Muslimen. Vereinzelt lassen sich sogar Hinweise dafür finden, dass Christen bzw. Menschen, die sich mit dem Christentum identifizieren, sich verstärkt mit dem Islam solidarisieren, während sie sich von den Atheisten deutlich abgrenzen (vgl. Tab. 8.3, 8.4). Anscheinend wird hier eine Grenze zwischen Menschen mit religiösen und solchen mit säkularen Weltdeutungsmustern gezogen. Wenn das richtig ist, dann hieße das, dass die entscheidende Konfliktlinie nicht zwischen dem Christentum und dem Islam verläuft. Die Zugehörigkeit zum Christentum und die Identifikation mit ihm würde somit keine Barriere für eine Verbesserung des Verhältnisses zum Islam und seinen Anhängern darstellen, sondern eher eine Ressource.

Auffällig ist, dass sozio-demografische Merkmale der Befragten auf die Haltung zu den Muslimen kaum einen Einfluss ausüben (vgl. Tab. 3.1). Allenfalls das Bildungsniveau, das Alter und das Haushaltseinkommen spielen in manchen Ländern eine gewisse Rolle. Der Vergleich zwischen Ost- und Westdeutschland (vgl. Kap. 4) erbrachte nicht den Nachweis einer besonderen Wirksamkeit von Merkmalen sozialer Deprivation. Eine schwache Bedeutung kommt lediglich dem subjektiven Empfinden der sozialen Benachteiligung zu (vgl. Tab. 4.4). Der Stellenwert, der Deprivationsthesen zur Erklärung von Fremdenfeindlichkeit und Rechtsextremismus nicht nur in der Forschung, sondern auch von Medienvertretern immer wieder zugesprochen wird, scheint nach unseren Analysen nicht

---

[157] Allenfalls Kontakte im Privatleben üben einen etwas stärkeren positiven Effekt auf die Einstellung aus (vgl. Tab. 4.2, 4.4); dieser unterscheidet sich aber nur geringfügig von den Effekten, die von Kontakten an anderen Stellen ausgehen. Es existieren allerdings Studien, in denen sich die Art und Intensität von Kontakten als bedeutsam erwiesen haben (vgl. Rippl 1995).

gerechtfertigt zu sein. Derartigen Faktoren kann auch für die Erklärung ablehnender Haltungen gegenüber Muslimen nur eine nachgeordnete Bedeutung attri-
buiert werden: Legt man ein mehrdimensionales Erklärungsmodell zugrunde und
prüft verschiedene potentielle Einflussfaktoren direkt gegeneinander, stellt sich
heraus, dass der mangelnde Kontakt als Erklärung für die Ablehnung von Muslimen von entscheidender Bedeutung ist, während objektive Faktoren der eigenen Benachteiligung wie Arbeitslosigkeit sowie niedriges Einkommen keine und
das subjektive Empfinden der sozialen Benachteiligung nur eine marginale Rolle
spielen (Tab. 4.4). Nicht der soziale Status und dessen Wahrnehmung sind also
ausschlaggebend für die Haltung zu den Muslimen; wichtiger sind die soziale
Praxis, die Möglichkeiten von Begegnungen mit Angehörigen des Islam sowie
die Erfahrungen, die man mit ihnen macht. Wie wichtig der Erklärungsfaktor
Kontakte ist, zeigt sich nicht zuletzt daran, dass die Ablehnung von Muslimen in
Bundesländern, in denen nur wenige Muslime leben, höher ausfällt als in Bundesländern mit einem relativ hohen Anteil an Muslimen (vgl. Tab. 4.1).

Die Haltungen, welche die Menschen gegenüber religiöser Vielfalt, anderen
Religionen oder religiösen Gruppen einnehmen, sind aber sicherlich nicht ausschließlich auf deren individuelle Merkmale, Orientierungen und Erfahrungen
zurückzuführen. Eine beträchtliche Bedeutung dürfte auch dem jeweiligen institutionellen, historischen und kulturellen Kontext zukommen. Wie etwa die Analysen in Kapitel 6 gezeigt haben, scheint ein auf dem Abstammungsprinzip beru-
hendes Staatsbürgerschaftsrecht, wie es lange Zeit in Deutschland vorherrschte
und teilweise noch vorherrscht, nicht nur die Einbürgerung bestimmter Gruppen
zu erschweren, sondern auch zu reservierteren Haltungen der „einheimischen"
Bevölkerung gegenüber „Neuankömmlingen" zu führen. Auch dürfte die Kolo-
nialgeschichte eine Rolle für das Zusammenleben mit eingewanderten Minderheiten spielen. In Frankreich, den Niederlanden und Portugal gibt es aufgrund
der kolonialen Vergangenheit eine längere Erfahrungsgeschichte im Umgang mit
den Angehörigen nichteuropäischer Kulturen. Dort ist man den alltäglichen Umgang mit dem „Fremden" stärker gewohnt als in Deutschland. Wie Kapitel 5 am
Beispiel Frankreichs aufgezeigt hat, scheint sich der Umstand, dass die Mehrheitsgesellschaft und die religiösen Minderheiten durch eine gemeinsame koloni-
ale Vergangenheit verbunden sind, durchaus positiv auf das gegenseitige Verständnis auswirken zu können, wobei in diesem Zusammenhang wohl vor allem
die gemeinsame Sprache von Bedeutung sein dürfte. Von Relevanz dürfte aber
auch die Behandlung des Integrationsthemas in der Öffentlichkeit und in den
Massenmedien sein. In den Niederlanden etwa gibt es schon länger eine öffentlich geführte Debatte über Probleme der Integration von Zuwanderern als anderswo; in Deutschland dagegen hat die Politik bestehende Probleme bis vor
kurzem eher heruntergespielt und sich ihnen nur selektiv offen gestellt. Wenn

aber Schwierigkeiten im Zusammenleben zwischen „Einheimischen" und Menschen mit Migrationshintergrund nicht offen angesprochen werden, können Vorbehalte ebenso wenig der öffentlichen Diskussion ausgesetzt wie verändert werden.

Die auffälligen Vorbehalte gegenüber den muslimischen Mitbürgerinnen und Mitbürgern lassen sich, wie wir sehen, auf unterschiedliche Gründe zurückführen, die teilweise auf der alltäglich-kulturellen, teilweise auf der politisch-rechtlichen Ebene liegen. Ein Faktor, der analytisch zwar schwer zu fassen ist, dessen Bedeutung aber nicht unterschätzt werden sollte, dürfte dabei auch die besondere öffentliche Sichtbarkeit des Islam sein. Natürlich möchte die Mehrheit allen Religionen Respekt entgegenbringen und bemüht sich um Fairness auch gegenüber den Anhängern des Islam. Wenn sich die Menschen in Deutschland für die Ungleichbehandlung der Religionsgemeinschaften und die Einschränkung islamischer Glaubenspraxis aussprechen, dann – wie erwähnt – unter anderem deshalb, weil sie die zunehmende Vielfalt religiöser Gruppen nicht sonderlich schätzen. Hinter der Ablehnung des Islam steht, so können wir vermuten, also auch ein gewisses Unbehagen am Fremden, Ungewohnten und Exotischen. Man sollte dieses Interesse an der Wahrung eines vertrauten Lebensumfeldes nicht sogleich auf Fremdenfeindlichkeit reduzieren, obschon diese, wie Analysen an anderer Stelle gezeigt haben, auch eine Rolle spielt (vgl. Yendell/Friedrichs 2012: 288). Vielmehr drückt sich darin ein Phänomen aus, das aus der Sozialpsychologie wohl bekannt ist, nämlich, dass man am liebsten mit seinesgleichen zusammen ist. Verschleierte Frauen und Minarette werden vielfach als unvertraut erlebt. Wenn das Unvertraute eine besondere Sichtbarkeit erlangt und seine Besonderheit vielleicht sogar demonstrativ inszeniert wird, geht davon eine Signalwirkung aus, die bei manchem Befremden auslösen wird und bei einigen vielleicht sogar ein Gefühl der Bedrohung.

Für die Einstellung zu den Muslimen ist eben die Interaktion entscheidend – das war ja eines der wesentlichen Ergebnisse unserer Untersuchung. Wenn allerdings die soziale Praxis und die Art der Begegnung miteinander eine so bedeutende Rolle für die Haltung der Mehrheitsgesellschaft gegenüber den Muslimen spielen, dann heißt das zugleich, dass das Bild vom Islam und den Muslimen durch beide Seiten geprägt wird, dass es mithin nicht nur auf die von den sozialen Bedingungen abhängigen Klassifikationsprozesse ankommt, die in der Mehrheitsbevölkerung ablaufen, sondern auch auf die Muslime selbst. In der Analyse des sozialstrukturellen Profils der Muslime in Deutschland und Europa im Vergleich (Kapitel 5) wurden einige Besonderheiten der muslimischen Bevölkerungsgruppe herausgearbeitet, in denen sich diese von anderen Zugewanderten in Deutschland bzw. von Muslimen in anderen europäischen Ländern unterscheiden. Im Unterschied zu Frankreich, Dänemark und den Niederlanden, wo die muslimische Community nicht mehrheitlich aus einem einzelnen Herkunftsland stammt, zeichnet sich die Situation in der Bundesrepublik dadurch aus, dass hier die Muslime türkischer Abstammung mit einem Gesamtanteil von 63 % (2,6 Millionen Personen, davon ca. 1,5 Millionen mit türkischer und eine Million mit deutscher Staatsangehörigkeit) dominieren. Welche Wirkungen davon ausgehen, dass die Gruppe der Muslime vergleichsweise homogen ist, lässt sich nicht eindeutig bemessen. Es ist aber nicht unwahrscheinlich, dass die Wahrnehmung der Muslime als relativ homogene Gruppierung bei manchen Fremdheitsgefühle auszulösen vermag und dass manche sich durch die besondere öffentliche Sichtbarkeit dieser Gruppe sogar bedroht sehen.[158]

Weitere Unterschiede zwischen den in Deutschland lebenden Muslimen und den Muslimen in anderen europäischen Ländern betreffen das Bildungsniveau, das interethnische Heiratsverhalten, die räumliche Segregation sowie die Sprachkompetenz. Dabei sind die Differenzen in erheblichem Maße auf die unterschiedliche ethnische Zusammensetzung der Gruppe der Muslime in den einzelnen Ländern zurückzuführen. Das interethnische Heiratsverhalten der türkischen Muslime in Deutschland differiert kaum von dem der türkischen Muslime in den Niederlanden, wohl aber von dem der Einwanderer aus Algerien in Frankreich. In der zweiten Generation fällt dort der Anteil interethnischer Partnerschaften deutlich höher aus als in der ersten, während er bei den türkischen Einwanderern in Deutschland in etwa gleich hoch bleibt (Tab. 5.6 und 5.7). Ebenso weisen die marokkanischen und algerischen Einwanderer in Frankreich in etwa einen gleich hohen Anteil Hochgebildeter auf wie die einheimische Bevölkerung; sowohl in Deutschland als auch in den Niederlanden und in Dänemark liegt das Bildungsniveau der türkischen Einwanderer dagegen unter dem länderspezifischen Durchschnitt (Tab. 5.3).

Aber auch die Differenzen zwischen den unterschiedlichen Einwanderungsgruppen innerhalb Deutschlands sind beachtlich. Während unter den aus Polen, Italien und dem ehemaligen Jugoslawien Zugewanderten etwa jeder Vierte bis Fünfte in einem Wohnviertel mit einem Ausländeranteil von über 50 % lebt, trifft dies bei den türkischen Zuwanderern auf jeden Dritten zu (Tab. 5.8). Wie andere Studien (vgl. etwa Janßen/Schroedter 2007; Sager 2012) herausgearbeitet haben, scheinen in Deutschland die Türken diejenige ethnische Gruppierung zu sein, die am stärksten von der Mehrheitsgesellschaft isoliert ist. Und auch hin-

---

[158] Tatsächlich zeigten weiterführende Regressionsanalysen mit unseren Daten einen signifikanten Zusammenhang zwischen Bedrohungs- und Fremdheitsgefühlen und ablehnenden Einstellungen gegenüber Muslimen auf: Nicht nur derjenige, der meint, dass Deutschland durch fremde Kulturen bedroht sei, sondern auch der, der sich durch die vielen Muslime in Deutschland manchmal wie ein Fremder im eigenen Land fühlt, neigt stärker zu einer abwertenden Haltung gegenüber Muslimen als derjenige, der in diesen Fragen anderer Auffassung ist.

sichtlich der Schreib- und Sprachkompetenz schneiden die türkischen Einwanderer im Vergleich zu anderen Zuwanderern am schlechtesten ab (Tab. 5.9).

Die Situation der türkischen Muslime in Deutschland ist anscheinend durch eine besonders ausgeprägte Kumulation von Benachteiligungen geprägt. Negative Haltungen gegenüber Muslimen seitens der deutschen Mehrheitsgesellschaft dürften durch die insgesamt ungünstige soziale Positionierung dieser Gruppe zwar nicht hervorgebracht, wohl aber verstärkt werden. Wenn das Bildungsniveau und die Sprachkompetenz geringer sind als bei anderen Zuwanderungsgruppen, wenn insbesondere die türkischen Einwanderer räumlich stärker segregiert sind als andere Zuwanderer, wenn ihr Heiratsverhalten im Vergleich zu anderen Zuwanderungsgruppen eine stärkere *Ingroup*-Orientierung aufweist, dann wird erklärbar, warum sich Vorbehalte besonders auf diese Gruppe richten. Selbstverständlich geht es hier nicht darum, einseitige Schuldzuweisungen vorzunehmen. Aber man muss als sozialwissenschaftlicher Beobachter der Spannungen und Konflikte zwischen der deutschen Mehrheitsgesellschaft und der muslimischen Minderheit auch nicht so tun, als ob ablehnende Haltungen gegenüber Muslimen allein in dem sozialen und mentalen Profil der deutschen Mehrheitsbevölkerung ihren Grund haben – immerhin begegnen die Deutschen den Angehörigen unterschiedlicher Religionsgemeinschaften ja nicht mit demselben Grad an Vorbehalten und Kritik.

Genau diese Nüchternheit und Selbstreflexivität in der Einschätzung der Probleme der wechselseitigen Wahrnehmung und Akzeptanz von Muslimen und nichtmuslimischer Mehrheitsgesellschaft lässt die öffentliche Debatte oft vermissen. In vielen Diskussionen gibt es eine starke Tendenz zur Polarisierung. Auf der einen Seite stehen die, die vor der Überfremdung durch ausländische Kulturen warnen und die Muslime zu einer höheren Anpassungsbereitschaft auffordern, auf der anderen Seite die, die die Muslime als eine Bereicherung unserer Kultur ansehen und den Deutschen Abschottung und Fremdenfeindlichkeit vorwerfen. Beide Positionen lassen sich nur selten auf ein vermittelndes Gespräch ein. Zuweilen gewinnt man den Eindruck, als gäbe es sogar ein Interesse an einer Konfliktverschärfung. Wer kritische Fragen an die Muslime richtet, muss sich den Vorwurf gefallen lassen, er würde die in der Gesellschaft vorhandene Islamophobie verharmlosen und wäre nicht in der Lage, zwischen Islam und Islamismus zu unterscheiden. Wer umgekehrt Kritik an antiislamischen Vorurteilen übt, muss mit dem Einwand rechnen, er würde islamistische Gewalt rechtfertigen und einem naiven Multikulturalismus anhängen. Sehen die einen den Islam als eine Gefährdung von Aufklärung, Zivilität und Demokratie, so bezweifeln die anderen, dass der Westen überhaupt Toleranz und Aufklärung für sich in Anspruch nehmen dürfe. Immer wieder werden die Defizite der jeweils anderen Seite aufgerechnet und die Verantwortung für die Probleme im Zusammenleben zwischen Angehörigen unterschiedlicher Kulturen und Religionen der jeweils anderen Seite zugeschoben. Die Lösung für die kommunikativen Polarisierungen besteht nun nicht einfach darin, einen „goldenen Mittelweg" zu finden und beide Seiten zur Verständigung aufzurufen. Solche moralischen Appelle verhallen bei denjenigen, die den Streit suchen, zumeist ungehört. Erforderlich ist es vielmehr, die Beschwerden ernst zu nehmen und zu verstehen. „Es ist weder hilfreich noch angemessen, die Äußerungen von Skepsis, Kritik oder auch Angst gegenüber dem Islam pauschal ins Unrecht zu setzen", schreibt Heiner Bielefeldt (2009: 171). „Vielmehr geht es darum, mit den weithin existierenden Vorbehalten und Befürchtungen sorgfältig umzugehen, sie auf ihren Sachgehalt hin kritisch zu prüfen, stereotype Darstellungen und Erklärungen zu überwinden und Diffamierungen klar entgegenzutreten. Die für eine liberale, aufgeklärte Diskussionskultur entscheidende Trennlinie verläuft deshalb nicht zwischen freundlichen und weniger freundlichen Darstellungen des Islam und seiner Angehörigen, sondern zwischen Genauigkeit und Klischee." Dem können wir uns nur anschließen. Zur präziseren Erfassung des Bildes von der religiösen Vielfalt und dabei insbesondere des Islam in Deutschland und Europa, zur Bestimmung der Toleranzbereitschaft gegenüber der zunehmenden religiösen Pluralität und der Grenzen dieser Toleranzbereitschaft will dieser Band einen Beitrag leisten.

Doch wo liegen nun die Grenzen der Toleranz? Unsere Analysen haben ergeben, dass die Beantwortung dieser Frage nicht zuletzt davon abhängt, was man unter Toleranz versteht. Fasst man sie lediglich als eine Form „bedingter Duldung" auf, die von religiösen Minderheiten Anpassung erwartet und schlussendlich die kulturell-religiöse Homogenisierung der Gesellschaft anstrebt, dann finden wir in Deutschland und in den anderen europäischen Ländern eine nahezu unbegrenzte Toleranz vor. Sieht man Toleranz hingegen durch eine auch die Gleichbehandlung von Menschen unterschiedlicher religiöser Überzeugungen einschließende wechselseitige Achtung gekennzeichnet, lassen sich die Grenzen relativ klar ausmachen: Je stärker man auf der Ebene allgemeiner Bekundungen von gegenseitigem Respekt verbleibt, desto eher ist man bereit, diese Art von Toleranz zu gewähren. Werden jedoch spezifische Rechte auf Religionsausübung als Konsequenzen aus dieser Achtungsbekundung konkret eingefordert, wird die Zustimmung verhalten. Sichtbar und alltagsweltlich gelebte religiöse Pluralität ruft vielfach abwehrende Reflexe hervor. Dies gilt insbesondere für die Deutschen und ganz besonders für ihre Bereitschaft, den Muslimen Gleichberechtigung einzuräumen.

Das Ausmaß der Toleranzbereitschaft variiert jedoch nicht nur mit dem jeweils zugrunde gelegten Toleranzverständnis, sondern auch in Abhängigkeit von den jeweiligen individuellen und gesamtgesellschaftlichen Bedingungen. Dabei haben, wie unsere Studien gezeigt haben, die Häufigkeit von Kontakten zwischen Muslimen und Mehrheitsbevölkerung ebenso einen Einfluss wie die jeweiligen Einstellungen zum Christentum und zu den Christen, die allgemeine politische Diskussionskultur und die rechtlichen Regelungen zur Einwanderung ebenso wie das öffentliche Auftreten der Muslime selbst und ihr soziales Profil. Die Grenzen der Toleranz sind eben nicht eindeutig und ein für alle Mal klar gezogen. Sie sind veränderbar durch Erfahrungen und Begegnungen, alltägliches Verhalten, durch rechtliche Vorschriften und politische Praxis. Unseren Untersuchungen zu einer möglichen neuen kulturell-religiösen Spannungslinie (Kap. 9) zufolge scheinen die Positionen im Hinblick auf derartige Fragen nicht so festgefahren, dass ein Umdenken nicht möglich wäre: Obwohl ein bedeutender Teil der deutschen Bevölkerung in der zunehmenden Zahl von Muslimen eine Ursache für Konflikte sieht, kann man nur bedingt von einer tief in der Gesellschaft verankerten, politisch wirksamen Konfliktlinie sprechen. Die genannten Konflikte werden von der Mehrheit der Deutschen nicht als ein Kampf der Kulturen wahrgenommen. Auch wenn sich erste schwache Konturen einer politischen Konfliktlinie zwischen positiven und negativen Positionen zur kulturellen Vielfalt und zum Islam ausmachen lassen, beschränkt sich der parteipolitische Einfluss dieses möglichen neuen *cleavage* bisher auf die Wahl der Grünen auf der einen und die Wahl rechtsextremistischer Kleinparteien auf der anderen Seite. Insofern geben die an sich ernüchternden Ergebnisse unserer Studie auch ein Hoffnungszeichen. Die nicht zu leugnenden Spannungen zwischen der zunehmenden religiösen Vielfalt und einer dieser Vielfalt reserviert gegenüberstehenden Mehrheit haben bislang noch nicht ein so hohes Maß erreicht, dass sie zu einem mentalitätsprägenden und das politische Verhalten bestimmenden, tief verankerten Kennzeichen unserer politischen Kultur geworden sind. Die wahrnehmbaren Konflikte sind eingebettet in sich dynamisch verändernde soziale, politische, kulturelle und ökonomische Bedingungen, die das Maß der Toleranz moderieren und von deren Gestaltung daher auch Impulse für eine Beeinflussung der analysierten Spannungsverhältnisse ausgehen können.

Literatur

Adorno, Theodor W./Frenkel-Brunswik, Else/Levinson, Daniel J./Sanford, R. Nevitt (1950): The Authoritarian Personality. New York: Harper & Brothers.

Akkerman, Tjikste (2005): Anti-immigration Parties and the Defence of Liberal Values: the Exceptional Case of the List Pim Fortuyn. In: Journal of Political Ideologies 10 (3), 337-354.

Alba, Richard D./Nee, Victor (2003): Remaking the American Mainstream: Assimilation and Contemporary Immigration. Cambridge: Harvard University Press.

Allport, Gordon W. (1954): The Nature of Prejudice. Cambridge, Massachusetts: Perseus Books.

Allport, Gordon W. (1971): Die Natur des Vorurteils. Köln: Kiepenheuer & Witsch.

Allport, Gordon W. (1979): The Nature of Prejudice. 25th Anniversary Edition. New York: Basic Books.

Allport, Gordon/Ross, J. Michael (1967): Personal Religious Orientation and Prejudice. In: Journal of Personality and Social Psychology 5 (4), 432–443.

Amiraux, Valérie (2010): From Empire to Republic, the French Muslim Dilemma. In: Triandafyllidou, Anna (Hrsg.): Muslims in 21st Century Europe. Structural and Cultural Perspectives. London/New York: Routledge, 137-159.

Arweck, Elisabeth (2012): A sense of belonging or a sense of being marginalised? Young people's perceptions of religious diversity. Vortrag vom 28.4. vor der British Sociological Association, Sociology of Religion Study Group. Chester, England.

Autorengruppe Bildungsberichterstattung (2012): Bildung in Deutschland 2012. Ein indikatorengestützter Bericht mit einer Analyse zur kulturellen Bildung im Lebenslauf. Bielefeld: Bertelsmann Verlag (Online-Version mit zusätzlichen Tabellen: http://www.bildungsbericht.de/; letzter Zugriff: 8. September 2012).

Backhaus, Klaus/Erichson, Bernd/Plinke, Wulff/Weiber, Rolf (2011): Multivariate Analysemethoden. Berlin u.a.: Springer.

Baumert, Jürgen/Schümer, Gundel (2002): Familiäre Lebensverhältnisse, Bildungsbeteiligung und Kompetenzerwerb im nationalen Vergleich. In: Deutsches PISA-Konsortium (Hrsg.): PISA 2000 – Die Länder der Bundesrepublik Deutschland im Vergleich. Opladen: Leske + Budrich, 159-202.

Baumert, Jürgen/Trautwein, Ulrich/Artelt, Cordula (2003): Schulumwelten – institutionelle Bedingungen des Lehrens und Lernens. In: Deutsches PISA-Konsortium (Hrsg.): PISA 2000. Ein differenzierter Blick auf die Länder der Bundesrepublik Deutschland. Opladen: Leske + Budrich, 261-331.

Beauchemin, Cris/Hamelle, Christelle/Simon, Patrick (2010): Trajectories and Origins: Survey on Population Diversity in France. Paris: Institut national d'études démographiques.

Becker, Birgit (2007): Ausländerfeindlichkeit in Ost- und Westdeutschland. Theoretische Grundlagen und empirische Analysen. Saarbrücken: VDM Müller.

Benz, Wolfgang (2012): Die Feinde aus dem Morgenland: Wie die Angst vor den Muslimen unsere Demokratie gefährdet. München: Beck.

Berger, Peter L. (1973): Zur Dialektik von Religion und Gesellschaft. Elemente einer soziologischen Theorie. Frankfurt a.M.: Fischer.

Berry, John W. (1997): Immigration, Acculturation, and Adaptation. In: Applied Psychology: An International Review 46 (1), 5-34.

Bielefeldt, Heiner (2009): Das Islambild in Deutschland: Zum öffentlichen Umgang mit der Angst vor dem Islam. In: Schneiders, Thorsten G. (Hrsg.): Islamfeindlichkeit: Wenn die Grenzen der Kritik verschwimmen. Wiesbaden: VS Verlag für Sozialwissenschaften, 167-200.

Biffl, Gudrun (2012): Labour Market Integration of Low Skilled Migrants in Europe: Economic Impact. Paper to be presented at the conference on Managing Migration and Integration: Europe and the US, March 9. Berkeley: University of California. Online verfügbar unter http://migration.ucdavis.edu/rs/files/2012/ciip/biffl-eu-lowskilledmigrants.pdf (letzter Zugriff: 29. August 2012).

Billig, Michael/Tajfel, Henri (1973): Social Categorization and Similarity in Intergroup Behavior. In: European Journal of Social Psychology 3 (1), 27-52.

Blalock, Hubert M., Jr. (1967): Toward a Theory of Minority Group Relations. New York: John Wiley.

Blossfeld, Hans-Peter/Shavit, Yossi (1993): Dauerhafte Ungleichheiten. Zur Veränderung des Einflusses der sozialen Herkunft auf die Bildungschancen in dreizehn industrialisierten Ländern. In: Zeitschrift für Pädagogik 39 (1), 25-52.

Blumer, Herbert G. (1958): Race Prejudice as a Sense of Group Position. In: Pacific Sociological Review 1 (1), 3-7.

Bohner, Gerd (2002): Einstellungen. In: Stroebe, Wolfgang/Jonas, Klaus/Hewstone, Miles (Hrsg.): Sozialpsychologie. Eine Einführung. Berlin u.a.: Springer, 265-315.

Bonacich, Edna (1972): A Theory of Ethnic Antagonism: The Split Labor Market. In: American Sociological Review 37 (5), 547-559.

Borgatta, Edgar F./Bohrnstedt, George W. (1980): Level of Measurement. Once Over Again. In: Sociological Methods & Research 9 (2), 147-160.

Bourdieu, Pierre (1973): Grundlagen einer Theorie der symbolischen Gewalt. Frankfurt a.M.: Suhrkamp.

Brähler, Elmar/Niedermayer, Oskar (2002): Rechtsextreme Einstellungen in Deutschland. Ergebnisse einer repräsentativen Erhebung im April 2002. Arbeitshefte aus dem Otto-Stammer-Zentrum 6. Berlin/Leipzig. Online verfügbar unter http://www.polsoz.fu-berlin.de/polwiss/forschung/systeme/empsoz/schriften/Arbeitshefte/BraeNied.pdf (letzter Zugriff: 2. September 2013).

Bratt, Christopher (2002): Contact and Attitudes between Ethnic Groups: A Survey-based Study of Adolescents in Norway. In: Acta Sociologica, 45 (2), 107-125.

Brooks, Clem/Manza, Jeff (1997): Social Cleavages and Political Alignments: U.S. Presidential Elections, 1960-1992. In: American Sociological Review 62 (6), 937-946.

Browne, Michael/Cudeck, Robert (1992): Alternative Ways of Assessing Model Fit. In: Sociological Methods & Research 21(2), 230-258.

Bundesamt für Migration und Flüchtlinge (BMF) (2010): Repräsentativbefragung „Ausgewählte Migrantengruppen in Deutschland 2006/2007" (RAM). Basisbericht: Tabellenband. Nürnberg: Bundesamt für Migration und Flüchtlinge.

Bundesministerium des Innern (2011): Verfassungsschutzbericht 2010. Berlin: Bundesministerium des Innern.

Butterwegge, Christoph (2011): Finanzmarktkrise, Armut und rechtsextreme Politik. In: Kopke, Christoph (Hrsg.): Die Grenzen der Toleranz: Rechtsextremes Milieu und demokratische Gesellschaft in Brandenburg. Potsdam: Universitätsverlag Potsdam, 41-55.

Campbell, Donald T. (1965): Ethnocentric and Other Altruistic Motives. Lincoln: University of Nebraska Press.

Casanova, José (2007): Immigration and the New Religious Pluralism: A European Union/United States Comparison. In: Banchoff, Thomas (Hrsg.): Democracy and the New Religious Pluralism. Oxford: Oxford University Press, 59-83.

Castles, Stephen/Miller, Mark J. (1993): The Age of Migration. International Population Movements in the Modern World. Houndmills/Basingstoke/Hampshire: Macmillan.

Centraal Bureau voor de Statistiek (CBS) (2012): Statline: Labour force; level of education by ethnic background and age (Online-Tool). http://statline.cbs.nl/StatWeb (letzter Zugriff: 31. August 2012).

Ceobanu, Alin M./Escandell, Xavier (2010): Comparative Analyses of Public Attitudes Toward Immigrants and Immigration Using Multinational Survey Data: A Review of Theories and Research. In: Annual Review of Sociology 36, 309-324.

Clark, Terry N./Lipset, Seymour M. (1991): Are Social Classes Dying? In: International Sociology 6 (4), 397-410.

Coleman, David A. (1994): Trends in Fertility and Intermarriage among Immigrant Populations in Western Europe as Measures of Integration. In: Journal of Biosocial Science 26 (1), 107-136.

Cortina, Jose M. (1993): What Is Coefficient Alpha? An Examination of Theory and Applications. In: Journal of Applied Psychology 78 (1), 98-104.

Dansk Volkeparti (2002): Grundsatzprogramm, Oktober 2002. Online verfügbar unter http://www.danskfolkeparti.dk/Dansk_Folkeparti_%E2%80%93_Die_D%C3%A4nische_Volkspartei_Grundsatzprogramm_Oktober_2002 (letzter Zugriff: 30.8.2013).

Dalton, Russell J. (1984): Cognitive Mobilization and Partisan Dealignment in Advanced Industrial Democracies. In: The Journal of Politics, 46 (1), 264-284.

Dalton, Russell J. (1996): Citizen Politics: Public Opinion and Political Parties in Advanced Industrial Democracies. Chatham: Chatham House.

Dalton, Russell J. (2003): Voter Choice and Electoral Politics. In: Smith, Gordon (Hrsg.): Developments in German politics. London: McMillan.

Dalton, Russell J. (2006): Social Modernization and the End of Ideology Debate: Patterns of Ideological Polarization. In: Japanese Journal of Political Science 7 (1), 1-22.

Dalton, Russell J./Flanagan Scott C./Beck Paul A. (Hrsg.) (1984): Electoral Change in Advanced Industrial Democracies – Realignment or Dealignment? Princeton, NJ: Princeton University Press.

Decker, Frank (2004): Der neue Rechtspopulismus. Opladen: Leske + Budrich.

Decker, Frank/Hartleb, Florian (2006): Populismus auf schwierigem Terrain. Die rechten und linken Herausfordererparteien in der Bundesrepublik. In: Decker, Frank (Hrsg.): Populismus. Wiesbaden: VS Verlag für Sozialwissenschaften, 191-215.

Decker, Oliver/Rothe, Katharina/Weissmann, Marliese/Geißler, Norman/Brähler, Elmar (2008): Ein Blick in die Mitte. Zur Entstehung rechtsextremer und demokratischer Einstellungen in Deutschland. Berlin: Friedrich-Ebert-Stiftung.

Decker, Oliver/Weißmann, Marliese/Kiess, Johannes/Brähler, Elmar (2010): Die Mitte in der Krise. Rechtsextreme Einstellungen in Deutschland 2010. Berlin: Friedrich-Ebert-Stiftung/Forum Berlin.

Delhey, Jan (2007): Grenzüberschreitender Austausch und Vertrauen. Ein Test der Transaktionsthese für Europa. In: Franzen, Axel/Freitag, Markus (Hrsg.): Sozialkapital. Grundlagen und Anwendungen. Sonderheft 47 der Kölner Zeitschrift für Soziologie und Sozialpsychologie. Wiesbaden: VS Verlag für Sozialwissenschaften, 141–162.

Delhey, Jan/Newton, Kenneth (2004): Determinanten sozialen Vertrauens. Ein international vergleichender Theorietest. In: Klein, Ansgar/Kern, Kristine/Geißel, Brigitte/Berger, Maria (Hrsg.): Zivilgesellschaft und Sozialkapital. Herausforderungen politischer und sozialer Integration. Wiesbaden: VS Verlag für Sozialwissenschaften, 151-168.

Département des statistiques, des études et de la documentation (2009): Infos migrations. http://www.immigration.gouv.fr/IMG/pdf/IM18012011.pdf (letzter Zugriff: 31. August 2011).

Deutsche Bischofskonferenz (DBK): Eckdaten des kirchlichen Lebens in den Bistümern Deutschlands. Jährliche Statistiken. Bonn.

Deutsche Welle Media Center (2012): Beitrag „Streitfrage – gehört der Islam zu Deutschland?" vom 14 Juni. Online verfügbar unter http://mediacenter.dw.de/german/video/item/537275/Streit-frage_geh%C3%B6rt_der_Islam_zu_Deutschland/ (letzter Zugriff: 3. September 2013).

Diefenbach, Heike (2003): Schulerfolgsquoten ausländischer und deutscher Schüler an Integrierten Gesamtschulen und an Schulen des dreigliedrigen Schulsystems. Sind Integrierte Gesamtschulen die bessere Wahl für ausländische Schüler? In: Swiaczny, Frank/Haug, Sonja (Hrsg.): Migration – Integration – Minderheiten. Neuere interdisziplinäre Forschungsergebnisse. Wiesbaden: Bundesinstitut für Bevölkerungsforschung, 77-96.

Diefenbach, Heike (2009): Der Bildungserfolg von Schülern mit Migrationshintergrund im Vergleich zu Schülern ohne Migrationshintergrund. In: Becker, Rolf (Hrsg.): Lehrbuch der Bildungssoziologie. Wiesbaden: VS Verlag für Sozialwissenschaften, 433-457.

Diehl, Claudia/Tucci, Ingrid (2010): Ethnische Grenzziehungen in Ost- und Westdeutschland: Konvergenz und Kulturalisierung. In: Krause, Peter/Ostner, Ilona (Hrsg.): Leben in Ost- und Westdeutschland. Eine sozialwissenschaftliche Bilanz der deutschen Einheit 1990-2010. Frankfurt a.M.: Campus, 557-572.

Diehl, Claudia/Tucci, Ingrid (2011): Fremdenfeindlichkeit und Einstellungen zur Einbürgerung. In: DIW Wochenbericht 31, 24-30.

Diekmann, Andreas (2008): Empirische Sozialforschung. Grundlagen – Methoden – Anwendungen. Reinbek bei Hamburg: Rowohlt.

Dobbelaere, Karel (1999): Towards an Integrated Perspective of the Processes Related to the Descriptive Concept of Secularization. In: Sociology of Religion 60 (3), 229-247.

Dobbelaere, Karel (2002): Secularization: An Analysis at Three Levels. Brüssel: Peter Lang.

Doktór, Tadeusz (2002): Factors Influencing Hostility towards Controversial Religious Groups. In: Social Compass 49 (4), 553-562.

Dollase, Rainer (2006): Umfrageergebnisse zur Akzeptanz und Ablehnung des Islam und der Muslime. In: Augustin, Christian/Wienand, Johannes/Winkler, Christiane (Hrsg.): Religiöser Pluralismus und Toleranz in Europa. Wiesbaden: VS Verlag für Sozialwissenschaften, 281-290.

Dziuban, Charles D./Shirkey, Edwin C. (1974): When is a Correlation Matrix Appropriate for Factor Analysis? Some Decision Rules. In: Psychological Bulletin 81 (6), 358-361.

Edinger, Michael/Hallermann, Andreas (2001): Rechtsextremismus in Ostdeutschland. Struktur und Ursachen rechtsextremer Einstellungen am Beispiel Thüringens. In: Zeitschrift für Parlamentsfragen 32 (3), 588-612.

Eijk, Cees van der/Franklin, Mark (2004): Potential for Contestation on European Matters at National Elections in Europe. In: Marks, Gary/Steenbergen, Marco R. (Hrsg.): European Integration and Political Conflict. Cambridge: Cambridge University Press, 33-50.

Entorf, Horst (2005): PISA-Ergebnisse, sozioökonomischer Status der Eltern und Sprache im Elternhaus: Eine international-vergleichende Studie vor dem Hintergrund unterschiedlicher Einwanderungsgesetze. Darmstadt Discussion Papers in Economics 148. TU Darmstadt: Institut für Volkswirtschaftslehre.

Entorf, Horst/Minoiu, Nicoleta (2005): What a Difference Immigration Policy Makes: A Comparison of PISA Scores in Europe and Traditional Countries of Immigration. In: German Economic Review 6 (3), 355-376.

Esser, Hartmut (1997): Entstehung ethnischer Konflikte. In: Hradil, Stefan (Hrsg.): Differenz und Integration: Die Zukunft moderner Gesellschaften. Opladen: Westdeutscher Verlag, 876-894.

Esser, Hartmut (2006): Sprache und Integration. Die sozialen Bedingungen und Folgen des Spracherwerbs von Migranten. Frankfurt a.M.: Campus.

Esser, Hartmut (2008): Assimilation, Ethnische Schichtung oder selektive Akkulturation? Neuere Theorien der Eingliederung von Migranten und das Modell der intergenerationalen Integration. In: Kalter, Frank (Hrsg.): Migration und Integration. Sonderheft 48 der Kölner Zeitschrift für Soziologie und Sozialpsychologie. Wiesbaden: VS Verlag für Sozialwissenschaften, 81-107.

European Values Study (EVS): Integrierter Datensatz 2008. GESIS Datenarchiv. Köln.

Evangelische Kirche in Deutschland (EKD): Statistik über die Äußerungen des kirchlichen Lebens in den Gliedkirchen der EKD. Jährliche Statistiken. Hannover.

Evans, Geoffrey. (1993): Is Gender on the "New Agenda"? In: European Journal of Political Research 24 (2), 135-158.

Evans, Geoffrey/Whitefield, Stephen (1998): The Evolution of Left and Right in Post-Soviet Russia. In: Europe-Asia Studies 50 (6), 1023-1042.

Faas, Daniel (2010): Muslims in Germany. From Guest Workers to Citizens? In: Triandafyllidou, Anna (Hrsg.): Muslims in 21st Century Europe. Structural and Cultural Perspectives. London/New York: Routledge, 59-77.

Falter, Jürgen (1996): Ein Staat, zwei Politikkulturen? Politische Einstellungsunterschiede zwischen Ost- und Westdeutschland fünf Jahre nach der Wiedervereinigung. In: German Studies Review 19 (2), 279-301.

Falter, Jürgen (2000): Politischer Extremismus. In: Falter, Jürgen/Gabriel, Oscar W./Rattinger, Hans (Hrsg.): Wirklich ein Volk? Die politischen Orientierungen von Ost- und Westdeutschen im Vergleich. Opladen: Leske + Budrich, 403-433.

Feddes, Allard R./Rutland, Adam/Noack, Peter (2009): Direct and Extended Friendship Effects on Minority and Majority Children's Interethnic Attitudes: A Longitudinal Study. In: Child Development 80 (2), 377-390.

Feige, Andreas (2011): Zum Stellenwert und Kontext des Toleranz-Ideals im Lebensentwurf Jugendlicher in Deutschland. Sozialwissenschaftlich-empirische Befunde. In: Glaube und Lernen 1, 64-83.

Forst, Rainer (2000): Toleranz, Gerechtigkeit und Vernunft. In: Ders. (Hrsg.): Toleranz. Philosophische Grundlagen und gesellschaftliche Praxis einer umstrittenen Tugend. Frankfurt a.M. u.a.: Campus, 119-143.

Forst, Rainer (2003): Toleranz im Konflikt. Geschichte, Gehalt und Gegenwart eines umstrittenen Begriffs. Frankfurt a.M.: Suhrkamp.

Forst, Rainer (2006): Toleranz und Anerkennung. In: Augustin, Christian/Wienand, Johannes/Winkler, Christiane (Hrsg.): Religiöser Pluralismus und Toleranz in Europa. Wiesbaden: VS Verlag für Sozialwissenschaften, 78-83.

Forst, Rainer (2007): Das Recht auf Rechtfertigung. Elemente einer konstruktivistischen Theorie der Gerechtigkeit. Frankfurt a.M.: Suhrkamp.

FORUM (2010): Factbook 2010: The Position of Muslims in the Netherlands. Facts and Figures. Utrecht: FORUM Institute for Multicultural Affairs.

Friedrichs, Jürgen (2008): Ethnische Segregation. In: Kalter, Frank (Hrsg.): Migration und Integration. Sonderheft 48 der Kölner Zeitschrift für Soziologie und Sozialpsychologie. Wiesbaden: VS Verlag für Sozialwissenschaften, 380-411.

Fritzsche, Sylke/Wiezorek, Christine (2006): Interethnische Kontakte und Ausländerstereotype von Jugendlichen. In: Diskurs Kindheits- und Jugendforschung 1 (1), 59-74.

Fuchs, Dieter/Gerhards, Jürgen/Roller, Edeltraud (1993): Wir und die anderen. Ethnozentrismus in den zwölf Ländern der Europäischen Gemeinschaft. In: Kölner Zeitschrift für Soziologie und Sozialpsychologie 45 (1), 238-253.

Geißler, Rainer (2006): Die Sozialstruktur Deutschlands. Zur gesellschaftlichen Entwicklung mit einer Bilanz zur Wiedervereinigung. 4. Auflage. Wiesbaden: VS Verlag für Sozialwissenschaften.

Gergen, Kenneth J./Gergen, Mary M. (1986): Social Psychology. Berlin u.a.: Springer.

Golder, Matt (2003): Explaining Variation in the Success of Extreme Right Parties in Western Europe. In: Comparative Political Studies 36 (4), 432-466.

Hansen, Randall (2000): Citizenship and Immigration in Post-war Britain: The Institutional Origins of a Multicultural Nation. Oxford: Oxford University Press.

Haug, Sonja/Müssig, Stephanie/Stichs, Anja (2009): Muslimisches Leben in Deutschland (im Auftrag der Deutschen Islam Konferenz). Nürnberg: Bundesamt für Migration und Flüchtlinge.

Häusler, Alexander (2009): Antiislamischer Rechtspopulismus in der extremen Rechten – die „PRO"-Bewegung als neue Kraft. In: Braun, Stephan/Geisler, Alexander/Gerster, Martin (Hrsg.): Strategien der extremen Rechten. Wiesbaden: VS Verlag für Sozialwissenschaften, 130-147.

Häußermann, Hartmut/Siebel, Walter (2001): Soziale Integration und ethnische Schichtung. Zusammenhänge zwischen räumlicher und sozialer Integration. Gutachten im Auftrag der Unabhängigen Kommission „Zuwanderung". Berlin/Oldenburg: Schader-Stiftung. Online verfügbar unter http://www.schader-stiftung.de/docs/haeussermann_siebel_gutachten.pdf (letzter Zugriff: 11. September 2012).

Heath, Anthony/Jowell Roger/Curtice, John (1985): How Britain Votes. London: Pergamon.

Hechter, Michael (1975): Internal Colonialism. Berkeley: University of California Press.

Heitmeyer, Wilhelm (2002): Gruppenbezogene Menschenfeindlichkeit: Die theoretische Konzeption und erste empirische Ergebnisse. In: Heitmeyer, Wilhelm (Hrsg.): Deutsche Zustände, Folge 1. Frankfurt a.M.: Suhrkamp, 15-34.

Heitmeyer, Wilhelm/Dollase, Rainer (Hrsg.) (1996): Die bedrängte Toleranz. Ethnisch-kulturelle Konflikte, religiöse Differenzen und die Gefahren politischer Gewalt. Frankfurt a.M.: Suhrkamp.

Herek, Gregory M. (1987): Religious Orientation and Prejudice: A Comparison of Racial and Sexual Attitudes. In: Personality and Social Psychology Bulletin 13 (1), 34-44.

Hermann, Dieter (2003): Werte und Kriminalität. Konzeption einer allgemeinen Kriminalitätstheorie. Wiesbaden: Westdeutscher Verlag.

Hermann, Dieter (2008): Die Messung individueller reflexiver Werte. In: Glöckner-Rist, Angelika (Hrsg.): Zusammenstellung sozialwissenschaftlicher Items und Skalen. ZIS Version 12.00, Bonn: GESIS.

Hjerm, Mikael (1998a): National Identity: a Comparison of Sweden, Germany and Australia. In: Journal of Ethnic and Migration Studies 24 (3), 451-469.

Hjerm, Mikael (1998b): National Identities, National Pride and Xenophobia: a Comparison of Four Western Countries. In: Acta Sociologica 41 (4), 335-347.

Höffe, Otfried (2006): Toleranz in Zeiten interkultureller Konflikte. In: Augustin, Christian/Wienand, Johannes/Winkler, Christiane (Hrsg.): Religiöser Pluralismus und Toleranz in Europa. Wiesbaden: VS Verlag für Sozialwissenschaften, 84-101.

Hondrich, Karl Otto (1996): Die Nicht-Hintergehbarkeit von Wir-Gefühlen. In: Heitmeyer, Wilhelm/Dollase, Rainer (Hrsg.): Die bedrängte Toleranz. Ethnisch-kulturelle Konflikte, religiöse Differenzen und die Gefahren politischer Gewalt. Frankfurt a.M.: Suhrkamp, 100-119.

Hooghe, Liesbet/Marks, Gary/Wilson, Carole J. (2002): Does Left/Right Structure Party Positions on European Integration? In: Comparative Political Studies 35 (8), 965-989.

Horton, Donald/Wohl, Richard R. (1956): Mass Communication and Para-social Interaction: Observations on Intimacy at a Distance. In: Psychiatry 19 (3), 215-229.

Hradil, Stefan (2004): Die Sozialstruktur Deutschlands im internationalen Vergleich. Wiesbaden: VS Verlag für Sozialwissenschaften.

Huber, John/Inglehart, Ronald (1995): Expert Interpretations of Party Space and Party Locations in 42 Societies. In: Party Politics 1 (1), 73-111.

Huber, Stefan (2009): Der Religionsmonitor 2008: Strukturierende Prinzipien, operationale Konstrukte, Auswertungsstrategien. In: Bertelsmann Stiftung (Hrsg.): Woran glaubt die Welt? Analysen und Kommentare zum Religionsmonitor 2008. Gütersloh: Verlag Bertelsmann Stiftung, 17-52.

Huber, Stefan/Krech, Volkhard (2009): Das religiöse Feld zwischen Globalisierung und Regionalisierung. Vergleichende Perspektiven. In: Bertelsmann Stiftung (Hrsg.): Woran glaubt die Welt?

Analysen und Kommentare zum Religionsmonitor 2008. Gütersloh: Verlag Bertelsmann Stiftung, 53-96.

Huddleston, Thomas/Niessen, Jan (2011): Index Integration und Migration III. Brüssel: British Council und Migration Policy Group. Online verfügbar unter http://www.mipex.eu/sites/default/files/downloads/mipex_iii_de.pdf (letzter Zugriff am 11. Februar 2013.

Huntington, Samuel P.(2002): Kampf der Kulturen: Die Neugestaltung der Weltpolitik im 21. Jahrhundert. München: Goldmann.

Index Integration und Migration (MIPEX). British Council und Migration Policy Group. Brüssel.

Info GmbH (2012): Deutsch-Türkische Lebens- und Wertewelten 2012. Ergebnisbericht zu einer repräsentativen Befragung von Türken in Deutschland. Berlin: Liljeberg Research International.

Inglehart, Ronald (1977): The Silent Revolution. Changing Values and Political Styles among Western Publics. Princeton, NJ: Princeton University Press.

Inglehart, Ronald (1984): Wertewandel in den westlichen Gesellschaften: Politische Konsequenzen von materialistischen und postmaterialistischen Prioritäten. In: Klages, Helmut/Kmieciak, Peter (Hrsg.): Wertwandel und gesellschaftlicher Wandel. Frankfurt a.M./New York: Campus, 279-316.

Inglehart, Ronald (1997): Modernization and Postmodernization. Cultural, Economic, and Political Change in 43 Societies. Princeton: Princeton University Press.

Inglehart, Ronald/Klingemann, Hans-Dieter (1976): Party Identification, Ideological Preference and the Left-right Dimension among Western Mass Publics. In: Budge, Ian et al. (Hrsg.): Party Identification and Beyond: Representations of Voting and Party Competition. London: John Wiley & Sons, 243-276.

Ivaldi, Gilles/Swyngedouw, Marc (2006): Rechtsextremismus in populistischer Gestalt: Front National und Vlaams Blok. In: Decker, Frank (Hrsg.): Populismus. Wiesbaden: VS Verlag für Sozialwissenschaften, 121-143.

Jackson, Jay W. (1993): Realistic Group Conflict Theory: A Review and Evaluation of the Theoretical and Empirical Literature. In: Psychological Record 43 (3), 395-415.

Jacobsen, Brian Arly (2011): Muslims in Denmark: A Critical Evaluation of Estimations. In: Nielsen, Jørgen S. (2011): Islam in Denmark: The Challenge of Diversity. Lanham: Lexington, 33-56.

Janßen, Andrea /Schroedter, Julia H. (2007): Kleinräumliche Segregation der ausländischen Bevölkerung in Deutschland: Eine Analyse auf der Basis des Mikrozensus. In: Zeitschrift für Soziologie 36 (6), 453-472.

Jelen, Ted G./Wilcox, Clyde (1991): Religious Dogmatism among White Christians: Causes and Effects. In: Review of Religious Research 33 (1), 32-45.

Jonas, Kai J./Beelmann, Andreas (2009): Einleitung: Begriffe und Anwendungsperspektiven. In: Beelmann, Andreas/Jonas, Kai J. (Hrsg.): Diskriminierung und Toleranz. Psychologische Grundlagen und Anwendungsperspektiven. Wiesbaden: VS Verlag für Sozialwissenschaften, 19-40.

Kailitz, Steffen (2007): Die nationalsozialistische Ideologie der NPD. In: Backes Uwe/Steglich Henrik (Hrsg.): Die NPD. Erfolgsbedingungen einer rechtsextremistischen Partei. Baden-Baden: Nomos, 337-354.

Kermani, Navid (2008): Der fundamentale Irrtum. In: SPIEGEL SPECIAL 2 „Allah im Abendland: Der Islam und die Deutschen", 14-21.

Kleiner, Corinna/Rijke, Johann de (2001): Rechtsextreme Orientierungen bei Jugendlichen und jungen Erwachsenen. In: Schubarth, Wilfried/Stöss, Richard (Hrsg.) (2011): Rechtsextremismus in der Bundesrepublik Deutschland. Eine Bilanz. Opladen: Leske + Budrich, 167-198.

Klingemann, Hans-Dieter (1985): West Germany. In: Crewe, Ivor/Denver, David (Hrsg.): Electoral Change in Western Democracies. Patterns and Sources of Electoral Volatility. London: Croom Helm, 230-263.

Klingemann, Hans-Dieter (1979): Measuring Ideological Conceptualizations. In: Barnes, Samuel H. et al. (Hrsg.): Political Action: Mass Participation in Five Western Democracies. London: Sage, 215-254.

Klingemann, Hans-Dieter/Hofferbert, Richard I./Budge, Ian (1994): Parties, Policies, and Democracy. Boulder: Westview.

Knoppen, Desirée/Saris, Willem (2009): Do we Have to Combine Values in the Schwartz' Human Values Scale? A Comment on the Davodov Studies. In: Survey Research Methods 3 (2), 91-103.

Knutsen, Oddbjørn (1995): Left-Right Materialist Value Orientations. In: van Deth, Jan W./Scarbrough, Elinor (Hrsg.): The Impact of Values. Oxford: Oxford University Press, 160-196.

Knutsen, Oddbjørn (2001): Social Class, Sector Employment, and Gender as Party Cleavages in the Scandinavian Countries: a Comparative Longitudinal Study, 1970–95. In: Scandinavian Political Studies 24 (4), 311-350.

Knutsen, Oddbjørn (2007): The Decline of Social Class? In: Dalton, Russell J./Klingemann, Hans-Dieter (Hrsg.): The Oxford Handbook of Political Behavior. Oxford: Oxford University Press, 457-480.

Knutsen, Oddbjørn/Scarbrough, Elinor (1995): Cleavage Politics. In: van Deth, Jan W./Scarbrough, Elinor (Hrsg.): The Impact of Values. Oxford: Oxford University Press, 493-523.

Kohli, Martin (1985): Die Institutionalisierung des Lebenslaufs. Historische Befunde und theoretische Argumente. In: Kölner Zeitschrift für Soziologie und Sozialpsychologie 37 (1), 1-29.

Konietzka, Dirk (1999): Die Verberuflichung von Marktchancen. Die Bedeutung des Ausbildungsberufs für die Platzierung im Arbeitsmarkt. In: Zeitschrift für Soziologie 28 (5), 379-400.

Krech, Volkhard (2007): Exklusivität, Bricolage und Dialogbereitschaft. Wie die Deutschen mit religiöser Vielfalt umgehen. In: Bertelsmann Stiftung (Hrsg.): Religionsmonitor 2008. Gütersloh: Gütersloher Verlagshaus, 33-43.

Kriesi, Hanspeter/Grande, Edgar/Lachat, Romain/Dolezal, Martin/Bornschier, Simon/Frey, Tim (2006): Globalization and the Transformation of the National Political Space: Six European Countries Compared. In: European Journal of Political Research 45 (6), 921-957.

Kriesi, Hanspeter/Grande, Edgar/Lachat, Romain/Dolezal, Martin/Bornschier, Simon/Frey, Timotheos (2008): West European Politics in the Age of Globalization. Cambrigde: Cambridge University Press.

Küpper, Beate/Zick, Andreas (2010): Religion and Prejudice in Europe. New Empirical Findings. London: Alliance Publishing Trust.

Lachmann, Günther (2006): Tödliche Toleranz: Die Muslime und unsere offene Gesellschaft. München/Zürich: Piper.

Laponce, Jean A. (1972): In Search of the Stable Elements of the Left-Right Landscape. In: Comparative Political Studies 4 (4), 445-475.

Laurence, Jonathan/Vaisse, Justin (2006): Integrating Islam: Political and Religious Challenges in Contemporary France. Washington, D.C.: Brookings Institution Press.

Leibold, Jürgen (2009): Fremdenfeindlichkeit und Islamophobie: Fakten zum gegenwärtigen Verhältnis genereller und spezifischer Vorurteile. In: Schneiders, Thorsten G. (Hrsg.): Islamfeindlichkeit: Wenn die Grenzen der Kritik verschwimmen. Wiesbaden: VS Verlag für Sozialwissenschaften, 145-154.

Leibold, Jürgen/Kühnel, Steffen (2006): Islamophobie. Differenzierung tut not. In: Heitmeyer, Wilhelm (Hrsg.): Deutsche Zustände. Folge 4. Frankfurt/Main: Suhrkamp, 135-155.

Lipset, Seymour M. et al. (1957): The Psychology of Voting: an Analysis of Political Behavior. In: Lindzey, Gardner (Hrsg.): Handbook of Social Psychology. Cambridge: Addison-Westely, 1124-1175.

Lipset, Seymour M./Rokkan, Stein (1967): Party Systems and Voter Alignments: Cross-national Perspectives. Toronto: The Free Press.

Locke, John (1996) [1689]: Ein Brief über Toleranz. Englisch – Deutsch. Nachdruck der Ausgabe von 1975. Hamburg [Gouda]: Meiner.

Lucassen, Leo/Laarman, Charlotte (2009): Immigration, Intermarriage and the Changing Face of Europe in the Postwar Period. In: The History of the Family 14 (1), 52-68.

Maag, Gisela (1991): Gesellschaftliche Werte. Strukturen, Stabilität und Funktion. Opladen: Westdeutscher Verlag.

Mair, Peter (2007): Left-Right Orientations. In: Dalton, Russel J./Klingemann, Hans-Dieter (Hrsg.): The Oxford Handbook of Political Behavior. Oxford: Oxford University Press, 206-222.

Massey, Douglas S./Denton, Nancy A. (1993): American Apartheit. Segregation and the Making of the Underclass. Cambridge: Harvard University Press.

McCutcheon, Allan L. (2000): Religion und Toleranz gegenüber Ausländern. Eine vergleichende Trendanalyse fremdenfeindlicher Gesinnung nach der Vereinigung Deutschlands. In: Pollack, Detlef/Pickel, Gert (Hrsg.): Religiöser und kirchlicher Wandel in Ostdeutschland 1989 - 1999. Opladen: Leske + Budrich, 87-104.

McFarland, Sam (2001): Religious Orientation and the Targets of Discrimination. In: Journal for the Scientific Study of Religion 28 (3), 324-336.

Merino, Stephen M. (2010): Religious Diversity in a „Christian Nation": The Effects of Theological Exclusivity and Interreligious Contact on the Acceptance of Religious Diversity. In: Journal for the Scientific Study of Religion 49 (2), 231-246.

Ministry of Refugee, Immigration and Integration Affairs (2010): Statistical Overview of Integration: Population, Education, and Employment. Special Chapter on Children and Youngsters. Copenhagen.

Minkenberg, Michael (2008): The Radical Right in Europe. An Overview. Gütersloh: Verlag Bertelsmann Stiftung.

Müller, Olaf (2003): Glaube versus Atheismus? Individuelle religiöse Orientierungen in Mittel- und Osteuropa. In: Gärtner, Christel/Pollack, Detlef/Wohlrab-Sahr, Monika (Hrsg.): Atheismus und religiöse Indifferenz. Opladen: Leske + Budrich, 171-196.

Müller, Olaf (2013): Kirchlichkeit und Religiosität in Ostmittel- und Osteuropa. Entwicklungen – Muster – Bestimmungsgründe. Wiesbaden: VS Verlag für Sozialwissenschaften.

Müller, Wolfgang (1999): Sozialstrukturelle Cleavages bei Bundestagswahlen in Theorie und Empirie. Persistenz, Realignment oder Dealignment? Frankfurt a.M.: Peter Lang.

Mummendey, Amélie/Kessler, Thomas (2008): Akzeptanz oder Ablehnung von Andersartigkeit. Die Beziehung zwischen Zuwanderern und Einheimischen aus einer sozialpsychologischen Perspektive. In: Kalter, Frank (Hrsg.): Migration und Integration. Sonderheft 48 der Kölner Zeitschrift für Soziologie und Sozialpsychologie. Wiesbaden: VS Verlag für Sozialwissenschaften, 513-528.

Mummendey, Amélie/Kessler, Thomas/Otten, Sabine (2009): Sozialpsychologische Determinanten – Gruppenzugehörigkeit und soziale Kategorisierung. In: Beelmann, Andreas/Jonas, Kai J. (Hrsg.): Diskriminierung und Toleranz. Psychologische Grundlagen und Anwendungsperspektiven. Wiesbaden: VS Verlag für Sozialwissenschaften, 43-60.

Münz, Rainer (2008): Migration, Labor Markets, and Integration of Migrants: An Overview for Europe. SP Discussion Paper No. 0807. Washington, D.C.: World Bank.

Musterd, Sako (2005): Social and Ethnic Segregation in Europe: Levels, Causes, and Effects. In: Journal of Urban Affairs 27 (3), 331-348.

Musterd, Sako/Andersson, Roger/Galster, George/Kauppinen, Timo M. (2008): Are Immigrants' Earnings Influenced by the Characteristics of Their Neighbours? In: Environment and Planning 40 (4), 785-805.

Myers, Daniel J. (1997): Racial Rioting in the 1960s: An Event History Analysis of Local Conditions. In: American Sociological Review 62 (1), 94-112.

Nagel, Joane (1996): American Indian Ethnic Renewal: Red Power and the Resurgence of Identity. New York: Oxford University Press.

Nauck, Bernhard (2007): Integration und Familie. In: Aus Politik und Zeitgeschichte 22-23, 19-25.

Nauck, Bernhard (2008): Akkulturation: Theoretische Ansätze und Perspektiven in Psychologie und Soziologie. In: Kalter, Frank (Hrsg.): Migration und Integration. Sonderheft 48 der Kölner Zeitschrift für Soziologie und Sozialpsychologie. Wiesbaden: VS Verlag für Sozialwissenschaften., 108-133.

Noll, Heinz-Herbert/Weick, Stefan (2011). Zuwanderer mit türkischem Migrationshintergrund schlechter integriert. In: Informationsdienst Soziale Indikatoren 46, 1-6.

Norris, Pippa (2005): Radical Right: Parties and Electoral Competition. Cambridge: Cambridge University Press.

Olzak, Susan (1992): The Dynamics of Ethnic Competition & Conflict. Stanford: Stanford University Press.

Organisation for Economic Co-Operation and Development (OECD) (2008): A Profile of Immigrant Populations in the 21st Century. Paris: OECD Publications.

Organisation for Economic Co-Operation and Development (OECD) (2010): PISA 2009 Results: Overcoming Social Background – Equity in Learning Opportunities and Outcomes (Volume II). Paris: OECD Publications.

Pan Ké Chon, Jean-Louis (2010): The Ambivalent Nature of Ethnic Segregation in France's Disadvantaged Neighbourhoods. In: Urban Studies 47 (8), 1603-1623.

Pan Ké Chon, Jean-Louis (2011): Residential Segregation of Immigrants in France: An Overview. In: Population & Societies 477, 1-4.

Pappi, Franz U. (1990): Klassenstruktur und Wahlverhalten im sozialen Wandel. In: Kaase, Max/Klingemann, Hans-Dieter (Hrsg.): Wahlen und Wähler. Analysen aus Anlaß der Bundestagswahl 1987. Opladen: Westdeutscher Verlag, 15-30.

Park, Robert E. (1928): Human Migration and the Marginal Man. In: American Journal of Sociology 33 (6), 881-893.

Partij voor de Vrijheid (2010): De agenda van hoop en optimisme, PVV 2010-2015. http://dnpp.eldoc.ub.rug.nl/FILES/root/programmas/Verkiezingsprogramma/2010/PVVverkiezingsprgramma2010.pdf (letzter Zugriff: 30. August 2013).

Pettigrew, Thomas F./Tropp, Linda R. (2006): A Meta-Analytic Test of Intergroup Contact Theory. In: Journal of Personality and Social Psychology 90 (5), 751–783.

Pew Research Center (2011): The Future of the Global Muslim Population. Projections for 2010-2030. Washington, D.C.: Pew Research Center's Forum on Religion & Public Life.

Pickel, Gert (2009): Secularization as a European Fate? Results from the Church and Religion in an Enlarged Europe Project 2006. In: Pickel, Gert/Müller, Olaf (Hrsg.): Church and Religion in Contemporary Europe. Results from Empirical and Comparative Research. Wiesbaden: VS Verlag für Sozialwissenschaften, 89-122.

Pickel, Gert (2013): Religiosität im internationalen Vergleich. Religionsmonitor. Gütersloh: Bertelsmann Stiftung.

Pollack, Detlef (2009): Rückkehr des Religiösen? Studien zum religiösen Wandel in Deutschland und Europa II. Tübingen: Mohr Siebeck.

Pollack, Detlef/Friedrichs, Nils (2012): Wahrnehmung und Akzeptanz religiöser Vielfalt in ausgewählten Ländern Europas. Beobachtungen und Erklärungen. In: Gabriel, Karl/Spieß, Christian/Winkler, Katja (Hrsg.): Modelle des religiösen Pluralismus. Historische, religionssoziologische und religionspolitische Perspektiven, Paderborn u.a.: Schöningh, 155-180.

Putnam, Robert D. (2000): Bowling Alone. The Collapse and Revival of American Community. New York/London/Toronto: Simon & Schuster.

Quillian, Lincoln (1995): Prejudice as a Response to Perceived Group Threat. Population Composition and Anti-Immigrant and Racial Prejudice in Europe. In: American Sociological Review 60 (4), 586-611.

Reuter, Gerd (2009): Rechtspopulismus in Belgien und den Niederlanden. Unterschiede im niederländischsprachigen Raum. Wiesbaden: VS Verlag für Sozialwissenschaften.

Richtlinie 95/46/EG des Europäischen Parlaments und des Rates vom 24. Oktober 1995 zum Schutz natürlicher Personen bei der Verarbeitung personenbezogener Daten und zum freien Datenverkehr. http://byds.juris.de/byds/013_1.5_95_46_EG_Artkel8.html (letzter Zugriff: 28. August 2012).

Rippl, Susanne (1995): Vorurteile und persönliche Beziehungen zwischen Ost- und Westdeutschen. In: Zeitschrift für Soziologie 24 (4), 273-283.

Rippl, Susanne/Baier, Dirk (2005): Das Deprivationskonzept in der Rechtsextremismusforschung. Eine vergleichende Analyse. In: Kölner Zeitschrift für Soziologie und Sozialpsychologie 57 (4), 644-666.

Rokeach, Milton (1973): The Nature of Human Values. New York: Free Press.

Rose, Richard/McAllister, Ian (1986): Voters Begin to Choose: From Closed Class to Open Elections in Britain. Beverly Hills, CA: Sage.

Rosta, Gergely (2004): Religiosity, Political Attitudes and Secularisation in Western Europe, 1981-1999. In: Tomka, Miklós (Hrsg.): Sociology of Religion in Hungary. Budapest-Piliscsaba: Pázmány Péter Catholic University, 43-65.

Rustenbach, Elisa (2010): Sources of Negative Attitudes toward Immigrants in Europe: A Multi-Level Analysis. In: International Migration Review 44 (1), 53-76.

Safran, William (2004): Ethnoreligious Politics in France: Jews and Muslims. West European Politics 27 (3), 423-451.

Sager, Lutz (2012): Residential Segregation and Socioeconomic Neighbourhood Sorting: Evidence at the Micro-Neighbourhood Level for Migrant Groups in Germany. In: Urban Studies 49 (12), 2617-2632.

Sani, Giacomo/Sartori, Giovanni (1983): Polarization, Fragmentation and Competition in Western Democracies. In: Daalder, Hans/Mair, Peter (Hrsg.): Western European Party Systems. London: Sage, 307-340.

Scheepers, Peer/Gijberts, Merove/Coenders, Marcel (2002): Ethnic Exclusionism in European Countries. In: European Sociological Review 18 (1), 17-34.

Schiffauer, Werner (2007): Der unheimliche Muslim. Staatsbürgerschaft und zivilgesellschaftliche Ängste. In: Wohlrab-Sahr, Monika/Tezcan, Levent (Hrsg.): Konfliktfeld Islam in Europa. Soziale Welt, Sonderband 17. Baden-Baden: Nomos, 111-133.

Schiffer, Sabine (2005): Der Islam in deutschen Medien. In: Aus Politik und Zeitgeschichte 20, 23-30.

Schmidt, Peter/Bamberg, Sebastian/Davidov, Eldat/Herrmann, Johannes/Schwartz, Shalom H. (2007): Die Messung von Werten mit dem „Portraits Value Questionnaire". In: Zeitschrift für Sozialpsychologie 38 (4), 261-275.

Schmidt, Peter/Heyder, Aribert (2000): Wer neigt eher zu autoritärer Einstellung und Ethnozentrismus, die Ost- oder die Westdeutschen? Eine Analyse mit Strukturgleichungsmodellen. In: Alba, Richard/Schmidt, Peter/Wasmer, Martina (Hrsg.): Blickpunkt Gesellschaft 5. Deutsche und Ausländer: Freunde, Fremde oder Feinde? Wiesbaden: Westdeutscher Verlag, 439-483.

Schmitt, Neal (1996): Uses and Abuses of Coefficient Alpha. In: Psychological Assessment 8 (4), 350-353.

Schneekloth, Ulrich (2003): Demokratie, ja – Politik, nein? Einstellungen Jugendlicher zur Politik. In: Deutsche Shell (Hrsg.): Jugend 2002. Frankfurt a.M.: Fischer Taschenbuch Verlag, 91-137.

Schnell, Rainer/Kohler, Ulrich (1995): Empirische Untersuchung einer Individualisierungshypothese am Beispiel der Parteipräferenz von 1953-1992. In: Kölner Zeitschrift für Soziologie und Sozialpsychologie 47 (4), 634-658.

Schoen, Harald (2005): Soziologische Ansätze in der empirischen Wahlforschung. In: Falter, Jürgen W./Schoen, Harald (Hrsg.): Handbuch Wahlforschung. Wiesbaden: VS Verlag für Sozialwissenschaften, 135-185.

Schroedter, Julia H. (2006): Binationale Ehen in Deutschland. In: Wirtschaft und Statistik 4, 419-431.

Schroedter, Julia H./Kalter, Frank (2008): Binationale Ehen in Deutschland. Trends und Mechanismen der sozialen Assimilation. In: Kalter, Frank (Hrsg.): Migration und Integration. Sonderheft 48 der Kölner Zeitschrift für Soziologie und Sozialpsychologie. Wiesbaden: VS Verlag für Sozialwissenschaften, 351-379.

Schwartz, Shalom H. (1992): Universals in the Content and Structure of Values: Theoretical Advances and Empirical Tests in 20 Countries. In: Zanna, Mark P. (Hrsg.): Advances in Experimental Psychology 25. New York: Academic Press, 1-65.

Schwartz, Shalom H. (2007): Value Orientations: Measurement, Antecedents and Consequences across Nations. In: Jowell, Roger/Roberts, Caroline/Fitzgerald, Rory (Hrsg.): Measurement Attitudes Crossnationally. Lessons from the European Social Survey. London: SAGE, 169-203.

Schwartz, Shalom H./Bilsky, Wolfgang (1987): Toward a Universal Psychological Structure of Human Values. In: Journal of Personality and Social Psychology 53 (3), 550-562.

Seebaß, Katharina/Siegert, Manuel (2011): Migranten am Arbeitsmarkt in Deutschland. Working Paper 36 der Forschungsgruppe des Bundesamtes. Nürnberg: Bundesamt für Migration und Flüchtlinge.

Sherif, Muzafer (1966): In Common Predicament: Social Psychology of Intergroup Conflict and Cooperation. Boston: Houghton Mifflin Company.

Sherif, Muzafer (1970 [1967]): Group Conflict and Co-Operation. Their Social Psychology. London: Routledge & Kegan Paul.

Simon, Patrick (2007): "Ethnic" Statistics and Data Protection in the Council of Europe Countries. Study Report. Strasbourg: Council of Europe.

Smith, Anthony D. (1991): National Identity. London: Penguin Books.

Smith, Eliot R./Mackie, Diane M. (2007): Social Psychology. New York: Taylor & Francis.

Statistisches Bundesamt (2011): Statistisches Jahrbuch 2011 für die Bundesrepublik Deutschland. Wiesbaden: Statistisches Bundesamt.

Statistisches Bundesamt (2012): FAQs – Themenbereich „Migration und Integration". https://www.destatis.de/DE/Service/FAQs/Bevoelkerung/MigrationIntegration/MigrationIntegrationFaq.html (letzter Zugriff: 16. August 2012).

Stolz, Jörg (2000): Soziologie der Fremdenfeindlichkeit. Theoretische und empirische Analysen. Frankfurt a.M. u.a.: Campus.

Strabac, Zan/Listhaug, Ola (2008): Anti-Muslim Prejudice in Europe: A Multilevel Analysis of Survey Data from 30 Countries. In: Social Science Research 37 (1), 268-286.

Streib, Heinz/Klein, Constantin (2012): Religious Styles Predict Xenophobia and Xenosophia: A Study of German Adolescents with the Religious Schema Scale (pre-print).

Sunier, Thijl (2010): Islam in the Netherlands, Dutch Islam. In: Triandafyllidou, Anna (Hrsg.): Muslims in 21st Century Europe. Structural and Cultural Perspectives. London/New York: Routledge, 121-136.

Tajfel, Henri (1981): Human Groups and Social Categories. Studies in Social Psychology. Cambridge: University Press.

Tajfel, Henri (1982): Gruppenkonflikt und Vorurteil. Entstehung und Funktion sozialer Stereotypen. Bern/Stuttgart/Wien: Huber.

Tajfel, Henri/Billig, Michael G./Bundy, R.P./Flament, Claude (1971): Social Categorization and Intergroup Behavior. In: European Journal of Social Psychology 1 (2), 149-178.

Tajfel, Henri/Turner, John C. (1986): The Social Identity Theory of Intergroup Behavior. In: Worchel, Stephen/Austin, William G. (Hrsg.): Psychology of Intergroup Relations. Chicago: Nelson-Hall, 7-24.

Tavits, Margit/Letki, Natalia (2009): When Left Is Right: Party Ideology and Policy in Post-Communist Europe. In: American Political Science Review 103 (4), 555-569.

United Nations Educational, Scientific and Cultural Organization (UNESCO) (1997): International Standard Classification of Education (ISCED) 1997. http://www.uis.unesco.org/Education/Pages/international-standard-classification-of-education.aspx (letzter Zugriff: 31. August 2012).

Vellenga, Sipco (2003): Wie „Gott" in den Niederlanden verblasst: Ein kultureller Trend in einem säkularen Staat. In: Gärtner, Christel/Pollack, Detlef/Wohlrab-Sahr, Monika (Hrsg.): Atheismus und religiöse Indifferenz. Opladen: Leske + Budrich, 197-214.

Walzer, Michael (1998): Über Toleranz. Von der Zivilisierung der Differenz. Hamburg: Rotbuch.

Weiber, Rolf/Mühlhaus, Daniel (2010): Strukturgleichungsmodellierung. Eine anwendungsorientierte Einführung in die Kausalanalyse mit Hilfe von AMOS, SmartPLS und SPSS. Berlin/Heidelberg: Springer.

Weins, Cornelia (2004): Fremdenfeindliche Vorurteile in den Staaten der EU. Wiesbaden: VS Verlag für Sozialwissenschaften.

Weins, Cornelia (2011): Gruppenbedrohung oder Kontakt? Ausländeranteile, Arbeitslosigkeit und Vorurteile. In: Kölner Zeitschrift für Soziologie und Sozialpsychologie 63 (3), 481-499.

Winkler, Jürgen R. (2000): Ausländerfeindlichkeit im vereinten Deutschland. In: Falter, Jürgen/Gabriel, Oscar W./Rattinger, Hans (Hrsg.): Wirklich ein Volk? Die politischen Orientierungen von Ost- und Westdeutschen im Vergleich. Opladen: Leske + Budrich, 435-476.

Winkler, Jürgen R. (2001): Rechtsextremismus: Gegenstand – Erklärungsansätze – Grundprobleme. In: Schubarth, Wilfried/Stöss, Richard (Hrsg.): Rechtsextremismus in der Bundesrepublik Deutschland. Eine Bilanz. Opladen: Leske + Budrich, 38-68.

Winkler, Jürgen R. (2003): Ursachen fremdenfeindlicher Einstellungen in Westeuropa. Befunde einer international vergleichenden Studie. In: Aus Politik und Zeitgeschichte 26, 33-38.

Wolff, Hans-Georg/Bacher, Johann (2010): Hauptkomponentenanalyse und explorative Faktorenanalyse. In: Wolf, Christof/Best, Henning (Hrsg.): Handbuch der Sozialwissenschaftlichen Datenanalyse, Wiesbaden: VS Verlag für Sozialwissenschaften, 333-365.

Wydmusch, Solange (2001): Religiöser Pluralismus: Zeichen der Moderne? Deutschland und Frankreich im Vergleich. In: Spirita. Zeitschrift für Religionswissenschaft, 8-14.

Yendell, Alexander/Friedrichs, Nils (2012): Wahrnehmung und Akzeptanz religiöser Vielfalt in ausgewählten europäischen Ländern. In: Pollack, Detlef/Tucci, Ingrid/Ziebertz, Hans-Georg (Hrsg.): Religiöser Pluralismus im Fokus quantitativer Forschung. Wiesbaden: Springer VS, 265-298.

Zick, Andreas (1997): Vorurteile und Rassismus. Eine sozialpsychologische Analyse. Münster u.a.: Waxmann.

Autoren

Friedrichs, Nils, geb. 1982, M.A., ist seit 2009 wissenschaftlicher Mitarbeiter am Lehrstuhl für Religionssoziologie der Westfälischen Wilhelms-Universität Münster. Seit 2010 ist er zudem Doktorand in der Graduiertenschule des Exzellenzclusters „Religion und Politik". Seine Forschungsschwerpunkte liegen in der Religions- und Kirchensoziologie, der Vorurteilsforschung und im Bereich quantitativer Forschungsmethoden und Statistik. Zu seinen jüngsten Publikationen zählen *Die Bilder der Deutschen vom Islam: Soziale Kategorisierung und die Entstehung von Feindbildern. In: Alfons Fürst/Harutyun Harutyunyan/Eva-Maria Schrage/Verena Voigt (Hrsg.): Von Ketzern und Terroristen: Interdisziplinäre Studien zur Konstruktion und Rezeption von Feindbildern, Münster: Aschendorff 2012* sowie *Wahrnehmung und Akzeptanz religiöser Vielfalt in ausgewählten Ländern Europas. Beobachtungen und Erklärungen. In: Karl Gabriel/Christian Spieß/Katja Winkler (Hrsg.): Modelle des religiösen Pluralismus. Historische Beispiele – empirische Analysen – systematische Perspektiven, Paderborn: Schöningh 2012* (zus. mit Detlef Pollack).

Müller, Olaf, geb. 1967, Dr. phil., arbeitet seit 2008 als wissenschaftlicher Mitarbeiter am Lehrstuhl für Religionssoziologie, Institut für Soziologie, und am Exzellenzcluster "Religion und Politik" an der Westfälischen Wilhelms-Universität Münster. Seine Forschungsinteressen liegen in den Gebieten Religionssoziologie, Politische-Kultur-Forschung und sozialer Wandel. Er veröffentlichte jüngst die Monographie *Kirchlichkeit und Religiosität in Ostmittel- und Osteuropa: Entwicklungen – Muster – Bestimmungsgründe, Wiesbaden: Springer VS 2013* und ist Mitherausgeber des Sammelbandes *The Social Significance of Religion in the Enlarged Europe. Secularization, Individualization and Pluralization, Farnham/Burlington: Ashgate 2012* (zus. mit Detlef Pollack und Gert Pickel).

Pollack, Detlef, geb. 1955, Prof. Dr., ist seit 2008 Professor für Religionssoziologie an der Westfälischen Wilhelms-Universität Münster. Zuvor war er von 1995-2008 Professor für vergleichende Kultursoziologie an der Europa-Universität Viadrina Frankfurt (Oder), 1996/97 Fellow am Wissenschaftskolleg zu Berlin, 2003-2005 Max Weber Chair an der New York University, 2011-2012 Fellow am Lichtenberg-Kolleg Göttingen. Er ist Vorstandsmitglied des Centrums für Religion und Moderne sowie Stellvertretender Sprecher des Exzellenzclusters „Religion und Politik" an der Universität Münster. Seine Forschungsschwerpunkte sind neben der Religionssoziologie die Politische-Kultur-Forschung, die DDR-Forschung und die Systemtheorie. Zu seinen letzten Veröffentlichungen zählen *Rückkehr des Religiösen? Studien zum religiösen Wandel in Deutschland und Europa II, Tübingen: Mohr 2009* sowie *Moderne und Religion: Kontroversen um Modernität und Säkularisierung, Bielefeld: transcript 2013* (zus. mit Ulrich Willems, Thomas Gutmann, Helene Basu und Ulrike Spohn).

Rosta, Gergely, geb. 1973, Dr. phil., ist seit 2009 als wissenschaftlicher Mitarbeiter am Lehrstuhl für Religionssoziologie, Institut für Soziologie, und am Exzellenzcluster „Religion und Politik" an der Westfälischen Wilhelms-Universität Münster tätig. Seine Forschungsschwerpunkte umfassen die Gebiete Religiosität in Ungarn und in den postkommunistischen Ländern Europas, Jugend und Religion sowie Religiosität und politische Einstellungen. Zu seinen jüngsten Veröffentlichungen gehören *Religiosity and Political Values in Central and Eastern Europe. In: Gert Pickel/Kornelia Sammet (Hrsg.): Transformations of Religiosity – Religion and Religiosity in Eastern Europe 1989-2010, Wiesbaden: Springer VS 2012* und *Church and Religion in Hungary – Between Religious Individualization and Secularization. In: Detlef Pollack/Olaf Müller/Gert Pickel (Hrsg.): The Social Significance of Religion in the Enlarged Europe. Secularization, Individualization and Pluralization, Farnham/Burlington: Ashgate 2012.*

Yendell, Alexander, geb. 1975, M.A., arbeitet seit 2013 als wissenschaftlicher Mitarbeiter am Institut für Praktische Theologie der Universität Leipzig. Seine Forschungsgebiete umfassen Religionssoziologie, Migrationssoziologie, Bildungssoziologie und quantitative Sozialforschung. Er veröffentlichte zuletzt *Muslime unerwünscht? Zur Akzeptanz des Islam und dessen Angehöriger. Ein Vergleich zwischen Ost- und Westdeutschland. In: Gert Pickel/Oliver Hidalgo (Hrsg.): Politik und Religion 20 Jahre nach dem Umbruch, Wiesbaden: Springer VS 2013* sowie *Wahrnehmung und Akzeptanz des Islam und anderer Religionsgemeinschaften in ausgewählten europäischen Ländern. In: Detlef Pollack/Ingrid Tucci/Hans-Georg Ziebertz (Hrsg.): Religiöser Pluralismus im Fokus quantitativer Religionsforschung, Wiesbaden: Springer VS 2012* (zus. mit Nils Friedrichs).

Anhang: Fragebogen für Deutschland

Zu Beginn möchte ich Ihnen einige Fragen zu Aspekten des menschlichen Zusammenlebens stellen.

Block 11: Geben Sie bitte anhand dieser Skala an, wie wichtig Ihnen folgende Aspekte des politischen Lebens sind. **Random**	Sehr wichtig	Eher wichtig	Eher unwichtig	Völlig unwichtig
V171 Meinungs- und Redefreiheit	1	2	3	4
V172 freie und unabhängige Medien	1	2	3	4
V173 freie, gleiche und faire Wahlen	1	2	3	4
V174 Glaubensfreiheit	1	2	3	4
V175 garantierte Minderheitenrechte	1	2	3	4

Block 12: Auf dieser Liste jeweils zwei Werte, die einem wichtig sein können, einander gegenübergestellt. Bitte wählen Sie aus, welchen der beiden gegenübergestellten Werte Sie jeweils für wichtiger halten. **Random**

V181	Freiheit	1	2	3	4	5	6	7	Gleichheit
V182	selbständig zu denken	1	2	3	4	5	6	7	gehorsam zu sein
V183	sich durchsetzen zu können	1	2	3	4	5	6	7	hilfsbereit zu sein
V184	fleißig zu sein	1	2	3	4	5	6	7	viel Spaß zu haben
V185	ordentlich zu sein	1	2	3	4	5	6	7	spontan zu sein

Block 6: Inwieweit treffen die folgenden Aussagen auf Sie persönlich zu? random	Trifft völlig zu				Trifft gar nicht zu
V111 Ich kann ziemlich viel von dem, was in meinem Leben passiert, selbst bestimmen.	1	2	3	4	5
V112 Ich neige dazu, andere zu kritisieren.	1	2	3	4	5
V113 Ich bin entspannt, lasse mich durch Stress nicht aus der Ruhe bringen.	1	2	3	4	5
V114 Ich bin offen für neue Erfahrungen, vielseitig.	1	2	3	4	5
V115 Mein Leben wird von meinem Verhalten bestimmt.	1	2	3	4	5
V116 Ich schenke anderen leicht Vertrauen, glaube an das Gute im Menschen.	1	2	3	4	5
V117 Ich werde leicht nervös und unsicher.	1	2	3	4	5
V118 Ich bevorzuge Routine und bekannte Aufgaben.	1	2	3	4	5

Frage 14: **Hier sind zwei Meinungen, die Leute manchmal äußern, wenn sie über Gut und Böse diskutieren. Welche kommt Ihrer Sichtweise am nächsten?**	V124

☐ Es gibt vollkommen klare Maßstäbe, was gut und was böse ist. Sie gelten für jeden und unter allen Umständen.

☐ Es kann niemals vollkommen klare Maßstäbe darüber geben, was gut und was böse ist. Was gut und was böse ist, hängt vor allem von den jeweiligen Umständen ab.

Block 7: **Was halten Sie von folgenden Aussagen? random**	Stimme stark zu				Stimme überhaupt nicht zu
V119	Es gibt nur wenige Menschen, denen man vertrauen kann.	1	2	3	4	5
V120	Die Verhältnisse sind so kompliziert geworden, dass ich mich fast nicht mehr zurecht finde.	1	2	3	4	5
V121	Zu den wichtigsten Eigenschaften, die jemand haben sollte, gehört disziplinierter Gehorsam der Autorität gegenüber.	1	2	3	4	5
V122	Wir sollten dankbar sein für führende Köpfe, die uns genau sagen können, was wir tun sollen und wie.	1	2	3	4	5
V123	Die Menschen sind von Natur aus korrupt.	1	2	3	4	5

Block 14: **Inwieweit stimmen Sie folgenden Aussagen zu? random**	Stimme stark zu	Stimme eher zu	Stimme eher nicht zu	Stimme überhaupt nicht zu
V201	Es leben zu viele Ausländer in Deutschland.	1	2	3	4
V202	Juden haben in Deutschland zu viel Einfluss.	1	2	3	4
V203	Wenn Arbeitsplätze knapp werden, sollte man die in Deutschland lebenden Ausländer wieder in ihre Heimat zurückschicken.	1	2	3	4
V204	Ich bin stolz auf meine Nationalität.	1	2	3	4

Block 15: **Inwieweit stimmen Sie folgenden Aussagen zu? Random**	Stimme stark zu	Stimme eher zu	Stimme eher nicht zu	Stimme überhaupt nicht zu
V211	Es ist gerecht, wenn Menschen mehr Geld oder Wohlstand haben, aber nur, wenn es die gleichen Chancen für alle gibt.	1	2	3	4
V212	Die Demokratie ist die angemessenste Regierungsform.	1	2	3	4
V213	Auch wenn ich eine bestimmte Überzeugung habe, akzeptiere ich Menschen, die anders denken.	1	2	3	4

Allgemein gefragt, glauben Sie, dass Religion für die deutsche Bevölkerung noch eine große Rolle spielt?	V001

☐ ja

☐ nein

	Frage 1: Wie ist Ihre persönliche Haltung zu den Mitgliedern folgender religiöser Gruppen? 1) Randomisierung der relig. Gruppen bis einschl. Frage 13 2) Fixierung der Reihenfolge	Sehr positiv	Eher positiv	Eher negativ	Sehr negativ
V071	Christen (alle)	1	2	3	4
V072	Muslime	1	2	3	4
V073	Hindus	1	2	3	4
V074	Buddhisten	1	2	3	4
V075	Juden	1	2	3	4
V076	Atheisten	1	2	3	4

	Frage 2: Würden Sie es akzeptieren, wenn ein/e Angehörige/r einer dieser Religionsgemeinschaften eine/n Verwandte/n von Ihnen heiraten würde?	Ja, auf jeden Fall	Eher ja	Eher nein	Nein, keinesfalls
V077	Christen	1	2	3	4
V078	Muslime	1	2	3	4
V079	Hindus	1	2	3	4
V080	Buddhisten	1	2	3	4
V081	Juden	1	2	3	4
V082	Atheisten	1	2	3	4

	Frage 10: Haben Sie sich schon viel mit folgenden Religionen beschäftigt?	Ja, sehr viel	Ja, etwas	Nein, eher nicht	Nein, gar nicht
V083	Christentum	1	2	3	4
V084	Islam	1	2	3	4
V085	Hinduismus	1	2	3	4
V086	Buddhismus	1	2	3	4
V087	Judentum	1	2	3	4

	Frage 11: Haben Sie viel Kontakt zu Mitgliedern folgender religiöser Gemeinschaften?	Ja, sehr viel	Ja, etwas	Nein, eher nicht	Nein, gar nicht
V088	Christen	1	2	3	4
V089	Muslime	1	2	3	4
V090	Hindus	1	2	3	4
V091	Buddhisten	1	2	3	4
V092	Juden	1	2	3	4
V093	Atheisten	1	2	3	4

Filter: if jeweils laut Q11, sehr viel oder etwas Kontakt

	Frage 12: Wo finden diese Kontakte statt? (Mehrfachnennung möglich)	bei der Arbeit	in der Nachbarschaft	im Privatleben	anderer Bereich
V094	Christen	1	2	3	4
V095	Muslime	1	2	3	4

V096	Hindus	1	2	3	4
V097	Buddhisten	1	2	3	4
V098	Juden	1	2	3	4
V099	Atheisten	1	2	3	4

Filter: if jeweils laut Q11, sehr viel oder etwas Kontakt

Frage 13: Als wie angenehm empfinden Sie diese Kontakte?		Sehr angenehm	Eher ange geneh m	Eher unangenehm	Sehr unangenehm
V100	Christen	1	2	3	4
V101	Muslime	1	2	3	4
V102	Hindus	1	2	3	4
V103	Buddhisten	1	2	3	4
V104	Juden	1	2	3	4
V105	Atheisten	1	2	3	4

Block 9: Wie stark stimmen Sie folgenden Aussagen zu? Random	Stimme stark zu	Stimme eher zu	Stimme eher nicht zu	Stimme überhaupt nicht zu
V151 Die Bibel ist das Wort Gottes und muss wörtlich genommen werden.	1	2	3	4
V152 Es gibt nur eine wahre Religion.	1	2	3	4
V153 Ich greife für mich selbst auf Lehren verschiedener religiöser Traditionen zurück.	1	2	3	4
V154 Religion ist ein wichtiger Bestandteil meines Lebens.	1	2	3	4
V155 Ich habe Situationen erlebt, in denen ich das Gefühl hatte, Gott oder einem höheren Wesen zu begegnen.	1	2	3	4
V156 Ich halte die Religion für eine Selbsttäuschung.	1	2	3	4
V157 Ich glaube, dass Amulette, Steine oder Kristalle hilfreich sein können.	1	2	3	4
V158 Ich glaube, dass heilige Objekte wie Kreuze, Kruzifixe, Ikonen oder Rosenkränze hilfreich sein können.	1	2	3	4
V159 Wenn man so sieht, was in der Welt passiert, führen Religionen eher zu Konflikten als zum Frieden.	1	2	3	4
V160 Meine Eltern haben mich im Glauben erzogen.	1	2	3	4
V161 Ich finde es wichtig, dass unsere Kinder eine religiöse Erziehung bekommen.	1	2	3	4
V162 Das Christentum ist das Fundament unserer Kultur.	1	2	3	4
V163 Der Glaube an Jesus Christus als dem Heiland ist für die Erlösung absolut notwendig	1	2	3	4
V164 Für mich ist in unserem wissenschaftlich-technischen Zeitalter Religion überholt.	1	2	3	4

Block 13: Ich werde Ihnen nun einige Aussagen vorlesen, welche Einstellungen gegenüber der Religion, der Gesellschaft und dem Leben allgemein beschreiben und würde von Ihnen gern wissen, inwieweit Sie jeder dieser Aussagen zustimmen. Random	Stimme stark zu	Stimme eher zu	Stimme eher nicht zu	Stimme überhaupt nicht zu
V191	Religiöse Symbole, wie Kreuze, sollten an staatlichen Schulen verboten sein.	1	2	3	4
V192	Die Kirchenoberhäupter sollten nicht versuchen, die Entscheidungen der Regierung zu beeinflussen.	1	2	3	4
V193	Wissenschaft und Forschung sollten nicht durch religiöse Normen und Werte eingeschränkt sein.	1	2	3	4
V194	Die Erziehung in den Schulen sollte frei von Religion sein.	1	2	3	4
V195	Ich finde, dass Religion und Wissenschaft nicht im Widerspruch zueinander stehen.	1	2	3	4

Block 1: Es wird viel darüber gesprochen, dass wir in (Land) viele verschiedene Religionsgemeinschaften zusammenleben. Wie beurteilen Sie persönlich diese Situation? Random	Stimme stark zu	Stimme eher zu	Stimme eher nicht zu	Stimme überhaupt nicht zu
V011	Ich glaube, dass unser Land durch fremde Kulturen/Nationen bedroht ist.	1	2	3	4
V012	Ich würde mir wünschen, dass es in meiner Nachbarschaft eine größere Vielfalt an religiösen Gruppen/Organisationen gäbe, so dass ich zwischen den Angeboten wählen könnte.	1	2	3	4
V013	In religiösen Auseinandersetzungen darf man keine Kompromisse mit Andersdenkenden eingehen.	1	2	3	4
V014	Die zunehmende Vielfalt von religiösen Gruppen in unserer Gesellschaft ist eine Ursache für Konflikte.	1	2	3	4
V015	Die zunehmende Vielfalt von religiösen Gruppen in unserer Gesellschaft stellt eine kulturelle Bereicherung dar.	1	2	3	4
V016	Alle religiösen Gruppen in Deutschland sollten gleiche Rechte haben.	1	2	3	4
V017	Man muss alle Religionen respektieren.	1	2	3	4
V025	Sofern sich die Ausländer an unsere Gesetze halten, kommt es nicht darauf an, welche Religion sie haben.	1	2	3	4

Manche Bücher oder Filme verletzen die Gefühle tief religiöser Menschen. Sollten Bücher und Filme, die Religionen angreifen, gesetzlich verboten werden oder sollten sie erlaubt sein? V018

☐ Sollten auf jeden Fall verboten werden.
☐ Sollten wahrscheinlich verboten werden.
☐ Sollten wahrscheinlich erlaubt sein.
☐ Sollten auf jeden Fall erlaubt sein.
☐ Kann ich nicht sagen.

	Block 5: Es gibt ja ganz unterschiedliche Ansichten über den Islam und das Christentum. Hier sind einige aufgeschrieben. Woran denken Sie beim Stichwort Islam bzw. Christentum? 1) Random Reihenfolge Islam und Christentum 2) Randomisierung der Items 3) Fixierung der Itemreihenfolge	Islam	Christentum
V061	Fanatismus		
V062	Gewaltbereitschaft		
V063	Friedfertigkeit		
V064	Rückwärtsgewandtheit		
V065	Engstirnigkeit		
V066	Toleranz		
V067	Benachteiligung der Frau		
V068	Solidarität		
V069	Achtung der Menschenrechte		

	Block 2: Im Folgenden möchte ich Ihnen nun einige Fragen zum Islam stellen. Wie ist Ihre Meinung zu folgenden Aussagen? Random	Stimme stark zu	Stimme eher zu	Stimme eher nicht zu	Stimme überhaupt nicht zu
V021	Die Zuwanderung von Muslimen in Deutschland sollte beschränkt werden.	1	2	3	4
V022	Durch die vielen Muslime fühle ich mich manchmal wie ein Fremder im eigenen Land.	1	2	3	4
V023	Die Ausübung des islamischen Glaubens in Deutschland muss stark eingeschränkt werden.	1	2	3	4
V024	Die Muslime in Deutschland müssen sich an unsere Kultur anpassen.	1	2	3	4
V026	Der Islam passt durchaus in unsere westliche Welt.	1	2	3	4
V027	Die zunehmende Anzahl der Muslime in unserer Gesellschaft ist eine Ursache für Konflikte.	1	2	3	4
V028	Die zunehmende Anzahl der Muslime in unserer Gesellschaft stellt eine kulturelle Bereicherung dar.	1	2	3	4
V029	Manchmal habe ich direkt Angst, ob unter den Muslimen in Deutschland nicht auch viele Terroristen sind.	1	2	3	4
V030	Islamische Gemeinschaften sollten vom Staat beobachtet werden.	1	2	3	4
V031	Ich hätte nichts dagegen, wenn für die von mir bevorzugte Partei ein Muslim kandidieren würde.	1	2	3	4

Man hört ja manchmal den Begriff „Kampf der Kulturen". Damit ist ein ernster Konflikt zwischen Islam und Christentum gemeint. Was meinen Sie: Haben wir zurzeit einen Kampf der Kulturen, oder würden Sie das nicht sagen?	V032

    ☐   Haben Kampf der Kulturen

    ☐   Kann man nicht sagen

    ☐   Unentschieden/keine Angabe

Frageblock 2: **Im Folgenden möchten wir Ihnen einige Fragen dazu stellen, welche Rechte dem Islam zugestanden werden sollten.**

V041	Allgemein gefragt, befürworten Sie den Bau von Moscheen in Deutschland?	Ja	Nein
V042	Und wie ist es mit Minaretten: Befürworten Sie den Bau von Minaretten in Deutschland?	Ja	Nein
V043	Sollte es Ihrer Meinung nach auch einen muslimischen Feiertag geben?	Ja	Nein

Block 3: **Im Folgenden möchte ich Ihnen nun einige Fragen zur Religionsausübung im Islam stellen. Inwieweit stimmen Sie diesen Aussagen zu? Random**	Stimme stark zu	Stimme eher zu	Stimme eher nicht zu	Stimme überhaupt nicht zu
V044	Ein muslimisches Mädchen sollte sich aus religiösen Gründen weigern dürfen, am Sportunterricht teilzunehmen.	1	2	3	4
V045	Mädchen sollten in der Schule ein Kopftuch tragen dürfen, wenn es ein Teil ihrer religiösen Tradition ist.	1	2	3	4

Manche Menschen empfinden den Gebetsruf des Muezzins als Lärmbelästigung und sammeln daher Unterschriften, damit er verboten wird. Befürworten Sie, wenn Menschen Unterschriften gegen den Ruf des Muezzins sammeln, oder lehnen sie das eher ab? V046

□ Ich befürworte es stark.

□ Ich befürworte es eher.

□ Ich lehne es eher ab.

□ Ich lehne es stark ab.

Und wie ist das mit dem Läuten von Kirchenglocken? Würden Sie es eher befürworten, wenn Menschen Unterschriften gegen das Läuten von Kirchenglocken sammeln, oder lehnen Sie es eher ab? V047

□ Ich befürworte es stark.

□ Ich befürworte es eher.

□ Ich lehne es eher ab.

□ Ich lehne es stark ab.

Frageblock 1: **Wie beurteilen Sie das Verhältnis von westlicher Welt und dem Islam? Random V052 und VO53**

V051	Glauben Sie, dass die westliche und die muslimische Welt gut miteinander auskommen?	Ja	Nein
V052	Sind Sie der Ansicht, dass die westliche Welt die muslimische Welt respektiert?	Ja	Nein
V053	Sind Sie der Ansicht, dass die muslimische Welt die westliche Welt respektiert?	Ja	Nein

Im nun folgenden Abschnitt möchte ich Ihnen einige Fragen zu Ihrer Religion bzw. Ihrer Religiosität stellen.

Frage 3: **Welcher Konfession oder Religionsgemeinschaft gehören Sie an?** | V131

- ☐ der römisch-katholischen Kirche
- ☐ der evangelischen Kirche (ohne Freikirchen)
- ☐ einer evangelischen Freikirche
- ☐ einer orthodoxen Kirche
- ☐ einer anderen christlichen Religionsgemeinschaft
- ☐ dem Islam
- ☐ einer anderen nicht-christlichen Religionsgemeinschaft
- ☐ keine Religion/Konfession
- ☐ weiß nicht/keine Angabe **(nicht vorlesen)**

Frage 4: **Wie oft besuchen Sie den Gottesdienst?** | V132

- ☐ jede Woche oder öfter
- ☐ 2-3 mal im Monat
- ☐ ungefähr einmal im Monat
- ☐ mehrmals im Jahr
- ☐ seltener als einmal im Jahr
- ☐ nie
- ☐ weiß nicht/keine Angabe **(nicht vorlesen)**

Frage 5: **Wie häufig beten Sie?** | V133

- ☐ mehrmals am Tag
- ☐ einmal am Tag
- ☐ mehrmals in der Woche
- ☐ einmal in der Woche
- ☐ 2-3 mal im Monat
- ☐ ungefähr einmal im Monat
- ☐ mehrmals im Jahr
- ☐ ungefähr 1-2 mal im Jahr
- ☐ seltener als einmal im Jahr
- ☐ nie
- ☐ weiß nicht/keine Angabe **(nicht vorlesen)**

Frage 6: **Welche der folgenden Aussagen trifft *am ehesten* auf Sie zu? Bitte hören Sie sich zunächst alle Antworten vollständig an und wählen Sie dann eine Antwort aus.** | V134

- ☐ Es gibt einen persönlichen Gott.
- ☐ Es gibt so etwas wie ein höheres Wesen.
- ☐ Ich weiß nicht, was ich darüber denken soll.
- ☐ Ich glaube eigentlich nicht, dass es so etwas wie ein höheres Wesen oder einen Gott gibt.
- ☐ Ich bin Atheist
- ☐ weiß nicht/keine Angabe **(nicht vorlesen)**

Frage 7: Als wie religiös würden Sie sich selbst beschreiben? | V135

- ☐ tief religiös
- ☐ sehr religiös
- ☐ eher religiös
- ☐ weder religiös noch nicht religiös
- ☐ eher nicht religiös
- ☐ nicht religiös
- ☐ überhaupt nicht religiös
- ☐ kann ich nicht sagen

Frage 8: Welche Beschreibung trifft am ehesten auf Sie zu? | V136

- ☐ Ich sehe mich als *religiösen* und *spirituellen Menschen* an.
- ☐ Ich sehe mich als *religiösen* aber *nicht als spirituellen Menschen* an.
- ☐ Ich sehe mich *nicht als religiösen* aber als *spirituellen Menschen* an.
- ☐ Ich sehe mich *weder als religiösen noch als spirituellen Menschen* an.
- ☐ kann ich nicht sagen
- ☐ keine Angabe

Block 8: Sagen Sie mir bitte, inwieweit Sie den folgenden Aussagen zustimmen. Random	Stimme stark zu	Stimme eher zu	Stimme eher nicht zu	Stimme überhaupt nicht zu
V141 Ich versuche mein Bestes, um meine Religion in alle Dinge meines Lebens einzubringen.	1	2	3	4
V142 Meine religiösen Überzeugungen sind das, was meiner ganzen Lebenseinstellung wirklich zugrunde liegt.	1	2	3	4
V143 Die Kirche ist vor allem deshalb wichtig, weil sie ein Ort ist, wo man gute soziale Beziehungen knüpfen kann.	1	2	3	4
(Filter: if Q3, 1-5 /Mitglied einer christlichen Kirche) V144 Ein Grund für meine Kirchenmitgliedschaft ist für mich, dass diese Mitgliedschaft hilft, an meinem Wohnort anerkannt zu werden.	1	2	3	4
V145 Zweck des Betens ist es, sich ein glückliches Leben zu sichern.	1	2	3	4
V146 Was mir Religion hauptsächlich bietet, ist Trost, wenn mich Leid und Unglück treffen.	1	2	3	4
V147 Ich hinterfrage stets meine religiösen Überzeugungen.	1	2	3	4
V148 Für mich ist Zweifeln ein wichtiger Bestandteil des Religiös-Seins.	1	2	3	4

Frage 9: **Heute wird viel über eine zunehmende Vielfalt an religiösen Gemeinschaften gesprochen. Wie ist das in Ihrem Umfeld? Es gibt unterschiedliche religiöse Zugehörigkeiten... (Mehrfachnennung möglich)**	V019

- ☐ … in meiner Familie
- ☐ … im Freundeskreis
- ☐ … in der Nachbarschaft
- ☐ … im Beruf
- ☐ … in meiner Gemeinde/meinem Stadtteil
- ☐ … nirgends

Frage 15: **Wenn Sie sich einmal sorgfältig diese Liste mit verschiedenen Organisationen und Gruppen durchlesen und mir bitte sagen, bei welcher Sie zurzeit ehrenamtlich, also ohne Bezahlung, tätig sind?**	V221

- ☐ Soziale Hilfsdienste und Hilfsorganisationen
- ☐ Religiöse oder kirchliche Organisationen
- ☐ Sport- und Freizeitverbände, kulturelle Vereine
- ☐ Parteien, Gewerkschaften und Berufsverbände
- ☐ Menschenrechtsgruppen und Friedensbewegung
- ☐ Ökologie- und Umweltgruppen, Tierschutzvereine, -gruppen
- ☐ Jugendarbeit (z.B. Pfadfinder, Jugendclubs)
- ☐ Andere Gruppen
- ☐ Keine

Filter: if Q15,1-8 (ehrenamtlich engagiert)

Frage 16: **Wie viel Zeit widmen Sie im Durchschnitt monatlich Ihrem freiwilligen Engagement?**	V222

ca. [   ]   Stunden pro Monat

Frage 17: **Viele Leute in der Bundesrepublik neigen längere Zeit einer bestimmten politischen Partei zu, obwohl sie auch ab und zu mal eine andere Partei wählen. Wie ist das bei Ihnen: Neigen Sie – ganz allgemein gesprochen – einer bestimmten Partei zu?**	V231

- ☐ Ja
- ☐ Nein

Filter: if Q17,1

Frage 18: Sagen Sie mir bitte auch noch, welche Partei das ist?	V232
☐ CDU bzw. CSU	
☐ SPD	
☐ FDP	
☐ Bündnis 90/Die Grünen	
☐ NPD	
☐ Die Republikaner	
☐ Die Linke (PDS, WASG)	
☐ Andere Partei, und zwar:_____	

Frage 19: Viele Leute verwenden die Begriffe „links" und „rechts", wenn es darum geht, unterschiedliche politische Einstellungen zu kennzeichnen. Wir haben hier einen Maßstab, der von links nach rechts verläuft. Wenn Sie an Ihre eigenen politischen Ansichten denken, wo würden Sie diese Ansichten auf dieser Skala einstufen?	V233

links	1	2	3	4	5	6	7	8	9	10	rechts

Frage 20: Im Vergleich dazu, wie andere hier in Deutschland leben: Glauben Sie, dass Sie Ihren gerechten Anteil erhalten, mehr als Ihren gerechten Anteil, etwas weniger oder sehr viel weniger?	V234
☐ sehr viel weniger	
☐ etwas weniger	
☐ gerechten Anteil	
☐ mehr als gerechten Anteil	